経済社会学キーワード集

経済社会学会 [編]

富永健一 [監修]

ミネルヴァ書房

はしがき

　経済社会学会は，およそ半世紀前の1966年に設立されました。この学会の設立の趣意書には「とくに，最近のような社会体制および経済体制のいわば変質期にあって，経済学，社会学その他の社会諸科学のいずれもが十分に解明しえないような社会現象の複雑な相互関連の状況が現れてきていることを考えますと，経済学と社会学のいわば接点をおさえていく経済社会学の発展がますます要望されてくると存じます」と記されています。翻って現代社会に目を向けますと，怒濤のように押し寄せるグローバリズムがもたらす光と影，少子高齢化にともなう社会構造の変動，経済格差の急速な拡大，経済の金融化と繰り返されるバブルなどの途方もなく大きな問題が次々に生じてきています。これらの問題のいずれをとっても，経済学や社会学，あるいは政治学など，単一の学問領域ではカバーしきれないきわめて複雑な問題であることは言うまでもありません。それゆえ，上に述べた経済社会学会の設立趣意書に記された一文は，いまなおその意味をいささかも失っていないことは明らかです。実際，こうした社会変動を反映して，いま海外においても経済社会学は大きな注目を浴びつつある発展的分野の1つとなっています。

　こうした時代のおかれた状況を読み解くためには，少なくとも経済学と社会学にわたるいくつかの基本的な概念を理解しておくことが必要になってきます。しかし我が国では，経済学辞典や社会学辞典はありますが，両者にまたがった辞典はありません。こうした現状に鑑み，2008年，本学会は経済社会学のキーワード集を刊行するプロジェクトを立ち上げることを決定しました。辞典のように専門用語に短い解説をつける形ではなく，各項目2000字程度で，当該の項目自体の概説にとどまらず，関連事項や最新の問題までできるだけ取り込んで，それぞれの項目についてある程度完結した説明を，予備知識をもたなくても理解できるような叙述で提供する，という方針が採用されました。そして編集委員会が組織され，用語の選定・学会員への執筆依頼・原稿の受理・全体構成の調整といった編集作業を進めてきました。そしてこのたび約6年にわたる企画・執筆・編集作業を経て，ようやく刊行にこぎ着けました。

　2つのディシプリンにまたがる多様な研究テーマをもつ本学会であるだけに，

経済学辞典にも社会学辞典にもない特色が出せたと自負しています。辞典として利用していただくことはもちろんのことですが，全項目を通読してもらえれば，時代が直面している社会状況が浮かび上がってきます。多様な要因が複雑にからみあった現代の社会経済現象の理解に乗り出そうとする初学者にとって座右の手引きとなれば，執筆者一同この上ない喜びです。

　最後になりましたが，この多数の執筆者を擁する用語集を出版するにあたって，実に煩瑣な編集作業を着実に進めていただいたミネルヴァ書房の編集部の方々に記して謝意を表します。

2015年3月　　　　　　　　　　　　　　　　　　　　　　　編集委員一同

目　次

はしがき
凡　例

あ　行

イデオロギー（ideology） ································ 1
イノベーション（innovation） ···························· 3
インターネット（internet） ····························· 6
埋め込み（embeddedness） ······························· 8
エコロジー（ecology） ··································· 10

か　行

階級（class） ··· 14
家族（family） ·· 16
ガバナンス（governance） ······························· 18
貨幣（money） ·· 21
環境（environment） ···································· 24
企業家精神（entrepreneurship） ························· 26
記号消費（semiotic consumption） ······················· 29
記号論（semiotics） ···································· 31
機能主義（functionalism） ······························ 34
競争（competition） ···································· 37
協働（collaboration） ·································· 39
近代化（modernization） ································ 42
グローバリゼーション（globalization） ·················· 44
グローバル経済（global economy） ······················· 46

経営倫理（business ethics）……………………………………49
計画経済（planned economy）…………………………………52
経済学と経済社会学（economics and economic sociology）………54
経済システム（economic system）……………………………57
経済人類学（economic anthropology）…………………………59
経済発展（開発）（economic development）……………………62
経済倫理（economic ethics）……………………………………64
ゲーム理論（game theory）……………………………………67
権威・権力（authority/power）………………………………69
顕示的消費（conspicuous consumption）………………………72
限定された合理性（bounded rationality）……………………74
交換（exchange）………………………………………………76
公共財の問題（public goods problems）………………………79
公共政策（public policy）………………………………………81
公共選択（public choice）………………………………………84
広告効果（advertisement effect）………………………………86
公助・共助・自助（public help, communal help, self-help）………89
厚生経済学（welfare economics）………………………………91
公正と公平（衡平）（fairness and equity）……………………94
合理性（rationality）……………………………………………96
コーポラティズム（corporatism）………………………………99
コーポレート・ガバナンス（corporate governance）…………102
国民国家（nation state）………………………………………105
個人主義（individualism）……………………………………108
コミュニケーション（communication）………………………110
コミュニタリアニズム（communitarianism）…………………113
コミュニティ（community）…………………………………115

さ　行

産業化（industrialization）……………………………………118
産業主義（industrialism）……………………………………121
ジェンダー（gender）…………………………………………123

市場（markets）	126
市場の失敗（market failure）	128
システム理論（theory of system）	131
自生的秩序（spontaneous order）	133
自然法（Naturrecht/natural law/droit naturel）	135
資本（capital）	138
市民社会（civil societies）	141
社会開発（発展）（social development）	143
社会学と経済社会学（sociology and economic sociology）	146
社会システム（social system）	156
社会成層（階層）（social stratification）	159
社会的経済（social economy）	161
社会的交換（social exchange）	163
社会的ジレンマ（social dilemma）	166
社会的包摂と社会的排除（social inclusion and social exclusion）	168
社会的連帯（social solidarity）	171
社会ネットワーク分析（social network analysis）	174
社会福祉（social welfare）	176
社会保障（social security）	178
宗教（religion）	181
集合行為（collective action）	183
消費行動（consumer behavior）	186
消費社会（consumer society）	188
情報（information）	191
新古典派（neo-classical school）	194
人的資源（human resource）	196
新保守主義（neo-conservatism）	198
信頼（trust）	201
生活世界（life-world）	203
正義（justice）	205
制度（institution）	208
政府の失敗（government failure）	210

世界システム（world-system）……………………………… 213
ソーシャル・キャピタル（social capital）………………… 215
組織理論（organizational theory）………………………… 218

た 行

第三セクター（third sector）………………………………… 222
第三の道（third way）………………………………………… 223
大衆消費社会（mass consumer society）………………… 226
多元主義（pluralism）………………………………………… 228
脱工業社会（postindustrial society）……………………… 230
地域通貨（local/community currency）…………………… 232
紐帯（ties/bonds）……………………………………………… 235
取引費用（transaction cost）………………………………… 237

な 行

ネオ・コーポラティズム（neo-corporatism）…………… 241
ネオ・リベラリズム（neo-liberalism）…………………… 244
ネットワーク（network）…………………………………… 246

は 行

ハビトゥス（habitus）………………………………………… 249
非営利組織（non-profit organization）…………………… 251
福祉国家（welfare state）…………………………………… 254
福祉社会（welfare society）………………………………… 256
文化資本（cultural capital）………………………………… 258
文化社会学（cultural sociology）…………………………… 261
ポストモダニティ（postmodernity）……………………… 263
ホモ・エコノミクス（homo economicus）……………… 266
ボランタリズム（voluntarism）…………………………… 269
ボランティア（volunteer）…………………………………… 271

ま　行

マルクス主義理論（marxist theories）……………………………………274
民営化（privatization）………………………………………………………276
民主主義（democracy）………………………………………………………279
モラル・エコノミー（moral economy）……………………………………281

ら　行

リスク（risk）…………………………………………………………………284
理念型（ideal type）…………………………………………………………286
リバタリアニズム（libertarianism）………………………………………288
リベラリズム（liberalism）…………………………………………………290
流行（fashion）………………………………………………………………293
レッセ・フェール（laissez-faire）…………………………………………295
労働・仕事（labor/work）……………………………………………………298
労働運動（labor movement）…………………………………………………301
労働市場（labor markets）……………………………………………………303

　人名索引……307
　事項索引……312

凡　例

* キーワードは現代仮名遣いにより50音順に並べた。
* 見出しのキーワードには【　】内に欧文表記を付した。
* 各キーワード解説中の重要単語は初出時に太字で表記し，必要に応じて（　）内に欧文表記を付した。
* 各解説の後ろに《参考文献》を，和文献（著者50音順），外国文献（著者アルファベット順）の配列で並べた。
* 各キーワード解説の末尾に執筆者名を示した。
* 外国人名には，原則各キーワード解説中の初出時に欧文表記を付した。

あ 行

イデオロギー【ideology】

言葉の起源

　イデオロギー（ideology）という言葉は，1796年にフランスの啓蒙思想家デステュット・ド・トラシー（D. de Tracy）によって創り出された**イデオロジー（idéologie）**というフランス語に由来する。ド・トラシーのいうイデオロジーとは本来「観念の学」，すなわち観念の形成過程を研究する科学を意味していた。ところが，ナポレオン（Napoléon Bonaperte）がド・トラシーの一派を侮蔑的に「**イデオローグ（idéologues）**」と呼んで以後，イデオロギーにも否定的なニュアンスが付与され，空理空論と同義語的に使用されるようになり，それがマルクス（K. Marx）とエンゲルス（F. Engels）の共著『ドイツ・イデオロギー』に引き継がれることとなる。

「虚偽意識」としてのイデオロギー

　『ドイツ・イデオロギー』においてマルクスとエンゲルスは，「存在が意識を規定する」との**唯物論**に立脚して，「人間たちが彼らの諸表象，諸観念等々の生産者である」「意識とは，意識された存在以外のものではけっしてありえない」「人間たちの頭脳におけるぼんやりとした形象も，彼らの物質的な，経験的に確かめうる，かつ物質的諸前提に結びついた生活過程の必然的な昇華物である」（Marx/Engels 1974：29, 31, 訳30）という。そしてイデオロギーとは，存在と意識とのこの関係を逆転させるものにほかならない。マルクスとエンゲルスは，歴史における思想の支配を説く論者を「イデオローグ」と呼ぶのであるが，彼らイデオローグに特徴的なのは，意識をそれを規定する人間の存在から切り離して自立化させ，存在が意識を規定するのではなく，意識が存在を規定するとの幻想を抱き，事態を転倒させる点にある。こうして「ほとんどすべてのイデオロギーは，人間の歴史の歪んだ把握か，あるいは人間の歴史からのまったくの抽象か，どちらかに帰着する」（Marx/Engels 1974：23, 訳24）。そしてこの意味において，後年のエンゲルスはイデオロギーを「**虚偽意識**」（Engels 1968：97, 訳86）と定義した。

イデオロギー概念の反映論的解釈

　ところで，『ドイツ・イデオロギー』が公表される1926年以前にあっては，『経済学批判』「序言」におけるいわゆる「**唯物史観の公式**」に依拠した別のイデオロギー理解が支配的であった。

「公式」においてマルクスは，唯物論の基本命題を経済的土台とそれによって規定される上部構造の関係として定式化しているのであるが，そのさい「これらの生産諸関係の総体は社会の経済的構造を形成する。これが実在的土台であり，その上に１つの法律的および政治的上部構造が立ち，そしてこの土台に一定の社会的意識諸形態が対応する」と述べるとともに，上部構造をまた「法律的な，政治的な，宗教的な，芸術的または哲学的な諸形態，簡単にいえばイデオロギー諸形態」と表現する（Marx 1961: 8 - 9, 訳13 - 14）。したがってここではイデオロギーとは経済的土台に規定されたすべての社会的意識形態を意味しており，しかもここでのマルクスは，『ドイツ・イデオロギー』でのイデオロギー概念を特徴づけていた虚偽性，転倒性，歪みについてはなんら言及していないのである。この事情から後のマルクス主義においてイデオロギーを意識形態一般と同一視する解釈が生じることとなった。そしてレーニン（V. I. Lenin）にいたってイデオロギーを**階級的利害の反映**と把握する一方で，マルクス主義そのものが真に科学的なイデオロギーだと主張された。

経済的神秘化意識としてのイデオロギー

『資本論』にイデオロギーという用語は使われていないとしても，そこでの商品，貨幣，および資本に関する**物神崇拝**（Fetischismus）ないし**神秘化**（Mystifizierung）の概念とそれに基づく**ブルジョア経済学批判**はマルクスのイデオロギー論の重要な一側面を示すものといえる。まず注目すべきは，ここで問題となっている意識形態が上部構造のそれではなく，経済的土台の領域における，ブルジョア的生産諸関係に直接に対応する経済的な意識形態だということである。以下では，商品物神崇拝論に絞って考察する。

物神崇拝とは，定義的にいえば，「諸物において示される一定の社会的生産関係が，これらの物自身の物的な自然属性として現れる」という転倒した事態ないしそれに対応した転倒した意識をいうのであり，商品に即していえば，物が商品として持つ価値という社会的属性があたかもその物の自然的属性であるかのように正反対に現れることをいう。

そしてこの商品物神崇拝は商品社会としてのブルジョア社会の歴史的に特殊な社会的生産関係そのものから必然的に生ずるものである。ブルジョア社会では，各人の労働が私的労働として前提され直接に社会的な労働ではないがゆえに，労働における人と人との社会的関係が物と物との社会的関係，つまり労働生産物を商品として，従って価値として交換するという物的関係として現れる。そのため，商品の交換関係＝価値関係は物本来の属性に由来するものとして現れる。マルクスによれば，このような転倒した意識，神秘化意識としての商品物神崇拝がブルジョア社会に住む日常生活者の社会的日常意識を形成しているというのである。

商品物神崇拝が人々の社会的常識として一般化すれば，商品社会としてのブルジョア社会は歴史的・一時的ならぬ自然的・永久的な社会体制として観念されるようになり，商品社会の秩序原理ともいうべき自由，平等，私的所有の諸権利が

生まれながらの人間の自然権とみなされることとなる。国家をそれら自然権の保護機関とみなすという**近代自然法思想**（**ブルジョア経済学**を含む）はまさに物神崇拝に規定されたイデオロギーといえる。

　ブルジョア社会の神秘化を解消するためには，この社会の内的関連が科学的に解明されるだけではまだ十分ではない。この社会を特徴づける転倒と隠蔽の構造そのものが変革されねばならない。科学と実践の結合としての絶えざる批判と変革の試みが求められるのである。

《参考文献》

Engels, F., 1968, *Brief an F. Mehring vom 14. Juli 1893, Marx-Engels-Werke Bd. 39*, Diez Verlag.（『1893年7月14日付メーリング宛の手紙』，マルクス・エンゲルス全集，第39巻，大月書店，1975年）。

Marx, K., 1961, *Zur Kritik der politischen Ökonomie, Marx-Engels-Werke Bd. 13*, Dietz Verlag.（『経済学批判』武田隆夫ほか訳，岩波文庫，1956年）。

Marx, K., 1962, *Das Kapital, Erster Band, Marx-Engels-Werke Bd. 23*, Dietz Verlag.（『資本論』第1巻，資本論翻訳委員会訳，新日本出版社，1982年）。

Marx, K. and Engels, F., 1974, *Die deutsche Ideologie, hrsg. von W. Hiromatsu*, Kawadeshobo-shinshaVerlag.（『ドイツ・イデオロギー』廣松渉編訳・小林昌人補訳，岩波文庫，2002年）。

山本雄一郎（やまもと・ゆういちろう）

イノベーション【innovation】

語義について

　イノベーション innovation の動詞 innovate は，ラテン語の innovare に由来する。これは，「in-内部へ」と「novare-変化させる・新しくする」からなる。一般に革新や新機軸などと訳されている。狭義では新技術開発，新製品，新工程といった**技術革新**（technological innovation）の領域として捉えられている。しかし通常は広義に用いられており，製品や工程だけでなく，組織，文化，制度までも含む。またその生成過程だけでなく，社会への普及過程にも着目した概念であり，イノベーションは社会や制度全体で受容されて社会変動や文化変容へと繋がっていく。

　現在は特許や著作権と関連する技術レベルのイノベーションだけでなく，それを活用して新製品や新工程に結びつける組織や経営におけるイノベーションの重要性が増している。

シュンペーターの新結合と企業家

　イノベーションを学術用語として確立するのに貢献したのが，シュンペーター（J. A. Schumpeter）である。1912年に出版された『経済発展の理論』において，シュンペーターは長期景気循環を説明するためにイノベーションの概念を導入した。それ以前の経済学では，経済発展を

生み出す要因として、人口や生産手段など生産要素の増加を重視していた。そこでは経済主体はこれらの変化に対して受動的に適応する静態的な存在とされてきた。

しかしこの静態的な状態は、稀有な才能をもった**企業家（entrepreneur）**が生産要素の新結合つまりイノベーションを遂行することによって破壊されるとシュンペーターは考察した。これが経済から自発的に生まれた変化としての発展であり、単なる成長とは異なる非連続的変化を生み出す。この新結合の担い手となるのが企業家であり、その**創造的破壊**により古い均衡から新たな発展を創出する動態的な存在と位置づけられる。

新しい欲望は消費者から自発的に現れるものでなく、生産者から消費者に教え込まれるものであり、イニシアティブは生産者の側にあるとシュンペーターは考えた。そして企業家の新結合を資金面から援助する存在として、銀行家を位置づけている。企業家が新結合によって、需要を顕在化させるのである。この新結合の内容として次の5つをあげている。①新しい商品の創出、②新しい生産方法の開発、③新しい販路（市場）の開拓、④原材料の新しい供給源の獲得、⑤新しい組織の実現である。それゆえに、イノベーションは技術革新に関するものだけでなく、経営革新や組織革新の意味で用いられることが多い。

企業家がイノベーションを遂行した後、これを模倣する追随者が時間の経過とともに増加する。これによりイノベーションはある時点において群生化し、比較的短期間で経済や社会の構造を変革する。つまり経済や社会は循環的な均衡から動態的な発展へと向かうことになる。

イノベーションの歴史的背景と分析手法

ロスウェル（R. Rothwell）は20世紀以降のイノベーションの歴史的考察を行っている（Rothwell 1994）。5世代イノベーション・モデルといわれているものであり、主要なイノベーション・プロセスの推移を分析しており、あわせて研究動向の変化も考察できる。第1世代イノベーション・プロセスとは、第2次世界大戦後登場した科学技術が先導するテクノロジー（サイエンス）・プッシュモデルである。続く60年代には大量消費社会の出現により、マーケティングの重要性が高まった。それによってイノベーションはマーケットに主導されるというマーケット・プルモデルが登場する。これが第2世代イノベーション・プロセスである。

70年以降、企業の内部活動により焦点が当てられるようになり、これまでのような単純な線形モデルは、次第に複雑な相互作用モデルへと進化していく。科学技術とマーケットの情報が理解されるためには、組織内部において良好なコミュニケーションが必要となる。異なる部門間の相互作用とその間における効果的なフィードバックメカニズムが強調される。これが第3世代イノベーション・プロセスである組み合わせモデルである。

80年代は、日本企業の世界的な成功に関する研究が進展した。QCサークル、ジャスト・イン・タイム・システムなどが脚光を浴び、イントラネットやCAD/CAMシステムなどによる企業内統合、

サプライチェーン・マネジメント（SCM）による顧客や供給業者との外部統合や提携などに焦点が当てられる。これが第4世代イノベーション・プロセスである統合モデルである。

90年代から現在に至るまでは第5世代イノベーション・プロセスにあたり，ICT（情報通信技術）の革新によるシステム総合と広範なネットワーキングモデルが発展する。イノベーションは多人数が参加するプロセスと捉えられ，そこではネットワークによる高度な統合が必要となる。イノベーションの発生場所が，組織内部から他者との協働といった組織外部へと重要性が移り，ネットワークの重要性が指摘されるようになったからである。さらにICTを利用した新しい形態のネットワーキングが広がりつつあり，その分析がなされている。

オープン・イノベーション

20世紀は大企業の時代であり，多くのイノベーションが企業の研究部門や研究所から生まれた。イノベーションの担い手は，それ以前の個人による発明から組織を基盤とする専門家集団へと移行してルーティーン化された。このような**イノベーションの制度化**は，21世紀に入ると変容する。ICTによる新しいネットワークの可能性が増大し，組織内部でのイノベーションから外部資源を活用した分散化されたイノベーションへの動きが拡大してきたからである。このようにクローズドからオープンへというイノベーションの世界的な潮流は**オープン・イノベーション**と呼ばれている（Chesbrough 2003）。中央研究所による研究開発といった従来の自前主義でなく，必要となる科学や技術の知見，人的資源，資金などを広くオープンな外部市場から調達することによって，イノベーションの効率化を目指すものである。

この背景となったのは，経済のグローバル化の中で競争が激化し，技術変化が速くなってきたこと，さらに顧客や消費者ニーズの変化の速さに対応する必要もあり，企業はイノベーションのスピードを速めることが求められているからである。またベンチャー・キャピタルから支援を受けた優れたベンチャー企業が増加し，これらが生み出す外部知識を組み合わせる能力が求められるようになってきたことがあげられる。

ソーシャル・イノベーション

障害者支援，犯罪やいじめの撲滅などのローカルな問題から，貧困，地球環境や野生動物の保護，フェア・トレードといったグローバルな問題まで，増加する社会的問題に対して，伝統的な政府の対応には限界が生じている。これらの社会的課題の解決をミッションとして，ソーシャル・ビジネスを展開する社会的企業がかつてない勢いで生まれている。この社会的課題の解決のために，**社会的企業家（起業家）**は新しいビジネス・モデルを開発し，イノベーションを生み出している。代表的事例として，2006年にノーベル平和賞を受賞したグラミン銀行のムハマド・ユヌス（M. Yunus）があげられる。無担保・低金利で少額融資するマイクロファイナンスという新しいビジネス・モデルを普及させ，バングラディシュの貧困の解消に貢献した。また社会

的企業家を支援する組織として、アショカ財団やシュワブ財団などが設立された。これら財団は貧困や感染症などの課題に取り組む発展途上国の社会的企業家の支援をグローバルに行っている。

　世界的な潮流となっている多様なソーシャル・イノベーションに関する研究は不足していたが、マクロな制度分析からユニークなビジネス・モデルまで幅広い領域で議論が活発化している。

《参考文献》

Chesbrough, H. W., 2003, *Open Innovation*, Harvard Business School Press. (『オープン・イノベーション』大前恵一朗訳、産業能率大学出版部、2004年)。

Rothwell, R., 1994, "Towards the Fifth-generation Innovation Process", *International Marketing Review*, Vol.11 No.1.

Schumpeter, J. A., *Theorie der wirtschaftlichen Entwicklung*, Duncker & Humblot, 1912; 2 Aufl., 1926.(『経済発展の理論』〈上・下〉、塩野谷祐一ほか訳、岩波文庫、1977年)。

Tidd, J., J. Bessant and K. Pavitt, 2001, *Managing Innovation: Integrating Technological, Market and Organizational Change. 2nd ed.*, John Wiley and Sons, LTD.(『イノベーションの経営学』後藤晃・鈴木潤監訳、NTT出版、2004年)。

　　　　　　安田武彦（やすだ・たけひこ）

インターネット【internet】

歴史と背景

　インターネット（internet）の原点は、アメリカ国防総省の国防高等研究計画局（Defense Advanced Research Project Agency）が1969年に開始した調査研究用コンピュータ・ネットワークARPANETである。ARPANETの目的は、各ネットワークを結ぶ分散型ネットワークを構築することによって、一部のコンピュータが停止しても機能し続けるネットワークを実現することであった。

　以降、電子メール（1971年）、遠隔操作プロトコルtelnet（1972年）、ファイル転送プロトコルFTP（1973年）、ネットニュース（1984年）などネットワークを活用する技術が続々と開発されていく。

1980年代には、大学・研究所とIBMのBITNETや大学と民間機関のCSNETなど他のネットワークが開始され、それらを統一する通信規格としてTCP/IP（Transmission Control Protocol/Internet Protocol）が定められた。

　インターネットの爆発的な普及の端緒となったのは、1991年に開始されたWWW（World Wide Web）である。WWWは、HTMLなどの記述言語を用いて画像や音声を文書に配置したり、ハイパーリンクによってインターネット上にある他の文書との相互参照を可能にする仕組みである。現在では単にWebと呼ばれ、インターネットと同義と捉えられるほどになっている。

インターネット・ユーザーは現在も増え続けている。ITU（国際電気通信連合）によれば，世界のインターネット利用者数は2013年に27億人を超え，2001年の5倍以上に増加している。国内では，2012年末におけるインターネットの人口普及率は79.5％に達しており，過去10年で20ポイント以上増加している（総務省 2013: 331-332）。

経済社会学的な研究課題

経済社会にもたらすインパクトが極めて大きいにもかかわらずインターネットに関する経済社会学的な研究はほとんどないが，例外的にポール・ディマジオ（P. DiMaggio）らはインターネットに関する社会学的な研究課題を整理し，①不平等，②コミュニティやソーシャル・キャピタル，③政治参加，④組織やその他の経済制度，⑤文化参加や文化的多様性の5点を挙げている（DiMaggio, Hargittai, Neuman and Robinson 2001）。

①はいわゆる**デジタル・ディバイド**（**digital divide**）の問題であり，情報を利用できる者とできない者との格差を意味する。現在の日本においてもデジタル・ディバイドは存在し，高齢層，低所得層，農村部におけるインターネット利用率は低い（総務省 2013: 332-333）。このことが機会の平等や再生産にどのような影響を与えるのか明らかにすることは重要な課題である。

②は，コミュニティの強化／弱体化や**ソーシャル・キャピタル**（**social capital**）の蓄積に対するインターネットの影響である。これは，テレビが登場したときに他のメディアへの接触や社会的活動がテレビ視聴に取って代わられた**時間置換**（**time displacement**）の問題と類似している。しかしインターネットはテレビのような一方向的なメディアではないため，既存の人間関係を補完し，ソーシャル・キャピタルの創造を促進する側面もある。とりわけ近年におけるソーシャル・メディアの発展は，そうした側面を強化するだろう。

③は，インターネットの持つ開放性，双方向性，グローバル性といった特徴が**公共圏**（**public sphere**）の実現に寄与するのではないかという議論である（Habermas [1962] 1990）。公共圏とは，必要な情報が提供された上で公的な問題に関する議論が展開される開かれた場であり，世論形成の基盤となる領域である。他方，インターネット空間では自分と似通った意見だけを受容することで意見が先鋭化し極論に進むような**集団分極化**（**group polarization**）という現象もみられる（Sunstein 2001）。

④は，インターネットが組織構造を階層型からフラットなネットワーク型へと変化させるという議論である。前者と異なり，後者は縦方向ばかりではなく横方向や組織の外部とも自由にコミュニケーションをとることができるため，ビジネス上の課題に対して迅速かつ柔軟に対応でき，生産性を向上させる。しかし，インターネットの効果に対するこうした見方は過大評価であり，むしろ監視を強めることによってコミュニケーションを制限する側面を指摘する議論もある（Zuboff 1988）。

⑤は，文化や趣味嗜好の平準化や多様化とインターネットとの関係である。イ

ンターネットは極めて低コストで情報財を入手できるばかりではなく，自分の作品を発信することもできるため，これまでトップダウン式であった商品供給の方向性を逆向きにできる。また現在の新聞や音楽ソフトに典型的にみられるように，インターネットの流通システムは商品の分解・再パッケージ化を促す。他方，自分好みの情報のみを選択・提示してくれる検索エンジンなどのパーソナライズ技術の発展が消費者の嗜好を固定化する側面も指摘されている。

今後の動向

ICT（情報通信技術）は現在も日進月歩の勢いで急速に発展している。なかでも，スマートフォンやタブレット型PCといったモバイル端末や無線通信技術の発展によって「いつでも，どこでも，だれでも」がインターネット・サービスを享受することができる**ユビキタス**（ubiquitous）化の流れとデジタル・ディバイドやコミュニティの変化は注目される。

もう1つ注目されるのは，2000年代中盤から顕著になった，ブログ，SNS，Wiki，Q&Aサイト，製品評価サイト，動画共有サイトなどの興隆である。こうしたユーザーが自由に参加してコンテンツをつくることができるWebプラットフォームは，**ソーシャル・メディア**（social media）と総称される。ソーシャル・メディアは，消費者間相互作用を爆発的に増大させた。こうした現象と上記の問題群との関わりは今後主要な論点となっていくだろう。

《参考文献》

総務省，2013『情報通信白書 平成25年度版――「スマートICT」の戦略的活用でいかに日本に元気と成長をもたらすか』日経印刷．

DiMaggio, P., E. Hargittai, W. R. Neuman and J. P. Robinson, 2001, "Social Implication of the Internet", *Annual Review of Sociology*, 27: 307-336.

Habermas, J., [1962] 1990, *Srtukturwandel der Öffentlichkeit: Untersuchungen zu einer Kategorie der bürgerlichen Gesellschaft*, Frankfurt am Main, Suhrkamp Verlag.（『公共性の構造転換――市民の一カテゴリーについての探求』細谷貞雄・山田正行訳，未來社，1994年）．

Sunstein, C., 2001, *Republic.com*, Princeton, NJ, Princeton University Press.（『インターネットは民主主義の敵か』石川幸憲訳，毎日新聞社，2003年）．

Zuboff, S., 1988, *In the Age of the Smart Machine: The Future of Work and Power*, New York, Basic Books.

寺島拓幸（てらしま・たくゆき）

埋め込み【embeddedness】

ポランニーの埋め込み概念

埋め込み（embeddedness）概念は，ポランニー（K. Polanyi）が最初に紹介し，「人間の経済は，経済的な制度と非

経済的な制度に埋め込まれ，編み込まれているのである。非経済的な制度を含めることが肝要である」(Polanyi 1957：訳268) と指摘した。ポランニーの埋め込み概念は，経済が広範な制度的構造の一部であり，経済活動が社会構造に埋め込まれていることを意味する。重要な点は，経済関係の基礎には社会的つながりの確認，信頼，連帯が不可欠であり，ネットワーク，価値，道徳性，倫理，伝統，義務，勢力関係を通じて経済関係が成立することである。

ポランニーは，経済の社会関係への埋め込みを経済学が無視し，経済交換を常に市場交換と考えるのは間違いであると主張した。その理由は，市場交換は，経済行為の1つのタイプに過ぎず，特に19世紀のヨーロッパの自己調整的な市場社会になって初めて主流の経済行為になったからであると論じた (Polanyi 1944)。それ以前の非市場社会では，伝統に基づく親族や友人による「互酬性」，あるいは，政治的・共同体的権威による「再配分」が主要なタイプの経済行為であり，経済は社会関係に埋め込まれていると指摘した。非市場社会では，宗教，政治，その他の諸制度の影響を大きく受けるので，需要供給の果たす役割は小さいと論じた。

グラノヴェターによる埋め込み概念の再解釈

ポランニーの埋め込み概念は，グラノヴェター (M. Granovetter) の再解釈を通じて，「新しい経済社会学」の中心概念として復活した。グラノヴェターは，埋め込み概念が非市場社会だけに該当するというポランニーの議論を修正し，市場社会の経済分析にもこの概念が適用可能であり，実際の経済生活では，社会的影響と需要供給の影響が混在すると主張した (Granovetter 1985)。グラノヴェターは，すべての経済は社会構造に埋め込まれており，埋め込みのレベルは，常に，ポランニーが想定するほど強くなく，経済学者が想定するよりも強いと主張する。このように，グラノヴェターは，ポランニーが想定する「強い」埋め込みではなく，「弱い」埋め込みを想定する立場である (Granovetter 1992)。

実際には，どんな経済行為も抽象的な空間で生起するわけではないので，経済行為の結果に対する広範な社会構造の影響を無視することはできない。グラノヴェターは，「行為者が相互に関係を持たず，個々ばらばらの存在である」という「**原子化（atomization）**」概念の対極に位置する概念として，「埋め込み」概念を導入し，行為者が置かれている具体的な社会構造を分析しようと提言する。グラノヴェターは，経済の**社会的埋め込み（social embeddedness）** を「経済行為が，内容において非経済的な目標や過程である行為・制度に関係する，あるいは，依存する程度」と定義する (Granovetter 2005：35)。

埋め込み概念の精緻化

埋め込み概念は，経済社会学において頻繁に引用されるようになり，その概念の明確な概念化あるいは操作化を目指して埋め込み概念の精緻化が行われた。例えば，ズーキンとディマジオは，埋め込みとは，「認知，文化，社会構造，政治制度に対する経済行為の随伴的性質であ

る」(Zukin and DiMaggio 1990：15) と広義に定義し，埋め込みのタイプを「認知的」「文化的」「構造的」「政治的」の4つに分類した。

　まとめると，「経済現象への社会構造のインパクト」を最初に論じたカール・ポランニー，および，それが現代の市場にも適用可能であると主張したグラノヴェターの埋め込み概念は，経済が社会（構造）に埋め込まれていること，すなわち，経済活動が社会的メカニズムを媒介して起こるという視点を提供するものである。

《参考文献》

Granovetter, M., 1985, "Economic Action and Social Structure: The Problem of Embeddedness", *American Journal of Sociology* 91: 481–580.（「経済行為と社会構造」『転職』渡辺深訳，ミネルヴァ書房，1998年）。

Granovetter, M., 1992, "Problems of Explanation in Economic Sociology", in N. Nohria and R. Eccles (eds.), *Networks and Organizations: Structure, Form, Action,* Boston, Mass, Harvard Business School Press.

Granovetter, M., 2005, "The Impact of Social Structure on Economic Outcomes", *Journal of Economic Perspectives* 19: 33–50.

Polanyi, K., 1944, *The Great Transformation*, Beacon Press.（『大転換』吉沢英成ほか訳，東洋経済新報社，1975年）。

Polanyi, K., 1957, "The Economy as Instituted Process", in *Trade and Market in the Early Empire*. The Free Press.（「制度化された過程としての経済」『経済文明史』玉野井芳郎・平野健一郎編訳，日本経済新聞社，1975年）。

Zukin, S. and P. DiMaggio, 1990, "Introduction", in S. Zukin and P. DiMaggio (eds.), *Structures of Capital*, Cambridge University Press.

　　　　　　渡辺　深（わたなべ・しん）

エコロジー【ecology】

語源

　「エコ」は，環境によいものや行為のことを指す言葉（あるいは接頭辞）としてしばしば使われている。例えば，電気自動車やハイブリッド車のような環境に与える負荷の低い自動車のことを我々はエコカーと呼ぶ。買い物に行くときに持って行き，買った商品を入れて持ち帰るためのバッグはエコバッグ，環境に負担をかけるエネルギー消費を少なくする建て方をした家はエコハウス，環境によいものの総称はエコグッズであり，環境に気配りした生活様式はエコライフというように「エコ」という接頭辞が付く語は枚挙にいとまがない。この「エコ」という語（あるいは接頭辞）はエコロジーという言葉からきた和製英語である。今日，エコロジーという語は「環境」やエネルギーの問題を重視する考え方とほぼ同じ意味で使われている。

エコロジーという言葉はドイツの生物学者・哲学者エルンスト・ヘッケル（E. Haeckel）が著書『一般形態学』（1866年）で用いた造語である。ドイツ語でのエコロギー（oecology）が英語でエコロジー（ecology）と表記されたものである。これを日本語で「生態学」と訳したのは，東京大学教授で我が国の植物学の基礎を築いた植物学者，三好学である（高橋2001：32）。

エコロジーの語源は，ギリシャ語で家を意味するオイコス（oikos）と論理を意味するロギア（logia）を合成して作られた。「家」とは戻ることのできる場所であり，環境について精通している場所でもある。そこで「家（oikos）」を使ったとされている（ドブソン1999：8）。経済を示すエコノミーの語源の一部も，この「家（oikos）」であるのは，よく知られているだろう。

これからもわかるように，本来は生物学の用語であった。しかし，今日では冒頭に述べたように環境に配慮した行為や考え方のことを指すことが多い。例えば，「多くの人が，エコロジーを汚染または稀少動物の保護の別表現だと思っている」という論者もいる（ドブソン1999：9）。つまり，今日ではエコロジーには2つの側面があると考えるのが一般的となっている（ドブソン1999：9−10）。1つは，元々の意味であった生物学の一部としての生態学であり，自然科学としてのエコロジーである。もう1つは資源消費，汚染，自然保護など広く環境に関する政治・経済問題としてのエコロジーである。

生態学

エコロジーは元来，生物学の1分野の生態学である。岩波の『生物学辞典〈第4版〉』では生態学を「生物の生活に関する科学のこと」と定義している（p.751）。また東京化学同人の『生物学辞典〈第1版〉』では「一般に生物と環境との相互作用をおもな課題とする学問」としている（p.715）。このように生態学について統一的な定義を示すのは難しい。生物学は，研究対象によって動物を対象とする動物学，植物を対象とする植物学，微生物を対象とする微生物学などに分類され，それぞれの分野はさらに細かく分類されていく。ヘッケル以前の生態学とは，このような個別の生物学分野には含まれない他の部分を指していたと言われる（高橋2001：30）。

自然界にはさまざまな生物が暮らしている。そしてそれらの生物は独立して生活しているのではなく，相互に大きく依存し合って生きている。それはあたかもそれぞれに生物が競合しながらも分業しあっているかのような関係である。このような相互依存的な「分業関係」の中で，個々の生物が生物社会を構成している。このような自然の全体的な仕組みを明らかにしようというのが，生態学である。ここから近年注目が集まっている生物多様性の重要性が浮かび上がってくる。このような問題を取り扱うため，生態学の方法論は，個別生物の研究をする生物学の主流が要素に細分化してその要素を研究するという**要素還元論**をとっているのに対して，生態学は逆の**全体論**的なアプローチをとる。『エコロジーの科学』を著したデニス・オーエンは「エコロジー

的関係は単なる部分の総和以上のものである」と言っているという（ドブソン 1999：10）。

エコロジーと経済

エコロジーの第2の側面，すなわち環境に関する政治・経済問題としてのエコロジーが注目を集めるきっかけとなったのは，1962年に出版されたレイチェル・カーソン（R. Carson）の『沈黙の春』であった。この本は，殺虫剤などの化学薬品が環境に及ぼす悪影響を明らかにしたものである。そして1970年に公表されたローマ・クラブによる報告書『成長の限界』に始まる一連の研究も，政治・経済問題としてのエコロジー意識を推し進めることになった。しかし，イギリスの植物生態学者タンズリーが1935年に提唱したエコシステム（生態系）という考えのように，以前から，生物だけでなく生物社会をとりまく非生物的な環境も含めて考えようという考え方はあったのである（高橋 2001：34-35）。

当初，環境問題は，「公害」問題として捉えられていた。我が国の場合にはいわゆる4大公害病が深刻な結果をもたらしていることが1970年前後に明らかとなった。足利事件に代表されるように，公害問題は，古くからある問題であった。しかしそれは基本的に個別の企業の事業によるものであると捉えられ，そう理解されてきた。そして，産業革命以来続いてきた科学技術の発展が，私たちの生活を豊かにすると，私たちの多くは信じてきた。しかし『沈黙の春』や『成長の限界』によって，私たち人間も環境の中の一部であり，科学技術の発達が必ずしも私たち自身や環境によいことばかりではなく，負の側面も持っていることを知ったのである。そして環境問題は単なる個別事例の問題ではなく，社会・経済の全体に関わる体系的な問題であることを認識するようになった。ここにエコロジーが社会・経済的な文脈でも意味を持つようになった要因がある。一方，1972年の「人間環境宣言（ストックホルム宣言）」や，1992年の「環境と発展に関するリオ宣言」などを経て，地球の温暖化やその原因と考えられる温室効果ガス排出の問題が深刻化し，エコロジーへの関心はさらに高まりつつある。

このような認識は，「**静脈経済**」や廃棄物問題への関心も呼び起こした。そこからリサイクル運動やその発展としての「**3つのR運動**」が発生した。しかしリサイクルにもエネルギー消費が必要なことを考慮した上でリサイクルの是非を論じるべきという議論や，地球温暖化防止にかかるコストをどのように，そしてどこまで社会が負担すべきかという議論など，政治的なあるいは過度な精神論的主張を超えたエコロジーの考察が経済学には求められている。

《参考文献》

高橋正征，2001『「新しい」生態学――生きられる環境づくりの基礎』（株）ビオシティ。

玉野井芳郎，1978『エコノミーとエコロジー』みすず書房。

Carson, R., 1965, *Silent Spring*, Harmondsworth.（『沈黙の春』青樹簗一訳，新潮社，1987年）。

Dobson, A., 1991, *The Green Reader：*

essays toward a sustainable society, Mercury House.（『原典で読み解く環境思想入門――グリーン・リーダー』松尾眞，金克美，中尾ハジメ訳，ミネルヴァ書房，1999年）．

Meadows, D. H. et al. 1972, *The Limits to Growth : A Report for the Club of Rome's Project on the Predicament of Mankind*, Universe Books.（『成長の限界』大来佐武郎監訳，ダイヤモンド社，1973年）．

松岡憲司（まつおか・けんじ）

か　行

階　級【class】

マルクスの2大階級論

　階級（Class）という概念はマルクス（K. Marx）の発明ではないとしても，階級に関する議論がマルクスの階級概念をめぐって展開されてきたことは確かである。

　マルクス階級概念の特徴は，階級を生産過程におけるその地位に従って区別する点にある。資本主義社会は2つの主要階級，すなわち，生産手段を所有する資本家階級ないし**ブルジョアジー**（Bourgeosie）と，生産手段を所有しないがゆえに自己の労働力を売らねばならない多数の労働者階級ないし**プロレタリアート**（Proletariat）からなり，両階級は敵対的に対立するものとみなされる。そして，この社会観を過去に投影して初期のマルクスは，「すべてこれまでの社会の歴史は階級闘争の歴史である」（『共産党宣言』）と述べる一方で，**階級と身分**とを区別しようとする（『ドイツ・イデオロギー』）。マルクスにとってまず重要なのは，階級社会としての資本主義社会の特徴をそれ以前の社会との対比において明確にすることであった。

　『資本論』のマルクスに従えば，階級社会を特徴づけるのは，労働日における**必要労働**（necessary labor）**と剰余労働**（surplus labor）との区別が敵対的な性格をとる点にある。必要労働とは労働者（人間）とその家族の生命・生活を維持するために必要な労働であり，そしてこの必要労働を超えて行われる労働が剰余労働である。労働生産力の上昇とともに剰余労働の余地が増大するが，同時にそれとともに階級社会が成立する。支配階級は被支配階級に対し剰余労働の強制と搾取を行い，もって支配階級存立のための物質的基礎となすのである。

　種々の階級社会は，剰余労働のこの強制と搾取が行われる形態の違いによって区別される。奴隷制社会や封建制社会においては剰余労働の強制・搾取は政治的・身分的な支配従属関係に基づく直接の強制（経済外的強制）によって実現され，したがってまた搾取の事実は誰の目にも明らかである。これに対して資本主義社会においては，労働者に対する直接の強制はない。しかし強制そのものがなくなるわけではない。生産手段を持たない労働者は，生きていくために労働力を売らざるをえないという暗黙の強制（経済的強制）のもとにあり，このことにより剰余労働の強制と搾取は，労働力商品の売買関係に媒介されて，純粋に経済的な形態において実現される。商品交換を

規制する自由，平等，等価交換という法的形式のもとで，強制と搾取，支配従属関係という実質が形成されるのである。

2 大階級論の問題点

マルクスの階級概念における難点の1つは，焦点が2つの主要階級の敵対関係におかれることから，この敵対関係の外部に存在する**中間階層**の位置づけと評価が十分になされえないということである。マルクスによれば，小生産者，小商人，農民などの中間階層は遅かれ早かれブルジョアジーかプロレタリアートのいずれかに合体を余儀なくされるはずであったが，歴史の現実はそうなってはいない。今日では，知識人や公務員，そして「新中間層」とも呼ばれるホワイトカラー層をどう位置づけるかも問題である。

いま1つの問題は，『資本論』第3巻の最後に置かれた未完の第52章「諸階級」において，労働力の所有者，資本の所有者，および土地の所有者が資本主義社会の**3大階級**を形成すると総括される点である。2大階級論との整合性について，マルクスはなにも述べていないのである。

階級意識の問題

マルクスの階級理論は社会の中にただ階級対立を確認するだけではない。マルクスは階級について自分が行った新たなことは，「①諸階級の存在は生産の一定の歴史的発展段階とのみ結び付いているということ，②階級闘争は必然的にプロレタリアート独裁に導くということ，③この独裁そのものは，一切の階級の廃止への，階級のない社会への過渡期をなすにすぎないということを，証明した」（Marx 1970：508，訳407）点にあるという。マルクスの課題は，階級的な支配と搾取の廃棄という，労働者階級の歴史的使命ともいうべき闘争のプロセスを解明することであった。

この**階級闘争**（class struggle）の前提となるのが**階級意識**（class consciousness）の形成である。抑圧された個々人が階級状況を自覚し，行動する統一体として結集することが不可欠である。マルクスによれば，このような階級意識の形成によって労働者階級は「即自的な階級」から「対自的な階級」へと自己を構成する（Marx 1959：181，訳189）。だがこの階級意識の形成は，存在と直接に一致して容易に生成するものではない。というのも，商品・貨幣・資本に関する神秘化論においてマルクスが繰り返し強調しているように，資本主義社会の経済的な現象諸形態は，その本質としての歴史的特殊性や階級的性格を覆い隠し本質とは正反対のものを示すという神秘化の構造をもっており，そのため人々の日常意識としては，資本家と労働者の区別なく，この社会を自然的・永遠的とみなす「転倒した意識」が支配的となるからである。さらに今日では所有と経営の分離や新中間層の大量出現による階級関係の複雑化が本質をより見えなくしているといえる。

民主主義の実現としての階級闘争

しかし，同時に見過ごしてならないのは，資本主義的生産様式が協業，分業，機械に基づく労働の社会的・集団的形態を発展させ，それに対応する労働の社会的生産力を発展させるといういま1つの

側面である。この労働の社会的生産力の発展こそは，その領有の私的・資本主義的形態との矛盾をますます人々に自覚させ，資本主義的生産様式の廃棄へと向かわせるのである。生産過程の民主的・共同的統御こそはその方向を示すものである。「**プロレタリアートの独裁**」とはこのことにほかならない。マルクスにとって階級闘争とは「民主主義を闘いとること」（Marx/Engels 1959：481，訳74）なのである。

《参考文献》

Marx, K., 1959, *Das Elend der Philosophie, Marx-Engels-Werke Bd. 4*, Dietz Verlag.（『哲学の貧困』山村喬訳，岩波文庫，1950年）．

Marx, K., 1962-1964, *Das Kapital., Marx-Engels-Werke Bd. 23-25*, Dietz Verlag.（『資本論』全3巻，資本論翻訳委員会訳，新日本出版社，1982年）．

Marx, K., 1970, *Brief an Weydemeyer 5.3.1852, Marx-Engels-Werke Bd.28*, Diez Verlag.（『1852年3月5日付ヴァイデマイアーへの手紙』，マルクス・エンゲルス全集，第28巻，大月書店，1971年）．

Marx, K. and F. Engels, 1959, *Manifest der Kommunistischen Partei, Marx-Engels-Werke Bd. 4*, Dietz Verlag.（『共産党宣言』大内兵衛他訳，岩波文庫，1951年）．

Marx, K. and F. Engels, 1974, *Die Deutsche Ideologie, hrsg von W. Hiromatsu*, Kawadeshobo-shinsha Verlag.（『ドイツ・イデオロギー』廣松渉編訳・小林昌人補訳，岩波文庫，2002年）．

山本雄一郎（やまもと・ゆういちろう）

家　族【family】

家族とは

「家族」という言葉に対し，夫（父）と妻（母），そして，2～3人の子どもがいるというようにイメージする人が多いかもしれない。婚姻によって成立した一組の夫婦とその未婚の子どもからなる家族の集団単位を**核家族**（nuclear family）と言う。果たして，多くの「家族」が，実際にこのような**家族形態**（family forms）あるいは**家族構成**（family composition）をとっているのだろうか。

家族が家族であるための条件は，法的関係，血縁関係，世帯，姓の共同，性の社会的承認と禁止，家族意識など，単一ではなく，複合的かつ多面的であり，社会・文化，歴史を通して絶対的かつ普遍的ではない（神原・杉井・竹田 2009：4-5）。しかし，人間社会において，重要な**基礎集団**（fundamental group）の1つであることに違いはない。

近代家族の誕生

前述したような家族形態において，夫がサラリーマン，妻が専業主婦であるような家族は，古くから存在したわけではなく，封建社会から資本主義社会（近代

社会)への移行に伴い見られるようになった。このような家族を**近代家族**(modern family) という。落合恵美子は，近代家族とは①家内領域と公共領域との分離，②家族構成員相互の強い情緒的関係，③子ども中心主義，④男は公共領域・女は家内領域という性別分業，⑤家族の集団性の強化，⑥社交の衰退とプライバシーの成立，⑦非家族の排除，(⑧核家族〔著者に従いカッコ内に入れてある〕) のような特徴を持つとしている (落合 2004：103)。日本においては，大正の初期以降の都市中間層において見られるようになった。妻が専業主婦でいられることは，夫がそれなりの収入を得て，妻子を養えることが条件となり，非常に限られた層 (管理的・事務的職業に従事する俸給労働者〔サラリーマン〕) においてのみ可能であった。社会に広くひろまっていくのは，戦後になってからである。

それでは，近代家族以前の家族とはどのようなものだったのだろうか。16世紀初頭に成立した**イエ制度** (*ie* system) のもとでは，社会においてイエが基礎的な構成単位として重視され，各イエにおいては，家業を経営し家産を保持することが求められた。明治期には法律 (明治民法) によって規定され，戸主である家長が絶対的権限を持ち，家族や親族は隷属的な立場にあった。また，家督の相続についても性別や出生順による制約が見られた。その一方で，イエに縛られない近代家族が都市中間層に広がっていった。戦後，個人の尊重と男女平等の理念のもとイエ制度は廃止された。戸籍制度や墓に関連する制度などイエと結びついた制度が残ったものの，結婚は法的にはイエとイエとの結びつきではなく，平等な個人同志の結びつきとなった。その後，高度経済成長期にかけて，都市化の進展とともに都市中間層が増加し，戦前には一部の限られた層にのみ見られた近代家族は，一般化し，大衆化していくのである。落合は，戦前の近代家族を19世紀近代家族，戦後大衆化した近代家族を20世紀近代家族としている (落合 2004：108)。

家族の行方

合計特殊出生率は2005年に1.26で過去最低となって以降，若干の上昇傾向にあるものの，さまざまな施策の効果は限定的で，依然少子化傾向が続いている (2012年は1.41)。そして，少子化により2006年より人口減少が始まっている。「出産は結婚制度の中で」という規範が残る日本では，晩婚化・未婚化が少子化の要因として捉えられ，「婚活」，すなわち結婚するために必要な活動という言葉まで話題になった (山田・白河 2008)。

しかし一方で，**家族の「多様化」**という言葉に象徴されるように，近年，結婚制度に拠らないさまざまな形態の家族が見られるようになり，人々に容認されるようになっている。例えば，未婚の母や離婚率の高まりに伴うひとり親家族 (single parent family) (特に母子家庭)，男女がそれぞれ子どもを連れた再婚によるステップファミリー，両親が同性カップルと養子など，血縁関係に拠らない家族，そして，未婚化や高齢化によるひとり世帯も増加している。こうした事態を**家族の脱制度化**という (岩上 2008：20-21)。

また，家族の変化の特徴の1つとして，

家族の「個人化」(岩上 2008：21-22, 33-34：目黒 1987：iv：落合 2004：242-244) があげられる。従来の意味での家族に属することが自明でなく，個人を単位とし，ライフコースの中で各自が経験する出来事の1つとして考えていこうという視点から家族を捉えていくものである。

このように，家族の実態が変化し多様化するなか，人々が描く**家族に関する社会意識**(social consciousness of the family)はどのように変わっていくのだろうか。社会に生きていく個々人が，自分自身の生活や人生において，家族をどのように位置づけていくのかを問い続けていくことが必要なのかもしれない。

《参考文献》

岩上真珠，2008『ライフコースとジェンダーで読む 家族〈改訂版〉』有斐閣。

落合恵美子，2004『21世紀家族へ〈第3版〉』有斐閣。

神原文子・杉井潤子・竹田美和編著，2009『よくわかる現代家族』ミネルヴァ書房。

目黒依子，1987『個人化する家族』勁草書房。

山田昌弘・白河桃子，2008『「婚活」時代』ディスカヴァー・トゥエンティワン。

元治恵子（げんじ・けいこ）

ガバナンス【governance】

ガバナンスの問題

ガバナンス（governance）という用語は，1990年代以降，経済学，経営学，政治学，法学，社会学など社会科学の諸分野において用いられるようになってきたものである。コーポレート・ガバナンス，パブリック・ガバナンス，グローバル・ガバナンス，ローカル・ガバナンス，福祉ガバナンス，等々，多様な分野において議論の蓄積がなされてきてはいるものの，「ガバナンスとは何か」という点で共通した理解や一義的な定義が存在しているわけではない。

しかしそこには，ある共通した問題意識が存在している。最も活発な論争を展開しているコーポレート・ガバナンス論においては，公正性や合法性ないし会社の価値やパフォーマンスの向上に結びつく経営効率の維持・改善に向けて，経営者の行動をいかにチェック＆モニタリングし規律づけてゆくか，経営者への適切なインセンティブ・メカニズムをいかに形成するかが議論されている。あるいは，ガバメントに対するガバナンスという意味において，従来のトップ・ダウン型の支配・管理に対して，多様かつ包括的な参加と協議による合意形成を通じて自律的な秩序形成や組織運営を行おうとする議論がある。

いずれも従来の統治機構における機能不全ないしシステム疲労による信頼の低下，さらには正当性の危機という現実社会の状況を鑑み，一方的な支配に対する別の選択肢として「ガバナンス」という概念が注目されるようになったと考えられる。

ガバナンスの原義は「舵を取る」ということである。そこから敷衍して、社会や組織における意思決定の権限と責任の所在を明確にすること、また舵取りのチェックとモニタリングをいかに行うかが共通の論点として展開されており、統治機構の再構築・再定義、多様なアクターやステークホルダーの存在を考慮した制度設計が、**説明責任**（accountability）、**応答性**（responsibility）、**透明性**（transparency）などとの関連で議論されている。

ガバナンスの概念

論点を単純化するために、エアコンを例にとってみよう。エアコン本体を動作させ、センサーによるモニター機能によって室温がチェックされ、フィードバック回路によって本体の動作が調整されることで、設定された室温が保たれる。まず、室温の目標値を設定しなければならない。多様なメンバーが同室している場合、設定温度がある人には寒く、ある人には暑いというように、目標値の合意を得ることさえ容易ではなくなる。もちろん、温度のように測定が容易であり明確な基準が存在する場合は合意も得やすいだろう。しかし、目標値の測定に明確な基準が存在しない場合、いかに目標値を測定するのか、また誰がどのような権限と責任を持って目標値を定めるのか、公平性や民主主義等々の観点から重要な課題となる。

こうした目標値の設定と測定の問題に加え、たとえ目標値が設定されたとしても、エアコンを作動させたときモニターが故障していればフィードバック回路が機能せず、室温は上昇し続けるか、下降し続けることになる。また、モニターが機能していてもフィードバック回路が故障していれば、エアコンの動作を止めるか修正することができず、室温の調整ができない。エアコンの作動の決定をする「マネジメント」に対し、それをチェックする「ガバナンス」が同時に機能することで室温が一定に保たれるようになる。エアコンの例は単純すぎるが、ここでのポイントは、チェック＆モニタリングとフィードバックであり、利害関係者のための規律づけメカニズムであるガバナンスの機能に着目したものである。

「機能としてのガバナンス」と「状態としてのガバナンス」とは区別して理解しなければならない（河野 2006）。

制度設計

コーポレート・ガバナンス論において、しばしば「会社とは何か」、「会社は誰の利害に尽くすべきか」が問われる。会社は株主のものであると所有権に基づき一義的に規定されているとすれば、目標値は外部から与えられていることになる。大規模化した株式会社の社会的影響力を考慮して、会社は多様なステークホルダーの利害を考慮して経営されるべきであるという場合、目標設定のためにさまざまな制度を設計する必要がある。

所有権というのは、法律や明文化されたルールとして存在する制度であり、他方の目標設定のための制度とは、慣習や行為のコード、定型化された行動パターンとして理解される。ダグラス・ノース（D. North）による「フォーマルな制約」と「インフォーマルな制約」との違いで

ある（North 1990）。インフォーマルな制約として存在する「社会的制度こそが複雑な環境に対処するために必然的に生まれてきた仕組みと考えることができる。したがって社会的制度とは，何者かによって意図的に設計されたものではなく，環境や社会の変化に応じて新しい仕組みが発見され，より望ましい仕組みが残ってきたという，『**適応的進化**（adaptive evolution）』のプロセス」（青木・奥野 1996：10-11）と理解される。このように捉えるとき，制度が発展してきた「歴史的経路依存性（pass-dependency）」を辿ることによって，経済・社会システムにおける均衡状態が如何に形成されてきたのかを解釈できるようになるとともに，国によって異なるシステムを相対化し，比較検討することが可能となる。

例えば，「日本的経営」の特徴に挙げられる長期安定的雇用は会社の存続と成長を前提として成立する。これを保証するシステムとして，乗っ取りから自社を防御する株式の相互持ち合い，安定株主工作が進められる。同時に，安定株主工作は株式市場を通じた資金調達を困難にさせるため，会社の資金需要を保証するメインバンク制が形成されてきたのだと解釈できる。

また，日本と同じように銀行が強力な権力を有するドイツのユニバーサル・バンクは次のように解釈できる。伝統的に高度な技術や高品質の製品を志向してきたドイツの多くの会社において，技術開発にかかる投資が利益に結びつくには一定の長い期間を必要とする。そのため比較的長期的なスパンで投資効率を判断するような，いわば忍耐強い大株主の存在が不可欠となった。しかし，投資家からすれば内部情報がモニターできなければ投資効率を判断できず，さらに，技術レベルが高度になるほど銀行や金融の専門家だけでは判断できなくなってゆく。そこで，技術や製品に関する専門的知識を持つ人材が不可欠となり，博士号レベルの人材によって構成される特徴的な取締役会が形成されていく。

制度進化

このように「適応的進化」のプロセスを辿ることによって，制度的環境の特性と個人の行動属性に適合的なガバナンスの状態が形成され，システムが均衡状態に至る過程を説明できる。しかし，O・E・ウィリアムソン（O. E. Williamson）が指摘するように，諸個人はガバナンスの状態如何によって制度的環境自体を変更する「戦略的フィードバック」に訴える可能性も有している（Williamson 1996）。制度的環境をゲームのルール，ガバナンスをプレイ結果と考えるならば，プレイヤーの選好は通常は与えられたルールに適合しているが，プレイ結果が不満であればルール変更もありうるのである。すべてのプレイヤーが満足な結果を得ることはなく，プレイヤー間で常に発生し続ける利害対立に対して，効果的コーディネーションによる均衡点の探索が続けられることになる。唯一絶対（one best way）の均衡点や最適解は存在せず，常に新たなコーディネーション問題が発生し，不断のコーディネーションによるスパイラルな制度進化が発生するのである。

《参考文献》

青木昌彦・奥野正寛，1996『経済システムの比較制度分析』東京大学出版会．

岩崎正洋編著，2011『ガバナンス論の現在——国家をめぐる公共性と民主主義』勁草書房．

河野勝編著，2006『制度からガヴァナンスへ——社会学における知の交差』東京大学出版会．

North, D., 1990, *Institutions, Institutional Change and Economic Performance*, Cambridge, Cambridge University Press.（『制度・制度変化・経済効果』竹下公視訳，晃洋書房，1994年）．

Williamson, O. E., 1996, *The Mechanisms of Governance*, New York, Oxford University Press.

石嶋芳臣（いしじま・よしおみ）

貨　幣【money】

「欲望の二重の一致」の困難の克服

　貨幣（money）は，「欲望の二重の一致」の困難を容易に乗り越えさせる交換の媒体である．あらゆる交換は，「**欲望の二重の一致**」という困難を乗り越えねばならない．この「欲望の二重の一致」の困難とは，ある物財の所有者と他の物財の所有者が物財を交換する際に，お互いが他者の所有物を相互に欲する必要があるが，その一致が実際には稀だということである．

　貨幣を使用する社会以前では，この「欲望の二重の一致」の困難の乗り越えを可能にしたメディアは，主として女性であった．女性の「贈与（婚姻）」は，贈られたコミュニティのメンバーに負い目を与え，その負い目を祓うべく，対抗贈与として物財の贈答が行われ，その結果，互酬経済という「人間の経済」が生じることになった．貨幣は，女性と同じように，この「欲望の二重の一致」の困難の乗り越えを可能にする主要なメディアである．

　貨幣は，量を度外視すれば，市場へと売りに出されたあらゆる商品の購入を可能にする力を貨幣所有者に与える．しかも貨幣は，ニクラス・ルーマン（N. Lumann）が『経済の社会』で論じたように，他者に「感謝の義務（負い目）」を与えることのない**等価交換**を可能にするメディアである．

　貨幣は，貨幣所有者に支払の能力を与える．その支払の連鎖が，「感謝の義務（負い目）」から解放された商品流通を促し，価格メカニズムによって商品の価値が変動する**市場経済**（market economy）というシステムを形成させる．

信用のメディアとその機能

　マルクス（K. Marx）が『資本論』の価値形態論で論理的に示したように，商品所有者が諸商品を交換する過程の中から，やがて頻繁に交換される一つの特権的な商品が現れる．その商品が一般的等価形態となり，やがて貨幣の機能を担っていく．マルクスが指摘していたように，結果的に流通手段としての「比重の重さ」と「運搬の容易さ」，価値としての

「均質性」と蓄積手段としての「耐久性」などの性質を併せ持つものとして、貴金属の「金」「銀」が貨幣の有力な素材となった。

またアリストテレス（Aristoteles）は、『政治学』の中で、貨幣の誕生は、国家間の相互扶助的な交易を行う際に、交易する財の量が拡大すると、具体的な財を運ぶ困難が生じると述べている。アリストテレスは、その困難に対処すべく、貨幣の使用が工夫された事を指摘している。さらにアリストテレスは、重量を測る面倒を省くため、量を示す刻印が押された鋳造貨幣が発明されたと指摘している。

西欧型のコインの原型となる、刻印が押された鋳造貨幣は、BC700年頃、小アジアにあったリディア王国の金と銀を含有したエレクトロン貨幣をはじめとする。鋳貨は、物品貨幣から離れた観念的な「**信用（Glaube）**」という次元を成立させる。鋳貨は、実質的な金属の重さや性質を超えて、ある額面の価値のあるものとして扱うという約束を刻印するものである。ジンメル（G. Simmel）がいうように「銅よりも信頼」こそが重要となる。鋳貨は、貨幣を鋳造する国家や団体などの信用と結びついている。ジンメルが指摘しているように、貨幣の本体は、物財の次元ではなく、観念的な「信用」の次元に存在している。それは、金との兌換を停止したニクソン・ショック以降、明白な事実となっていることは明らかである。もはや金という物品と切り離されて、ドルという貨幣は流通しているのである。

現代の貨幣は、いくつかの機能を持っている。①**支払の機能**、②**価値の計量機能**、③**価値の保存機能**、④**投機的利益の道具**、⑤**支配の道具**、以上の5つを主要な機能としてあげることができる。

①支払の機能とは、貨幣所有者が、商品を購入する際にその対価として支払うことができるということ。②価値の計量機能とは、貨幣が商品の価値を価格という量的表現を可能にすること。③価値の保存機能は、貨幣が、劣化する他の物財と異なり、価値を持続的に保存する機能を果たすことである。価値の保存機能により、価値の蓄積が可能になる。④価値の蓄積機能によって、貨幣は、金融資本や投資資本として機能する。さらに現代では、証券や為替取引によって貨幣は、投機的利益を得るための道具として機能している。

世界の構成原理としての貨幣

5つ目の支配の道具としての貨幣の側面について少々詳しく述べておこう。カール・ポランニー（K. Polonyi）が指摘するように、「互酬」「再配分」「家政」「交換」は、有史以前から存在する4つの経済原理である。ポランニーによれば、西欧で封建体制が終焉するまで、経済システムは基本的に「互酬」「再配分」「家政」の原理の組み合わせが主であった。16世紀以降西欧から貨幣を媒介にした「交換」が拡大することで自己調整的市場が成立し、近代の市民社会の基盤となった。この市場経済の拡大期に、貨幣について深く考察したゲーテは、貨幣を新たな支配の道具とみなしていた。

特に戯曲『ファウスト』で、ゲーテは、神によって創造された秩序を人間の手によって改造しようとする近代というプロジェクトを象徴するメディアとして貨幣

を描き出している。

　悪魔であるメフィストフェレスは，4頭立ての馬車を購入することによって，その馬車の能力を代金を支払った者が手に入れることをファウストに諭している。貨幣の支払いによって，商品を購入することは，その使用価値を我が物にすることと同義である。ファウストは，貨幣の力によって，商品を購入することによって，自らの身体の制約を超えた力を手に入れ，自らの所有の領域を拡大し，それまでの神の秩序を人間の秩序に置き換えていく。

　H・C・ヴィンスバンガー（H. C. Binswanger）もまた，ゲーテの『ファウスト』に託して，紙幣を媒介にした資本主義が錬金術の完成であることを指摘している。錬金術とは，自然状態にある物質を「賢者の石」という触媒によって，化学反応を起こさせ，わずかばかりの時間で金に熟成させようとする技である。ヴィンスバンガーによれば，近代において錬金術は廃れたが，それは錬金術が完成したからである。

　錬金術の完成は，発行された紙幣が資本として投資されることによる。ゲーテは，金を担保にした紙幣の発行を魔術的行為として描きだしている。その魔術的な紙幣を媒介にして投資された貨幣が，資本として機能し，神の手から離れた人間の手による新たな世界秩序を構築する触媒となる。

　またマーク・シェル（M. Shell）によれば，キリスト教的思考にとって，貨幣という存在は，重大な問題をはらんでいる。それは神と同じように価値が普遍で，また神人イエスがそうであるように，観念的なものと現実的なモノを同時に顕現させるからである。先に述べたように貨幣の本体は「**信用＝信仰（Glaube）**」の次元に属す観念的なものであるが，実際には具体的な通貨として流通する。マーク・シェルは，観念的＝経験的二重体である貨幣が，キリストに接近し競合する**世界の構成原理**であることを指摘している。

《参考文献》

清家竜介，2011『交換と主体化』御茶の水書房。

仲正昌樹，2000『貨幣空間』情況出版。

Binswanger, H. C., 1985, *Geld und Magie: Deutung und Kritik der modernen Wirtschaft anhand von Goethes Faust*, Weitbrecht.（『金と魔術――「ファウスト」と近代経済』清水健次訳，法政大学出版局，1992年）。

Luhman, N., 1988, *Die Wirtschaft der Gesellschaft*, Suhrkamp.（『社会の経済』春日淳一訳，文眞堂，1991年）。

Polanyi, K., 1957, *The Great Transformation*, Beacon Press.（『大転換』吉沢英成ほか訳，東洋経済新報社，1975年）。

Shell, M., 1995, *Art & Money*, The University of Chicago Press.（『芸術と貨幣』小澤博訳，みすず書房，2004年）。

　　　　　清家竜介（せいけ・りゅうすけ）

環　境【environment】

経済社会学における環境への視座

　経済学では一般に環境は市場の外部に位置づけられ，環境問題は「市場の失敗」，すなわち，市場の内部で解決することに失敗した結果起こった問題として扱われてきた。そこで，環境問題を市場に内部化することによって，問題解決の方向性を明らかにし，環境政策に貢献しようとして近年精力的に研究が展開されるようになったのが，**環境経済学**（environmental economics）である。しかし，経済社会学では，環境問題は，今日のように社会的に広く認知され経済学の1つの研究対象となるよりも早い時期に，すでに予見されていた。経済の社会への「**埋め込み（embeddedness）**」という，経済社会学において最も重要とされる概念を最初に提唱したカール・ポランニー（K. Polanyi）は，1944年に初版が刊行された代表作『大転換』において，産業革命以降の**自己調整的市場**の興隆が「悪魔のひき臼（satanic mill）」として社会に破壊的に作用した具体例として，飢餓，自然景観の冒涜，河川の汚染，食料生産能力の破壊，森林の伐採，土地の浸食，砂あらし，気候への悪影響など，現在「環境問題」として知られている諸問題に言及しているのである（Polanyi 2001: 193，訳333）。実際，『大転換』は，自由な自己調整的市場を制度的源泉として成立した19世紀文明が，「人間を物理的に破壊し，その環境（surroundings）を荒野に変えてしまう」（Polanyi 2001: 3，訳6）ことによって20世紀前半に崩壊したことを歴史的に分析したばかりでなく，2度の世界戦争を経た20世紀後半以降の世界においても，世界戦争の時代よりさらに複雑化し技術的に高度化した産業文明による人間と環境の破壊が，自由な自己調整的市場という「神話」の支配によって世界規模で拡大することを予見したことによって，今日の環境問題を検証するためにも，新たに読み直される必要があるといえよう。だが，そのような視点からのポランニーの「再読」は，ようやく近年になって始まろうとしているに過ぎない（Servet 2009: 74）。

「新しい経済社会学」における環境研究

　その概念的解釈や踏襲の正統性についてはいまなお諸説があるとはいえ，マーク・グラノヴェター（M. Granovetter）が，ポランニーの学説の核心をなす「経済は社会関係に埋め込まれている」という，いわゆる「埋め込み命題」を社会学的に再提示したことによって，「**新しい経済社会学**（new economic sociology）」が生み出されたことに異論の余地はあるまい（Granovetter 1985: 481-510）。しかし，それ以前の経済社会学においても，「新しい経済社会学」の成立以降の今日においても，環境問題や環境政策を直接議論の俎上に載せることは稀である。その要因は2つ考えられる。1つには，先述したように，環境問題や環境政策は，今日では，主として環境経済学の対象領域として注目を集めるようになっているという事情がある。もう1

つは，社会学において，環境問題や環境政策は，主に**環境社会学**（environmental sociology）の研究対象とみなされているという事情がある。だが，経済社会学には，環境経済学，環境社会学のいずれとも異なる独自の視点から環境問題や環境政策の研究に貢献できる可能性が少なくとも3つあると思われる。

第1に，経済社会学は，環境をめぐる人間の行為（環境保全的行為から環境破壊的行為まで含む多様な行為）を経済行為として捉えることによって，それらが，どのような社会関係に，いかにして埋め込まれているかを明らかにするために有効である。そこでは，環境をめぐる諸行為が埋め込まれているネットワークとしての**社会関係資本**（social capital）の分析が重要な研究課題となるであろう。

第2に，経済社会学は，本来自己調整的「市場の需要供給メカニズムに反応しない」はずの環境（Polanyi 2001：193，訳333）が，何故いかにして自己調整的市場によって破壊されてきたのかを精緻に検証し，それをいわば陰画として反転させることで，環境を破壊せずに持続可能性を高める**オルタナティブな市場**を構想するために有効性を発揮し得るであろう。

第3に，経済社会学は，ポランニーの「**二重運動**（double movement）」論，すなわち，近代社会は自己調整的市場の拡張運動とそれを阻止しようとする対抗運動との同時性に支配されているという理論的洞察（Polanyi 2001：136，訳237）を，1980年代以降に欧州から発信された「**エコロジー的近代化**（ecological modernization）」論，すなわち，技術革新や政治的民主化によって経済成長と環境保全を調和的に実現することができるという理論（Mol and Spaargaren 2000）と対決的に接合させることで，経済と環境の複雑な相補性（対立と調和の相補性）を解明することに貢献できると思われる。

経済社会学的環境研究の現代的意義

環境問題は今日，ますます複雑化している。自己調整的市場の拡大による環境破壊というポランニー以来の捉え方は今なお重要性を失っていないとはいえ，**気候変動問題**に代表される地球規模の環境問題は，そのような認識枠組みだけでは捉えきれない複雑な様相を呈している。実際，温室効果ガスや硫黄酸化物のような大気汚染物質の**排出権取引市場**に典型的に認められるように，今日の環境問題は，自己調整的市場の拡大によって引き起こされたにもかかわらず，自己調整的市場における需要供給メカニズムによって解決できるという考え方に強く支配されている。また，今日の環境問題は，めまぐるしく高度化してやまない技術の進歩によって引き起こされたにもかかわらず，さらなる**技術革新**（technological innovation）によって解決できるという考え方にも根強く支配されている。現代社会における環境は，ポランニーが晩年に予見したように，自己調整的市場と「社会の存在を多様な仕方で不安定に」する技術（Polanyi 1955：10，訳293）の高度化によってがんじがらめになっているとみるべきなのかもしれない。

だとすれば，このような現代的環境問題に対峙するためにこそ，環境のさらな

る破壊を阻止して人間社会と環境の持続可能性を高め得るオルタナティブな市場（社会関係に埋め込まれた市場）とそこに適合的な技術のあり方（経済を社会に埋め込むことを通じて環境と調和できる技術）を私たちは緊急に構想しなければならない。その意味で，高濃度放射性廃棄物のリスクを増幅させながら核エネルギーを利用する技術に依存し続けている現代のような時代にこそ，経済社会学の意義が再審される必要がある。近年，ポランニーの「埋め込み命題」を軸とする「新しい経済社会学」を，「社会変革の科学的基礎を提示」しようとする試みとして再検討すべきであるという提言もみられるようになっているが（Beckert 2009：51），それは，自己調整的市場と高度な産業技術という人工的事実によって不安定化された人間とその環境との関係を修復できる社会の創出の可能性を読みとくことに繋がるであろう。そこにこそ，経済社会学の1つの大きな現代的意義が存すると思われる。

《参考文献》

Beckert, J., 2009, "The Great Transformation of Embeddedness : Karl Polanyi and the New Economic Sociology", in C. Hann and K. Hart（eds.）, *Market and Society : The Great Transformation Today*, Cambridge, 38-55.

Granovetter, M., 1985, "Economic Action and Social Structure : The Problem of Embeddedness", in *American Journal of Sociology* 91：481-580.（「経済行為と社会構造」『転職』渡辺深訳，ミネルヴァ書房，1998年）。

Mol, A. P. J. and G. Spaargaren, 2000, "Ecological Modernization Theory in Debate: A Review", in *Environmental Politics*, 9-1.

Polanyi, K., 1955, "Freedom and Technology".（『市場社会と人間の自由——社会哲学論選』若森みどり・植村邦彦・若森章孝編訳，大月書店，2012年）。

Polanyi, K., 2001, *The Great Transformation : The Political and Economic Origins of Our Time*, Beacon Press.（『新訳　大転換——市場社会の形成と崩壊』野口建彦・栖原学訳，東洋経済新報社，2009年）。

Servet, J.-M., 2009, "Toward an alternative economy : Reconstructing the market, money, and the value" in C. Hann and K. Hart（eds.）, *Market and Society : The Great Transformation Today*, Cambridge, 72-90.

池田寛二（いけだ・かんじ）

企業家精神【entrepreneurship】

企業家の機能，資質，精神

経済社会において，生産活動の面で企業家が果たす経済的機能は，企業家特有のものと期待される資質と不可分のものである。そして，かかる資質を構成する要因のうち最大のものこそ，企業家精神

（entrepreneurship, entrepreneurial spirit）に他ならない。企業家が果たす機能は，大まかには次の3つに分類される。すなわち，経済環境内で時々刻々と進行する経済過程に存在する危険と不確実性に対処すべく行う，危険負担。次に，経済過程で不断に成立する均衡を破壊し，生産手段を元の均衡におけるよりも有利に活用せんとする，革新。そして，経済過程における不均衡を機会として見出し，捉え，自らの行為によって均衡に向かわせようとする，調整である。企業家機能を成功裏に発揮するための企業家精神は，次のものである。すなわち，先見性，危険と不確実性に対する積極的態度，必要と認めた行動について万難を排し実行せんとする意志，そしてリーダーシップである。

企業家精神の捉え方と歴史

　経済環境および，その条件の変化に対していかなる態度をとるか。これは，企業家精神の在りようにかかっている。そしてこれは，企業家の果たすべき機能に左右される。かかる機能については，資本主義特有のものであるとする立場と，J・A・シュンペーター（J. A. Schumpeter）のように，企業家機能は必ずしも資本主義の中にのみ存在するのではなく，人類の歴史とともに古くからあるとする立場とがある。さて，早くもスコラ哲学者たちは，企業家的な精神と職工的な勤勉を区別していた。企業家の資質と指導者の資質とは，ほぼ常に，結びつけて考えられてきたのであり，マックス・ヴェーバー（M. Weber）は企業家精神を社会的リーダーシップの一類型として捉えていた。ところで封建制の下では，企業家機能に危険負担および資本供給は含まれなかった。資本主義体制が確立するのに伴って，企業家に期待される技術上の機能と商業上の機能とが分化するに至ったのである。ただ，資本主義の初期においては，両方の機能を企業家が同時に発揮するのが常であり，したがってそのために必要な資質，ひいては精神を，一個の企業家が併せて体現するのが常であった。やがて資本主義が体制として成熟の度を高めるのに伴って，改めて企業家固有の機能が何であるかを追求する研究動向が生じ，同時に，人間としての企業家像ならびに企業家精神の捉え方は，多面性の総合から分析へと移行してきている。

危険負担機能

　そもそも**企業家**（entrepreneur）という用語をはじめて使用したのは，リシャール・カンティヨン（R. Cantillon）とされる。彼は企業家機能および精神の本質を，自らの生産物の販売価格が不確実であることを認識し，それでもなお，生産手段を確実な価格で購買するところに求めている。これはまさしく危険負担機能であり，精神として先見性が働いている。ダニエル・ベルヌイ（D. Bernoulli）以来，**危険**（risk）および**不確実性**（uncertainty）に対する人の態度を定式化する技術が急速に発展してきた。とりわけ企業家が，自らの行動によって起こり得る結果のうち，損失を過小評価する一方で利益を過大評価するという傾向を，J・M・ケインズ（J. M. Keynes）は重視した。企業家精神のかかる態様が，

すなわち**血気**（animal spirit）である。また，フランク・ナイト（F. H. Knight）は不確実性，とりわけ何が起こり得るかも知られていない，いわゆる「真の」不確実性と，企業家機能および企業家精神とを結びつけた。シュンペーターは，こうした精神の態様を，企業家の事を成し遂げようとする意志の一部を為すものとして注意を払ったが，革新の機能に焦点を絞るために，企業家機能には含めなかった。

革新機能

　企業家機能を資本家機能と明確に分け，企業家ならではの機能として，生産要素の結合を経済過程に位置づけ得たのが，J・B・セー（J. B. Say）である。そして，生産手段を旧結合から奪取してより有利な用途に転用する，**新結合の遂行**（**Durchsetzung neuer Kombinationen**）こそ企業家機能であるとするのがシュンペーターである。この機能は経済過程の均衡を打破することに他ならず，必要な精神は，意志力とリーダーシップである。

調整機能

　一方，I・M・カーズナー（I. M. Kirzner）は，まず経済過程における不均衡ありとし，これを利益獲得機会と捉え，鞘取り的な行動で経済過程を再び均衡に向かわせようとすることをもって，企業家機能としている。

企業家利益の源泉としての企業家精神

　経済過程において，企業家を他の経済主体すなわち，資本・労働・土地と並立し得るものとみなし，独自の機能を割り当て得るとする捉え方は古くからあった。

　上述のような諸々の企業家ならではの機能が，すなわち企業家利益の源泉であるといえる。アルフレッド・マーシャル（A. Marshall）は，企業家独自の能力と機能とを，**準地代**（**quasi rent**）の源泉たりうるものとみなす。さらに，特にフォン・チューネン（J. H. von Thünen）は，企業家の精神的な努力こそが通常の経営者と企業家とを分けるものであり，ここに企業家利益の源泉があるとする。かかる認識は，現在にいたるまで，企業家精神・企業家機能・企業家利益を繋ぐものとして重要な意義を持ち続けている。

《参考文献》

Cantillon, R., 1931, *Essai sur la nature du commerce en général*, H. Higgs. (ed.), (tr.), London, Macmillan. （『商業論』戸田正雄訳，日本評論社，1943年）。

Hébert, R. F. and A. N. Link, 1982, *The Entrepreneur : Main Stream Views and Radical Critique*, Praeger Publishers. （『企業者論の系譜』池本正純・宮本光晴訳，ホルト・サウンダース・ジャパン，1984年）。

Kirzner, I. M., 1973, *Competition & Entrepreneurship*, Chicago : University of Chicago Press.

Schumpeter, J. A., 1926, *Theorie der Wirtschaftlichen Entwicklung : Eine Untersuchung ueber Unternehmergewinn, Kapital, Kredit, Zins und den Konjunkturzyklus, 2 nd ed.* (revised), München und Leipzig, Dunker & Humblot. （『経済発展の理論』塩野谷

祐一・中山伊知郎・東畑精一訳, 岩波書店, 2001年）.
Thünen, J. H. von., 1826, 1842, 1850, 1863, *Der Isolierte Staat in Beziehung auf Landwirtschaft und Nazionalökonomie*, Tl. I, 1826, 2. Aufl., 1842, Tl. II, 1. Abt., 1850, Tl. II, 2. Abt., Tl. III, hrsg. Von H. Schumacher-Zachlin, 1863.（『孤立国』近藤康男・熊代幸雄訳, 日本経済評論社, 1989年）.

高橋一正（たかはし・かずまさ）

記号消費【semiotic consumption】

記号消費と社会的なるもの

　消費とは，狭義にはモノ，情報，人的サービスなどによって欲求を充足し，「効用（utility, 満足）」を実現する行動であり，多くの場合，消費対象の消耗を伴う．また，欲求充足，効用実現を目的とした消費対象である商品の市場購入も消費概念に含む場合がある（経済学，経営学など）．さらに，食事などのように消費対象の機能や効果を消費者の身体に直接的に作用させずに消費対象を利用することで欲求充足，効用実現する行動，例えば，消費対象の贈与，交換，破壊なども消費概念に含める場合もある（社会学，文化人類学など）．一方，記号消費とは，消費者が消費対象を記号（objet-signe, 記号としてのモノ）として意味作用させることで他者とコミュニケーションをとり，それによりアイデンティティを構築することである．消費対象＝記号の意味作用で他者とコミュニケーションをとり，アイデンティティ構築という欲求を充足し，効用実現するという点で，記号消費は消費行動の１つといってよかろう．ところで，歴史的にみれば，前近代の宮廷では豪華な装飾を施された外観を持つ消費対象によって，貴族たちは自らの権勢を競い合う贅沢消費に明け暮れた．また，そうした競覇的消費は原初的な社会の祝祭や宗教儀礼における消費対象の贈与，交換，破壊，つまり，「**ポトラッチ（potlatch）**」にもみられる．現代日本の盆暮れの進物の贈与も含め，これらの消費において消費対象は単なるモノではなく，社会，文化，宗教上の複合的な意味を持つ記号とみることができ，その意味で記号消費といえなくもない．だが，これらの消費は現実の社会的な身分制度，文化や宗教の秩序に基づく「全体社会的事実」である一方，現代資本主義経済の先進地域に特徴的な現象とされる記号消費は，もはや現実の制度や秩序（「社会的なるもの〔le social〕」）に規定されず，むしろ，それらから自由であるために，消費者は安定したアイデンティティを維持できず，それを構築するために記号消費を実践しているのではないか．そうであれば，かつての宮廷消費や競覇的消費は記号論の記号／象徴の区別に基づいて，「**象徴消費**」，あるいは「**象徴交換**」（ボードリヤール）として，記号消費と区別すべきかもしれない．なるほど，ジェンダー・フリー，エイジレス，多文化混淆といった現代のポストモダン・

ファッション文化の傾向には社会的なるものからの自由という記号消費の特徴を認めることができよう。それでも、こうした議論には批判もあって、カルチュラル・スタディーズや文化的再生産論などは記号消費が現実の社会階層、ジェンダー、エスニシティなどの文化（文化資本）の影響を現在もなお受けていると主張する。

記号消費と新古典派

現代の主流派経済学である新古典派では、効用を欲求充足による満足の実現ほどの広い意味で捉えているため、記号消費は効用実現行動、つまり、消費の一様態とみなせるが、記号消費を主張する多くの論者と新古典派とでは、消費者像、効用概念の認識に大きな違いがあるように思われる。記号消費を主張する論者、とりわけ、ジャン・ボードリヤール（J. Baudrillard）によれば、記号消費する消費者は資本主義経済システムに統制＝管理される存在に過ぎず、具体的には、生産＝流通サイドに従属し、広告などのメディア表象に翻弄される大衆消費者に過ぎないため、予算制約のもとで効用を最大化するため合理的に行動する新古典派の精緻な消費者モデルとは相容れない。また、記号消費における消費対象は記号であり、その価値は相互の微細な差異によってのみ規定されるため、消費者の欲求は記号よりもむしろその微細な差異に向けられる。そして、ファッション文化に顕著なように、消費対象が夥しく微細に差異化し続ければ、欲求充足、効用実現に際限はないと考えられる。これは追加的な消費によって効用が逓減するとい

う新古典派の限界効用逓減の法則、さらに、欲求の実体主義や本質主義（消費者には本当の、真の、自律した欲求が内在すると主張する立場）を否定するものだ。

記号消費の研究

記号消費に関する研究は19世紀後半以降の制度学派経済学、社会意識論や文化社会学などの社会学の諸分野、マルクス主義、フランスの人文思想、文化人類学、メディア論、言語学、記号論などの研究成果が20世紀を通して相互に結びつき、大衆文化の記号論的なイデオロギー分析に取り組んだ前期バルトを経て、ボードリヤールの『物の体系』『消費社会の神話と構造』『記号の経済学批判』で一応の理論化と事例考察に成功したと見てよかろう。そして、それ以降、消費社会学だけでなく、文化社会学、社会意識論、ジェンダー研究、メディア論といった社会学の諸分野はもちろん、社会経済学、マーケティング論、生活文化論、地理学、文化人類学、文芸、芸術批評、サブカルチャー論、デザイン論など広範な分野で批判的に継承されて現在に至っている。

記号消費の意味論

さて、記号消費では消費対象が意味作用するが、その意味とはどのようなものか。記号論における意味論において意味には２つの水準が設定される。すなわち、「**共示（connotation）**」と「**外示（denotation）**」であり、前者は記号の直接的意味、後者は文化的、社会的意味を指す。これを消費対象の機能に適用すると、「１次的機能」が外示、「２次的機能」は共示となる。高級ブランドの女性向けハ

ンドバッグについていえば，モノを収納して持ち運ぶといった物質的な機能が1次的機能＝外示，バッグの持つ「高級」「優雅」「最先端」「洗練」といったイメージ，雰囲気，物語，あるいはイデオロギーは2次的機能＝共示となる。したがって，記号論的にみれば，消費対象の1次的機能，2次的機能の享受いずれもが記号消費として把捉されうる。とはいえ，記号消費を消費対象の2次的機能＝共示の享受のみに認める消費研究も少なくないし，それはひとつの有力な見解でありうる。というのも，モノを収納して持ち運ぶといったバッグの物質的な機能は意味ではなく，その機能の享受は意味作用とはいえず，他者とコミュニケーションしているとは考えにくいからだ。それでも，消費対象の外観はその用途である1次的機能（何の機能を持つモノか）を意味作用する。さらにいえば，消費対象の物質的な1次的機能とは，決して自然なものではなく，社会‐歴史的に（socio-historically）に形成され，記号システムとして捉えることのできる文化，技術システムによって規定された「使用価値」でもある。こうしたことからも，1次的機能を意味論上の水準である外示として捉えることに問題はないように思われる。なお，使用価値＝1次的機能を「自然なもの」として感じるのは記号システムのイデオロギー効果に過ぎず，

したがって，外示とは共示から独立した意味論上の水準ではないことを，ボードリヤールは古典的マルクス主義批判の中で指摘している。このように記号消費の意味論を素描してみると，記号消費とは奢侈的な顕示的消費といったある特定の消費行動を説明する概念というよりも，消費行動全般を批判的に考察するための戦略的な概念であることに気づくだろう。

《参考文献》

内田隆三，1987『消費社会と権力』岩波書店。

間々田孝夫，2000『消費社会論』有斐閣。

Baudrillard, J., 1970, *La société de consommation : ses mythes, ses structures* : Paris, Denoël.（『消費社会の神話と構造』今村仁司・塚原史訳，紀伊國屋書店，1995年）。

Baudrillard, J., 1972, *Pour une critique de l'économie politique du signe*, Gollimard.（『記号の経済学批判』今村仁司ほか訳，法政大学出版局，1982年）。

Eco, U., [1973] 1986, "Function and sign: Semiotics of Architecture", in M. Gottdiener and A. Ph. Lagopoulos (eds.), *The City and the Sign : An Introduction to Urban Semiotics*, New York, Columbia University Press, 55-86.

水原俊博（みずはら・としひろ）

記号論【semiotics】

記号論の来歴

西洋における記号に関する研究はアリストテレス（Aristoteles）までさかのぼるが，近代以降はスイスの言語学者フェ

ルディナン・ド・ソシュール（F. de Saussure）の構造言語学，プラグマティズムの創始者であるアメリカの哲学者C・S・パース（C. S. Peirce）による記号研究から始まる。ソシュール系は「**記号学（sémiologie）**」，パース系は「**記号論（semiotics）**」というように日本では区別して訳されてきたが，現在では区別なく記号論という呼称が定着してきた（以下，区別せずに記号論と記す）。記号論は20世紀中葉以降，ロマン・ヤコブソン（R. Jacobson），ウンベルト・エーコ（U. Eco）らによって，ソシュール系，パース系の統合，一般化，他分野との接合が試みられてきたが，広く支持された一般理論はいまだ確立されていない。むしろ，多様かつ複雑な文化，社会現象をある種の記号システムとして捉え，記号論の概念を領有，適用して説明することで，これまで優れた研究成果が上げられてきた。

構造言語学

ソシュール系によれば，記号は表現面である「**記号表現（signifiant, signifier, シニフィアン，能記）**」，内容面である「**記号内容（signifié, signified, シニフィエ，所記）**」から構成される。そして，それらいずれにおいても，記号の価値は現実界に基礎づけされず，それを反映することもなく，相互の「**差異（difference）**」によってのみ規定される（記号の差異性）。また，任意の記号表現と記号内容との関係性は自然なものでなく，「**恣意的（arbitrary）**」であり（記号の恣意性），それが「**有縁的（motivated, 有契的）**」な場合は「**象徴（symbol）**」とされ，記号と区別される。こうしたことから，現実界の「指示対象（object, referent）」とは，差異に規定された記号の意味作用によって分節されたものだと主張する論者も多い（外界分節論）。結局，記号とは人為的に形成された社会的，文化的な制度としての差異の体系であり，任意の記号システムにおいて，差異に規定された辞項の付置や記号表現と記号内容との関係性といった構造，さらに，記号相互の結合（言説編成）の仕方を規定するコードを記号論は明らかにしてきた。しかしながら，ソシュール系には多くの問題があることも指摘されてきた。例えば，記号の恣意性は非言語記号には妥当しないことが多い。また，外界分節論には他分野からの批判も多く，記号システムと現実世界とは密接な相互関係にあるとはいえ，前者が後者を一方的に規定すると断定するには根拠が乏しい。さらに，記号内容については，記号表現ほどには形式的に洗練された説明が困難である。言語記号の場合，弁別的な差異によって意味を持たない最小単位「音素（phoneme）」に分節されるものの，言語，非言語記号を問わず，記号内容についてはこうしたことは困難である。それだけではない。非言語記号の場合，記号表現についてすら，言語記号の音素に相当する「記号素（figurae）」を見出せないことも少なくない。さらにいえば，言語，非言語記号を問わず，そもそも記号内容とは結局のところ，別の多様な（複数の）記号表現によってのみ把握されるに過ぎない（記号表現の優位）。

パースの記号論

他方，パース系では，記号とは指示対

象の代わりとなり、それについて何らかの意味をあらわすものと定義される。パース系の記号概念はソシュール系の記号表現に近いが、一部を除いて外界分節論は主張されない。とはいえ、記号は現実界の指示対象を単純に反映せず、単にその代わりをするわけでもない。パース系では、任意の記号から回付される意味は「**解釈項（interpretant）**」と呼ばれるが、それは別の多様な（複数の）記号として捉えられ、それらをとおして指示対象について解釈、理解される。結局、解釈項とは、言語、図像、モノ、行為（反応）など多様な記号であり、これはソシュール系の批判で指摘した記号表現の優位に近い考え方であるが、パース系にはソシュール系の記号表現の理論のような表現形式に関する精緻な理論はない。ただし、指示対象との関係性から、何らかの点で類似する「類像記号（icon、イコン）」、物理的に関係する「指標記号（index、インデックス）」、関係性が恣意的な「象徴記号（symbol、シンボル）」に記号は3分類される。ともあれ、任意の記号の意味は別の多様な（複数の）記号＝解釈項に、さらに、その記号の意味も別の多様な（複数の）記号＝解釈項に回付されることになる。こうした意味作用の連鎖は「記号作用（semiosis、セミオシス）」と呼ばれる。

記号論と経済社会学

　さて、これまで記号論は経済社会学とそれに関連する分野に適用され、それらの現代的評価については議論の余地はあるものの、主に消費行動や消費文化の研究で優れた貢献をしてきたといってよい。レヴィ＝ストロース（C. Levi-Strauss）は、ヤコブソンの音韻論（言語記号の記号表現の理論）を複雑な親族構造の一般的な説明に適用し、呪術的、本能的、生物的な理由によってではなく、自家消費可能／不可能という差異によって女性を価値づける文化＝記号システムこそが、女性の交換ネットワークである親族集団、ひいては社会を形成すると説明した。また、ポトラッチ（富の互酬的交換や破壊）などの社会的交換の要因として、呪術的な力（マナ）を主張する立場（マルセル・モース〔M. Mauss〕）を退け、任意の社会における文化＝記号システムのシンボル的思考による綜合（synthèse）を支持した。結局、マナとはシンボル思考による効果であり、いかなる記号内容にも回付されうる「浮遊する記号表現（floating signifier）」だとした。誤解を恐れずにいえば、それは当該社会の文化＝記号システムの想定しえない現象に対する感覚や認識（記号内容の余剰）に回付する万能の記号表現だといえよう。

　現代資本主義に関する研究については、ロラン・バルト（R. Barthes）の共示記号論による広告、ファッション誌など大衆文化のイデオロギー分析、古典的マルクス主義の資本主義論の理論的補完を目的としたJ・ボードリヤールの**記号論的消費社会論**といった古典的な研究が挙げられる。以降、それらを批判的に継承した数多くの消費社会、消費文化研究が、消費社会学はもちろん、文化、都市、観光社会学、メディア論、ジェンダー研究といった社会学の諸分野の他、文化研究、文化人類学、地理学、芸術、文芸批評、デザイン、広告、マーケティング、サブ

カルチャー論といった広範な領域でなされてきた。

　以上のように，記号論は主に消費行動や消費文化の研究に貢献する一方で，記号論を適用した生産，供給サイドの研究はほとんどみられない。例外としては，マルクス主義的な生産者主権論をとるボードリヤール（J. Baudrillard）の記号論的消費社会論があり，そこでは現代資本主義の先進地域において展開される生産，供給サイドにおける多様な製品イノベーションが「**差異の生産**」として扱われた。ボードリヤールの考察は，イノベーションを「知識創造（knowledge creation）」として捉え，記号論を含む広義の言語哲学を援用して豊富な事例を説明する近年の経営学研究の成果を先取りする側面がないとはいえない。とはいえ，ボードリヤールの議論は理念的で雑ぱくである。だが，こうした経営学研究における広義の言語哲学の援用がいささか皮相的との印象が拭えないとすれば，今後は，記号論からイノベーションに，積極的にアプローチして考察することで，優れた研究成果を期待できるかもしれない。

《参考文献》

池上嘉彦・山中桂一・唐須教光，1994『文化記号論』講談社。

丸山圭三郎，1981『ソシュールの思想』岩波書店。

Eco, U., 1986, *Semiotics and the Philosophy of Language*, Indiana University Press.（『記号論と言語哲学』谷口勇訳，国文社，1996年）。

Nöth, W., 1990, *Handbook of Semiotics*, Bloomington, Indiana University Press.

Peirce, C. S., 1931-1958, Collected Papers, Harvard University Press.（『パース著作集2 記号学』内田種臣訳，勁草書房，1986年）。

　　　　　水原俊博（みずはら・としひろ）

機能主義【functionalism】

本源的機能主義と社会学的機能主義

　機能主義（functionalism）とは，固定的な実体を重視する構造中心の形式主義への反抗として生まれた，諸部分の関係や相互作用を重視しようとする思想全般のことであり，19世紀中葉以降，経済学，心理学，建築学などの科学や芸術の諸領域に影響を与えた（Martindale 1960）。

　社会学の文脈においても，新明正道が「本源的機能主義」と呼ぶ（新明 1967），このような考え方はゲオルグ・ジンメル（G. Simmel）らに影響を与えた。しかし，現在「機能主義」または「**社会学的機能主義**」として知られている理論的系譜においては，まったく正反対の理論的性格を持つこととなった。すなわち，社会をそのさまざまな部分が安定性と連帯性を生みだすために協調して作動する複雑なシステムであると考え，機能よりも構造を重視する立場である。本項ではこの「社会学的機能主義」の系譜について述べていく。

社会学的機能主義の歴史

機能という概念は，社会学の祖の1人とされるハーバート・スペンサー（H. Spencer）の議論の中にすでにみられている。彼は社会を有機体的なアナロジーによって説明しようとする際に，構造と機能という概念を用いているのである。ただ，彼自身は構造と機能を対置しただけで，構造に対する機能の貢献ということを明確にしたわけではなかった。そのような立場を最初に規定したのは，エミール・デュルケーム（É. Durkheim）であり，この点で，社会学的機能主義の始祖はデュルケームとされることもしばしばである。

デュルケームは，『社会分業論』の中で，類似したものから形成される社会的結合状態である「機械的連帯」に対して，分化と統合との結合として「有機的連帯」を取り上げ，分業の機能について検討する際に，「機能」という言葉を，運動と有機体の何らかの欲求との間に存在する対応関係を説明するものとして用いることを明確にした（Durkheim 1893）。ここに機能が欲求と結びつけられ，その対応関係こそが機能の概念において中心となることが示されたのである。

デュルケームの考え方は，主に2名の文化人類学者によって継承された。ラドクリフ＝ブラウン（A. R. Radcliffe-Brown）は，デュルケームの伝統を忠実に受け継ぎ，社会体系の機能的統合の側面を強調した。そして，そのような統合の要件に適うために，構造のレベルがどのように振る舞うのか研究を進めた。これとは対照的に，マリノフスキー（B. Malinowski）は，個人と社会との関係についてより個人主義的であり，ラドクリフ＝ブラウンのように有機体論的な立場は採らなかった。ただ，彼にしても，人類学上の諸事実をそれらの機能から，すなわち文化の統合的体系の中で演ずる役割やその体系内での相互関係から説明することを研究の基本とした点では，デュルケームの影響下にあったといえる。

これらの「**機能主義人類学**」の成果は，1940年代になって再び社会学に取り入れられることになる。タルコット・パーソンズ（T. Parsons）は，**AGIL図式**として表される4つのサブシステムを公理的に設定し，自身の社会システム論を構築したが，その際，行為者の相互行為の中でも安定的なパターンを「構造」と呼び，そのような構造が求める役割への貢献としての機能という関係性から**構造－機能主義**（structural functionalism）を提唱した。すなわち，社会構造を担う行為者は，制度によって要求されている役割期待に合致した行為をすることが求められるのである。このための動機づけが「社会化」であり，役割期待から逸脱するような場合には，それを除去しようとするような「社会統制」が生じる。彼にとっての機能分析とは，このような社会化と社会統制の分析のことであった。

このように，より一般的なレベルで機能主義の可能性を追求しようとしたのがパーソンズだとすれば，構造に対する機能の貢献を相対的に捉え，機能が作用する範囲の問題に焦点を当てたのがロバート・マートン（R. K. Merton）といえるだろう。マートンはラドクリフ＝ブラウンとマリノフスキーによって打ち立てら

れた機能主義の公準を批判的に再検討することによって，機能分析のパラダイムを発展的に継承しようとした。なかでも，ラドクリフ＝ブラウンの「機能的統合の公準」に対しては，「単位」の問題を無視した全体社会の機能的統合の仮定は無益であるとして，同じ項目であってもさまざまなレベルの体系の中で，多様な機能のあり方をする可能性があることを強調した。彼は，特定の項目がシステムの維持や効果的作動に対して，否定的な結果をもたらす場合もあるとして「**逆機能（dysfunction）**」の概念を，また一定の体系内の参与者によって意図され認知される「**顕在的機能（manifest function）**」と，意図的でもなく認知もされない「**潜在的機能（latent function）**」との区別を提唱したが，これらはすべて体系として捉える範囲を相対化することから，必然的にもたらされたのである（佐藤 2011）。

マートンによる機能分析の概念の精緻化の試みにもかかわらず，パーソンズの構造－機能主義が，さまざまな立場から批判されるとともに，機能主義自体も1960年代以降退潮していくことになった。1980年代になり，ジェフリー・アレクサンダー（J. C. Alexander）らが「**ネオ機能主義（neo-functionalism）**」を提唱したが，その議論は必ずしも一枚岩ではなく，機能主義的な側面が薄められているものもあり，その影響が拡がっているとは言い難い。

機能主義への批判

機能主義に対する批判の中でも共通しているのは，機能主義的な説明においては，社会が「目的」を持つかのように記述されているという点である。すなわち，社会の諸要素が全体の維持，発展に貢献するという機能観は，個人を超えた社会固有の目的や利益をアプリオリに前提としてしまっているのである。

そして，この前提のもとに，社会固有の目的や利益が何かを問うことは，しばしば社会における利害の対立や葛藤を二義的なものと捉えることにつながってしまう。例えば，デイヴィス（K. Davis）とムーア（W. E. Moore）は，階層的不平等を，社会の直面する課題に対処できる稀少な人材が，その育成のために，ふさわしい位置に配置される結果として説明したが（Davis and Moore 1945），この議論が世代間で受け継がれる「機会の不平等」の影響を過小評価しているのは明らかである。このように，機能主義的説明は，安定性や秩序に焦点を合わせるがあまり，社会における紛争や葛藤，不平等状態を過小評価しがちなのである。社会的凝集をもたらす要因を過度に強調することで，保守主義的なイデオロギーと親和的であった機能主義は，1960年代以降の時代状況の変化のなかで，急速にリアリティと影響力を失っていくことになる。

《参考文献》

佐藤俊樹，2011『社会学の方法――その歴史と構造』ミネルヴァ書房。

新明正道，1967『社会学的機能主義』誠信書房。

Davis, K. and W. E. Moore, 1945, "Some Principles of Stratification," *American Sociological Review*, 10, 2, (April):

242-249.
Durkheim, É., 1893, *De la division du travail social*（『社会分業論』〈上・下〉, 井伊玄太郎訳, 講談社学術文庫, 1989年）.
Martindale, D., 1960, *The Nature and Types of Sociological Theory*, Boston, Houghton Mifflin.（『現代社会学の系譜——社会学理論の性格と諸類型』〈上・下〉, 新睦人訳者代表, 1971年＝1974年, 1974年. 合本, 未来社）.

小林大祐（こばやし・だいすけ）

競　争【competition】

自由競争・完全競争・純粋競争

自由競争（free competition）とは, 国家による干渉や規制を受けずに需要と供給の諸力が自由に発揮される状態を指す. この概念は, 18世紀末以降の自由主義の時代には, その思想的要請を経済的に実現するものとして実質的な意義を与えられていた. しかし, 19世紀半ば以降, 自由競争の概念は次第に, 経済分析のための方法的仮説として扱われるようになった. その場合, 自由競争は, **完全競争**（perfect competition）という概念で表わされる. 完全競争市場には, 次の5つの要件が含まれる. ①買手と売手がともに多数かつ類似の規模であること, ②売買される財はまったく同質であること, ③財の価格・品質, 買手・売手の所在といった有用な情報がいつでも無料で入手可能なこと, ④生産資源がいつでも入手可能なこと, ⑤市場への参入と市場からの退出が自由なこと, である. なお, ①から④の条件を満たす市場を, **純粋競争**（pure competition）の市場という.

完全競争においては, とりわけ①の条件から類推されるように, 売手も買手も恣意的に価格を操作できない. 価格は, 市場全体の需給関係で決定されるから, それは財・サービスの社会的な必要度と入手可能性の指標となる. それゆえ, 完全競争下では, 価格というシグナルを通じて社会的に最適な**資源配分**が実現する. つまり, 社会的に必要な財・サービスに資源が投入され, そうして生産された財・サービスは, それらを最も必要とする経済主体に配分されるのである. したがって, 完全競争市場では, 他の誰かの状態を悪化させることなしにはもはや誰の状態もよりよくすることができない, という**パレート最適**（pareto optimal）が実現する.

不完全競争・独占的競争

完全競争を前提とする経済理論は現実との乖離があまりにも大きかったため, その乖離を埋めるべく, ジョーン・ロビンソン（J. Robinson）とE・H・チェンバリン（E. H. Chamberlin）は1933年に, それぞれ**不完全競争**（imperfect competition）と**独占的競争**（monopolistic competition）のモデルを独自に提示した.

不完全競争は, 買手側の選り好みを考慮した概念である. 買手はものを購入するとき, 他の店で同じものが安く手に入るとしても, 交通費やわずらわしさのた

めに，近くの店やなじみの店で惰性に済ませることが少なくない。この場合，品質はほぼ同質であったとしても価格に若干の開きが生じる。しかし，価格差が大きくなると，買手は購入先を変え始める。このことは，売手が価格を下げると需要量はある程度増え，上げるとある程度減ることを意味するから，各企業は一定の**独占力**（企業が人為的に価格を操作できる力）を有していることになる。このような市場で行われる売手間の競争が不完全競争である。

一方，独占的競争は，売手側による**製品差別化**（product differentiation）にその成立の根拠をおく概念である。企業は，自社製品が他社製品に類似していればいるほど，価格を引き上げたときに顧客の多くを失うことになる。したがって企業は，広告・ブランド・モデルチェンジといったさまざまな方法で，同種の製品から自己の製品の差別化を図る。差別化に成功すればするほど，その企業はより強い独占力を持つようになる。しかし，一定の差別化が可能だとしても，複数の企業が存在しているかぎり，企業は自社製品の価格と種類の両方で顧客をめぐって他企業と競争しなければならない。また，この産業への新規企業の参入には何の制約もない。このような産業構造は，独占的要素と競争的要素の双方を持ち合わせているので独占的競争と呼ばれ，産業構造の最もありふれた形態と考えられている。

競争政策

競争概念の検討は，実践的な観点からも行われた。J・M・クラーク（J. M. Clark）によって1940年に提起された**有効競争**（workable competition）の概念は，完全競争が理論上の仮説的概念であったのに対して，政策判定上の基準を与える現実的・実践的概念として提案された。クラークの提起をきっかけとして多くの有効競争論が展開されたが，論争を通じて次の3つの基準が有用であるとの認識が共有されることになる。①**市場構造基準**（market structure）代表的なものは，売手・買手が多数であって市場価格に影響を与えるほど大規模ではないこと，新規参入が容易であること，などである。②**市場行動基準**（market conduct）企業間でカルテルなどの協調的行動がとられていないこと，顧客・納入業者・競争相手に対する差別的行動様式が存在しないこと，などが例として挙げられる。③**市場成果基準**（market performance）現実の技術水準に照らして効率的な生産が実現されていること，生産物がコストに見合った適正価格で販売されていること，最新の技術的成果が生産技術の改善・発展に応用されていること，などが基準となる。E・D・メイソン（E. D. Mason），J・S・ベイン（J. S. Bain）に代表される**ハーバード学派**（Harvard school）は，これら3つの基準を基本的な分析枠組みとして産業組織論を体系化し，排他的取引や相互価格協定の禁止といったカルテル当局による規制政策の理論的・実証的基礎を提供した。

しかし，1970年代に入ると，ハーバード学派の立場に対して，G・J・スティグラー（G. J. Stigler）に代表される**シカゴ学派**（Chicago school）やフリードリヒ・ハイエク（F. A. Hayek），I・M・

カーズナー（I. M. Kirzner）に代表される**オーストリア学派**（Austrian school）などから，さまざまな批判が展開された。市場構造基準に関しては，例えばガソリン市場や自動車市場のように寡占市場においても激しい競争がみられるケースがある。また，カルテル当局が，製品の不適正価格での販売（市場成果基準）やカルテル協定（市場行動基準）などを完全に監視・規制するには限界がある。それゆえシカゴ学派は，市場構造・市場行動・市場成果が競争のチェックにとって十分には機能しえない基準であるとし，新たな競争者がいつでも市場に参入可能であることこそが，最も重要であると主張した。市場において独占的地位が生じたとしても，新規参入が可能である限り，その独占的地位は長く持続することはないと考えたからである。独占は一時的な現象に過ぎないとするこの見解は，市場での企業間の競争を動態的な過程として捉えるオーストリア学派にも共通していた。こうして，彼らの主張する競争政策は，あらゆる参入障壁の撤廃となる。とりわけ，政府規制の緩和ないし撤廃が，競争を有効に機能させるための必要条件として彼らの強く主張するところとなった。

近年では，民間企業間の競争のほかに，多様な供給主体間の競争にも注目が集まっている。例えば，これまで官が独占的に実施してきた公共サービスについて，官民競争という視点から市場化テストが導入されている。さらに，日本の介護保険制度においては，非営利法人と営利法人がともに介護サービス市場に参加している。このような多様な供給主体間における競争の機能条件を明らかにし，それに適合するよりよい制度設計を実現することは，今日の重要な政策的課題となっている。

《**参考文献**》

小西唯雄，1980『反独占政策と有効競争〈増補版〉』有斐閣。

新庄浩二編，2003『産業組織論〈新版〉』有斐閣ブックス。

Chamberlin, E. H., 1957, *Towards a more general theory of valne*, New York, Oxford University Press.（『独占的競争の理論』青山秀夫訳，至誠堂，1966年）。

Clark, J. M., 1940, "Toward a Concept of Workable Competition," *The American Economic Review*, 30, 241-256.

Robinson, J., 1933, *The economics of imperfect competition*, London : Macmillan.（『不完全競争の経済学』加藤泰男訳，文雅堂書店，1956年）。

高倉博樹（たかくら・ひろき）

協 働【collaboration】

協働の定義

協働（collaboration）と似た言葉として共同と協同がある。共同は共同作業のように「一般的に何事かを一緒に行うこと」を意味し，協同は協同組合のように「志だけでなく目標達成の方法全体にわ

たって一致し，ともに行動する」という意味合いが強い。それに対して協働とは，志や方法論が完全に一致していなくても「重なる部分で設定された共通の目標に向かって，明瞭な形での協力関係を結ぶこと」を意味している。それは行政，営利企業，NPO などがそれぞれの活動領域を越え，特定のプロジェクトの共通目標の実現のために対等な関係のもとに行動することである。協働は政府，民間企業，NPO のあいだだけでなく，それらに属する組織のあいだ，コミュニティなども視野に入れて考える必要があるが（中村 2004），ここでは政府と NPO のあいだの協働を取り上げる。

政府と NPO の協働を説明する理論

　市場の失敗（market failure）（集合財の不足など）に対して，政府が対応する場合，法律立案，多数の人の支持，政策実施までの時間などの初期費用が高くつく。しかし NPO はボランティアをはじめとした少数の人がいればよく，事態にもより素早く対応できるから初期費用は低い。それゆえ市場の失敗に対しては，まず NPO などで対応し，それで不十分な場合に政府が対応することが合理的となる。

　しかし NPO やボランティアにも固有の限界があり，サラモン（L. Salamon）はそれを「**ボランティアの失敗（ボランタリーの失敗，voluntary failure）**」と呼んだ。彼はその 4 要素として①他人の成果にただ乗りしようとすることから生じる量的不足，②機関の重複や財源の浪費につながりうる専門主義，③財力のある構成員の意向で活動が左右されるパターナリズム，④貧者や精神障害者などの人間の問題に素人的手法で対応するアマチュアリズムを挙げている（サラモン 2007）。これらの要素が政府の関与を余儀なくさせ，ここに政府と NPO の協働が成立することになる。

協働の意義・原則と実施上の問題点

　協働の意義は，①情報の共有によって的確に活動展開できること，②多様な社会資源を活用して課題へ対応できること，③単独では対応できない課題を解決できること，④協働する組織にとって新しい環境に適合した革新が期待できることなどにある。

　協働の原則には①参加する組織の行動原理・組織原理等が異なる異質性，②計画の推進過程における対等性，③一定の期間ごとに関係を見直す有限性などがある（中村 2004）。

　協働の原則を実施していくにあたっては，協働主体の範囲（誰が協働の担い手か），主体間の関係の対等性（政府からの事業委託を含めるか否か）などをめぐって見解の相違が存在するが，それでも協働成立の一般的な要件として，政府（自治体）と NPO という異質な組織のあいだでの①目的共有，②対等性は共通にあげられている。

　しかしこの 2 つの要件は，実践において次のような副作用をもたらす。①目的共有は，それができないアドボカシー型の NPO を蚊帳の外におく傾向に繋がる。②対等性は政府と NPO をあたかも同列の地位にあるかのように位置づけることで，政府の仕事のアウトソーシングを加速し，最安値落札の原則ともあいまって

公共サービスの質や安全性の低下に繋がる（原田 2011）。このように現実においては個々のNPOと政府との協働というレベルだけでは対等性を確保するのが難しく、それゆえ政府セクターとNPOセクターというセクター間の協働の仕組みも整備する必要がでてくる。

協働を促進する政策――英国の事例

セクター間協働の仕組みの先進事例が、英国でブレア（T. Blair）労働党政権のもと1998年に、政府セクターとNPOセクター（英国ではボランタリー・セクターという）のあいだで締結された合意文書である、**コンパクト**（協定, compact）である。英国では1990年代の保守党政権のもとで、政府が公共サービスを提供するNPOセクターに資金を供給する場合、効率性を精査した上で行うという施策が進められた。その結果、NPOのアドボカシー機能を軽視する、政府の代理人（エージェント）化が進んだ。このような事態を改善するためにコンパクトにおいては、政府が個人のボランタリー活動やNPO団体活動の支援を積極的に行っていくことが宣言され、NPOが政府の政策を批判しても資金提供を打ち切らないといったアドボカシー機能の尊重などが打ち出された。2000年にはコンパクトを実効性のあるものにするために具体的指針を示した5つの「優れた実践のための行動規範（コード）」が公表され、地方自治体レベルでもローカルコンパクトガイドラインが示された（細見 2009）。

第2期ブレア政権は公共サービス改革に着手し、NPOセクターの力量形成のためにいくつかの施策を実行して、同セクターに政府資金を投入した。そのことが、NPOセクターに、公共サービスの供給主体としての役割を強く期待することになり、同政権においても、1990年代の保守党政権と同様、NPOセクターの自立性が損なわれる懸念が生じた（中島 2012）。ブラウン政権のもと、こうした傾向への反省がなされたが、2010年5月から政権を担った保守・自民連立政権は、協働政策そのものの見直しを進めている（原田 2011）。

こうした事態は、政府セクターとNPOセクターというセクター間で協働の仕組みをつくり維持していくことの困難さを示している。しかし時代の問題に対処しながら、コンパクトの精神を見失わずに基盤整備することは、政府とNPOの協働の実現のために取り組まなければならない課題だといえる。

《参考文献》

中島智人，2012「現代 ボランタリー・セクターと国家の現在」岡村東洋光ほか編著『英国福祉ボランタリズムの起源』ミネルヴァ書房。

中村陽一，2004「協働」大阪ボランティア協会編『ボランティア・NPO用語事典』中央法規。

原田晃樹，2011「新しい公共における協働」『まちと暮らし研究』13。

細見義博，2009「NPOの下請け化を克服する政府との対等な協約」世古一穂編著『参加と協働のデザイン』第3部2章，学芸出版社。

Salamon, L. M., 1995, *Partners in Public Service: gavernment-nonprofit rela-*

tions in the modern welfare state, Baltimore, Johns Hopkins University Press.(『NPO と公共サービス』江上哲監訳，ミネルヴァ書房，2007年）。

豊山宗洋（とよやま・むねひろ）

近代化【modernization】

近代化と時代精神

近代化が近代文明と近代社会をもたらしたが，その出発点をどこにみるか。近代の最大の特徴を「人間中心主義（Anthropozentrismus）」，したがって「ヒューマニズムの絶対化」にみて，**ルネッサンス**」が近代の出発だと捉える。あるいは「科学的認識の絶対化」が最大の特徴だとして，近代は「**科学革命**」にはじまるという主張もある。さらには「資本主義における営利主義の絶対化」を近代の本質だとみて，「**宗教改革**」に近代の出発点をみる説もある。

しかしこれら3つは，いずれも近代に固有な特質であり，しかも相互に関連する。ルネッサンスが生んだ「人間理性に対する信頼」は，それゆえに自然を征服するところの「人間中心主義のヒューマニズム」をもたらした。同時に理性に対する信頼が「科学革命」に繋がり，あるいはこれと並行していた。さらに科学革命がもたらした「科学技術」は，宗教改革にも端を発する「営利主義」と結びついて，資本主義経済の発展を促した。

このようなルネッサンス，科学革命，宗教改革のトライアングルが「近代化」を促した契機であり，また近代化の思想的背景であり，近代の「時代精神」に他ならない。

近代化の成果──3つの人間解放

近代文明は「近代化」がもたらした文明であるが，近代化はこうした時代精神を背景に，主として「合理的思考」に基づいて，「工業化」と「民主化」を推進することであった。そして近代化のこの3つの特質に対応して，近代文明は「**精神的抑圧からの解放**」と「**貧困からの解放**」および「**政治的・社会的抑圧からの解放**」の3つの人間解放をもたらした。

第1に我々は物事を合理的に考えることにより，近代以前において人々の心を拘束していた迷信や因習や慣習など，ヴェーバー（M. Weber）のいう魔術（Magie）に，それほど囚われなくなった。したがって，我々は古代や中世社会よりはるかに自由に思考する。もっともその結果，この自由を消化しきれずに，逆に科学知に囚われすぎ，あるいは逆に新興宗教に走るといったマイナス側面もある。しかし一般的に我々は，合理的に考えることで，かつてと比較にならない自由を得て，「精神的抑圧」から解放された。

第2に先進諸国は工業化の推進によって，絶対的貧困から解放された。けれども世界全体ではなお10億の民が絶対的貧困に苦しめられ，最近の「市場主義」によるアメリカの4700万人にのぼる貧困者をはじめ，日本その他の先進諸国にも再び絶対的貧困者が生じている。経済格差

を広げる市場主義への傾斜が問題である。しかしこのような状況があるにせよ，工業化が疑いもなく多くの人々を貧困から救済してきた。

　第3に議会制民主主義により独裁政治から解放され，地域社会と家庭の民主化によって，地域的な「しがらみ」からも解放されてきた。例えば法律で「婚姻は両性の合意に基づいてのみ」と謳っていても，地域社会や家庭が民主化されていない時代には，男女の確信だけの結婚は困難であったが，今日ではそうしたことは稀となっている。民主化が人類を「政治的・社会的抑圧」から解放してきた。

　ところで近代化を推進した主体は大衆であり，彼らがそれぞれの立場と仕事を通じて近代化を推進した。しかし，その先頭に立って近代化の旗振りをしたのは，いずれの国においても「**近代的中央集権国家**」であり，大衆はこれに従った。同時に中央集権国家は，近代化を推進するために強化された。

近代化による自然と地域共同体の破壊

　人間解放をもたらした近代化と近代文明は，他方で「**自然の破壊**」と「**地域共同体の破壊**」および，それらの結果としての「**人間の精神と文化の破壊**」の3つを助長している。

　自然の破壊は，温暖化に典型的な大気汚染，酸性雨や環境ホルモンに典型的な水質汚染，さらに重金属による土壌汚染であり，いずれも人類の存亡に関わるほどに深刻となった。

　他方で工業化は「過疎社会」と「過密社会」の双方をもたらしたが，いずれの地域でも伝統的な地域コミュニティを破壊してきた。例えば2000年代になると日本では全国土面積の54％，7873集落が「限界集落」となり，そのうち2683集落が消滅の危機に陥った。逆に東京をはじめとする大都市もしくはその周辺は，人口過密の傾向であるが，ここでもかつての地域共同体は崩れ，"隣は何をする人ぞ"のような状況でお互いの交流が少ない。

　このような地域共同体の消滅は，主として2つの問題を引き起こす。第1に地震その他の災害の被害を大きくする。第2に地域共同体の欠如が，無意識的にではあるが人々を不安に陥れている。それゆえ，やはり無意識的にではあるが，その不安から目を逸らすために快適，便利，安逸な生活を極端に求めて，人々は「**ホモ・エコノミクス（homo oeconomicus）**」さらには「エコノミック・アニマル」となっていく。

　これがまた物的に豊かになることと，人間の幸せとを同一視するところの「**経済主義（Ökonomisumus）**」のイデオロギーを強化し，その結果，一層の工業化・市場経済主義となってきた。そしてこれらが地域共同体を破壊するばかりでなく，大気・水質・土壌汚染によって自然を破壊している。さらに人間精神を蝕み，文化を退廃させている。

近代化による精神と文化の破壊

　エコノミック・アニマル化や工業化の進展とともに，人々の精神が蝕まれる。例えばイギリス，アメリカ，ドイツ，ポーランド，フィンランドに関するILOの1999年の調査では，ITの導入により従業員10人に1人が強度のフラストレー

ションや鬱病に悩んでいるという。日本では事態はさらに深刻で自殺者が急増し，抗鬱剤が最も売れる薬のひとつといった状況だ。

　ちなみに日本では1998年から2011年まで，年間の自殺者が3万人を超え，20〜39歳までの死亡原因の第1位が自殺であるが，男子10万人当たりの自殺者は40人で，ロシアと並ぶ世界最悪記録であり，これらの人々の自殺未遂平均回数は，16回だという統計もある。

　このようにエコノミック・アニマル化や，精神を病んでいる人々の多い社会では，文化も退廃する。もともと地域共同体と地域の自然が，人々の個性を豊かにする。文化はそうした地域コミュニティや，人々の個性が形成するものであるが，地域の共同体と自然の双方が衰退もしくは破壊されてきたから，我々の個性も失われがちとなった。それゆえ文化はゲーテ（J. W. von Goethe）のいう「**半分文化**（halb Kultur）」となってきた。

　近代文明の進展に伴う文化の退廃については，ゾムバルト（W. Sombart）も指摘している。富の増加による文化作品の増加，人々の没個性化，信仰心の希薄化などにより文化が堕落し，「文化の乗合馬車化」や公衆の喝采をもくろむ「不健全な没個性的文化」となるという。最近のマスコミ報道の水準の低下と横並び体質や，学者の「あまり意義のない超専門論文」を見ると，文化の乗合馬車化も頷ける。

　こうして近代文明は，3つの人間解放のプラスを拭い去って余りある3つの破壊をもたらした。その方向転換をはからなければ，人類の破滅も避けられない。それゆえ近代化を推進してきたイデオロギーの「経済主義」と「中央集権国家体制」の双方を転換しなければならない。

《参考文献》

田村正勝，2007『社会科学原論講義』早稲田大学出版部。

田村正勝，2012『社会哲学講義——近代文明の転生に向けて』ミネルヴァ書房。

　　　　　　田村正勝（たむら・まさかつ）

グローバリゼーション【globalization】

国際化からグローバリゼーションへ

　「世界規模化」や「地球規模化」とも訳されるグローバリゼーション（globalization）は，端的にいえば，ヒト，モノ，カネ，サービス，情報などが自由に移動し，それゆえに「世界規模の社会関係が強まっていくこと」（Giddens 1990：64，訳85）を意味する。この言葉は1960〜1970年代から使用され始め，1990年代以降に広く受け入れられていった。だが社会の主眼が世界全体に置かれ，さまざまな現象が地球規模化するのは近年に限ったことではない。すでに大航海時代には"地球"が意識され，その後に勃興，発展した資本主義諸国は世界規模で貿易を行っていた。ただし，それはあくまで**国民国家**（nation state）という枠組みを前提としたものである。したがって当時の世界・地球規模化は，**国際化**（internationalization）という性質を持っていた。こ

れに対してグローバリゼーションは，必ずしも国民国家という単位を基礎としたものではない。むしろさまざまな次元で，国民国家間の境界線を越境し相対化する。グローバリゼーションにはこのような含意があり，これは20世紀後半以降に顕著になった現象である。

グローバリゼーションの経済的・政治的側面

　グローバリゼーションは，経済システムの変容と密接に関係している。第2次世界大戦後の経済システムは，安定した為替レート（固定相場制）に基づく各国間の貿易を前提としていた。だが1970年代に，金本位制に基づく固定相場制は廃止され，1980年代にはアメリカやイギリスの**新自由主義**（neo-liberalism）的政策によって，経済の規制緩和が進展していく。これがやがて世界全体へと波及していき，冷戦の終焉や情報通信技術の発展と相まって，世界市場が形成されていくことになる。その特徴は，市場原理を重視した自由な貿易と金融取引であり，このシステムの中で，活動拠点を複数の国家に置く**多国籍企業**（multinational corporation）が台頭し，個人投資家がグローバルな電子ネットワークを駆使して金融取引をする。経済システムが，統制された国際経済から，自由でグローバルな**世界経済**（world economy）へと変容したのである。

　グローバリゼーションの経済的側面は，政治にも影響を与える。また逆に，冷戦終焉という政治的事件は，市場経済の拡大と進展を後押しした。経済が国家によって計画，管理されている社会主義諸国には，市場は存在しない。したがって社会主義諸国が崩壊することは，新たな市場が生まれることを意味する。また冷戦が終わることで，国家体制に関する議論は下火になり，資本主義もしくは自由主義国家が国家体制の中心となった。だがグローバリゼーションは，国家の枠組みそれ自体を揺るがす。国民国家の成立要素は，領土，国民，主権であるが，資本や労働力が国境を越えて移動することで領土は相対化される。また現在では，経済，環境，人権などさまざまな問題に対応するために，国家間協調が求められているのみならず，地方自治体や市民団体間で国家を越えたネットワークが形成されている。そしてこのような市民団体は，しばしば国家（間）の決定に異議申し立てをする。脱国家化した政治領域である**公共圏**（public sphere）が存在しているのである。そこではグローバルな次元で世論が形成され，政策決定に対して影響力を持つようになっている。

グローバリゼーションの文化的・社会的側面

　グローバル化した市場や情報通信技術の飛躍的発展は，文化にも影響を与える。映画やテレビ番組，スポーツ，デザインなどの文化産業や，コカコーラやマクドナルドの食文化が広まっていき，グローバルな次元で文化が均質化していくのである。この現象は**文化帝国主義**（cultural imperialism）と呼ばれるが，これは単に特定の商品が世界中に流通することのみを意味しない。商品の流通に伴い，一定の価値観が（しばしば無意識的に）世界中に受け入れられることをも意味する。したがって，例えば**マクドナルド化**（McDonaldization）は，店舗数が世界

中で増加することのみならず、それに伴って、効率性、計算可能性、予測可能性、機械による制御といった価値観が広まる現象を示している（Ritzer 1993）。それゆえにグローバリゼーションは、しばしば文化摩擦の原因にもなる。

　さまざまな次元におけるグローバリゼーションにより、社会それ自体も変容していく。いまや社会は、国民国家の諸制度によって秩序づけられ、個人（国民）に労働の機会やアイデンティティを提供するような、確固たる統治システムではない。元イギリス首相のサッチャーが「社会などというものは存在しない」と言ったことに示されるように、国民国家とその外枠をほぼ同一にしていた社会もグローバル化して拡散、流動化している。またその過程で、中間団体や地域コミュニティが以前の力を失い、個人は国民というよりも市民、さらには人的資本（human capital）として、グローバル化した市民社会に組み込まれ、それに対峙することになる。こうして社会は変容し、**個人化**（**individualization**）が極度に進展していくのである（Beck 2002）。したがってグローバリゼーションは、国民国家を前提とした「社会と個人」という概念枠組みの再考を促し、それゆえに社会を対象とする学問の再編性を要請しているといえる。

《参考文献》

Beck, U., and E. Beck-Gernsheim, 2002, *Individualization : Institutionalized Individualism and Its Social and Political Consequences*, London, Sage.

Giddens, A., 1990, *The Consequences of Modernity*, Cambridge, Polity Press.（『近代とはいかなる時代か？——モダニティの帰結』松尾精文・小幡正敏訳、而立書房、1993年）。

Ritzer, G., 1993, *The McDonaldization of Society : An Investigation into the Changing Character of Contemporary Social Life*, Thousand Oaks, Calif., Pine Forge Press.（『マクドナルド化する社会』正岡寛司監訳、早稲田大学出版部、1999年）。

Steger, M. B., 2009, *Globalization : A Very Short Introduction 2nd ed.*, Oxford : New York, Oxford University Press.（『グローバリゼーション』櫻井公人ほか訳、岩波書店、2010年）。

Tomlinson, J., 1991, *Cultural Imperialism : A Critical Introduction*, London, Pinter Publishers.（『文化帝国主義』片岡信訳、青土社、1997年）。

　　　　　　　権　安理（ごん・あんり）

グローバル経済【global economy】

国際経済からグローバル経済へ

　国際経済（international economy）という言葉にかわってグローバル経済（global economy）という言葉が日常的に使われるようになったのは、1980年代以降のことである。これは国境をまたぐというよりも国境自体の変容・消失という感覚を人々が持つようになったからで

あろう。しかしながら，グローバル経済という言葉が指し示している内容はそれほど明確なものではない。それは，「グローバル（化）」も「経済」も一義的に用いられているわけではないことに一因がある。経済という言葉が，市場経済＝商品流通を意味するのであれば（これは，かなり狭い見方であるが），ウォーラーステイン（I. Wallerstein）が述べたように，近代社会はその成立当初から世界経済としてあった。つまり，近代的な経済はその地理的範囲の差はあっても質的には異ならず，グローバル経済とはその範囲が地球上で人間が暮らす空間をほぼ包含するに至った状態ということを意味するに過ぎないことになる。しかしグローバル化を，19世紀に経験された**近代化（modernization）**のプロセスに匹敵する，社会のあらゆる側面に及ぶ構造変動であると考えるのであれば，グローバル経済という言葉が持つ射程もかなり長いものになる。近代化の理論が，暗黙のうちに国民国家をその分析単位としていたのに対して，グローバル化の理論は国民国家の相対化と諸現象の空間的特徴への注視という点で，前者を乗り越えている。

　グローバル経済にとどまらず，社会のグローバル化全体の推進力が市場における資本主義的諸活動に由来していることは，衆目の一致するところであろう。ギデンズ（A. Giddens）は，一般化された象徴的メディアは世界を包含しようとする傾向性を持つと指摘したが，貨幣メディアは，それが自己増殖しようとする資本となることによって，その傾向を一層顕著なものとしている。マルクス（K. Marx）は，すでに19世紀中葉に資本が持つ世界市場を創造しようとする傾向を指摘していた。近代社会においては，あらゆる事物が商品として扱われる可能性を通じてグローバル化されるのである。グローバル経済が，かつては非経済的とみなされていた領域を巻き込んで，異種混淆性を示しつつ展開しているのは，このためである。

生産過程のグローバル化

　さて，こうした経済のグローバル化の流れが20世紀後半に改めて顕在化したのは，資本蓄積の条件が新たな段階に入ったことを示唆している。フレーベルらによれば，それは①運輸通信技術の進歩（大型専用貨物船・ジャンボジェット機の開発，国際電話網の整備など），②生産技術の革新（工程のユニット化，脱熟練化），③発展途上国における産業予備軍の成立，という3つの条件がこの時期に出揃ったことが重要である（Fröbel, et al）。これにより企業活動の空間的制約が大幅に緩和され，資本蓄積にとって最適な立地を世界的規模で探ることが可能になったのである。商品流通の次元が平坦化・一体化する一方で，他の地域とは異なる事情のために特異的に生産性が高い地域がローカル・レベルで生まれ，そこに特定商品の生産が集中する**産業地域（industrial districts）**が発展するという現象も同時並行的に生じている（Piore and Sable 1984）。グローバル経済は，同質化と異質化・断片化とを併せ持つ現象なのである。

金融のグローバル化

　以上がグローバル経済の実物的側面で

あるとすると，それ以上に強い存在感を示すようになったのが，金融市場のグローバル化という貨幣的側面である。第2次世界大戦後の世界経済では組織的で継続的な貿易の自由化を推し進められてきたが，金融市場は管理通貨体制のもとで厳格に管理されていた。金融市場での規制緩和が本格化したのは，1980年代になってからのことである。貿易量をはるかに上回る金融資産がグローバルに取引されるようになり，各国の金融市場が緊密に結びつくようになると，他国の経済問題がすぐさま「伝染」して自国経済を揺るがすようになった。金融業の急速な成長は，それを支える企業向けサービス業の勃興と集積も生み出している。ライシュ（R. Reich）は，先進的な企業向けサービスに従事する人々をシンボリック・アナリストと名づけたが，これらの職種は**グローバル・シティ**（global city, 世界都市）と呼ばれるごく少数の大都市に集中している。

移民労働

経済のグローバル化は，先進国では産業構造の脱製造業化・サービス経済化としても経験されている。サッセン（S. Sassen）は，この傾向が最も顕著な空間であるグローバル・シティでは単にサービス経済化が進んでいるだけでなく，その産業自体が二重構造化している点にも注意を促している。先進国では女性の雇用労働力化が進み，それまで無償で担われてきた労働力再生産に関わる仕事が，対人サービスとして商品化され，購入されるようになった。対人サービス職は，労働集約的であり生産性が低いために，その労働条件はシンボリック・アナリストたちのそれとは対照的に劣悪である。労働力の再生産領域（育児，家事，医療，介護など）が商品化されると，それらが**移民労働者**によって担われることが多い。グローバル経済は，労働力商品のグローバルな移動（国際移民）を第3の柱としているのである。移民たちが受け入れ先に持ちこむ生活様式やグローバルに取引される財自体のサービス化により，異種混淆的な文化のグローバル化も引き起されるのである。さらには，移民を送り出す社会にもさまざまな影響が生じている。

グローバル化と国民国家

最後に，グローバル経済における国民国家もしくは国境の意味について触れておこう。グローバル経済は，多種多様な経済主体が自由に行き交う場であるように表象されるが，グローバル経済が単独で存立しているわけではない。経済取引は，契約行為や財産権に関わる法的・政治的諸制度によって支えられることなく円滑に行われることはない。グローバル経済を支えるこうした制度は，逆説的であるが，国民国家を単位とする国際的な取り決めによってコントロールされている。国境は依然として存在しており，グローバル経済がその機能を無効化しているのではない。国境が持つ機能がグローバル経済の台頭とともに変化しつつあるのである。

《参考文献》

Fröbel, F., J. Heinrichs and O., Kreye, 1980, *The New International Division of Labour : Structural Unemployment*

- *in Industrialised Countries and Industrialisation in Developing Countries*. Cambridge, UK, Cambridge University Press.
- Giddens, A., 1990, *The Consequences of Modernity*. Cambridge, UK, Polity Press.（『近代とはいかなる時代か？——モダニティの帰結』松尾精文・小幡正敏訳, 而立書房, 1993年）.
- Piore, M. J. and C. F., Sable, 1984, *The Second Industrial Divide: Possibilities for Prosperity*. New York, Basic Books.（『第二の産業分水嶺』山之内靖・永易浩一・石田あつみ訳, 筑摩書房, 1993年）.
- Reich, R. B., 1991, *The Work of Nations: Preparing ourselves for 21st-century capitalism*, New York, A. A. Knopf.（『ザ・ワーク・オブ・ネーションズ——21世紀資本主義のイメージ』中谷巌訳, ダイヤモンド社, 1991年）.
- Sassen, S., 2001, *The GlobalCity: New York, London, Tokyo, 2nd ed*. Princeton University Press.（『グローバル・シティ——ニューヨーク・ロンドン・東京から世界を読む』大井由紀・高橋華生子訳, 筑摩書房, 2008年）.
- Wallerstein, I. M., 1974, *The Modern World-System: Capitalist agriculture and the origins of the European world-economy in the sixteenth century*. New York, Academic Press（『近代世界システムI, II——農業資本主義と「ヨーロッパ世界経済」の成立』川北稔訳, 岩波書店, 1981年）.

松川誠一（まつかわ・せいいち）

経営倫理【business ethics】

経営倫理の広がり

　市場経済の深化に伴って, 現代社会における企業の影響力はますます増加している。こうした状況の中で, 企業活動の倫理性を問う動きが世界全体で広がりを見せている。経営倫理についての関心が高まり始めたのは, 1970年のアメリカで, Business Ethicsという新たな学問分野が誕生した。その後, ヨーロッパや日本にもその考え方が広がり, 日本では経営倫理と呼ばれるようになった。なお「企業倫理」という語がほぼ同様の意味で用いられる場合もあるが,「経営倫理」の場合には学校や病院などの非営利法人の経営も対象に含まれる。

　経営倫理は, いくつかの意味で複合的領域であるといえよう。経営学の1分野としての性格と応用倫理学の1分野としての性格を兼ね備えており, 前者には経営活動における倫理的実践を重視する傾向が強く, 後者には学問性・規範性を重視する理論的探究の傾向が強い。研究方法としても実証的アプローチと規範的アプローチが併存している。こうした性格から, 学者のみならず, 経営者など実業に携わる人々が多数参加し, 産学の交流が積極的に行われていることが特徴的であり, 理論と実践の対話を通じて, 現代社会の諸問題に切り込んでいこうとする, 新たな知の試みの1つである。

日本に経営倫理の考え方が本格的に導入されたのは，1990年代に入ってからである。当初は1993年4月に設立された日本経営倫理学会を中心とした研究が先行したが，2000年代に入ると，続発した企業不祥事が社会的批判を浴びたこともあり，経営倫理や**企業の社会的責任**（CSR：corporate social responsibility）に対する関心が高まる。それにつれて経営倫理に対する各企業の取り組みも急速に進んだ。

ステークホルダー

経営倫理に対する中心的なアプローチとして，**ステークホルダー**（stakeholder）理論がある。ステークホルダーとは，企業の活動によって影響を受け，また企業活動に対して影響を与える可能性のある集団あるいは個人を指し，利害関係者と訳される場合が多い。一般的に株主・投資家，顧客・消費者，従業員，取引業者，競争企業，政府・行政機関，金融機関，地域社会，一般社会，国際社会，自然環境などが，ステークホルダーとしてあげられる。各企業は，それぞれのステークホルダーに対して正負両面での影響を及ぼす可能性を有しており，その利害に対して適切に配慮することが求められる。

それぞれのステークホルダーの間で利害が対立し，一方の利益を重視した行動が他のステークホルダーの利益に反するという場合も起こりうる。いずれのステークホルダーの利益を重視するかについてのウエイトづけは，各企業の経営方針に委ねられることとなるが，いずれのステークホルダーの権利も侵害してはならず，ステークホルダー間のバランスをとるよう配慮すべきであるとされる。

企業の社会的責任

企業の社会的責任（CSR：corporate social responsibility）とは，企業は社会を構成する重要な一員であり，社会の健全な維持発展に対して責任を負うという考え方である。新自由主義を代表する経済学者であるミルトン・フリードマン（M. Friedman）は「企業の社会的責任は，利潤を増大させることである」として，株主（shareholder）の期待に応えることが企業の社会的責任であるとした。ステークホルダー理論は，このように株主に対してのみ企業は責任を負うという考え方に対する批判として，対抗する形で登場してきた経緯がある。それぞれのステークホルダーは，企業に対して果たすべき役割に対する期待を有しており，その要求に対して応えていく責任が求められる。

企業の社会的責任について，ピーター・ドラッカー（P. Drucker）は，企業の事業活動それ自体から生じる問題に対する責任と，企業活動とは関係なく社会自体が抱える問題に対する責任とに分けて論じている。前者は，企業活動によって，多様なステークホルダーに対して何らかの悪影響を及ぼすものであり，公害問題，欠陥商品の製造，会計の不正などに関わる問題である。こうした問題の多くはコンプライアンスに関わるものであり，事業上の責任として必ず取り組まねばならないものである。これに対して後者は，地球環境問題，人権問題，貧困問題など必ずしも企業自身に主たる原

因があるわけでなく，取り組みが義務づけられるわけではないが，社会を構成する重要な主体であるという自覚の上に，自発的・積極的に取り組むことが望ましいとされている。

経営倫理の制度化

　経営倫理を組織内に浸透させていくためには，経営倫理の制度化を推進していくことが不可欠である。企業が倫理的行動主体となるためには，組織内部の個人が企業の方針に沿った適切な意思決定をできるようにするためのプログラムが必要である。経営倫理プログラムの内容としては，一般に次のような制度の整備が行われている。①倫理的行動規範の制定，②倫理担当役員の選任，②制度整備，教育・研修，相談窓口などの機能を果たす倫理担当部署の設置，④全社的な倫理教育・研修の実施，⑤定期的な監査，見直しの実施などである。

　日本においては，2000年代に入って各企業が経営倫理の制度化を急速に推進しており，2008年の日本経団連の調査では，大企業のうちの9割近くがすでに何らかの取り組みを行っているとされた。今後の焦点は，こうした制度的取組が形骸化することなく，組織内の構成員の行動に対して実効性を持たせることができるかに向けられる。そのためには，社内の組織文化の改革の推進が課題となるが，全社的な意識改革を必要とするがゆえに，形式的な制度化以上に困難な取り組みとなっている。

社会的動き

　経営倫理に対する企業の取り組みが近年急速に進んだ理由として，いくつかの社会的要因があげられる。まず相次ぐ企業不祥事に対して，社会からの監視の目が厳しくなったことがあげられる。次に規制緩和の流れの中で，事前規制から事後規制へと重点が移ったことにより，政府の規制に従うという受動的な姿勢から自主的に問題を防止するという姿勢が求められるようになった。またグローバル化の流れの中で，より透明性・公開性が求められるようになった。特に海外投資家や機関投資家，個人投資家などの比率が高まったことによって，企業に対する選別の目が非常に厳しくなった。

　こうした状況の変化を背景にして，リスクマネジメントや企業イメージ向上などの視点から，倫理的取り組みの推進が企業戦略の一環として位置づけられ，社会的責任に取り組む姿勢をアピールする企業が増加していった。基本的に企業の自発的・主体的な取り組みが必要となるのであるが，それを外部から支援する体制を整備する動きも並行して進められた。国連による「グローバル・コンパクト」や社会的責任に関する国際的規格である「ISO26000」などが代表的なものであるが，厳密なチェック体制をとるのではなく，企業の自発的なイニシアティブを尊重する点が特徴的である。民間レベルでも，投資活動を通じて誠実で倫理的な企業を支援しようとする社会的責任投資が登場し，企業評価のための格付システムが開発されている。

　こうしたさまざまな取り組みを通じて，企業に対して社会的責任の自覚を促すとともに，収益という点からも倫理的経営が企業体質を強化し，長期的な利益に繋

がるという認識が広がりつつある。

《参考文献》
梅津光弘，2002『ビジネスの倫理学』丸善。
高巖，2013『ビジネスエシックス（企業倫理）』日本経済新聞出版社。
日本経営倫理学会監修，水谷雅一編著，2003『経営倫理』同文館出版。
DeGeorge, R., 2009, *Business Ethics, 7th ed.*, New Jersey, Pearson.（『ビジネス・エシックス〈第2版〉』永安幸正・山田経三監訳，明石書店，1995年）。

大野正英（おおの・まさひで）

計画経済【planned economy】

概念と沿革

　財・サービスの生産，流通，分配に関わる決定を包摂した政府の中央計画に基づき国民経済を一元的，意識的に管理運営していく経済体制を指し，その種の決定が市場機構を通じて分散的，無意識的に行われる**市場経済**（market economy）と対照をなす概念として用いられることが多い。計画経済（planned economy）の構想が現実味をもって語られるようになったのは，20世紀初頭まで支配的経済体制としての地位を占めていた［自由］市場経済が行き詰まり傾向を見せるようになってからのことで，計画経済には市場経済に取って代わるアンチテーゼの体制としての期待が寄せられた。計画経済が現実の体制として歴史の表舞台に登場したのは1917年のロシア革命以降で，**ネップ**（**新経済政策**）を経て1930年代に旧ソ連邦で確立された，いわゆるソ連型経済体制はその代表例であった。ソ連邦自体は1991年に崩壊し，その意味で20世紀は「計画経済の実験の世紀」としても特徴づけられるが，後述するように，その実験は「大いなる失敗」の教訓を残すことにもなった。

集権的計画経済と分権的計画経済

　上述のソ連型経済体制は集権的計画経済とも呼ばれ，その成立の歴史的経緯から計画経済のいわば正統的モデルとしての扱いを受けることになったが，それが計画経済の唯一の類型であったわけではない。この計画経済類型化の議論についてはブルス（W. Brus）の機能モデル論が参照されることが多い。

　ブルスは，計画経済における経済的意思決定を，①国民経済の構造や発展方向を規定する重要なマクロ経済的意思決定，②個人の消費選択と職業選択に関わる意思決定，③投入・産出・販売などの経常的な企業活動に関わる意思決定，の3つの領域に分け，第1の領域については計画経済である以上，中央レベルの決定領域であることに変わりなく，また第2の領域についても個人の意思決定に委ねられるのが通常であり，結局第3の領域の意思決定を中央で行うか否かが計画経済モデルに本質的な相違をもたらすとした。

　言うまでもなく，集権的計画経済においては第2の領域を例外として，第3の領域の意思決定までもが中央で行われ，意思決定の集権化原則が最大限適用され

ることになるが，そこから集権的計画経済を特徴づける一連の基本的標識——計画がヒエラルキー的性格を持ち，それが管理機構のヒエラルキー的構造と対応していること，上から下への決定伝達が命令的形態をとること，および物量単位による計画化が優位を占め，貨幣と価格の役割は受動的なものに止まること——が派生的に導き出される。

それに対して，第3の意思決定領域は企業レベルに分権化され，第1の領域のみが中央決定に残されるのが分権的計画経済ということになるが，そこでは経常的活動について企業の自主的決定が認められていることから，ヒエラルキー的な管理運営組織はもはや必要ではなく，それにかわって企業間の水平的結合の重要性が増し，それを担うものとしての市場機構を積極的に利用する（当然のことながら貨幣や価格は能動的役割を演ずる）ことが必要とされることになる。つまり，そこでは計画と市場の有機的結合が不可欠の前提とされており，計画と市場の本質的非両立論に立つ集権的計画経済の構想とは180度の転換を図るものであった。この分権的計画経済の構想に近い具体例としては，ハンガリーで1968年に導入され1989年まで施行された**NEM**（**新経済メカニズム**）を挙げることができる。

計画経済破綻の原因

計画経済の登場は経済体制の原理的選択に新次元を持ち込み，20世紀を経済体制実験の世紀として特徴づけることにもなったが，今日からみると「計画経済の壮大な実験」は失敗に帰し，21世紀を待たずに終焉を迎えることになった。

計画経済が破綻した基本的原因は，中央計画当局としての政府に，現代経済を管理運営していく上で必要とされる膨大な情報を収集し処理する能力，そしてまた多様な経済主体間の錯綜する利害を調整する能力に大きな限界があったからであり，それは情報処理や利害調整における自動制御装置をいわば組み込んでいる市場経済を否定したことの大きな代償でもあった。この政府の能力限界の問題については，市場経済を基盤としつつ，市場経済の欠陥を補整することにその役割を限定している混合経済における政府でも**「政府の失敗（governmet failure）」**として各種の能力限界の問題に直面していることを省みれば，政府の役割が極限まで拡張されている，とりわけ集権的計画経済においてはその問題がはるかに深刻さを増すことは容易に推測できよう。分権的計画経済においても，その事情は大きくは改善されず，NEMの導入で注目されたハンガリーも経済体制の選択が自由になった1989年にはNEMを簡単に放棄して，市場経済に移行する道を選んだ。

ともあれ，計画経済が直面した深刻な能力限界のもとで現実に露呈した具体的諸問題ということでいえば，慢性的不足経済の定着，需要構造と生産構造のミスマッチ（行列と滞貨の併存），低い生産効率と技術進歩の立ち遅れ，環境破壊の深刻化等が挙げられるが，これらは**「計画経済症候群」**とも呼ばれ，市場経済との実績競争において計画経済が決定的な差をつけられ，計画経済が放棄される直接的契機となった。

計画経済の実験からの教訓

　20世紀における計画経済の実験は，20世紀前半に支配的であった理性信仰に性善説が結びつくという特殊20世紀的事情のもとで始まったが，現実の体制として見た計画経済が基本的に持続可能性に欠ける体制であることを結局のところ明らかにしたといえる。その意味で計画経済の実験は失敗であり，しかも「大いなる失敗」であるというのが，歴史の教訓として残されたと言ってよいのかもしれない。実際，リーマン・ショックに始まる最近の市場経済の危機的状況の中でも，計画経済の復活ということが議論の俎上にも上らないことはそのあたりの事情を雄弁に語っていよう。だが，計画経済を現実の体制としての選択肢から排除することに繋がった決定的事情としては，他にも計画経済が独裁的政治体制と不可分で，国家に権力が集中した結果，計画経済体制のもとで，スターリンの大粛清，クメール・ルージュの大虐殺，毛沢東の文化大革命といった数々の忌まわしい「絶対的権力の絶対的腐敗」現象が続出したことを挙げないわけにはいかないであろう。

《参考文献》

盛田常夫，1994『体制転換の経済学』新世社。

Brus, W., 1972, *The Market in a Socialist Economy*, A. Walker (tr.), London, Routledge and Kegan Paul. (『社会主義経済の機能モデル』鶴岡重成訳，合同出版，1971年)。

Brzezinski, Z., 1989, *The Grand Failure——The Birth and Death of Communism in the Twentieth Century*, Macmillan Publishing Company. (『大いなる失敗』伊藤憲一訳，飛鳥新社，1989年)。

Kornai, J., 1986, *Economic Reforms in Hungary*. (『経済改革の可能性——ハンガリーの経験と展望』盛田常夫編訳，岩波書店，1986年)。

Kosta, J., 1974, *SozialistischePlanwirtscaft——Theorieund Praxis*, Westdeutscher Verlag GmbH, Opladen. (『現代の社会主義——理論と現実』野尻武敏監訳，1979年)。

　　　　　　福田　亘（ふくだ・わたる）

経済学と経済社会学【economics and economic sociology】

経済学の視座から

　第2次世界大戦以後，日本の大学の経済学部での経済学の講座は近代経済学とマルクス経済学で組織化されたが，1991年旧ソ連邦崩壊以降，大学の経済学の講座からマルクス経済学の講座がなくなり，現在経済学の講座は近代経済学だけになり，**ケインズ経済学**がマクロ経済学講座の中心になり，**ワルラス－サミュエルソン経済学**がミクロ経済学の中心を占めてきた。しかし，すでに高田保馬によって経済学と社会学は分離不可能ではないかということが問われた。こうした中，経済学というのは生活全体を構成する社会システムの部分システムを占めるものではないかという理解，経済学と社会学は

有機的連関秩序関係にあるのではないかという理解から「経済社会学会」が発足した。近代経済学の「理論経済学会・日本経済学会」とマルクス経済学の「経済理論学会」とは異なった視座で経済学を把握する学会である。

ハーバード大学のパーソンズ社会学とシュンペーターの『資本主義・社会主義・民主主義』論を統合することが「経済社会学会」の使命であった。パーソンズ（T. Parsons）は経済社会学の社会的機能の解明に重点を置き，シュンペーター（J. A. Schmpeter）は経済社会学の経済的機能の分析に重点を置いた。シュンペーターは『経済分析の歴史』で科学的経済学は経済理論，経済史，統計学，経済社会学から構築されるべきであるとした。しかしシュンペーターの下で「経済分析の基礎」を書いたサミュエルソン（P. A. Samuelson）の基本標語はギブスの「数学こそ言語である」（Mathematics is a Language）であった。パーソンズやシュンペーターとは全く異なる経済哲学であった。

経済社会学と市民社会

経済史的視座から経済学という学的体系を考察した時，資本主義体制と社会主義体制という対比は近代になってイギリスに開始した「市民社会」（civil society）という経済社会体制の分裂体であるという学的洞察を与える。市民社会は，価値理念・法・政治・経済的次元を1つの座標軸に統合する生活世界であり，歴史的「封建」体制との対比という時間論・歴史論的社会科学的パラダイムである。政治経済学（political economy）はアダム・スミス（A. Smith）の『諸国民の富』から始まり，政治経済学から政治を追放したのがマーシャル（A. Marshall）の『経済学原理』である。

経済理論は「市民社会」の経済理論であるという理解が日本でも始まった。徳川幕藩体制から明治国家体制への移行を経験した中から「アダム・スミスの市民社会体系」（高島善哉）という研究がなされた。戦後の日本の社会科学の使命は日本型市民社会を建設することにある。「封建体制から資本主義体制」でもなく「封建体制から社会主義体制」でもなく**「封建体制から市民社会へ」**という概念規定である。「プロテスタンティズムの倫理と資本主義の精神」ではなく**「プロテスタンティズムの倫理と市民社会の精神」**である。イギリス市民社会の論理学として経済学を位置づける時のみアダム・スミスの『諸国民の富』，リカード（D. Ricardo）の『経済学および課税の原理』，マーシャルの『経済学原理』，ピグー（A. C. Pigou）の『富と厚生』『厚生経済学』，ケインズ（J. M. Keynes）『雇用・利子および貨幣の一般理論』が1本の赤い糸で繋がる。レオン・ワルラス（L. Walras）の『純粋経済学要論』もサミュエルソンの『経済分析の基礎』も「市民社会の経済理論」として位置づけられる。

市民社会は市民人格と市民階級の「生命・自由・財産」が所有権として保証される社会である（ジョン・ロック）。生命の保証はいかに可能か。政治的自由とは何か。財産とは何か。財産が所有権として保証されるとはどういうことか。イギリスでは封建体制から市民社会への道

が開始した時から，エリザベス救貧法問題が生じ，スピーナムランド救貧法崩壊へと向かう。救貧法問題が市民社会の根本問題となる。修道院解体に伴う農地の市場化問題，封建階級という「怠け者」対策，貧民問題と勤勉労働の創出問題が市民社会形成の根本問題となる。スミスの救貧法批判，マルサス（T. R. Malthus）の人口論問題，リカードの労働価値と救貧法問題，ベンサム（J. Bentham）のパノプティコン構想が，マーシャル経済学およびピグー経済学というイギリス市民社会問題解決の方法論を生んだ。

さらに1780年代以後，イギリスに綿織物工業革命，製鉄工業，蒸気機関革命が生じる。経済はシュンペーターのいうコンドラチェフ波動へと向かう。市民社会は永久産業革命体制たり得るか。そのための国際通貨システムの構築可能性。国際通商システムの構築可能性。これらは近代主権国家間の戦争遂行を通して追究された。

グローバル市民社会の経済社会学へ

主権国民国家という枠組みで出発した市民社会の**グローバル市民社会**，トランス・ナショナルな市民社会への拡張力が問われる。産業革命に必要な自然資源を他の主権国家領域から獲得するための国際資源市場の形成。グローバル市場での商品販売収益の確保。商品生産コストに見合う価格での販路。生産力資源を確保するための投資の必要性。産業革命を遂行するには収益－費用関係を確立し利潤－投資関係をミニマックスとマクシミン原理で遂行することが必要となる。フォン・ノイマン（J. von Neumann）のゲームの理論である。

貨幣－価値形態－抽象的労働の三角形と収益－コスト－投資の三角形がゲーム論として追及される市民社会は**社会言語ゲーム**制度となる。社会言語ゲーム理論でどのように収益－コストゲーム・貨幣ゲームを遂行するか。デジタル・ビット情報，ゲノム情報をどのように社会言語化し社会言語ゲーム化するかが課題であろう。

アインシュタインの$E=MC^2$の方程式が収益－コストゲームでは産業革命当時の生産力概念を破綻させる。生産力＝破壊力であるという事態である。蒸気機関の発明，内燃機関への改良，核エネルギーの開発過程で地球・宇宙それ自体が産業革命の資源として利用されざるを得なくなる過程で$E=MC^2$というアインシュタイン暗号の解釈学が要請される。経済学は資源物理学として「諸国民の富」の原因と性質から「諸国民の平和・公正・厚生」の原因と性質の解明を遂行する経済社会学となる。

《参考文献》

Coase. R. H., 1988, *The Firm, The Market, and The Law*, The University of Chicago.（『企業・市場・法』宮沢健一ほか訳，東洋経済新報社，1992年）。

Krause, U., 1979, *Geld und abstrakte Arbeit*, Frankfurt am M, Campus Verlag.（『貨幣と抽象的労働』高須賀義博訳，三和書房，1985年）。

Samuelson, P. A., 1947, *Foundations of Economic Analysis*, Cambridge, Harvard University Press.（『経済分析の

基礎』佐藤隆三訳,勁草書房,1947年).

Schumpeter, J. A., 1950. *Capitalim, Socialism and Democracy* New York, Harper. (『資本主義・社会主義・民主主義』中山伊知郎・東畑精一訳,東洋経済新報社,1995年).

Schumpeter, J. A., 1954, *History of Economic Analysis* New York, Oxford University Press. (『経済分析の歴史』東畑精一訳,岩波書店,1955-1962年ほか).

東條隆進(とうじょう・たかのぶ)

経済システム【economic system】

経済システムの定義

　経済システム(economic system)という概念は,これまでさまざまな形で定義されてきたが,一般的にはそれは,ある社会における経済活動全体を1つの体系としてまとめあげているその編成の様式ということができる。この経済システムに関しては,広狭二様の意味が存在する。狭義の意味では,それは個々の経済活動の相互調整システムを指すものとして用いられる。**市場経済**(market economy)や**計画経済**(planned economy)の経済システムといった場合に想定されているのが,この狭義の意味での経済システム概念である。一方,広義の意味で経済システムが用いられる場合,経済活動の相互調整システムに限定するのではなく,経済全体のあり方を規定する経済以外の多様な諸要因,例えば法律や政治の諸制度,技術の水準,人々の価値観などをも包含した形で,いわば社会全体の体系の中での経済のあり方を示すものとして,経済システムという概念が用いられる。経済システムが狭義の意味で用いられる場合には,経済体制という用語が,広義の意味で用いられる場合には,経済体系という用語が,それぞれ用いられることもある。

歴史的経済システム論

　経済システムを対象とする学問分野を経済システム論と呼ぶことにすれば,経済システム論にはさまざまなアプローチが存在する。それらを大別すれば,大きく3つのアプローチに分類することができる。第1のアプローチは,歴史的因果分析に重点を置いた経済システム論である。その特徴は,歴史上継起したさまざまな経済システムの構造特質の確定や比較を行うとともに,それら諸システムの間に発展法則を見出していこうとする点にある。このアプローチは,19世紀のドイツ歴史学派によって展開された経済段階論に始まり,とりわけ第2次世界大戦までの経済システム論の中心となったアプローチである。マルクス(K. Marx)の経済学も,これを経済システム論として捉えるならば,このアプローチに属する代表的議論ということができる。また,このアプローチは,経済システムの歴史的変動を説明するために,経済を規定する経済以外の多様な諸要因をも組み込んだ経済システム論を展開しようとする点にも大きな特徴を持つ。例えば,このア

プローチの代表的論者の一人であるヴェルナー・ゾムバルト（W. Sombart）は，経済システムを精神，秩序，技術の3つの構成要素から成る意味統一体として把握した上で，これらの構成要素の具体的諸形態の有意味な組み合わせに基づいて経済システムを定型化していこうとするのである。

　こうした特徴を持つ歴史的経済システム論は，今日においてもその重要性を失ってはいない。むしろ，近代の経済主義体制から統合社会体制への転換を展望するエドゥアルト・ハイマン（E. Heimann）の議論を見ればわかるように，近代社会の限界が明らかになりつつある現代においてこそ，このアプローチの重要性は高まってきているということができるのである。

比較経済システム論

　経済システム論の第2のアプローチは，戦後の経済システム論の中心となった，いわゆる**比較経済システム論**（comparative economic systems）のアプローチである。その特徴は，現実に存在する複数の経済システムに焦点をあて，それらのシステムの相互比較を行うという点にある。比較経済システム論の歴史は，1920年代から30年代の社会主義経済計算論争にさかのぼることができるが，戦後の研究は，大きく3つの局面に分けることができる。第1の局面は1950年代であり，当時の東西対立を背景としながら，市場経済システムと計画経済システムの比較，とりわけその経済成果に関する機能比較が研究の中心となった。こうした両システムの間のいわば静態的な機能比較に対

し，1960年代以降の第2局面では，東西両体制の接近という現実の動きもあり，研究の中心はより動態的な研究に，すなわち両システムの変化とその変動傾向の確定に置かれることになる。東西の両システムが互いに接近し，やがては類似のシステムに収斂するというヤン・ティンバーゲン（J. Tinbergen）やピティリム・ソローキン（P. Sorokin）等によって主張されたいわゆる**収斂論**（convergence theory）は，その代表的議論ということができる。こうした東西両システムの静態的および動態的な比較研究に対して，1989年の東欧諸国における共産主義体制崩壊以降の第3局面においては，旧共産主義諸国の市場経済システムへの移行をめぐる議論，ならびに市場経済システムそれ自体の多様な諸形態の特徴づけとその相互比較に研究の中心は移っていくことになるのである。

システム理論的経済システム論

　経済システム論の第3のアプローチは，いわゆる**システム理論**（system theory）に依拠した経済システム論である。このアプローチは，比較経済システム論とならんで，戦後の経済システム論において大きな流れを形成してきたアプローチに他ならない。その特徴は，システム一般あるいは社会システム全体の枠組みの中に経済システムを位置づけ，そうしたシステムないし社会システムの一般理論を用いながら経済システムの分析を展開していこうとする点にある。その代表的論者としては，一般システム理論に依拠しながら独自の経済システム理論を展開したケネス・ボールディング（K.

Boulding) やサイバネティクスの考えを自らの経済システム理論の中に組み入れたヘルダー・ドルナイヒ（Ph. Herder-Dorneich) などをあげることができるが，やはりこのアプローチの中心を担ってきたのは，タルコット・パーソンズ（T. Parsons）からニクラス・ルーマン（N. Luhmann）へと繋がる社会システム理論の諸研究である。パーソンズは，社会システム全体の構造維持という視点から，構造維持のための適応機能を担う部分システムとして経済システムを位置づけ，経済システムと他の諸社会システムとの相互交換過程の分析を通じて，経済的諸現象を把握していこうとする。また，ルーマンは，機能分化した各社会システムの自己準拠性を重視し，経済システムを**オートポイエシス**（autopoiesis）・システムとして把握した上で，経済システムとその環境との関係を見ていこうとする。このように，社会システム理論においては，経済システムとその環境ならびに他の社会システムとの関係を通じて，経済システムに関する分析が進められていくことになるのである。

《参考文献》

春日淳一, 1996『経済システム』文眞堂。
鈴木純, 2006「経済システム論」神戸大学経済経営学会編『経済学研究のために〈第9版〉』神戸大学経済経営学会。
百々和・福田亘・角村正博, 1989『経済体制論』三和書房。
永合位行, 2001『ヘルダー・ドルナイヒの経済システム理論』勁草書房。
野尻武敏, 1980『経済体制のゆくえ』晃洋書房。

永合位行（なごう・たかゆき）

経済人類学【economic anthropology】

経済人類学の登場

　文化人類学において経済といわれるものは，狩猟のような生業形態のことであって，長い間，体系的な理論の対象とはみなされてこなかった。そのような状況を劇的に変えたのは，ブラニスラフ・マリノフスキー（B. Malinowski）が『西太平洋の遠洋航海者』で描いたトロブリアンド諸島の「**クラ**（kula）」交易であり，マルセル・モース（M. Mauss）が『贈与論』の中で論じた「**ポトラッチ**（potlatch）」と呼ばれる現象であった。1920年代のことであり，「**経済人類学**（economic anthropology）」という用語が使われ始めたのもこのころのことである。マリノフスキーはのちに「経済人類学の父」と呼ばれることになった。そして，カール・ポランニー（K. Polanyi）の業績とともに経済人類学が日本に紹介されるようになったのは，1970年代のことである。

クラ交易とポトラッチ

　「**クラ交易**」については，「**交換**（exchange）」の項目で説明したので，ここでは「ポトラッチ」についてみていこう。モースが『贈与論』の中で北アメリカ北西海岸に住む先住民族のポトラッチをと

り上げて以来、ポトラッチは経済人類学のみならず、他の学問領域でも注目される現象となった。

先住民族の人々は、冬になると、客を大宴会に招いては、夏に蓄えてきた富や食べ物を惜しげもなく振舞って過剰な浪費（**蕩尽**）をする。招かれた客は、面目を失わないために、一層豪華な返礼をする。このような**贈与の競合**の制度がポトラッチである。

共同体には「贈る義務」「受け取る義務」「贈り返す義務」の3つの義務が存在し、これらの義務の連鎖によって安定的な社会関係が築かれる。ポトラッチは、蕩尽という過激な行為を通してこの安定的な社会関係を築くための仕掛けである。

また、モース自身は、贈与を儀礼的交換の一形態と見て、**コミュニケーション**の手段とみなし、また、集団間における威信確立のための演劇的行為とみなした。さらに、ジョルジュ・バタイユ（G. Bataille）は、この劇性を一層拡大して解釈し、『呪われた部分』という著作の中で、ポトラッチの財の蕩尽の中にこそ、経済の至高の到達点があるという独特の視点を打ち出した。

このように、クラもポトラッチも狭い意味での経済学的思考に衝撃を与える現象であり、経済行為が社会的関係の中で、また文化の仕掛けの中で行われているという側面に目を向けさせることになった。

経済人類学の諸潮流

1970年代に、ポランニーの業績とともに経済人類学を日本に紹介した栗本慎一郎は、経済人類学の潮流を4つに分けて紹介している。1つは、ポランニー、ジョージ・ドルトン（G. Dalton）らの**ポランニー派**（**実在主義者＝サブスタンティビスト，substantivist**）であり、その他に、経済民族誌または機能主義経済人類学、新マルクス派経済人類学、新古典派経済学的経済人類学（純粋フォーマリスト）があげられている。

経済民族誌または**機能主義経済人類学**は、「経済人類学の父」マリノフスキーに源流を持ち、レイモンド・ファース（R. Firth）らに代表される潮流である。この派の人々は、クラやポトラッチのような儀礼的交換が、社会的関係の中で、また文化の仕掛けの中で行われているという側面に目を向けずに、もっぱらそのような行為が結果的に果たす経済的機能から、その存立の理由や意味を説明しようとする。

新マルクス派経済人類学は、モーリス・ゴドリエ（M.Godelier）らによって代表される潮流である。マルクスの唯物史観や発展段階説を応用して経済人類学を構築しようとする立場に立つ。ただ、下部構造としての生産関係の認識に、親族関係や宗教などの諸要因を取り込もうとするところに新しさがある。

新古典派経済学的経済人類学は、ポランニー派との間で「**サブスタンティビスト－フォーマリスト論争**」を繰り広げた人々を多く含むところから、純粋フォーマリストとも呼ばれる。エドワード・レクレア（E. LeClair）やスコット・クック（S. Cook）といった人々に代表される。この派の人々は、ライオネル・ロビンズ（L. Robbins）の定式化した新古典派の方法を適用する。ロビンズの方法は（物質主義的定義に対して）「**稀少性定義**」

と呼ばれ，経済行為や経済システムを目的－手段関係の一般形式として記述しようとするものである。マリノフスキーに始まる経済民族誌とロビンズによって定式化された新古典派理論の奇妙な結合物が，この派の経済人類学を構成している。

ポランニー派経済人類学の射程

ポランニーと親交のあった経営学者ピーター・ドラッカー（P. Drucker）は『大転換』を高く評価しつつも，ポランニーの経済人類学的研究に対しては，好古趣味的なこまごました調査に過ぎないと『傍観者の時代』の中で，否定的な評価を下している。

しかし，ポランニーの研究を彼の死後に編集し『人間の経済』として出版したハリー・ピアスン（H. Pearson）は，交易，貨幣，諸市場に関するポランニーの広範囲で詳細な研究が，より大きな構想と意図にはめこまれていたと評価している。ピアスンがいう「意図」とは，『大転換』の最終章「**複合社会における自由**」で示された創造的な調整の自由を拡大するという実践的・政策的意図に他ならない。

最後に，フォーマリストや機能主義者に対するポランニー派の批判を整理しながら，ポランニー派経済人類学の射程を追ってみよう。

ポランニーは，フォーマリストや機能主義者の思考方法に対して，**自民族中心主義**であり，**啓蒙主義・進歩主義**であるという批判を加えた。

実際，原始社会では，経済行為が，宗教的行為やその他の社会的行為と絡み合っているわけであるが，フォーマリストの立場からすれば，このような場合にこそ，新古典派理論が持つ「行為の一般理論」としての普遍性が生きてくる。ここではしたがって，稀少性という当然の事実が成立するもとで，種々の行為を貫く一般的な意味での**目的合理性**が理論的認識を成立させる要件となっている。

他方，機能主義的な説明においては，原始社会での宗教的行為やその他の社会的行為が目に見えない形で，あるいは当事者意識にはのぼらない形で，経済的機能を有していることが重視される。ここではしたがって，種々の行為の（隠された）**経済合理性**が理論的認識を成立させる要件となっている。

問題は，「稀少性」にしても，「合理性」にしても，それらが「**理論負荷性**」を背負った「事実」だという点である。言い換えれば，それらは１つのパラダイムの中の「事実」に過ぎないのである。したがって，「稀少性」や「合理性」を問題にする場合，それらを理論的認識が成立するための要件とせざるをえない認識の枠組みこそが問題にされなければならない。それゆえ，ポランニー派経済人類学の射程には，存在論的・認識論的な視点の変革が伴わざるをえないのである。

《参考文献》

栗本慎一郎，1979『経済人類学』東洋経済新報社。

山内昶，1994『経済人類学への招待――ヒトはどう生きてきたか』筑摩書房。

Malinowski, B., 1922, *Argonaunts of the Western Pacific*, London, George Routledge & Sons.（「西太平洋の遠洋航海者」『世界の名著』第59巻，増田

義郎訳,中央公論社,1967年).
Polanyi, K., 1966, *Dahomey and the Slave Trade*, Seattle, University of Washington Press. (『経済と文明』栗本慎一郎・端信行訳,筑摩書房,2004年〔サイマル出版会,1975年〕).
Polanyi, K., 1977, *The Livelihood of Man*, H. W. Pearson (ed.), New York, Academic Press. (『人間の経済』Ⅰ,玉野井芳郎・栗本慎一郎訳,『人間の経済』Ⅱ,玉野井芳郎・中野忠訳,岩波書店,1980年).

角村正博(すみむら・まさひろ)

経済発展(開発)【economic development】

経済発展(開発)とは何か

「経済発展(economic development)とは何か」という問に対して,さまざまな答え方があり得る。ただ,『経済発展論』(R・T・ギル著),『開発経済学入門』(W・E・エルカン著)そして『経済発展(論)』(C・H・キンドゥルバーガー,B・ヘリック共著)など経済発展(開発)に関する代表的著作において共通している要素は,「生産(力)の増大やその結果としての生活水準の向上やこれと随伴する技術的・制度的変化」という含意である。したがって,技術進歩や諸**制度**の変化・整備に基づく産出の増大として顕現される「経済的進歩」とこれに随伴する「社会的**近代化**」に経済発展の本質を求めることとなる。

なお,英語のdevelopmentには,「発展する」という自動詞的意味と「開発する」という他動詞的意味があるので,Economic Developmentという用語も,歴史的・理論的概念としては「**経済発展**」,政策論的概念としては「**経済開発**」と訳出され,その意味合いはおのずから異なる。また,「経済発展」は必ずしも構造変化を含意しない「**経済成長**」と区別されなければならない。

多様なアプローチの変遷

経済発展の現象は,18世紀中葉のアダム・スミス(A. Smith)以来のイギリス古典派経済学者やドイツ歴史学派(1840~20世紀はじめ)と呼ばれる一群の(国民)経済学者が言及したテーマであったが,経済発展の研究史において特筆すべきは,シュンペーター(J. A. Schumpeter),クラーク(C. G. Clark),そしてヒックス(J. R. Hicks)であろう。シュンペーターは,著書『経済発展の理論』(1911年)の中で,経済発展の核心をなす「新結合」を遂行する**企業者機能**の重要性をはじめて指摘した。クラークは,産業構造の推移をはじめて統計的測定に基づいて示した。ヒックスは,著書『経済史の理論』(1969年)の中で,経済発展を「**市場の勃興**」と同一視し,市場の浸透の3条件として,**貨幣**と法と信用をあげた。

他方,第2次世界大戦後の中・南欧諸国の経済復興についての関心から出発した「経済開発」に関する研究は,戦後独立した旧植民地国を含む低開発国の開発戦略をめぐって展開された。研究史的には,1950年代前半から60年代前半にかけての①「**構造主義**」アプローチ(低開発

国独自の構造問題に注目)、60年代後半からの②「**新古典派**」アプローチ(**市場メカニズム**重視)や③「**改良主義(ベーシック・ニーズ)**」アプローチや④「**従属論**」アプローチ(南の第3世界は国際的に不平等な累積的因果関係に封じ込められ、北の第1世界に従属させられているという認識)、さらには新興工業国家群(NICs あるいは NIES)登場後の1980年代以降の⑤「**開発の新政治経済学**」アプローチ(構造調整プログラム)や、⑥「**新制度派**」アプローチ(開発経済学のミクロ経済学的基礎)や⑦「**内生的成長モデル**」アプローチや⑧「**潜在能力**」アプローチ(後述)と続いている。もとより、経済開発の戦略は、低開発の主原因を何に求めるのか、開発の目標をどこに置くのかによって、おのずと異なってくるが、そこにおける主要な論点は以下のような代替的選択肢として整理できる。すなわち、①資源調達・分配の方式(**計画経済** vs **市場経済**)、②資源配分のやり方(均斉配分 vs 不均斉配分)、③市場対象(国内中心 vs 外国重視)、④工業化の方式(輸入代替型 vs 輸出志向型)、⑤外資への対応(規制 vs 誘致)、そして⑥政府の位置づけ(政府主導 vs 民間中心)などである。なお、経済開発論の中身は開発の戦略に限られる訳ではないので、その対象の範囲についての展開はのちに言及する。

「新古典派」プラス「新制度派」

歴史的、理論的対象としての「経済発展」は、基本的には産出の増大を中核とする経済現象と捉えられつつも、その総体は価値体系、技術、制度、経済主体の行動様式などにも関わる複合的な経済社会現象であると理解されている。この結果、現代における「経済発展」の理論は、「貿易と専門特化が市場の範囲を拡大する」というアダム・スミス以来の経済学の普遍的考え方を中核に具えつつも、経済発展に影響を及ぼす文化的、社会的、政治的諸要因を取り込んだ総合的な体系をなすこととなる。

他方、すぐれて政策的・実践的な対象としての「経済開発」については、基本的には新古典派的な接近を中心に据えて、新古典派的処方箋と新制度派的処方箋の合体的考え方が主流をなしている。つまり、既述した「経済開発の戦略内容をなす数組の代替的選択肢」に関して以下のような結論となっている。開発の基礎となる資源配分については全般的に市場メカニズムに依拠し、より自由かつ外向的な経済政策を志向し、外資への対応としてはより積極的な活用を旨とし、外国の進んだ技術を取り入れるという開発戦略となる。その際、政府は、市場と対立するものと考えるのではなく、市場を整備し、市場メカニズムが円滑に作動するための諸々のインフラストラクチュアを供給する重要な役割を有していると考えるのである。この結果、現代における「経済開発(論)」は、各国経済の多様な状況にも拘らず、さまざまな政治過程への対処を除いて、ほぼ共通した内容に収斂しつつあるといえる。

拡充の方向性

「経済発展(開発)論」の展開については、さまざまな方向への拡充の可能性が構想されている。第1に経済の発展と

は，「一定の制度下における人間の主体的行動の所産であり，人々にとっての**機会**の拡大および選択肢の増大である」という認識から，行動レベルまで下りた**行動経済学**的分析と**比較制度論**的考察が展開されている。第2には，**経済システム**は**社会システム**の下位体系であるので，経済開発の前提としての「**社会開発**（social development）」や一定の経済発展後の「社会指標」あるいは「幸福度指数」への関心の高まりである。第3に経済のグローバル化と金融経済化の過度な進展に対応した経済開発論の構築，さらに第4には，発展（開発）の意味そのものを根本的に問い直す作業として，「開発とは個々人の**潜在能力**（capability）の拡大を意味する」という考え方を敷衍した，従来からの財志向的アプローチから「人間志向アプローチ」への転換（アマルティア・セン）が必然化してくる。そして最後にこの考え方の延長として国連開発計画（UNDP）によるさまざまな**人間開発指数**（健康，教育，労働，所得）のさらなる拡充（ジェンダーや政治的参加を含む）の方向がある。まさに，経済発展（開発）論における**経済社会学**的拡張といえよう。

《参考文献》

絵所秀紀，1997『開発の政治経済学』日本経済新聞社。

Hicks, J. R., 1969, *A Theory of Economic History*, Oxford University Press（『経済史の理論』新保博訳，日本経済新聞社，1970年）。

Schumpeter, J. A., 1926, *Theorie der Wirtschaftlichen Entwicklung*, 2. Aufl., Tokyo.（『経済発展の理論』塩野谷祐一・中山伊知郎・東畑精一訳，岩波書店，1980年ほか）。

Sen, A., 1991, "The Concept of Development", in *Handbook of Development Economics*（Vol. I），H. Chenery and T. N. Srinivasan, (eds.), Yale University.

Todaro, M. P. and Stephen C. Smith, 2009, *Economic Development*, 10th ed. Prentice Hall.

　　　　内藤能房（ないとう・よしふさ）

経済倫理【economic ethics】

経済学と倫理学

　近代的な意味での経済学は，アダム・スミス（A. Smith）に由来するとしても，経済学（Economy）の語源であるギリシャ語のオイコノミア（οἰκονομία）は，家（オイコス οἶκος）の法（ノモス〔νόμος〕）から成っており，一般に「家政」を意味している。経済学の言葉そのものに「法」という倫理的要素が含まれているということは，経済学にとって本質的なことがらであるように考えられる。もとより，倫理学とは個人と社会両方における人間の善や幸福を追究する学問である。じっさい，「経済も人間生活の一領域であり人間生活の特質は倫理的配慮を伴うことにある事実を想えば，経済学がまず政治経済学として道徳哲学から生まれながら，その主流においては長い間，

倫理と袂を分かってきたことの方が，むしろ異常のようにも思える」（野尻 2006：ⅰ）。経済倫理に関しては，経済学と倫理学の本来的な関係に立ち返ることが必要であろう。なお，近年になって経済倫理はさまざまな観点から研究され，独自の経済倫理学が形成されつつあるように思われる。例えば，ドイツ語圏では，新しい経済倫理学の構想が，経済学や社会哲学，そして伝統的**自然法**（natural law）などの立場から，それぞれ著名な研究者によってなされている。人間の尊厳が保持される経済活動とはいかなるものであるか。そのためにはどのような経済秩序や経済システムが構築されなければならないのか。これらの点が，まさにいま，問われているのである。

法・人間の尊厳・国家

我々の社会はさまざまな法によって規制され，秩序づけられている。経済活動も例外ではない。したがって，経済倫理も法との関係から捉えられなければならない。しかし，この法をいわゆる「**成文法**」に限定することには問題がある。例えば，企業活動でしばしば取り上げられる**コンプライアンス**（compliance）も，単なる「法令遵守」と解するならば，「法律に違反しない範囲であれば何をしてもかまわない」ことにもなり得る。特に，グローバル化やICT化の進展によって経済構造が大きく変化しようとしている現在では，法整備が追いついていない分野も少なくない。いかなる法であっても，その中心に人間の尊厳が置かれていなければならない。そのためには，人間にとっての善を人間本性に即して捉えようとする自然法的な観点が求められよう。しかるに，人間の社会生活は多元的であり，その多元性は個々人の自由に由来している。したがって，人間の多元性と自由に基づく主体性を法によってどのように確保するかが，国家にとっての課題となる。ここから，「国家集団そのものが本質的に多様な社会集団の存在を前提した多元的社会である」という「**多元性原理**」と，「国家内の多様な部分諸集団が自らのイニシアティブで自らのそれぞれの固有目的をできるだけ自由に追求するべく補完し，このことを通じて個々の人格者たる成員すべての生存目的達成を補完する」という「**補完性原理（subsidiary principle）**」が，「国家の本質に由来する2つの重大原則」として位置づけられる（水波 2005：281）。しかし現実には，経済効率の名のもとに，人間の多元性と主体性が社会における基盤を喪失しかねないという，状況が存在している。だからこそ，国家の多元性原理と補完性原理に基づいて，人間の尊厳が法の中心に置かれなければならない。かかる多元性と補完性が，経済倫理の前提をなしている。

自助・公助・共助

市場は「自由」と「自助」を基本原則にしているのに対し，国家は「公正」と「公助」を基本原則としている。市場経済には，競争原理に基づく限り，時として国家を破綻に追い込みかねないような暴走にいたる危険性が認められる。しかし，現実の経済は，本来，倫理抜きには成立しない以上，市場経済の倫理的方向性としては，「社会全体での市場経済の

支配を抑え自然の生態系や人間の共同体のうちに経済を再び埋め込んでいく方向」、すなわち「市場経済を原則としながらエゴイズムとエコノミズムを規制していく方向」が求められる（野尻2006：284-285）。これに対して、国家は、施策を通じて市場の公正性を確保する一方、先の多元性原理と補完性原理に即しながら、分配を通じて国民への公助をさまざまな仕方で実践しなければならない。しかし、現実には市場と国家による二元的な秩序原則では解決できないさまざまな問題が存在している。例えば自然災害からの復興には、行政による公助や個人の自助だけでは不十分である。また、国内だけでも、正規労働者と非正規労働者の「所得格差」、都市部と地方との「地域間格差」、そして最近特に注目されている「世代間格差」等、さまざまな次元で格差が大きな問題となっている。このような状況の中で、市場でも国家でもない「中間組織」の可能性が注目されよう。非営利組織や地域コミュニティといった中間組織は「連帯」と「共助」を基本原則にしており、人間の連帯性を基盤とした中間組織による共助が、今後の経済倫理の1つの指針になると考えられる。

自然法・正義・共同善

自然法は成文法等の源泉であり、「善を為し、悪を避けるべし」という仕方で、人間生活の倫理的基盤を形成しているといえよう。ただし、自然法は書かれざる法であるから、自然法の認識は大きな問題となる。しかし、個としての、より正確には人格・ペルソナとしての人間が、自らの幸福を究極目的として欲求すると同時に、共同体の部分としては共同善が目的であるということを、自然法を抜きにして説明することは、非常に困難であるように思われる。人間は、その自然本性に即して多元的で自由な主体である一方、共同体的な存在でもあり、共同体の部分として共通の幸福である**共同善**（**common good**）へと秩序づけられている。そして、この秩序づけを現実的に方向づけるものが「正義」という徳に他ならない。近代における「個人主義」と「物質主義」への反省は、さまざまな立場から展開されているが、これからの経済倫理にとって、自然法の認識は極めて重要な役割を担っているのではないだろうか。

《参考文献》

五百旗頭真治郎、2002『キリスト教所有権思想の研究』南窓社（謄写版1958年）。

野尻武敏、2006『転換期の政治経済倫理序説――経済社会と自然法』ミネルヴァ書房。

水波朗、2005『自然法と洞見知――トマス主義法学・国法学遺稿集』創文社。

Finnis, J., 1980, *Natural Law and Natural Rights*, Oxford, Clarendon Press.

Messner, J., 1984, *Das Naturrecht: Hand-Buch der Gesellschaftsethik, Staatsethik und Wirtschaftsethik*, Berlin, Duncker & Humblot.（『自然法――社会・国家・経済の倫理』水波朗・栗城嘉夫・野尻武敏共訳、創文社、1995年）。

佐々木　亘（ささき・わたる）

ゲーム理論【game theory】

ゲーム理論の基本概念

　ゲーム理論（game theory）とは，複数の行為者が相互依存的に行為を行っている状況において，合理的行為者が，自己利益の最大化を追求するという仮定を置き，いかなる相互行為が行われるかを分析・予測するための汎用的な分析手法である。ゲーム理論におけるゲームは，ゲームに参加する**プレイヤー**（player），プレイヤーが取り得る行為選択肢としての**戦略**（strategy），それぞれの選択した戦略を実行したときに起こる結果に対するプレイヤーの選好を表す**利得**（pay-off），という3つの構成要素からなっている。プレイヤーは，他のプレイヤーの戦略を予測しつつ，自らの利得を最大化するように戦略を選ぶ。

　ゲーム理論は，フォン・ノイマン（J. von Neumann）とモルゲンシュテルン（O. Morgenstern）の著書『ゲームの理論と経済行動』（1944年）によって広く世に知られるようになり，その後，多くの分野での研究が進められるようになった。ゲーム理論の発展の成果は，1994年に，ナッシュ（J. Nash）・ゼルテン（R. Selten）・ハーサーニー（J. C. Harsanyi）が非協力ゲームの均衡の研究によって，また2005年にオーマン（R. J. Aumann）とシェリング（T. Schelling）が紛争と協調のゲーム理論による分析によって，それぞれノーベル経済学賞を受賞したことに現れている。

ゲームの類型

　ゲーム理論で取り扱われるゲームは，プレイヤー間でお互いの選択を拘束する合意が可能かどうかによって，**協力ゲーム**（cooperative game）と**非協力ゲーム**（non-cooperative game）に分けられる。協力ゲームにおいては，各プレイヤーの戦略の組み合わせを共同戦略という形で選択し，それに拘束されることを，ゲームの開始前に合意することが可能であるという前提が置かれる。そこでは，どのプレイヤーとの間で提携を結ぶか，提携によって得られる利益をプレイヤー間でいかに配分するか，ということが交渉の対象となる。一方，非協力ゲームにおいては，拘束的合意を事前に結ぶことはできない。そのため，各プレイヤーはお互いの協力をあてにできない状態で選択を行わなければならない。非協力ゲームにおいて，各プレイヤーの選択の結果いかなる結果が生じるか，というゲームの解の問題については，**ナッシュ均衡**（Nash equilibrium）が代表的なものとされており，いかなる非協力ゲームにおいても1つ以上のナッシュ均衡が存在することが知られている（Nash 1950）。

　非協力ゲームにおいて，さらに，プレイヤー同士の利害が完全に対立している**ゼロサムゲーム**（zero-sum game）と，場合によってはお互いの利益になる場合もある**非ゼロサムゲーム**（non-zero-sum game）という類型が存在する。ゼロサムゲームにおいては，相手の利益を減少させることがそのまま自らの利益に

繋がるが，非ゼロサムゲームにおいては，協調関係を作り出す余地が残されている。

また，事前の利得計算に基づいた選択を想定せず，ゲームの結果に基づいてより高い利得をもたらす戦略を試行錯誤的にあるいは模倣的に採用するという形でゲームを捉える分析方法として**進化ゲーム**（evolutionary game）理論がある。進化ゲーム理論においては，多くのプレイヤーの属する集団が想定され，その中で，より高い利得をもたらす戦略が，より多くのプレイヤーに採用されるようになるという，**レプリケータ・ダイナミクス**（replicator dynamics）と呼ばれる分析手法が用いられる。

応用分野

ゲーム理論の応用分野としては，まず行為者の効用最大化を前提として分析が進められる経済学が挙げられる。完全競争均衡の定式化，寡占状態の分析，オークション・入札の分析など，各主体の効用が他の主体の行動に影響を与え合うような状況では，ゲーム理論の分析が有効に適用される。政治学の分野もゲーム理論の応用が重要な分野であり，国際政治における外交戦略，政党間の政策・投票をめぐる提携問題等が挙げられる。また生物学分野においては，進化ゲームを応用した研究として，生物個体間の協力関係としての血縁淘汰，互酬的利他性などの**進化生物学**（evolutionary biology）的研究を挙げることができる。社会学においては，行為者間の協調関係の成立，慣習，社会秩序，制度等の研究にゲーム理論が応用されており，また社会心理学の実験研究で実際の行為者がゲーム状況においてどのような行動を取るのかが実証的に分析されている。

適用範囲の拡大

ゲーム理論は，もともとは完全情報の下で高度な合理性を持つプレイヤーがプレイするゲームを想定していたが，このような狭義の合理性が当てはまる社会的状況は極めて限られている。だが，その後のゲーム理論の展開の中で，このような狭義の合理性の仮定は次第に緩められてきた。例えば，進化ゲーム理論は，試行錯誤や学習等の，高度な合理性を仮定しない形での分析によって，社会的慣習や伝統，制度の形成等の分析を可能にしている。**囚人のジレンマ**（prisoner's dilemma）や**社会的ジレンマ**（social dilemma）の研究は，個人の合理性を前提とすると，パレート最適でない，社会的に非合理的な結果を招いてしまうことを示しており，そこから，いかにしてそのような陥穽から逃れるのかという社会的仕組みの研究が行われている。また情報の不完全性の分析は，リスクや不確実性の問題，情報格差を利用した戦略的行動等を取り扱うことが可能になっている。このように，ゲーム理論は当初の問題設定を超えて，広く社会現象を取り扱うことが可能になっており，今後の適用範囲の拡大が期待されている。

《参考文献》

岡田章，2011『ゲーム理論〈新版〉』有斐閣。

鈴木光男，1981『ゲーム理論入門』，共立出版。

Nash, J. F., 1950, "Equilibrium points in

n-person games," *Proceedings of the National Academy of Sciences USA*, 36: 48-49.

Neumann, J. von, and O. Morgenstern, 1953, *Theory of games and economic behavior, 3 rd ed.*, Prinston, Prinston University Press,.(『ゲームの理論と経済行動』阿部修一・橋本和美訳，筑摩書房，2009年）．

Schelling, T. C., 1980, *The strategy of conflict*, Cambridge, Mass., Harvard University.(『紛争の戦略――ゲーム理論のエッセンス』河野勝監訳，勁草書房，2008年）．

織田輝哉（おだ・てるや）

権威・権力【authority/power】

歴史と原義

権威（authority）の概念の歴史は古代にさかのぼるほど古く，権力（power）の概念の歴史は，比較的新しいものである。

まず，権威から説明しよう。語源からアプローチした場合，権威の方が遙かに古い起源を持つ。authority は，ラテン語の **auctiritas** に由来する。エミール・ヴァンベニスト（É. Benveniste）によれば，権威（auctaritas）は，「口に出して述べられた言葉が法の力を持つように授けられるものであり，〈存在させる〉という本源的に〈神聖な力〉」を意味する（Benveniste 1969：138）。それは，あらゆる分野における **auctor**（**創始者，祖先**）と関わりがある。auctor とは，「促す者」「主導権を握る者」「基礎を築く者」「保証するもの」「著者」などを意味した。

他方の権力（power）は，17世紀の力学によって形を整え，力学における**力（power）**のアナロジーとして政治学の中心的概念として用いられるようになった。権力が政治の領域で用いられる最初期の例は，ホッブス（T. Hobbes），ロック（J. Locke），ルソー（J.-J. Rousseau）などの社会契約論者が，社会契約によって国家が**暴力（violence）**という物理的強制力を独占するとしたことに発する，国家と国民（臣民）との関係を表したものであった。彼らによって，自然の秩序とは異なった，社会の秩序を維持せしめる力として，権力の概念が用いられるようになったのである。この権力概念は，政治学だけでなく哲学や社会学などの他の隣接する分野でも使用される概念となった。

現代における基本的な用法として，権威は，暴力を用いずに他者の自発的な服従を促す力，他方の権力は，暴力的な強制によって他者を服従させる力として区別される。重要な共通点は，権威と権力がともに，他者の服従を促す力であるということである。この共通点から，権威と権力が明確に規定されず用いられることもある。

「神的な権威」の没落と権力の勃興

アレクサンドル・コジェーブ（A. Kojève）によれば，本来の権威は，「神的な権威」であるが，人間的な権威とし

て、それぞれ排他的な理論を伴う純粋な4つの権威が存在する。原因の権威である「父の権威（神学理論）」、生命を危険にさらすことで得られる「主人の権威（ヘーゲルの理論）」、未来へのプロジェクトの権威である「指導者の権威（アリストテレスの理論）」、公平または正義の権威である「裁判官の権威（プラトンの理論）」がそれである。これらは理論上分離することができるが、実際には複合的に結びついて機能しうるものである。

ところで権威が権力あるいは暴力と混同されるのは、権威という現象が次第に世俗化され理解しがたくなっているからでもある。コジェーブも権威の問題と概念がほとんど研究されてこなかったことを指摘している。その理由は、ハンナ・アーレント（H. Arendt）がいうように、近代の普遍的懐疑によって、宗教的真理と伝統の基盤が堀り崩されたからである。いわば神学的・宗教的な神という「神的な権威」が世俗化によって失墜し、「宗教＝伝統＝権威」の三位一体が崩壊したのである。

伝統的な権威による統治は、暴力に媒介された権力の外部にある、神やイデアなどの世俗的な人為を超えた聖なるコードを源泉としていた。

近代において権力現象は、はじめて自覚的に追求され、一般的現象となる。それは、近代のはじまりを告げる社会契約論においてはっきりと現れている。

ホッブスの社会契約論は、まさに宗教的権威に頼らずに、自己保存を達成しようとする理性の働きによって、主権国家という最高の権力を生み出すことを理論化するものであった。そこでは、神学的な「父の権威」に対する強い不信が存在している。

ホッブスの社会契約論は、絶対主義国家を正当化するものであるが、近代社会は、ヘーゲルが市民社会を「欲望の体系」とみたように、何よりも市場に媒介された個人の私的所有権を基礎にした経済社会として存立する。それはフランス革命時に、私的所有権が神聖なものとされたことからもわかる。だが私的所有権は、等しくすべての者に当てはまるとともに、階級への分断や暴力を媒介にした国家権力が存在しているがゆえに、聖なる存在の権威として感じられることはまれである。

経済社会の構造的変化が人々の人格形成の過程に影響を及ぼすことを指摘したのは、フランクフルト学派のテオドール・アドルノ（T. W. Adorno）やマックス・ホルクハイマー（M. Horkheimer）であった。彼らによれば、経済社会が国家独占資本主義に変質することによって、啓蒙理性の担い手であった市民が、官僚的組織の組織人となる。その結果、家庭内の道徳的権威であった「父の権威」が喪失し、道徳的空白が生じる。この道徳的空白によって、権威を喪失した家庭は、逆に権威に従順な**権威主義的パーソナリティ**（authoritarian personality）を育むことで、ファシズムの温床となった。

だがファシズムが賛美した国家の権威は、伝統的な「父の権威」に他ならず、いわば不在の神の代替物として機能するものであった。国家は、本質的に暴力を媒介にして統治する権力であり、同時に複数の諸国家が乱立しているため、普遍

的な真の権威たりえない。

権力概念の革新と世俗化された権威の次元

　自発的服従を確保する権威の力が見失われる中で，それまでの国家を中心とした権力の概念を更新したのは，ミシェル・フーコー（M. Foucault）であった。

　フーコーの権力論は，制度化された言説によって作用する権力が人々を「主体化＝従属化」させるというものであった。それは，暴力を独占する国家権力というマクロ的な権力像から離れて，学校，医療，家庭などの日常的な実践の中で機能する，ミクロ的な権力像を提示するものであった。フーコーによれば，権力と自由は不可分な関係にある。自由の無いところに権力は無いし，同時に権力の無いところに自由もまた存在しない。自由と権力は，従属と抵抗を介して不可分に結びついている。

　ニーチェ的な力の場と化したフーコーの権力論の内には，暴力と無縁な権威の入る余地は無いように思える。というのもニーチェ，フーコー的な権力論のパースペクティブから見れば，力の場を超えた超越的な権威とは1つの虚偽の言説に他ならないからである。その意味でフーコーの権力論は，権威と権力の論における世俗化の完成ということになろう。

　それでは世俗化によって見失われた権威はもはや存在しないのだろうか。それは微かな希望として存在している。暴力から完全に切り離された権威の力は，ヴァルター・ベンヤミン（W. Benjamin）やジャック・デリダ（J. Derrida）によって摘出された法の次元に存すると考えられるのだ。

　ベンヤミンは，「暴力批判論」の中で，社会秩序を創設する「法措定的暴力」と創設された社会秩序を維持する警察や軍隊などの「法維持的暴力」という2つの「神話的暴力」を廃棄する，「神的暴力」の概念を提示している。ベンヤミンによれば，「神的暴力」とは，地上的な権力である「神話的暴力」を廃棄する力である。その例として，ゼネストなどをあげている。デリダは，この「神的暴力」を脱構築することによって，神的一撃によって解決されるのではない，新たにいつでも修正されうる法の次元を見出した。

　ベンヤミンやデリダが指摘する暴力と法の次元は，コジェーブの言うところの正義と結びついた「裁判官の権威」ということになろう。だがそれは，暴力によって構成された権力を解体する，非人間的な「神的な権威」と結びついている。この神的な「裁判官の権威」は，歴史の過程に一瞬だけ介入する永遠という時間の中に存在していると思われる。

《参考文献》

杉田敦，2001『権力』岩波書店。

Adorno, T. W., E., Frenkel-Brunswik, D. J. Levinson and R. N. Sanford, 1950, *The Authoritarian Personality*, Harper and Brothers.（『権威主義的パーソナリティ』田中義久ほか訳，青木書店，1980年）。

Arendt, H., 1968, *Between past and future : eight excercises in political thought*,Viking Press.（『過去と未来の間』引田隆也・齋藤純一共訳，みすず書房，1994年）。

Benveniste, É., 1969, *Le vocabulaire des*

institutions indo-européennes2, Minuit.（『インド＝ヨーロッパ諸制度語彙集Ⅱ』蔵持不三也ほか訳，言叢社，1987年）．

Kojève, A., 2004, *La notion de l'autorité*, éditions Gallimard.（『権威の概念』今村真介訳，法政大学出版局，2010年）．

清家竜介（せいけ・りゅうすけ）

顕示的消費【conspicuous consumption】

『有閑階級の理論』と顕示的消費

顕示的消費（conspicuous consumption）は，自らの地位の優越性を他者に顕示する消費，すなわち見せびらかしの消費を意味する．この言葉は，アメリカの経済学者ソースタイン・ヴェブレン（T. Veblen）が生み出したもので，彼の著書『有閑階級の理論』で使用され，広まった．顕示的消費のほかに，衒示的消費，誇示的消費と訳されることもある．

同書が分析対象としている時期は，人類社会の最初期からヴェブレンが生きていた時代にまでわたっており，次の4つの発展段階が想定されている．すなわち，平和愛好的な文化段階（原始未開時代）→略奪的な文化段階（野蛮文化初期）→半平和愛好的産業段階（野蛮文化後期）→平和愛好的産業段階，である．

最初の平和愛好的な文化段階においては，社会の規模は小さく，構造も単純である．人々は，平和愛好的で，貧しく，私的所有権は確立していない．

これに続く略奪的な文化段階になると，産業の能率が向上し，生活上の必要を上回る剰余が生みだされるようになる．その結果，剰余物をめぐって戦闘が発生するようになる．略奪は英雄的行為となり，戦利品は武勇を証立てるものとなる．また，略奪による富が蓄積されることで所有権が確立していき，**有閑階級**（leisure class）が発生する．

半平和愛好的産業段階になると，労働の回避が社会的地位の高さを示すようになる．そこで生まれるのが**顕示的閑暇**（conspicuous leisure）である．この閑暇は，怠惰や静止状態ではなく，時間の非生産的消費を意味する．したがって顕示的閑暇は，習得に時間，努力，金銭を必要とする，準学問的なたしなみや行儀作法，礼節などの形をとる．また，これが主人によってではなく，主婦や使用人によって行われる場合は**代行的閑暇**（vicarious leisure）といわれる．それは例えば，労働の回避を表す貴婦人の繊細な手足，か細いウエストによって示される．さらに，これらの者が行う食料，衣服，住宅，家具の消費は，**代行的消費**（vicarious consumption）と呼ばれる．

この段階では，まだ顕示的閑暇のほうが優勢であるが，有閑紳士によって顕示的消費も行われるようになる．彼は，食物，飲物，麻薬，家，衣服，武器，馬具，娯楽品などにおいて最高のものを消費し，そのことによって自らの社会的地位の高さを示そうとする．また，富が蓄積されて，自身に対する努力だけでは豊かさを十分に証明できなくなると，友人や競争相手を招いて，贅を尽くした祝祭や宴会

を催すようにもなる。

　最後の平和愛好的産業段階に至ると，顕示的閑暇，顕示的消費はより低い階層にまで拡大していく。また経済発展による社会規模の拡大を背景として，顕示的閑暇よりも顕示的消費が優勢になっていく。というのも，社会規模が大きくなると，教会，舞踏場，ホテル，公園，店舗等において，個人的な日常生活を知らない人々と出会う機会が増えるが，そのような場面で自らの金銭的能力を示すには，閑暇よりも消費の方が有効だからである。つまり顕示的消費は匿名性とも関係しており，地方の住民にとってよりも，都市住民にとって重要性が高い行為である。

個人的資質と社会状況の影響
　顕示的消費という概念からは，当時のアメリカ社会に対する批判的な構えが窺える。これにはヴェブレンの個人的な資質と社会状況が影響していると考えられる。
　ヴェブレンはしばしばピューリタン的であると評されるが，それは『有閑階級の理論』におけるもう1つの重要な概念である**制作者本能**（workmanship）にも表れている。この概念は，「有用性や効率性を高く評価し，不毛性，浪費，すなわち無能さを低く評価する，という感覚」（Veblen 1899: 訳26）を意味し，人間の本質的な部分を成すものと考えられている。彼のこのようなピューリタン的な資質には，勤労を尊ぶノルウェー移民のコミュニティに生まれ育ったという出自が影響していると考えられる。他方で，当時のアメリカ社会はといえば，**金ぴか時代**（Gilded Age）を経験し，産業化の進行とともに金銭的文化が拡大していた時期であった。つまり，ヴェブレンの資質とは異なる風潮が社会に広まっていたのである。批判的な構えを持った顕示的消費概念は，このような，個人的な資質と社会状況とのギャップの間に生まれたのだといえる。

　顕示的消費は洞察に満ちた概念であるが限界もまた持っている。アメリカの社会学者デヴィッド・リースマン（D. Riesman）は次のように述べている。「ヴェブレンは，労働の結実としての経済的な豊かさを，もっぱら競争と戦争という仕方で人間たちがばらばらにされてゆく過程として考えてしまった。その豊かさが友愛的な連帯のために使われる可能性について，彼はほとんどなにも残してくれていないのである」（Riesman 1964: 訳274-275）。

消費社会研究への影響
　顕示的消費概念の根底には，他者に対して自らの地位の優位さを示そうとする競争心がある。このような，消費を通じた他者との差別化という問題は，現在に至るまで消費社会研究における主要な論点の1つである。例えば，『消費社会の神話と構造』をはじめとするジャン・ボードリヤール（J. Baudrillard）の議論の場合には，記号による他者との差異化という問題に，顕示的消費概念の影響を読みとることができる。あるいはピエール・ブルデュー（P. Bourdieu）の『ディスタンクシオン』では，所属する階級・集団によって文化的消費（音楽，絵画，映画など）や身体的消費（食事，健康，スポーツなど）等における好みや評価が

異なり，人々が消費を通じて他者に対する**卓越化**（distinction）を行おうとしていることが論じられ，階級の問題や，他者との差別化という問題がより明瞭に論じられている。

　顕示的消費は，現在の消費社会においても当たり前にみられるもので，この概念の有効性はいまなお薄れていない。また，この概念のバリエーションとして，**非顕示的消費**（inconspicuous consumption）という言葉が使用されることもある（Sullivan and Gershuny 2004）。

《参考文献》

宇沢弘文，2000『ヴェブレン』岩波書店。

小原敬士，1982『ヴェブレン〈改装版〉』勁草書房。

高哲男，1991『ヴェブレン研究』ミネルヴァ書房。

Riesman, D., 1964, *Abundance for What?: And Other Essays*, New York, Doubleday & Company.（『何のための豊かさ』加藤秀俊訳，みすず書房，1968年）。

Sullivan, O. and J. Gershuny, 2004, "Inconspicuous Consumption: Work-rich, Time-poor in the Liberal Market Economy," *Journal of Consumer Culture*, 4（1）: 79–100.

Veblen, T., 1899, *The Theory of the Leisure Class: An Economic Study in the Evolution of Institutions*, New York, Macmillan.（『有閑階級の理論』高哲男訳，筑摩書房，1998年）。

　　　　藤岡真之（ふじおか・まさゆき）

限定された合理性【bounded rationality】

人間の情報処理能力と合理性の限界

　限定された合理性（bounded rationality）は，1947年にノーベル経済学賞受賞者サイモン（H. A. Simon）が提唱した経済的意思決定の原理である。これは，伝統的な新古典派経済学が前提とする経済的な意思決定原理を批判したもので，現代の経済学において重要な原理と受け入れられている。「限定された合理性」とは，人間が合理的に意思決定しようとしても，その情報処理能力の限界のために，その合理性が限界を持っているとする原理である（Simon 2009：訳143）。従来の**新古典派経済学**（neo-classical economics）の意思決定前提は，行為者が意思決定の選択肢，結果，その価値についての完全な知識を持ち，最適なものをとるという最適化モデルであった。しかしサイモンは，心理学，社会学，情報科学における当時最先端の議論を取り入れつつ，人間の情報処理能力の限界ゆえに，最適化原理が成り立たないと批判した。そして，実際の経営的な意思決定は，満足化基準で行われるという新たな考え方を提唱した。この原理は，後の経済学，経営学，情報科学等関連領域の発展に大きな影響を与えた。

最適化モデルの批判と満足化水準の提唱

　彼は，伝統的な新古典派経済学の経済的な意思決定原理を「**経済人モデル**」と呼び，その「**最適化基準**」が「合理性の

限界」を持つとして批判した（Simon 2009：第5章）。最適化水準は次の3つの特徴を持つ。第1に，行為者は，あることを決めるに当たり，すべての可能な行為選択肢について事前に完全な知識を持つ。第2に，そのもたらす結果と生み出される価値について完全に理解している。第3に，その結果と価値についての選考基準に基づいて，すべての取り得る行為選択肢の中から最適なものを選択する。しかし，サイモンは，それが限界を持っていると3つの点から批判する。第1に，行為者は，それぞれの行為の選択を行う場合に，そのすべての結果について予測し，完全な知識を持つことはできない。知識は常に不完全である。第2に，選択した行為のすべての結果が生み出す価値について事前に完全に把握することはできないので，結果がもたらす価値について部分的にしか予測できない。第3に，すべての行為の選択肢から体系的に選択する完全な意思決定基準は，実際にはあり得ない。基準は，不完全であり，実際に2，3の行為選択肢しか思いつかない。代わりに彼は，「**経営人モデル**」を提唱し，実際の意思決定は，一定の満足水準を超えた行為選択肢を選ぶ「**満足化基準**」で行われるとした。すなわち，人間の全行為選択肢についての知識は不完全であり，結果からもたらされる価値についての知識もまた不完全である。そして，実際の行為の選択においては，そのときに思いつく，少数の選択肢から，最初に目標達成において満足できる基準を超えたものが選ばれるとする。

そして，個人が所属している企業組織は，その内部に個人よりも多くの行為選択肢を持つ場合が普通であるので，個人の経済的な意思決定をリードすることがあるとする。そして，個人が，組織に従って，行為の選択を行う方が，より合理的になることがあると主張した。

新古典経済学批判と経済学への導入・革新

限定された合理性という考え方は，1960年代以降，情報科学だけではなく，経済学，経営学などの分野でもはや常識として受け入れられており，現代の経済的な意思決定原理となっている。特に，企業活動に関する経済学の分野では，この議論を導入した新たな研究として，1960年代以降，コース（R.H. Coase）やウィリアムソン（O.E. Williamson）らが提唱した**新制度学派経済学**（neo-institutional economics）が，企業経済学を中心に展開してきた。ここにおいては，限定された合理性が重要な意思決定前提に取り入れられた。つまり，この新たな経済学理論は，不確実な状況で，経済取引がどのように起こるかについて説明することを目指し，市場が非常に不確実であり，個人がうまく情報を処理できない場合には，市場自体が経済的な最適性を失う場合があり，企業組織の内部に取り込まれた経済取引の方が合理的になる場合があるとする（Williamson 1975）。いわゆる「**市場の失敗（market failure）**」と組織内部市場の有効性の発見に繋がる。そして**取引の内部化／外部化**を選択する議論に発展する。この経済学は，現在，ゲーム理論を用いながら，不完全な情報の状態において，実際にどのような経済取引の形態が組織されるかについての分析を発展させている。ウィ

リアムソンらは，こうした成果に基づいてノーベル経済学賞を受賞した。

経済的な意思決定についてのさらなる探求

そもそもサイモンは，伝統的な新古典派経済学が人間の意思決定について，極めて単純な仮定をおいているだけで，客観的な分析を怠っていることを批判した。そこで，彼は1940～1960年代の最先端の情報科学，心理学，社会学の成果を導入しつつ，人間は，実際にどのように意思決定しているかの分析を行った。その意味では，彼は，簡単なモデルで片づける「規範的意思決定論」を批判したのである（長瀬 2008）。現在においても，実際の経済的な意思決定に関しては，心理学，認知科学，脳科学の領域において，より実証的で，客観的な研究が積み重ねられており，その成果を用いた経済学的な分析は続けられている。その経済現象への応用は，「経済心理学」や「行動経済学」などの最先端の議論に繋がっている。例えば，人間はタバコによる健康被害を理解し，その医療費上昇の可能性を理解しつつも，なぜ禁煙しないかという行動について，人間の心理をリアルに経済分析している。

また，最近は，意思決定の合理性という考え方自体も批判されている。従来の経済合理性は，西欧独特の価値観で考えられてきた。そのために，アジアやイスラムなどの新興の経済地域における意思決定を西欧的ではないので，「非合理的」と考えるのが一般であった。しかしこうした新興経済地域の発展を受けて，国や文化に応じた合理性があるとの認識も出てきている。さらに合理性よりも，経路依存モデルのようにさまざまな目的と価値に対する行為の経路と実現の仕方があるとの考え方も出てきている。

《参考文献》

長瀬勝彦，2008『意思決定のマネジメント』東洋経済新報社。

Simon, H. A., 1997, *Administrative Behavior : A Study of Decision-making Processes in Administrative Organizations*, 4 th ed., New York, Free Press.（『経営行動』二村敏子ほか訳，ダイヤモンド社，2009年）。

Williamson, O. E., 1975, *Markets and Hierarchies*, New York, Free Press.（『市場と企業組織』浅沼萬里・岩崎晃訳，日本評論社，1980年）。

若林直樹（わかばやし・なおき）

交　換【exchange】

贈与と交換

交換といえば，通常は，**市場交換**（market exchange）を意味する。しかし，人類学や，社会学，経済人類学などの分野では，市場交換以外の交換のあり方が，さまざまに議論されてきた。こうした議論に目配りをしながら，市場交換を相対化して，**広い意味での交換**の視点の中で捉え位置づけることは，経済社会学を豊かにし，また市場交換そのものを安定的で持続可能な制度にするのにも役立つと思われる。

交換の成立を歴史的にさかのぼって考察しても、また、なぜいま現に交換が成立しているのかを論理的に考察してみても、**贈与**（gift）という（表面的には）一方的な行為が、交換に先行し、それを成り立たせている。その意味で、「はじめに贈与があった」のである。

マルセル・モース（M. Mauss）は、その主著『贈与論』の中で、非西欧世界に多くみられる贈与慣行の分析を通じて、この贈与の重要性を指摘した。彼は、エミール・デュルケーム（É. Durkheim）の甥でもあり、その流れをくむ社会学者でもあった。

『贈与論』でも取り上げられ、その後の交換をめぐる議論に大きな影響を与えたのは、ポーランド出身でイギリス人類学創始者の1人とされるブラニスラフ・マリノフスキー（B. Malinowski）によって報告されたトロブリアンド諸島の「**クラ交易**」である。彼の代表作『西太平洋の遠洋航海者』で描かれたクラ交易は、トロブリアンドの環状諸島を包み込む大掛かりな交換制度である。ヴァイグア（財宝）と呼ばれる首飾りが時計回りに、腕輪が反時計回りに、島の人々の間を壮大な儀礼を伴って交換されていき、しかも同時に、この儀礼的交換には膨大な物品の交換が付随する。

後述するカール・ポランニー（K. Polanyi）はクラ交易を「互酬」の例として重視し、また人類学では、モースの『贈与論』を所収した『社会学と人類学』に序文を寄せたクロード・レヴィ＝ストロース（C. Lévi-Strauss）がモースに多大な影響を受け、人類学にとどまらず、現代思想としての**構造主義**（structuralism）の祖となった。

交換性向と共同体間の交換

「経済学の父」アダム・スミス（A. Smith）は、交換を「**交換性向**（propensity to exchange）」から説き起こした。スミスは、そもそも人間の本性の中に他人と物を交換しようとする性向があるとし、この個々人が持つ交換性向から局地的市場の必然性を、分業の必然性とともに演繹し、さらには対外貿易の必然性をも推論した。

これに対して、カール・マルクス（K. Marx）は、個々人の交換性向から演繹していくスミスの考え方が市場交換を過去に投影したものに過ぎないとして批判した。マルクスは、共同体が他の共同体と接触するところ、すなわち**共同体と共同体の間**で交換が発生したと考える。そしてやがては、この交換が共同体の内部にも浸透し、共同体を解体させながら、その領域を拡大していったとみなすのである。

経済の統合形態

モースやスミス、マルクスの議論を踏まえながら、経済社会学や経済体制論、経済人類学に新たな射程をもたらしたのが、ポランニーの「**経済の統合形態**」論である。

ポランニーによれば、実在（empirical）の経済がどのように**制度化**されているかの研究は、経済が統一性と安定性、すなわち諸部分の相互依存性と反復性を獲得する方法からはじめられなければならない。そしてそれは、統合の形態とでも呼べるような、ごく少数のパターンの

組み合わせによって達成される。

そして、この統合形態としてあげられるのが、「互酬（reciprocity）」「再分配（redistribution）」「交換（exchange）」（市場交換）の3つの形態である。

そして、これら3つの形態が示す財の動きは次のようである。互酬は、対称的に配置された対応点の間の動きを示し、再分配は、中心点へ集まる動きと中心点から分散する動きを示し、そして交換は、任意の点の間の双方向への動きを示す。

このようにポランニーは、サブスタンティブな意味での経済を人間と環境との相互作用の制度化された過程として捉え、さらにそれを形態のレベルで捉え分類しようとするのである。（さらにこの分類は、3つの形態のうちどれが支配的な統合形態であるかによって、経済体制の分類へといたる。）ポランニーの強調するところによれば、統合形態は記述的な用語であり、そのことによって、価値判断や政治、文化のあり方に関して中立的な、操作可能で制度的なアプローチを保証する。また、これらの形態は常に共存しているのであって、時間的な順序を含意してはいない。

こうして、それぞれの形態について、さらには各形態の組み合せの様式について、膨大な史料に基づいて歴史的・理論的な考察を加えていく。これがポランニーの展開した「統合形態」論である。

交換様式

ポランニーは、「再分配」を未開社会から現代の福祉国家にいたるまで一貫して存在するものと見ている。しかし、柄谷行人によれば、国家（王権）は部族社会の延長として生まれたものではなく、ポランニーのような見方では、国家に固有の次元を見逃すことになる。

こうした批判をも含みながら、「**交換様式**」から社会構成体の歴史を見直すことによって、現在の**資本＝ネーション＝国家**を超える展望を開こうとしたのが、柄谷の交換様式論である。

柄谷は、マルクスが「**生産様式（Produktionsweise, mode of production）**」から社会構成体の歴史を見ていこうとしたのを批判して、交換様式から社会構成体の歴史を見ようとする。交換様式には、4つのタイプがある。まず交換様式Aとして贈与と返礼という互酬交換、交換様式Bとして略取と再分配、または支配と保護、交換様式Cとして商品交換、そして交換様式DとしてX（Aの高次元での回復）である。Xと名づけられた最後の交換様式Dは想像的なものであり、実在するとしても短期間で局所的である。

いかなる社会構成体も、この4つの交換様式の接合として存在する。例えば、近代資本制社会では、交換様式Cが支配的となるが、交換様式AとBも、それぞれネーション、国家という変形された形で共存している。これこそが、柄谷のいう資本＝ネーション＝国家の接合体に他ならない。

次に、それらの社会構成体は他の社会構成体との関係の中で、つまり世界システムにおいて存在する。こうして、社会構成体の歴史は世界システムの歴史として、4つの段階に分けられる。

第1に、交換様式A（互酬）によって形成されるミニ世界システム。第2に、

交換様式B（略取と再分配）によって形成される世界＝帝国。第3に、交換様式C（商品交換）によって形成される世界＝経済。これはイマニュエル・ウォーラーステイン（I. Wallerstein）が「近代世界システム」と呼んだものである。

そして最後に、交換様式Dに基づく世界システム。これは、イマヌエル・カント（I. Kant）が「**世界共和国**」と呼んだものである。資本＝ネーション＝国家を超えて、新たな交換様式に基づく世界共和国へといたる道筋を示そうというのが、柄谷の「交換様式」論に他ならない。

《参考文献》

柄谷行人，2006『世界共和国へ』岩波書店。

柄谷行人，2010『世界史の構造』岩波書店。

Mauss, M., 1968, *Sociologie et Anthropologie, 4th éd.*, Paris, Unirevsitaires de France.（『社会学と人類学』Ⅰ，有地亨・伊藤昌司・山口俊夫訳，弘文堂，1973年）．

Polanyi, K., [1944] 2001, *The Great Transformation: The Political and Economic Origins of Our Time*, Foreword by Joseph Stiglitz and Introduction by Fred Block, Boston, Beacon Press (Second Beacon Paperback edition).（『新訳 大転換』野口建彦・栖原学訳，東洋経済新報社，2009年）．

Polanyi, K., 1957, *Trade and Market in the Early Empires ; Economies in History and Theory*, Glencoe, Free press.（『経済の文明史』玉野井芳郎・平野健一郎編訳，石井溥・木畑洋一・長尾史郎・吉沢英成訳，日本経済新聞社，[1975年] 2003年）．

角村正博（すみむら・まさひろ）

公共財の問題【public goods problems】

公共財の定義

私たちが生活するうえで必要とする財・サービスは無数にある。それらを大きく単純化して分類すると、「**私的財（private goods）**」と「**公共財（public goods）**」になる。私的財は「排除性」と「競合性」を兼ね備えたものである。「排除性」とは、その財・サービスの代価を払わない人がそれを利用できないようにすることが簡単であるという性質である。「競合性」とは、ある人がその財・サービスを使ってしまうと、他の人は利用できなくなるという性質である。日常的に使われる食品、衣料などは典型的な私的財である。それとは逆に、「非排除性」と「非競合性」を持つ財が公共財とされる。公共財は、対価を払わない人の利用を排除することが不可能あるいは極めて困難であり、同時に多数の人が使えるという性質を持っている。私的財と公共財の概念は単純化されたもので、現実の財・サービスには両方の性質を兼ね備えているものが多くある。

非排除性と非競合性を完全に備えた財・サービスは「**純粋公共財（pure public goods）**」と呼ばれる。一国の軍備や

外交がその例である。それに対して，非排除性と非競合性が完全ではなく，純粋公共財でも完全な私的財でもないものは「準公共財 (quasi public goods)」とされる。高速道路や美術館などがその例である。

軍備や外交のように国レベルで捉えられる公共財に対して，潜在的利用者の範囲が国より狭く，特定の地方や地域に限られる場合は「地方公共財」とされ，その典型例は消防，治山治水などである。最近は，テロ対策や地球環境保全策など，国境を越えた「国際公共財」の重要性が認識されている。

公共財に関わる問題は，経済学において古くから認識されているが，それを理論的に明快に描写して，体系的な分析の端緒を与えたのはサミュエルソン（P. A. Samuelson）とされる。

公共財の問題——タダ乗り問題

公共財はその非排除性のために，代価を払わない人の利用を防ぐことが難しい。そのために，潜在的な利用者にとって，誰かが提供した公共財を無償で利用するのが最も有利に見え，結局誰もその対価を払おうとしない。これが「**タダ乗り**問題（free rider problem）」である。代価を払う人がいなければ，費用をかけて公共財を提供した人はその費用を回収できない。主として利潤を求める民間企業に財・サービスの供給を頼る市場経済においては，公共財は供給されないことになる。もっとも，最近の実験経済学の成果によると，たとえ可能であっても必ずしもタダ乗りせず，対価を払う人がかなりあることを示している。しかし，それらの人の拠出は公共財供給の費用を十分に賄うものではないので，たとえ供給されたとしても，その量はわずかに止まることが予想される。

なお，企業が供給してくれなくても，潜在的な利用者が相談のうえ費用を負担して，必要な公共財を供給する道も残されている。しかし，非競合性により，潜在的利用者が多数にのぼるため，費用負担の相談がまとまる可能性は小さい。こうして，市場経済においては生活に必要な公共財が供給されないか，もしくはわずかしか供給されないことになる。この問題は，「**市場の失敗**（market failure）」の重要な原因になっている。

公共財の効率的供給

私的財の供給については，競争的な市場に任せておくと，価格の調整機能によって，その財・サービスから得られる社会的利得（利用者が受ける便益と供給のための費用との差額）が最大になることが知られている。成果（便益）が犠牲（費用）を上回る度合が大きいということから，このことは「効率性」の達成と捉えられる。しかし，公共財は市場においては全く，あるいは極めて不十分にしか供給されないので，効率的な供給を望むのであれば政府に頼る他はない。

公共財の効率的供給，つまり公共財から得られる社会的利得を最大にするには，利用者が受ける便益と供給のための費用との差額を最大にしなければならないが，公共財が多数の人に利用されることから，「利用者が受ける便益」はそれらの人の個々の便益を総計したものでなければならない。そして，最大化の条件は，公共

財1単位を追加供給したことによる便益の増分（限界便益）がそのための費用増分（限界費用）に等しくなることである。この条件は，提起者の名をとって，「サミュエルソン条件」と呼ばれている。

私的財については，競争的な市場に任せておけばこの条件は満たされるが，公共財については，その供給に当たる政府がこの条件を満たすような決定をしなければならない。

なお，潜在的利用者の一部が相談して公共財を供給するに至ったとしても，その際に考慮される公共財の便益はその人たちのものに限られ，他の多くの人にも及ぶ便益は考慮されないので，供給は過少になってしまうことが予想される。

現実の公共財供給

公共財供給は，国あるいは地方政府の予算案の作成・承認・実施の過程を経て決められる。つまり，政治過程で決められるのである。この過程において，公共財の便益と費用を考量する費用便益分析（cost-benefit analysis）が用いられる場合もあるが，政治過程は有権者，政党，利益集団，官僚などの利害の調整の場であるから，そこで決められる公共財供給が上記の効率性を満たすとは限らない。市場の失敗を補正する試みが必ずしも望む結果とはならず，「**政府の失敗**（government failure）」が生じるかもしれないのである。ここに公共財供給の難しさがある。

《参考文献》

上村敏之，2011『公共経済学入門』新世社。

Marwell, G. and R. Ames, 1981, "Economists Free Ride, Does Anyone Else?" *Journal of Public Economics*, 15: 295–310.

Samuelson, P. A., 1954, "The Pure Theory of Public Expenditure," *The Review of Economics and Statistics*, 36: 387–389.

Stiglitz, J. E., 2000, *Economics of the Public Sector, 3rd ed.*, Norton.（『スティグリッツ 公共経済学』藪下史郎訳，東洋経済新報社，2003年。翻訳は第2版に基づく）。

　　　　　　岸本哲也（きしもと・てつや）

公共政策【public policy】

「新しい公共」？

昨今の流行は「**新しい公共**（New Public）」である。ついこの間までは，「**新公共経営**（NPM: New Public Management）」であった。従来，公共サービスは，国や地方の行政機関が提供して市民，住民が受ける関係だったが，行政だけでなく，市民，NPO，企業などが積極的に公共的な財・サービスの提供主体となり，それぞれの得意分野において「共助の精神」で貢献する社会が提唱されている。民主党政権以後，内閣府は「新しい公共」ホームページを開設し，これら民間の活動を支援推進していると謳う。こうした動きの背景には，70年代のスタグフレーションで国家財政が行き詰まり英

サッチャー政権が福祉予算を削減して，公共サービスの提供に民間の経営管理手法やアイデア，資金を活用し始めたことにあるといわれる。「**市場の失敗（market failure）**」に続き，「**政府の失敗（government failure）**」だというわけである。政府，行政のすることはお役所仕事と揶揄され，官僚主義的で非能率で市民，住民の多様なニーズに順応して即応することができない，あるいは選挙や天下りのために業界や圧力団体などを優遇し，利権や不正が横行すると。ならば「NPOの失敗」はないのか。総事業に占めるごくわずかな変化や言葉の流行に幻惑され，足をすくわれることがないように注意しなければなるまい。

政策過程のシステム化と政治の排除

新進気鋭の研究者たちによる公共政策学のテキストは，公共政策を「公共的問題を解決するための，解決の方向性と具体的手段」と定義して，公共政策学の系譜を3つの時期に分けている。当然，どの学問分野も早くから政策論を研究してはきたが，現代のように複雑な要素や側面からなる公共政策それ自体を対象とした学は，1940年代のハロルド・ラスウェル（H. Lasswell）らが提唱した「**政策科学（policy science）**」から始まる。そこでは，公共政策のプロセスに関する「**ofの知識**」と，公共政策決定にどのような知識を投入するかという「**inの知識**」を研究対象にしている。

第2次世界大戦を通じて社会科学の分析手法は飛躍的発展を遂げたが，特に意思決定の道具としてOR（operations research）や，ランド研究所（RAND Corporation）が開発したシステム分析（systems analysis）が注目され，費用便益分析（cost benefit anaiysis）などが用いられるようになった。この第1期は，米ケネディ政権下のマクナマラ国防長官がシステム分析を用いたPPBS（Planning Programming Budgeting System）を国務省予算編成に応用し，ジョンソン政権下では「偉大な社会（Great Society）」プログラムやベトナム戦争にこれらの分析手法が投入された。また，「ofの知識」では，ラスウェルが政策過程の「段階モデル」を提示したが，政治学の分野でもC・E・リンドブロム（C. E. Lindblom）のインクリメンタリズム・モデルや，デヴィッド・イーストン（D. Easton）のシステム・モデルが開発された。こうした分析手法をもとに合理的な意思決定を行い，さらには政策過程をシステム化して自動化し，政策決定から政治を排除しようという時期だった。しかし，PPBSはわずか3年後には停止され，「偉大な社会」建設も進まずベトナム戦争も敗れて，政策科学の再構築が模索されることになる。

政策の実施と評価の研究

1970年前後に，ランド研究所のE・S・クェード（E. S. Quade）やラスウェル，あるいはイェヘッケル・ドロア（Y. Dror）が失敗の原因を分析し，新たな方法論や分析の見取り図を示してみせた。これに応えるように，「inの知識」の再構成として，W・N・ダン（W. N. Dunn）が政策分析のトータルなプロセスを提示する一方，リンドブロムらは政策分析は政策問題の解決に役に立たぬ

「知識のための知識」だと批判し，それに関連して知識の生産者たる政策分析者と知識の利用者である意思決定者の2つのコミュニティが存在することが明らかにされる。他方，「ofの知識」では，第1期の失敗を契機として，従来の「決定」から政策の「**実施**」と「**評価**」の段階に関する研究が盛んになった。また，政策過程での「知識の活用」のされ方や，社会状況の変化や経験から国家が「**学習**」するダイナミズムが明らかにされた。

参加型政策分析

1980年代半ばから，再び自己のアイデンティティを探す第3期が始まる。そこで注目されたのが，初期ラスウェルが提示していた「状況依存性」と「**民主主義の政策科学（Policy Sciences of Democracy）**」の概念の再評価である。これまでの失敗は，政策問題や意思決定が持つ社会プロセスとしての側面を見落とし，あるいは，官僚に代表されるテクノクラートの台頭が市井の市民を政策決定の場から隔絶したことにあった。「inの知識」では，ORやシステム分析などの限界が認識されて，解釈学や批判理論の影響で**ポスト実証主義（post positivism）**の検討が本格化した。前者から，事実と価値の二分法が疑問とされ，前述の2つのコミュニティ間やアクター間に存在する認識の差異が問題となり，政策問題や行為者の状況依存性が強調されることになった。後者からは，政策過程における政策決定者と市民の間のコミュニケーションの問題が気づかれ分析されることになった。その結果，1990年代に参加型民主主義での「**参加型政策分析（Participatory Policy Analysis）**」が新たな方法論として提示された。そこでは，特定の政策問題についてパネルが設定され，開かれた議論の場として利害関係者のみならず市民が参加し，参加者全員が平等な立場と知識で見解を述べ，政策代替案を作成し議論して相互和解による合意が目指される。そして，政策分析（者）は価値中立ではなく，市民に助言をして議論への参加を助ける。「ofの知識」では，従来のアクターの行動を規定する「**利益**」への関心から，行動を制約する「**制度**」の発見がある。マーチとオルセン（March and Olsen）の組織論の影響で，官僚制度や金融制度など，さまざまな制度への関心が高まった。同様に，利益に対抗する「**理念**」がアクターの行動への分析視覚として注目され，それと関連して，政策唱道連携グループ間の「政策志向学習」概念が提示された。

戦略的協働モデル

こうした英米での公共政策学の系譜を受けて，我が国では前出の組織論のマーチやオルセンらが提唱した「**ゴミ箱モデル（Garbage Can model）**」を軍事史学の研究者が太平洋戦争の決定過程に応用するなどして関心を集めた。また，最近，阪神・淡路大震災を契機とし活発になった市民やNPOの活動が政党やアクティビストの流れと合流してNPO法の成立となった政策過程や，さらには市民バンクなど各地域の市民活動が行政や企業などを巻き込み連携して発展するダイナミックな過程を，このゴミ箱モデルを改良発展した「戦略的協働モデル」が説明して注目を集めている。まさにここでは，

「新しい公共」が期待する行政と市場と市民の3者による協働の具体的動態が研究対象となっている。

《参考文献》

秋吉貴雄・伊藤修一郎・北山俊哉，2010『公共政策学の基礎』有斐閣。

小島廣光，2003『政策形成とNPO法』有斐閣。

小島廣光・平本健太，2011『戦略的協働の本質』有斐閣。

内閣府「新しい公共」ホームページ（http://www5.cao.go.jp/npc/index.html）。

Abella, A., 2008, Soldiers of Reason: the RAND Corporation and the Rise of the American Empire, Orlando, Harcourt Inc.（『ランド　世界を支配した研究所』牧野洋訳，文藝春秋，2008年）。

March, J. G. and R. Weissinger-Baylon, 1986, *Ambiguity and Command: Organizational Perspectives on Military Decision Making*, Pitman Publishing Inc.,（『「あいまい性」と作戦指揮』遠田雄志・秋山信雄・鎌田伸一訳，東洋経済新報社，1989年）。

上沼正明（かみぬま・まさあき）

公共選択【public choice】

背景と分析手法

1950年代から60年代にかけて，欧米諸国で市場経済に対する政府関与の度合いが高まったために，民間部門（企業と消費者）のみを対象にしたのでは市場経済の動きを十分に解明できないことが認識された。このような認識に基づき，1960年代にアメリカのバージニア工科大学（Virginia Polytechnic Institute and State University）のブキャナン（J. M. Buchanan）とタロック（G. Tullock）が中心となって，政治過程の叙述的分析を行う拠点を立ち上げた。その研究の流れが公共選択（論）（public choice〔theory〕）と呼ばれている。

伝統的な政治学における政治過程の研究においては，規範（こうあるべき）と人々の非合理性が重視されてきたのに対して，公共選択論では政治過程の叙述的分析と人々の合理性が強調される。政治過程の参加者——有権者，利益集団（圧力団体），政党（政治家），官僚——はそれぞれ，主として自己利益を目指した合理的選択に基づいて行動するものと捉えられ，**ゲーム理論**（game theory）が主要な分析道具になっている。これは，ミクロ経済学の分析手法と同じである。

主要な論点

創始者であるブキャナンとタロックがいずれもシカゴ大学の出身であることから，公共選択論は市場経済に対する信頼と政府に対する不信を強調する傾向がある。その論点の代表的なものは以下のとおりである。

①**民主主義下での赤字財政**：有権者はいくぶん短絡的な発想によって，政府の財源調達について，負担が見えやすい課

税を嫌い，負担が見えにくい公債発行を好む。候補者や政党は有権者の票を求めて，税ではなく公債発行を選ぶ誘因を持つ。その結果，政府財政は慢性的な赤字を抱えることになる。不況下では赤字財政，好況下では黒字財政によって景気変動を緩和することを目指すケインズ政策は，実際には政治過程で実現できないというのである。このような赤字財政への傾向を抑えるために，憲法で均衡財政を規定することを提案している。

②**合理的無知**：情報を集めてそれについて判断するためには，金銭・時間・労力のコストがかかる。人々はこの情報コストを節約しようとする。そのため，有権者は自己の利害に大きく関わる政策については十分な情報を得て自己利益に向けた判断をするが，それ以外のものについては情報収集と判断の努力をしない。その結果，有権者は選挙に当たって提示される多くの政策について「無知」な状態のまま投票する。これは「合理的無知（rational ignorance）」と呼ばれる。それに乗じて，政党（政治家）は，一見多くの有権者の利益になるような曖昧な政策を掲げて票を取り，実際には有権者の利益に反するような政策を実行する可能性がある。

③**ログローリング**：異なる利益集団の推奨する2つの政策が，単独で議会にかけられると否決されるけれども，談合の上で他方の政策に賛成することにより，どちらの政策も可決させることが可能である。それらの利益集団にとって双方とも利益になる。これは「ログローリング（logrolling）」と呼ばれる。しかし，その利益集団外の人にとっては，自己の利益にはならない政策実施のために，より大きな税負担を強いられることになる。このような談合が多くの利益集団の間で行われると，結局すべての利益集団にとって（それらに属していない有権者はもちろん），実施される政策から得られる便益よりも税負担の方が大きくなってしまう恐れがある。

④**官僚と公共サービスの過大供給**：官僚は行政組織にあって政策の実施に携わるのを使命とされているが，実際には，法案作成と政策実施の実務を日々担当する中で，政策に関する情報を蓄積し，それに頼ることなしに立法・行政はなり行かない。その結果，官僚は政策の内容に影響を及ぼす余地を持つことになる。影響力を発揮するにあたって，官僚は「公の奉仕者である」という建前と並んで，政治過程への他の参加者と同じく，自己利益を目指す。ニスカネン（W. A. Niskanen）によれば，それは自己が属する省庁の予算最大化である。各省庁が自己の予算最大化をめざすことによって，政府支出は拡大し，有権者の利益を損なうのである。

社会的選択論

公共選択論と類似の分野として「**社会的選択論（social choice theory）**」がある。いずれも，社会成員の個々の選好に基づいて社会的決定に到る過程に関する理論である。公共選択論が主として，与えられた社会的決定方法（例えば，投票制民主主義）の下で人々が自己利益を求めて行動した結果を叙述的に解明しようとするのに対して，社会的選択論は主として，社会的決定の方法自体を規範的観

点から眺めようとする。例えば，多数決原理がどのような意味で望ましいかを問うのである。

このような試みは18世紀のコンドルセ（M. de Condorcet）やボルダ（J.-C. de Borda）にまでさかのぼるが，体系的な取り組みは，1950年代のアロー（K. J. Arrow）の「**一般不可能性定理（general impossibility theorem）**」に始まる。この定理は，人々が民主主義の要件として広く受け入れるような条件をすべて満たす社会的決定方法はないことを示した。もちろん多数決原理も例外ではない。しかし，この定理は民主主義一般が不可能だというのではない。アローが取り上げた条件のすべてを満たすような決定方法がないというに止まり，いずれか１つの条件を放棄すればよいということである。

公共選択論も社会的選択論も同じく社会的決定過程の研究を目指すものなので，それらを１つの分野とする見方がある一方，用いられるアプローチが前者では叙述的であり，後者においては規範的であることを重視して，２つを峻別する見方もある。なお，社会的選択論は「社会選択論」とも呼ばれる。

《参考文献》

加藤寛編，2005『入門公共選択――政治の経済学』勁草書房。

Arrow, K. J., 1951, *Social Choice and Individual Values*, Wiley.（『社会的選択と個人的評価』長名寛明訳，日本経済新聞社，1977年）。

Buchanan, J. M. and G. Tullock, 1962, *The Calculus of Consent: Logical Foundations of Constitutional Democracy*, University of Michigan Press.（『公共選択の理論――合意の経済論理』宇田川璋仁監訳，東洋経済新報社，1979年）。

Downs, A., 1957, *An Economic Theory of Democracy*, Haper & Row.（『民主主義の経済理論』古田精司監訳，成文堂，1980年）。

Niskanen, W. A., 1971, *Bureaucracy and Representative Government*, Aldine-Atherton.（Niskanen, W. A., 1994, *Bureaucracy and Public Economics*, Edward. Elgar に再録）。

岸本哲也（きしもと・てつや）

広告効果【advertisement effect】

広告効果に関する論点

広告効果（advertisement effect）を経済社会学的に捉える際の論点としては，その効果の範囲，効果の内容，効果の測定といったものが挙げられる。効果の範囲とは個人への直接的な効果を前提とするのか，社会を経由した個人への効果を考慮するのか，それとも社会全体に対する効果を議論するのかといったことである。次の効果の内容とは商品やサービスの銘柄（ブランド）をスイッチさせるものなのか，あるいはそれら商品・サービスへの消費そのものを創出すると考えるのか，ということである。最後の効果測定とは，広告を送出する社会全体における効果の有無やその多寡といった量的な

個人に対する広告の直接的効果

　広告の機能として古くから考えられてきたことは，消費者に向けて特定の商品・サービスあるいはブランドなどについての情報を告知する機能に加えて，彼らの消費者の欲求充足／問題解決にとってその商品・サービス・ブランドが有益なものであるといった態度を喚起する説得の機能であろう。そのような説得的コミュニケーションとして位置づけるならば，広告は接触した人々に対しあるブランドを好むようにさせたり，ある商品を欲しくさせたりする態度変容の効果を持つことになる。このような態度変容を捉える枠組みとしては，古くは **AIDMA**（注意－関心－欲求－記憶－行動）などの階層的モデルが考えられてきた。この考えによれば，広告を反復的に送出して人々の注意や関心を高めることが，彼らの商品・サービスへの欲求を高める効果を生み出すもとだということになる。

　説得的効果研究で暗に前提とされたのは，広告コミュニケーションが人々の態度を直接的に変容させる（**皮下注射モデル**と呼ばれる）という効果である。しかし，ラザースフェルド（P. F. Lazarsfeld）らは米大統領選挙においてメディアを通じた政党広告と投票行動の関係からそのような説得効果が限定的なものにとどまるということを明らかにし，その意思決定では政党広告よりも家族や友人のパーソナルインフルエンスが大きく作用するという研究結果を得た（**コミュニケーションの2段階流れ説**）。クラッパー（J. Clapper）がそれを一般化し，マスメディアの説得的コミュニケーションの効果は人々の態度を変容させるというよりはむしろ既存の態度を補強するという命題を提示した（**限定効果論**という）。ということは広告についても，商品やサービスを人々に新たに消費させるような直接的な説得効果を持つということについては懐疑的にならざるを得ない。ただし近年では，広告が既存の態度を補強するという可能性から，既存ユーザーの愛着を高めたり彼らとのリレーションシップを強めたりする効果に注目が集まっている。

広告の社会に対する効果

　個人に対し態度変容を促す直接的な説得効果ではなく，広告が社会に対して与える効果も考えられる。例えばメディアについて指摘される**議題設定機能**（agenda-setting function）のように，広告が人々の態度変容ではなく消費に至るまでの環境認知に効果を持っているという考え方もある。例えば商品やサービスそのものの優位性ではなく，あるべき生活の指針やライフスタイルを示し，そこで得られる価値に繋がる商品やサービスあるいはその分野の消費を促すという広告文化論的な研究もある。

　また，広義の広告・プロモーション戦略によって社会レベルの効果をもたらし，自社につながる消費拡大を狙うという例としてミシュラン・ガイドがある。これは，タイヤメーカーのミシュラン社がタイヤそのものや自社のタイヤを広告で直接的に訴求するのではなく，レストランガイドに南仏の3つ星レストランも多数掲載することでドライブを喚起し，間接

的にタイヤの需要拡大を狙うものである（沼上 2000：189-192）。

さらに，個々の商品やサービスやその分野を超えたマクロ経済社会レベルでの議論として，企業の広告活動によって人々の消費意欲が創出されるとしたガルブレイス（J. K. Galbraith）の**依存効果**（**dependence effect**）や，ボードリヤール（J. Baudrillard）が「差異化の社会的論理」によって消費需要増大がもたらされるとしたメカニズムがある。これらに依拠すると，各企業が広告という手段をもって競合からの差別化戦略をとった結果として社会全体の消費需要が創造されることになり，広告効果に関わる議論としては壮大なものといえよう。

広告効果の測定

広告の効果ということを考えるかぎり，その効果の有無や多寡を測定することもまた重要な論点である。個別の商品・サービス・ブランドについて考えるときには，特にそれらへの消費者の認知や態度変容に対する広告コミュニケーションの効果を考えることが多い。その枠組みの1つが，認知・理解・確信・行為というステップ毎に具体的な目標を定め，その達成度を広告効果と考える**DAGMARモデル**である。これは実用的であるため現在でも実務的に用いられている枠組みであるが，商品や購買意思決定への**関与**（**involvement**）概念を考慮するとき，例えば低関与な商品においては購買の後に当該製品分野への理解が高まるなど，このモデルが想定する単線的な態度変容過程が適合しない場合もある。また，人々が商品やサービスを消費しようとする動機が何らかの問題解決にあるのか差別化にあるのかということ，あるいはその分野に関する各個人の前提知識の有無によっても広告メッセージの判断基準や情報処理能力も異なる。この分野は消費者行動論では研究が進んでいるが，それでも当該の広告コミュニケーションの，社会における全体的な効果を測定することは単純ではない。

商品・サービスについての広告費がそれらの売上に寄与しているのか，あるいは企業レベルにおいて広告費が業績に寄与しているのかという売上反応モデルを想定して広告効果を測定しようとするならば，回帰モデルなどで分析した場合しばしば正の関係が確認される。しかし実際の企業行動では広告費の水準は業績に依存するという逆の因果があること，また広告と相互作用のありそうなその他の要因も多すぎるため，単純な解釈は困難である。ましてや，商品・サービスや企業のレベルを超えた産業レベルさらには全体社会での消費支出といったマクロ経済社会の視点での広告効果を実証的に測定することは一層困難であり，広告のこのレベルにおける効果を積極的に裏づける研究結果も多くない（間々田 2000：62-64）。したがって広告効果の範囲や内容がより上位のレベルになるほど，その効果測定は簡単ではないといえるだろう。

《参考文献》

飽戸弘，1992『コミュニケーションの社会心理学』筑摩書房。

竹下俊郎，1998『メディアの議題設定機能』学文社。

仁科貞文（監修）・田中洋・丸岡吉人，

1991『新広告心理』電通。
沼上幹，2000『行為の経営学——経営学における意図せざる結果の探究』白桃書房。
真鍋一史，1994『広告の社会学〈増補版〉』日経広告研究所。
間々田孝夫，2000『消費社会論』有斐閣。

廣瀬毅士（ひろせ・つよし）

公助・共助・自助【public help, communal help, self-help】

「助」行為の種類

人間は他者との社会関係の中で生きている。この他者との相互作用で重要な行為が支え合う「助」行為である。この行為の志向性に着目すると，相手から返礼がある双方向性の「**互助**」と返礼を期待しない一方向性の「**片助**」がある。しかし「片助」も行為のお返しを伴うことが少なくない。このため「助」行為は広く「互助」を基本とする。ダーウィン（C. Darwin）の『種の起原』は生物種の自然環境への適応（自然選択）が社会環境に応用され生存競争として曲解されていくが（Darwin 1859），この社会淘汰の進化論に対してクロポトキン（P. Kropotkin）は『相互扶助論』で生物種の「互助」を指摘し人間界の助け合いの重要性を主張した（Kropotkin 1902）。相互扶助は「**共（同）感（sympathy）**」に基づく。ヒューム（D. Hume）は『人性論』で人性のうち最も顕著なものとして交換伝達による「共感」をあげ（Hume 1739-1740），アダム・スミス（A. Smith）は『道徳感情論』で個人の利己的行為から成る社会を維持するために必要な「共感」を指摘している（Smith 1759）。

この「共感」に基づく「助」行為はその主体に着目すると公助（public help），共助（communal help），自助（self-help）に大別される。公助は国や地方自治体による国民や地域住民への行政サービスの行為，共助は地域住民間で支え合う行為，自助は客体化した自己を自ら助ける行為である。このうち共助は人間の共同生活を支える行為として土地を共有する**共同体**でみられた原初的な行為といえるが，共同体が個人の行為を制約することが多いため**コミュニティ**における自立した個人の自発的な共助が理想とされる。共益に基づく共助の場がコミュニティに他ならない。

公助・共助・自助の歴史的位相

3つの「助」行為の関係を歴史的にみると，共助の衰退過程として捉えることができる（恩田 2006）。もともとこの3者は原始共同体では区別がない状態で明確に意識されていなかった。それが近代化によって分離する。平等と公正の価値を実現する国家や，自由と効率の価値に基づく市場の各セクターが出現することで「助」行為の担い手が明確になる。これが公助を担う国家の「公」領域，自助を求める市場の「私」領域の分化である。国家や自治体から保護を受ける「公」領域への依存という行政志向（行政化）や市場で供給される財やサービスを通してニーズを満たす「私」領域への過信とい

う個人志向（ビジネス化）から次第に「共」領域が縮小し弱体化する。

こうして地域社会の共同作業は行政に依存し，冠婚葬祭も互助ビジネスが担い共助が衰退した。「**公共**」という言葉は本来「公」と「共」に分けて考えるべきだが，「公共」の名のもとに「共」領域が等閑視されることが少なくない。このため公助と自助により狭隘化した「共」独自の領域の復権や強化が求められている。共助は災害のときだけでなく，地域社会の生活に欠かせない共同性を維持するためにも必要とされる。なお，公助に対する共助の強調は国家中心の**福祉国家（welfare state）**から市民中心の**福祉社会（welfare society）**の提唱と重なり，市民セクター（市民組織）の役割が高まっている。

公助・共助・自助三位一体の「補完性原理」

「公」と「私」の勢力伸張は体制のあり方と関係がある。公助が過度になると国家の役割が大きい公益志向の社会主義に，また自助を強く求めると市場メカニズムに依存する私益志向の資本主義になる。混合体制が現実的で両者のバランスを求める共助の役割は大きいが，「共」領域の拡張には市民としての権利と義務の自覚が欠かせない。連帯と共生の価値を求める新しい市民組織として**NPO（非営利組織）**を中心に，「公」領域では市民参加による地域づくり，「私」領域では**コミュニティ・ビジネス**による市民事業の展開など「共」の勢力が伸張しつつある。この「共」独自の復権に伴い「公」と「私」との協働も生まれている。「**新しい公共**」も本来「公」と「共」両者の協働関係を意味する。

共助は集合的行為であり，孤立した個人よりもコミュニティに統合された個人のほうがより責任あるやり方で考え行動することができる。しかし現代は生活の高度化，多様化により共助だけでは成り立たない。行政からの公助や市場に基づく自助も必要とする。この3者は代替関係でなく相互に補完し合う関係にある。東日本大震災の被災地では多くの公助を必要とし，地域外のボランティアによる住民間の共助がみられた。その一方でスマイルズ（S. Smiles）が「天は自ら助くる者を助く」と言うように（Smiles 1859），各自の役割を自覚し自立するための自助も求められてきた。この自助努力で対応できないとき共助を，また共助で限界があるとき公助を必要とするように，公助・共助・自助三位一体の「**補完性原理（subsidiary principle）**」が健全な社会をつくる。

支え合いの社会システム

「情けは人の為ならず」ということわざは他人にかけた情けが回り回ってやがて自分に返ってくる**互助ネットワーク**を意味する。しかしこの「為ならず」を「為にならず」として他人への手助けがその人の自助努力を損ねるためよくないとする解釈がされるところに，現代の希薄な互助意識が示されている。ロールズ（J. Rawls）は『正義論』で社会（制度）レベルでは平等な自由と格差をあえて容認することで分配を正当化する格差原理を，個人レベルでは各自が役割を自発的に果たす責務と自然本性的な義務としての相互扶助を指摘している（Rawls

[1971] 1999）。

　先の東日本大震災を契機に人と人とのつながりや絆が改めて見直され，連帯と共生に基づくコミュニティの再生が問われた。ここで連帯とは**社会的ネットワーク**の構築であり，共生とはさまざまな差異を超えて他者と共に生きることを意味する。一人ひとりが社会の中で自らの役割を果たす一方，他者に情けをかけるとそれがやがて返ってくるように，支援者と被支援者が交替する互助ネットワークによって支え合いの社会システムがつくられる。この社会システムは公助・共助・自助の補完関係によって成り立つ。

《参考文献》

恩田守雄，2006『互助社会論』世界思想社。

Darwin, C., 1859, *On the Origin of Species by Means of Natural Selection or the Preservation of Favoured Races in the Struggle for Life*, London, John Murray.（『種の起原』〈上・下〉，八杉龍一訳，岩波文庫，1990年）。

Hume, D., 1739-1740, *A Treatise of Human Nature, being an attempt to introduce the experimental method of reasoning into moral subjects*, London, Noon (1739), Longman (1740).（『人性論』〈1・2・3・4〉，大槻春彦訳，岩波文庫，1948年・1949年・1951年・1952年）。

Kropotkin, P. A., 1902, *Mutual Aid : A Factor of Evolution*, London, Heinemann.（『相互扶助論』大杉栄訳，春陽堂，1920年，同時代社，1996年・2009年〈新版〉，2012年〈増補修訂版〉）。

Rawls, J., [1971] 1999, *A Theory of Justice* : Revised Edition, Cambridge, MA, Belknap.（『正義論』川本隆史・福間聡・神島裕子訳，紀伊國屋書店，2010年）。

Smiles, S., 1859, *Self-Help : with Illustrations of Character and Conduct.* (1866, *Self-Help : with Illustrations of Character, Conduct and Perseverance, 2 nd ed.*) London, John Murray.（『西国立志編』中村正直〈敬宇〉訳，同人社，1871年，講談社学術文庫，1981年）。

Smith, A., 1759, *The Theory of Moral Sentiments*, London : Printed for A. Millar, in the Strand ; And A. Kincaid and J. Bell, in Edinburgh.（『道徳感情論』〈上・下〉，水田洋訳，岩波文庫，2003年）。

　　　　　　　恩田守雄（おんだ・もりお）

厚生経済学【welfare economics】

厚生経済学の誕生

　1912年『富と厚生（*Wealth and Welfare*）』，1920年『厚生経済学（*Economics of Welfare*）』がケンブリッジ大学のピグー（A. C. Pigou）によって発表された。彼は世界の経済学の教科書『経済学原理』（1890年）を書いたケンブリッジ大学のマーシャル（A. Marshll）の後継者として世界の経済学の教科書として『厚生経済学』を書いた。世界の経済学

経済学に welfare という学術用語がつけ加えられた。アダム・スミス（A. Smith）の『諸国民の富』以来の新しい標語であった。それだけに welfare とは何か，ということに対する共通理解を得ることも困難であった。ピグーはシジウィック倫理学とマーシャル経済学の融和を目指した。welfare という言葉には**倫理学上の善**と**経済学上の富**という概念が統合されている。目的善と手段善の統合である。倫理学は**目的善**を追及し，経済学は**手段善**を追及する。

市民社会の形成と厚生経済学

スミスの経済学はホッブス（T. Hobbes）のリヴァイアサンとしての市民社会・国家論とロック（J. Locke）の「生命・自由・財産」を所有権として保証される**市民社会論**を完成させる理論として提示された。エリザベス救貧法以来イギリス経済学に決定的影響を与え続けた**救貧法問題**を抱え，貧困をどう位置づけるかという方法の1つがベンサム（J. Bentham）のパノプティコンであった。労働と倫理の関係がマーシャル経済学およびピグーの厚生経済学の通底基音であった。

この問題が公共善・共同善問題，目的善と手段善の関係として学のコア概念を形成した。すでにスミスはニュートン主義者として目的善と手段善は一致するという信念で『諸国民の富』を書いた。マーシャルはダーウィン（C. Darwin）の『種の起源』問題を「自然は飛躍せず（Natura non facit saltum）」として『経済学原理』の標語に掲げた。シジウィック（H. Sidgwick）はベンサム－ミルの功利主義伝統を生かそうとし，ピグーに決定的影響を与えた。ピグーは目的善には手段善が伴わなければならないと信じた。経済学は目的善と手段善の関係を明確に論じなければならない。スミスが『諸国民の富』の原因を研究したのに対し，マーシャルやシジウィックは富概念に**国民分配分**という概念を対応させ，社会的富の分配のあり方に注目した。

これがピグーの，社会の経済的厚生の総和は①1人当たりの平均所得が大きいほど，②所得の分配が平等なほど，③年々の所得が安定しているほど大きくなるという「**厚生経済学の3命題**」となった。第1命題，1人当たりの平均所得を増加させるとはどういう事か。厚生経済学の基礎哲学，平均的人間は社会を一挙に変革するのでなく，人間生活を徐々に少しずつ改善すべく苦闘するように創られていく。肉体的苦しみを和らげる事からはじめ，より高次の目的を追及するための基準である。

社会的厚生関数論の形成

しかし1932年にロンドン大学のライオネル・ロビンズ（L. Robbins）による『経済学の本質と意義』でピグーの厚生経済学は徹底的批判を受ける。厚生経済学は経済学の本質に属するものでないという批判である。ロビンズは，経済学は諸目的と代替的用途を持つ稀少な諸手段との間の関係としての人間行動を研究する科学であると主張した。経済学は分析的な考え方，稀少性という力によって課せられる方式に注意を集中する。この批判をうけてアメリカのハーバード大学か

らマサチューセッツ工科大学に移ったサミュエルソン（P. A. Samuelson）が著した『経済分析の基礎』で厚生経済学再興が図られる。厚生経済学を**社会的厚生関数論**（the social welfare function）として展開する。ロック的古典的市民社会の基本問題「生命・自由・財産」としての所有権の確立問題である。

　ヒックス（J. R. Hicks）やサミュエルソンはロビンズの批判を効用逓減法則批判のレベルで押さえ，主観的価値論としての効用測定可能性の否定から，ワルラスは市場一般均衡理論を価値選択論化した**パレート最適論**で救済しようとした。方法的には無差別曲線理論が役立った。序数主義による厚生主義の判断可能性に注目して厚生経済学を救ったのである。アロー（K. J. Arrow）は『社会的選択と個人的評価』でパレート最適基準の「**不可能性定理**（impossibility theorem）」を導き出し，アマルティア・セン（A. Sen）は「パレート派リベラルの不可能性」を論証した。

　ハーバード大学のジョン・ロールズ（J. Rawls）が『正義論』でベンサム批判を試みる。イギリスでピグーの時代に倫理学の方法は直覚主義，功利主義，利己主義があった。直覚主義では義務は直覚によって知られ，その義務を忠実に遂行することが目的善たる心の状態である。功利主義は行為の正しさを幸福量という帰結から判定する。功利主義は最大多数の最大幸福という社会の幸福の最大化を目指すものでもあるから，人間の能力を超えた全能者の存在を想定せざるをえない。ロールズは「道徳幾何学」の方法で功利主義の問題点を回避し同時に直覚主義の義務遂行法を論理化しようとした。センもスミスの『富アプローチ』からピグーの「効用アプローチ」を経て「ケイパビリティ（capability）・アプローチ」への道を開いた。

　センの**ケイパビリティ・アプローチ**はロックの市民政府の義務，「市民」の「生命・自由・財産」を統合した市民人格のケイパビリティを目指している。

　厚生経済学はピグーから始まって以来，不幸な歴史をたどった。マーシャルのもう1人の弟子ケインズ（J. M. Keynes）との関係において不利な役割を担わされた事による。「ケインズ革命」のスケープ・ゴートにされたことである。ピグーの『失業の経済学』は厚生経済学の論理で展開された。そしてこの『失業の経済学』がケインズの『雇用・利子・および貨幣の一般理論』の批判のターゲットにされたのである。しかし市民社会は教育・福祉・医療の統合社会としてのみ存続できる。市民社会は福祉社会としてのみ存続できる。ピグーの経済学の方がケインズの経済学より一般経済学であったのである。

《参考文献》

本郷亮，2007『ピグーの思想と経済学』名古屋大学出版会。

Feldman, A. M., 1980, *Welfare Economics and Social Choice Theory*, Boston.（『厚生経済学と社会選択論』佐藤隆三訳，マグロウヒル，1984年）。

Rawls, J., 1971. *A Theory of Justice*, A Harvard Paperback.（『正議論』矢島均二訳，紀伊國屋書店ほか，1979年）。

Sen, A., 1970, *Collected Choice and So-*

cial Welfare, Sanfrancisco, Holden-Day.（『集合的選択と社会的厚生』志田基与師訳，勁草書房，2000年）。

Sen, A., 2009, *The Idea of Justice*, Cambridge, Massachusetts,The Belknap Press of Harvard University Press.

東條隆進（とうじょう・たかのぶ）

公正と公平（衡平）【fairness and equity】

公正・公平・衡平の語意による整理

　日本語としての公正・公平・衡平は，『広辞苑〈第6版〉』において，それぞれ別個の見出し語として取り上げられている。これらのうちで「衡平」は，日常語としてはその用例に出会うことが少ないのに対して，「公正」や「公平」の用例に出会うことは珍しくはない。例えば，「公正」は，①牛乳パックにもこの言葉が表示されているように，商品の品質や数量の表示が正確であることを消費者に保証するのに用いられたり，②これ以外の経済取引の公正さについて，取引条件が取引制限や経済的優越性（勢力）により不「公正」であるとの使われ方がされる。さらに，③裁判や競技審判が，法律や競技ルールに適合していることや，④原告・被告間や競技参加者間でのえこひいきなしに裁判や審判が行われることを示すのに用いられたりもする。この「えこひいきがない」という意味では，「公平」という言葉に置き換えることができる。すなわち，「公平な裁判」とか「公平な審判」という具合にである。「公平」は，この他にも「税負担の公平」とか，消費税は逆進的で不「公平」な税制であるとか，現在の公的年金制度は世代間で「公平」なものになっていないといった使われ方をしている。ところで，幾分専門的ではあるが，保険原理とも称される「給付反対給付均等の原則」は保険加入者間の公平性に合致する，という意味で使われる「個人的公平性」は，また「個人的衡平性」と表記されることがあり，さらに経済政策の基準となる効率性と並ぶ「公正性」は，「公平性」と表記されることもある。どうやら，公正・公平・衡平は，相互に置き換えて使えるようである。さてここで，英語で公正・公平・衡平を意味する単語を，和英辞典によって調べてみよう。justice, fairness, impartiality, disinterestedness, equality, equity などが挙げられている。そして，語源からして，これらの言葉には，何らかの意味での「**正しさ**」や**釣り合い（均衡）**の意味が共通して含まれているようである。それゆえ，公正・公平・衡平は，「**正義（justice）**」という規範的理念を意味するものとまとめることができる。実際，正義の理念を象徴する「正義の女神」は，一方の手には天秤を，他方の手には剣を持ち，目隠しをした姿として表現されているのである。次は，「正義」という用語の歴史をさかのぼり，多義的な公正・公平・衡平の語意を整理する手掛かりを探ってみよう。

正義の理念の歴史をさかのぼる

　正義（justice）の理念の歴史は，古代のギリシャ・ローマにさかのぼるが，現

在においてもなお大きな影響力を残しているのが，アリストテレス（Aristoteles）の正義論である。アリストテレスは正義（ディカイオシュネー）を大別して，（国の全般に及ぶという意味での）**全般的正義**と**特殊的正義**とに分ける。前者は国（ポリス）の定めた法に適合していることを意味し，後者はさらに「分配の正義」・「矯正の正義」・「交換の正義」に区分される。分配の正義は，国の構成員（市民）間の財の分配を各構成員（市民）に備わる内在的な価値に応じて行うというものであり，これは国の法によって定められる。矯正の正義は，国の構成員間で一方が他方に損害を与えた場合に，損害に等しい補償を民事裁判によって行うことで，両者の間の財の分配のバランスを回復するというものである。交換の正義は，構成員間で異なる種類の財を交換する場合に，交換される財の価値の均等を，財の価値を貨幣価値に換算することで実現するというものである。アリストテレスは，これら4つの正義のいずれもが，国という共同体の善（共同善）を実現するとの目的と結びつけている。しかし，これらの正義の原則は，その適用範囲が限られていた。というのは，その国（ポリス）の市民以外の者には適用されなかったからである。

古代ローマのキケロ（Cicero）は，アリストテレスの正義の区分は継承するものの，正義の適用範囲については，アリストテレスの正義が国（ポリス）の市民に局限されていたのを，すべての人間にまで拡張した。すなわち，国の法を超える**自然法**もしくは**万民法**という，すべての人間に適用される法により，信義を守ることをもって一般的な正義の理念とした。また，相手の人の利益を重んじること（これは矯正の正義に相当する）や，「各人のものを各人のものとして」分配すること（これは分配の正義に相当する）が主張される。キケロは，こうした正義の原則により，今や国の範囲を越えるすべての人間についてのものに拡張された共同善の維持を目指したのである。

中世のトマス・アクィナス（Thomas Aquinas）の正義論は，アリストテレスやキケロの議論を受容しつつも，キリスト教思想や中世都市の経済発展を背景として，新たな展開を見せている。第1に，人間はアリストテレスが言うように「社会的な動物」であって，国という共同体を必要とする。が，その国の統治は，そのための法律は，**共同善（common good）**を，究極的には人間の魂の救済を目指すものでなければならないとされる。そして，国の法律が共同善を目指すものであることが正義（justice）に適っていることであって，また，その限りにおいて国の法律は法的拘束力を持つとされる。第2に，**分配の正義**（distributive justice，比例的均等）の原則は，こうした共同善を実現するために必要な負担を共同体の構成員間に分配する場合と，構成員の必要を共同体が満たす場合とに適用される。第3に，共同体の構成員間の財の交換は，財の価値に応じたもの（等価交換）でなければならず，これが**交換の正義**（commutative justice，公正な交換）である。また，交換の正義が実現されるためには，交換される財の価値を測定する手段としての貨幣が必要になり，この貨幣量として表示される財の

価値が財の価格であるが，トマス・アクィナスは交換の正義に適った価格を**公正価格**（just price）と称している。そしてこうした公正価格の大きさを左右するものは，財の需要側からすれば，受容する財の有用性にあるが，他方，それと交換に提供される貨幣量は，その財の需要者が立場を替えて，自らが市場に提供する財の社会的に評価された価値を反映した価額（財の価格×財の販売量）によっている。その場合，市場に提供される財の価格に反映される財の価値は，その財の有用性を高めるために費やされる，社会的に平均して通常かかる労働費用によっても左右されるとされる。ここには，**労働価値説**（labor theory of value）の考え方がみられる。さらに，こうした労働の評価はキリスト教の労働観（「労働はその報いを受けるに値する」）が背景となっている。

現代社会における公正──分配の公正

以上にみてきた古代・中世のアリストテレスからトマス・アクィナスに至る正義あるいは公正（justice）の議論は，現代社会における分配の公正を実現するための基準である**貢献原則**および**必要原則**に通じている。このうち前者は「各人はその能力に応じ，各人にその貢献に応じて」と，後者は「各人はその能力に応じ，各人にその必要に応じて」と定式化されることからすると，両原則とも共同体への貢献に関しては貢献能力に応じることを共通して要請している。異なるのは，共同体からの成果（所得）の分配が，前者は，そうした成果の元になった貢献度（contribution）に応じてであるのに対し，後者は，貢献度によらずに，成果の分配を受ける必要度（need）によってなされることを要請する点である。このように両原則は対立する面をもってはいるが，いずれの原則も，現代社会に生きる人々の公正感に合致したものでもあり，現実にはどちらか一方だけではなしに，両原則の組み合わせが求められる。両原則の組み合わせの実例は，医療保険や年金保険などの社会保険においてみられる。

《参考文献》

武川正吾，2001『福祉社会──社会政策とその考え方』有斐閣。

中山元，2011『正義論の名著』ちくま新書。

野尻武敏，1973『経済政策原理』晃洋書房。

野尻武敏，2011『経済社会思想史の地平』晃洋書房。

Aristoteles, *Ethica Nicomachea*.（『ニコマコス倫理学』〈上〉，高田三郎訳，岩波文庫，1971年）。

大西秀典（おおにし・ひでのり）

合理性【rationality】

人間行為の合理性

「合理性（rationality）」という概念は，哲学，心理学，人類学，社会学，経済学等々，人間や社会に関するほとんどの学問領域で，それぞれに異なった意味で使われている。だが，いずれにおいても合

理性は，主観的なものであれ客観的なものであれ，人間の行為の評価に関わるものであり，それらに通底する論点がたしかに存在する。とりわけ社会学および経済学においては，合理性概念を欠いては学問自体が立脚点を失うほどの重要性を持っており，人間行為の合理性をめぐる問題が最も主題的に論じられている。

社会学における合理性

マックス・ヴェーバー（M. Weber）は，人間行為を**目的合理的**（means-end rational），**価値合理的**（value-rational），**感情的**（affectional），**伝統的**（traditional）の4類型に分類することを提唱した。このうち社会学の研究において最も重要なものは目的合理的行為である。彼が提唱する目的合理的行動とは「（主観的に）一義的に把えられた目的に対して適合的なものであると（主観的に）考えられた手段を，もっぱら基準にして行われる行動」（Weber 1913：訳13-14）のことである。つまり行為者によって主観的に抱かれた目的に対し，彼自身がその目的を達成するのに適していると自ら判断し実行する行為である。したがって行為選択に自由度のあることが前提となっている。しかしその行為が，客観的に見て合理的であるかどうかの保証は一般にはない。観察者が，行為者の抱いた目的と選択した行為とのあいだに適合性を認める場合は**整合合理的**（consistent-rational）であるといわれる。一方，例えば**囚人のジレンマ**（prisoner's dilemma）的状況で主体がとるとされる行為は，自己利益の確保という点で目的合理的であるが，その状況を客観的に眺めている観察者は彼らの行為が結果的に不利益となることを理解しているので，整合合理的ではない。

また，価値合理的行為とは，「或る行動の独自の絶対的価値――倫理的，美的，宗教的，その他の――そのものへの，結果を度外視した，意識的な信仰による行為」（Weber 1922：訳39）のことである。この場合に，整合合理性は問題とはならない。というのは，目的―手段間の合理的関係は，両者の間の論理的関係や目的と帰結を比較考量することで客観的に判定しうるのに対し，価値合理的行為には手段選択の自由度がないため，行為の手段的合理性を客観的に判定することができないからである。価値合理的行為に選択の自由度があるとすれば，それは価値規範に従うか従わないかを決定するときだけである。

例えばある宗教規範に従う場合のことを考えてみよう。この場合，その規範に従うという行為自体が目的であるので，目的と手段が同一であり，その行為の合理性はそもそも問題とはならない。実際にとられた行為が客観的に見て規範に合致しているかどうかは，行為遂行における忠実性の問題であって，整合合理性とは別次元のものである。したがって，価値合理的行為は目的合理的行為とは別の範疇に入れるべき合理性である。

経済学における合理性

経済学において合理性とは，意思決定において行為主体の効用（もしくは利潤）が最大化されていることを意味する。例えば消費者であれば，市場で成立する諸商品の価格を見て，限られた予算の中

で自らの効用を最大にするように諸商品の消費量を決定することとされる。ちなみに，各財の**限界効用**（marginal utility）の比（それを**限界代替率**〔marginal rate of substitution〕という）が，それらの財の価格比に等しくなるように消費すれば，効用は最大化される。効用が最大化されていなければ，たとえ効用を得るための適合的行為であったとしても，合理的とは言わない。経済学においては，たんに目的に対する手段的適合性だけでなく，その効率性も問題となるのである。これは「諸目的と代替的用途をもつ稀少な諸手段との間の関係としての人間行動を研究する科学」（Robbins 1935：訳 25）という経済学の定義からくる要請である。言い換えれば，経済学とは稀少な財を効率的に配分する仕方を研究する学問である。したがって，合理性とは**効率性**（efficiency）を意味する。

　経済学は，このような主体をミクロ的基礎としてあらゆる経済現象を説明しようとする。ここには社会学における行為の意味をその動機（目的）によって理解しようとする構えは見られない。経済学が目指すのは，ある経済現象が観測されたとき，それを経済主体の効用（利潤）最大化行動によって説明することである。つまり主体の合理的行為は理解の対象ではなく，経済現象を理解するための手段・方法なのである。

　行為がこのような意味で合理的であるためには，主体は，意思決定に際してあらゆる関連情報と無限の情報処理能力を持たねばならない。例えばガソリンを購入する場合を考えてみよう。その場合，あらゆるガソリン・スタンドで販売されている価格を調べ，それらガソリン・スタンドへのアクセスのコストも勘案して最も安いものを選ばなければならない。それだけでは済まない。移動手段として自動車の他にバスや地下鉄などがあれば，それらを用いて移動した場合のコストや時間も考慮しなければならない。さらに合理性を徹底するためには，こうした計算を自分の効用と直接・間接に結びついているあらゆる資源（経済的価値のあるすべてのもの）について行わなければならないのである。

　もう1つ無視しがたい問題がある。それは合理的意思決定に必要な情報を取得し処理するのに金銭的・時間的・労力的なコストがかかる場合である。もし情報の中身がそうしたコストをかける前にわかるのであれば，その情報によって増加する利得とそれを得るために必要な追加的コストとを比較して，効用（利潤）を最大にするような最適情報量を決定できるだろう。しかし一般に，情報は取得・処理前にその中身が完全にわかることはない。したがって，この場合には合理的意思決定は原理的に不可能である。

　こうした批判を回避するため，通例，合理的行動は主体が現実にとるであろう行動の近似とみなされる。だが，自らが完全に合理的に行動できないことを認知している主体がとる行動は，果たして完全合理的行動で近似可能だろうか。この問題に応えてハーバート・サイモン（H. A. Simon）は**制約された合理性**（bounded rationality）という概念を代替的行為モデルとして提唱した。またフリードリヒ・ハイエク（F. A. Hayek）は，主体がおかれている環境の構造的安定性を学

習した主体はルール追従的な行動をとる傾向があり，それが社会に一定の秩序をもたらしていることを強調した。

《参考文献》

Hayek, F. A., 1973, *Law, Legislation and Liberty, vol.I ; Rules and Order*, Routledge & Kegan Paul（『法と立法と自由 Ⅰ ルールと秩序』ハイエク全集，第8巻，矢島鈞次・水吉俊彦訳，春秋社，1987年）．

Robbins, L., 1935, *An Essay on the Natures and Significance of Economic Science*, Macmillan.（『経済学の本質と意義』中山伊知郎監修・辻六兵衛訳，東洋経済新報社，1957年）．

Simon, H. A., 1945, *Administrative Behavior : A Study of Decision-Making Processes in Administrative Organization*, Macmillan.（『経営行動』松田武彦・高柳暁・二村敏子訳，ダイヤモンド社，1965年）．

Weber, M., 1913, *Über einige Kategorien der verstehenden Soziologie*, Tübingen.（『理解社会学のカテゴリー』林道義訳，岩波書店，1968年）．

Weber, M., 1922, *Wirtschaft und Gesellschaft*, Tübingen.（『社会学の根本概念』清水幾太郎訳，岩波書店，1972年）．

森田雅憲（もりた・まさのり）

コーポラティズム【corporatism】

概 念

コーポラティズム（corporatism）は，ラテン語の「体」を意味するcorpusを語源にしていることからもわかるように「諸部分が力を合わせて一体となること」（野尻 1981：50），つまり政治的・社会的な「連帯と秩序」を強調する社会思想である。その基調は，地域代表に基づく議会制民主主義を補完する職能代表制を提唱し，階級対立を克服する**職能団体秩序**（Berufsständische Ordnung）の実現を目指している。職能団体秩序の構想それ自体は，カトリック社会論の本質的な特徴でもある。レオ13世（Leo XIII）の回勅『レールム・ノヴァルム』（1891年）は，同業組合組織の解体とその代替組織の欠如を貧困や労使対立などの社会悪の根源と指摘し，ピオ11世（Pius XI）の回勅『クアドラゼジモ・アンノ』（1931年）は，産業社会における階級対立や利己主義的な行動を是正し，社会秩序を刷新するための秩序構想として職能団体秩序を提示した。ここで言う「職能団体（Korporation）」とは，同じ職業に従事する労使の代表から構成され，共同善（社会全体の利益）のために協働する集団である。

補完性原則

カトリック社会論では，**補完性原則**（Subsidiaritätsprinzip）が社会秩序の基本的な形成原理であり，職能団体秩序の構想も補完性原則から導き出される。補完性原則とは，社会を構成するさまざまな機関や共同体，さらには構成員の間での課題配分と役割分担を規定する原則

であり,「積極面と消極面という2つの側面」(足立 2001：199) を併せ持つ。その積極面によれば,より上位に位置する機関や共同体は,その下位の組織や成員が解決できない課題を自らの課題として引き受け,その解決に取り組むべきである。他方,その消極面によれば,より上位に位置する機関や共同体は,その下位の組織や成員が独自に行える,また実際に行っている活動を自らの課題として引き受ける必要もないし,また引き受けるべきではない。

このような考えから,個人と全体の間に位置し,両者を仲介する中間組織が社会構成上不可欠な要素として正当化され,経済社会の領域では業界団体や労働組合などの利益団体の役割が強調されることになる。とはいえ,職能団体の具体的な形態は経済社会の変容とともに変化し,職能団体秩序もその時々の時代状況の中で具体化されるべきものと考えられている。例えば,手工業の支配的な社会では同業組合が典型的な職能団体であり,同業組合秩序 (Zunftordnung) が補完性原則から支持されるであろうが,工業化の進んだ現代産業社会では議論の対象外となる。

歴史的事例

第1次世界大戦後に誕生したドイツ共和国(通称,ワイマール共和国)は,**ワイマール憲法** (1919年) において超経営的な共同決定 (überbetriebliche Mitbestimmung) を規定し (第165条),職能団体秩序の導入を目指した。そこでは,被用者が使用者と同権的に賃金・労働諸条件ならびに経済発展に協力することが求められ,労使協働機関として「地区経済協議会 (Bezirkswirtschaftsräte)」と「全国経済協議会 (Reichswirtschaftsrat)」が構想された。

当時の政府は,発足後間もない共和国の安定化を図るため,社会・経済政策上の諮問機関である「全国経済協議会」の設置を最優先課題とし,「準備全国経済協議会」を経て1920年5月に「暫定全国経済協議会」を設置した。暫定全国経済協議会のメンバーは全国民の経済的な利益代表として規定されたが,議論の過程で当初の予定数 (80～100名) を大きく上回る326名にまで膨れ上がった。メンバーの選出区分は,①農林業,②造園業・漁業,③工業,④商業・銀行・保険業,⑤交通・公企業,⑥手工業,⑦消費者,⑧官吏・自由業,⑨議会指名委員,⑩政府指名委員の10グループであり,初めの6グループについては原則として労使同数のメンバーが選出された。暫定全国経済協議会は常任委員会として経済政策委員会,社会政策委員会および財政政策委員会を設置し,1923年半ばまでは「専門的な所見を述べる経済議会としての役割」(Napp-Zinn 1964：100) を果たしたが,その後は答申を作成する委員会の上部組織としての役割に止まった。換言すれば,暫定全国経済協議会はその前期においては,労使による経済・社会政策の協働的な形成を通じて政府と議会の活動を支援し,その負担を軽減することができたと評価できるものの,協議会メンバーが多すぎたため,必ずしもその真価を発揮することができなかったのである。

暫定全国経済協議会発足後も政府は,

全国経済協議会の最終的な制度化に向けて精力的に調整を図った。しかし，議席配分をめぐる与野党の対立が解消されず，10年に及ぶ制度化の努力は頓挫し，ヒットラー（A. Hitler）政権の誕生とともに暫定全国経済協議会は1933年に事実上廃止された。

職能団体秩序の形成という意味では，ムッソリーニ（B. Mussolini）によるイタリアの**ファシズム**（fascism）が先行事例である。そこでは，「労資両組合の結合機関」（竹村 1979：239）としての協同体（corporazione）が組織され，その頂点に「協同体全国協議会」が位置し，協同体に立法権を与える「協同体国家」が建設された。しかし協同体は，全体主義国家の下部機関としての役割を果たし，個人と団体の自由やイニシアティブを抑圧した。このようなコーポラティズムは，国家コーポラティズムとか権威主義的コーポラティズムと呼ばれ，この分析概念は今日でも発展途上国の独裁体制や社会主義国家の現状分析に適用される。

政策形成上の意義

コーポラティズム思想は，歴史的にはイタリアのファシズムとして具現化されたこともあり，第2次世界大戦後はタブー視された嫌いがある。このことは，コーポラティズムの表現それ自体に端的に示されている。フォン・アレマン（U. von Alemann）によれば，協働体系を意味するドイツ語Korporativismusがあったにもかかわらず，西欧諸国における協働的な政策形成を表現するために英語corporatismがドイツ語圏に輸入され，Korporatismusとして定着した。ドイツ語Korporativismusは本来，権威主義的身分制国家やファシズムでの協働体系を意味したからである。さらに，現代コーポラティズムは権威主義的な協働体系との差異を強調するため，「新しい」を意味する接頭語Neo－を付けてネオ・コーポラティズムとも表現される。

ネオ・コーポラティズムの分析概念で捕捉される政労使各代表から構成される**三者協議制**（tripartism）は，大陸欧州諸国においては各種の委員会や審議会として制度化され，政策形成上重要な役割を果たしてきた。その委員構成は多くの場合，原則同数の政労使各代表から構成される。その典型がオーストリアの社会的パートナーシップ（Sozialpartnerschaft）であるが，三者協議制の原型は，上述したワイマール共和国時代の暫定全国経済協議会にあるといえよう。

《参考文献》

足立正樹，2001「福祉国家から福祉社会へ」足立正樹編著『福祉国家の転換と福祉社会の展望』高菅出版。

竹村英輔，1979「イタリアの労働憲章」東京大学社会科学研究所編『ヨーロッパの法体制（ファシズム期の国家と社会5）』東京大学出版会。

野尻武俊，1981「カトリック社会論とコルポラティズム」『社会哲学（冬季号）』社会哲学研究所。

Alemann, U. von, 1983, "Interessenvermittlung in Westeuropa," in U. von Alemann, und E. Forndran, (Hg.), *Interessenvermittlung und Politik*, Opladen, Westdeutscher Verlag.

Hättich, M., 1957, *Wirtschaftsordnung*

und Katholische Soziallehre, Stuttgart, Gustav Fischer Verlag.

Leo PP. XIII, 1891, *Rerum Novarum*,（『レールム・ノヴァルム——労働者の境遇』岳野慶作訳解，中央出版社，1961年）．

Napp-Zinn, A. F., 1964, "Wirtschaftsräte und überbetriebliche Mitbestimmung in Deutschland," in W. Weddigen (Hg.), *Zur Theorie und Praxis der Mitbestimmung*, Berlin, Duncker & Humblot.

Pius PP.XI, 1931, *Quadragesimo Anno*,（『クアドラゼジモ・アンノ——社会秩序の再建』岳野慶作訳解，中央出版社，1966年）．

内山隆夫（うちやま・たかお）

コーポレート・ガバナンス【corporate governance】

コーポレート・ガバナンスの意味

コーポレート・ガバナンス（corporate governance）は「**企業統治**」，「**会社統治**」などと訳されているが，その内容について明確な定義が確立されている訳ではない。「corporate」は株式会社，特に規模が大きく株式が公開されている株式会社を意味する。「governance」は「統治」，「支配」，「管理」といった意味であるが，論者によって意味される内容はさまざまである。コーポレート・ガバナンスを検討する場合，以下のように2つに分けてこの問題を捉えることが有益である。

1つは，「会社は誰の（ための）ものか」という会社の「主権者（所有者）」に関わる問題である。法律学や経済学では主権者を株主（shareholder）と捉えることが多いが，経営学などでは主権者を広く捉え，株主，経営者，従業員，取引先企業，顧客，地域社会など会社の**利害関係者**（stakeholder）を想定する場合もある。本稿では，前者の**株主主権論**を中心に論じていきたい。

もう1つは，主権者を所与として主権者の利益を最大にするためには，どのような制度や手段を構築すればよいか，という問題である。したがって，主権者の利益を最大にすることが「会社を効率よく運営する」，「良好な企業成果を生み出す」ということになる。株主主権論の下では，この問題は以下でみるように，**経営者の規律づけ**という形で議論が展開されている。

以上を踏まえてコーポレート・ガバナンスを一般的に定義すれば，「株式会社（コーポレーション）がより「よく経営」されるようにするための諸活動とその枠組み作り」（加護野ほか 2010：2）というように表現することができよう。

コーポレート・ガバナンスの歴史

学説史的にみると，コーポレート・ガバナンスの問題は決して新しい問題ではなく，株式会社という企業形態が17世紀初めに誕生して以降，折に触れ断片的な形で触れられてきた問題である。例えば，アダム・スミス（A. Smith）は『国富論』第5編第1章において，株式会社（joint stock company）の取締役（経営者）は自分の金というより他人（株主）

の金の管理人にすぎないため,「こういう会社の業務運営には,多かれ少なかれ怠慢と浪費がつねにはびこること必定である」(Smith 1776：700, 訳1186) と述べている。このスミスの株式会社批判を現代風にいい換えれば,株主と経営者の人格的分離(**所有と経営の分離**〔separation between ownership and management〕)こそが会社経営の非効率性を生み出す基本的要因である,と表現できよう。

スミス以降この問題に最も大きなインパクトを与えたのは,バーリ(A. A. Berle)とミーンズ(G. C. Means)の研究(Berle and Means〔1932〕1967)であり,コーポレート・ガバナンスの問題を考える上での古典であると同時に出発点ともなっている。彼らは,1929年のアメリカにおける非金融会社上位200社を対象に株式所有の実態を調査し,これら会社においては所有と経営の分離が進行しており,その結果,株主と経営者の利害が乖離・対立する可能性があることを明らかにした。

このようにコーポレート・ガバナンスの問題への言及は古くからあるが,先進国でコーポレート・ガバナンスという言葉そのものが使われるようになったのは,1980年代以降のことである。その背景には,1980年代以降企業の国際競争力という問題の重要性が高まり,それが各国の企業システムのあり方と密接な関連を有するという認識が広がったこと,経済のグローバル化の進行に伴い市場システムをめぐる法律や慣行などを含む広義の**制度の平準化**(harmonization)が問題にされるようになったこと,不正会計事件など企業をめぐる経済犯罪が頻発し,企業経営者の行動のあり方を根本から再検討する機運が高まったことなどが挙げられる。

エージェンシー問題——規律づけメカニズム

株主主権論を前提にすると,株主と経営者との関係は**エージェンシー問題**(principal-agent problem)として定式化できる。エージェンシー問題とは,**依頼人**(principal)が**代理人**(agent)にあるサービスの遂行を依頼し,代理人に意思決定の権限を委譲する契約を結ぶ場合に発生する問題である。特に,**情報の非対称性**(asymmetric information)が存在し,両者の行動目的が異なり,自己利益の追求を意味する**機会主義的行動**(opportunism)を前提とすると,代理人は依頼人の利益を犠牲にした自己利益の追求が可能となる。したがって,依頼人は代理人のそうした行動(**裁量的行動**〔discretion〕)をモニタリング(監視)する必要がある。このモニタリングに伴って発生する費用は**エージェンシー費用**(agency cost)と呼ばれる。

株式会社の文脈でいえば,依頼人が株主,代理人が経営者に対応する。経営者の裁量的行動を抑制し,企業価値の最大化といった株主の利益を実現するためにはどのような制度や手段の構築が必要となるであろうか。この問題は経営者の行動が株主利益に繋がるメカニズム,すなわち経営者の**規律づけメカニズム**ないし**インセンティブ・メカニズム**を検討することに他ならない。

株主による規律づけの代表的なものは,経営者の報酬体系に企業価値増大に連動

した報酬を取り入れるものであり、ストック・オプション（自社株購入権）や株式の付与などが挙げられる。これは経営者を「株主化」することにより経営者の利害を株主と一致させることを意図したものである。また、経営者をモニタリングするための社外取締役の導入や大株主によるモニタリングの強化いわゆる「モノ言う株主」などの行動（shareholder activism）も近年は注目されている。これらはいずれも株主による企業内的規律付けであるが、企業外部にも重要な規律付けのメカニズムが存在する。例えば、競争市場において利潤最大化（＝企業価値最大化）に失敗した企業は滅亡してしまうという**経済的自然淘汰**（economic natural selection）はその一例であるが、コーポレート・ガバナンスの議論で外部的規律メカニズムの中心に位置するのは、資本市場（株式市場）からの圧力すなわち**敵対的買収**（hostile take-over）の存在である。経営者の裁量的行動は企業価値最大化からの逸脱であるため、（よく機能する）株式市場では企業の株価は低下することになる。株価の低下は当該企業の買収が収益性の点で魅力ある対象であるというシグナルとなる。敵対的買収が成功すれば、経営者は解任されるため、敵対的買収の脅威は経営者の規律づけとして機能することになる。こうした敵対的買収の役割はR・マリス（R. Marris）によって初めて企業の理論に導入され（Marris 1964）、H・G・マン（H. G. Manne）はこのような株式市場の役割に着目して「**会社支配権市場**（market for corporate control）」と名づけた（Manne 1965）。敵対的買収は1980年代にアメリカにおいて急増し、アメリカのコーポレート・ガバナンスのあり方を大きく変えたといわれている。また、我が国においても2000年代に入ってから敵対的買収の動きがみられるようになってきている。

《参考文献》

加護野忠男・砂川伸幸・吉村典久, 2010 『コーポレート・ガバナンスの経営学——会社統治の新しいパラダイム』有斐閣.

Berle, A. A. and G. C. Means, [1932] 1967, *The Modern Corporation and Private Property revised edition*, Harcourt, Brace & World（『近代株式会社と私有財産』北島忠男訳, 文雅堂銀行社, 1958年）.

Manne, H. G., 1965, "Mergers and the Market for Corporate Control", *Journal of Political Economy*, 73: 110–120.

Marris, R., 1964, *The Economic Theory of 'Managerial' Capitalism*, Macmillan（『経営者資本主義の経済理論』大川勉・森重泰・沖田健吉訳, 1971年）.

Smith, A., 1776, *The Wealth of Nations The Cannan Edition*, Modern Library, 1937.（『国富論』大河内一男監訳, 中央公論社, 1988年）.

野方　宏（のがた・ひろし）

国民国家【nation state】

近代の政体

　同胞としての一体性を互いに意識しあった人々の集団が，一定領域を支配する統治機構と結びついたとき，国民国家 (nation state) が誕生する。この同胞集団意識がヨーロッパ各地で構築されていく過程は，世界史における近代の到来と軌を一にしていた。**ウェストファリア条約**を契機に，一定領域内の主権を相互に承認しあう国家間システムが形成されていく一方で，身分制による分断社会が，フランス革命を頂点とする市民革命の流れの中で，国民共同体へと，統合されていった。こうした数世紀にわたる大規模な社会変容プロセスを通じて，**領域主権国家の国民的一体性**が，新たな規範モデルとして，確立されていったのである。

　同胞集団たる国民 (nation) と，領域主権をもつ国家 (state) の結合体は，やがてグローバルに圧倒的な広がりを見せていく。現代の国際政治は，この結合体が主要なアクターとなって，展開される。なるほど，市民社会団体による国家横断的（トランスナショナル）ネットワークがさまざまな地球的問題群に見出され，グローバル・ガバナンスの形成に関心が集まってはいる。また，とりわけEUによるヨーロッパ統合の進展によって，ポスト国民国家的状況の到来が論じられてもいる。しかし，より広く世界を見渡していくかぎり，領域主権国家の国民共同体というモデルに，衰退の気配はない。冷戦構造崩壊後に，世界各地で生じた破綻国家の民族紛争にあっても，平和構築の試みを通じて再建目標とされたのは，国民国家であった。近代におけるその誕生以降，国民国家は最も発展した政体のタイプになっていった。

前近代的残滓

　身分による分断を克服する国民としての一体化は，社会統合の優れて近代的なあり方であるが，そこには依然として，前近代的な残滓が見られる。近代と前近代が反発する様相を，領域主権国家の国民統合に見出し，**相反する2つの統合原理**を析出したのは，社会学系の理論研究の大きな功績であった（例えばHabermas 1997）。

　まず**近代的な原理**からすると，単一の国民としての統合が可能なのは，当の人々が基本権やデモクラシーや法の支配といった近代的価値を共有する市民集団の一員になりうるからである。それに対して，**前近代的な残滓**に注目すると，身分制を越えた国民統合が可能なのは，当の人々が歴史と文化を共有する同族集団であるからだ，となる。前者の国民が，立憲民主国家の成員として市民権を保持する啓蒙された人々（つまり**デモス**）であるのに対して，後者の国民は，前政治的統一体の一員として歴史的運命をともにする人々（つまり**エトノス**）だとみられる。こうした2つの国民の姿は，ドイツ統一に際して自覚的に論じられたものであった。ドイツ統一とは，どちらの回復を意味すべきなのかが，問われたのである (Habermas 1992: 2)。

ハーバーマス（J. Habermas）は，国民国家に埋め込まれたこの潜在的コンフリクトを，**共和主義** vs **民族主義**の構図で描き出し，後者の要素の危険性を強調する。民族主義は，超越的なものであるべき共同体の神聖さという，前近代的な残滓を志向するのであり，現代のグローバル化社会にあっては，これが排他的ナショナリズムへと転化しやすく，極めて危険な排外性を帯びてゆくと見る（Habermas 1997：130, 138-141）。この見立てからすれば，国民的一体化による社会統合という近代のプロジェクトは，デモス的なものを志向するのでなければならない。それゆえ共和主義こそが，なくてはならない理念となる。つまり，市民の自律的な意志による民主的政治参加こそが，国民統合を正統化し，持続的なものにしてゆくよう，成熟していかねばならないのである。

国民統合の暴力性

ところが，ハーバーマスも認めるとおり，国民という集合的アイデンティティは，近代的価値の承認をもって容易に構築されるようなものではない。世代間の繋がりを創り出す国民固有の歴史あるいは集合的記憶が，絶対的に必要となる。国民はこの共通の時間の形象によって，固有の集合的アイデンティティを手に入れ，これを演出する国家が，聖なるものを体現するようになる。国家の歴史という国民の記憶の場には，愛国言説による象徴秩序が構築され，人々の国家への帰属は，あらゆる他の集団への帰属をしのぐものとなり，国家のもとへの統合が，絶対の基本規範とされていく（以上例えばバリバール 2008：52, 56-57, 62）。国民国家とは，こうした共通の時間に具体的なイメージが与えられた，**想像の共同体**（imagined communities）（ベネディクト・アンダーソン）なのである。

そもそも国民の形成は，純粋な単一文化のもと，完全に同質な民族によって，遂行されるわけではない。国民国家の建設にあっては，必ずや，相互に異質性を認知しあう集団どうしの軋轢が伴う。この軋轢は，国家が1次アイデンティティを2次アイデンティティへ統合する過程で生じる（バリバール 2008：70-71）。**1次アイデンティティ**とは，階級や故郷や言語や宗教や家族や性といった，個人の社会化過程で獲得される帰属意識をいう。これを統合する形で，国民的一体化意識である**2次アイデンティティ**が構築される。国民国家の形成とは，複数の1次アイデンティティを1つの国民アイデンティティへ統合することを意味する。

バリバール（E. Balibar）は，この1次アイデンティティの脱構築・再構築において，**構造的暴力**が生起することに注意を引く。この過程では，複数の1次アイデンティティを互いに両立不可能にし，一方を立て他方を弾圧する場合が見られる。1次アイデンティティを2次アイデンティティへ媒介する国家はまさに強制的に，学校システムや宗教的神話的行事などを通じて，**国民統合の核となるヘゲモニー文化**を創出するのだと，見ることができる（バリバール 2008：70-72）。したがって，多民族性の顕著な国民国家の場合，2次アイデンティティの構築に際して，上述のエトノス的な要素を利用するのは難しくなる。周辺に置かれたマ

イノリティによる**ヘゲモニーへの抵抗**が過激さを増し，分離独立運動に帰結してしまう事例も，歴史に事欠かない。この場合は，上述のデモス的要素を重視した，近代的価値への合意による国民統合が求められてくる。例えばハーバーマスはこのマインドに，憲法愛国主義という表現を与えている。

グローバル化時代の国民国家

グローバル化が止むことなく進展している現在にあって，国民国家の将来はどのようにイメージできるであろうか。多国籍企業はもとより，市民社会の国家横断化も進展する一方で，すでにふれたように，紛争後の和解と復興が国民国家樹立を目標とする流れに，変化がみられるわけではない。

たしかに，世界史においてこれまでにみられた国民国家建設のラッシュが，これからも同じ規模で発生するとは思えない。第1次世界大戦後のハプスブルグ帝国崩壊，第2次世界大戦後のアジア・アフリカ脱植民地化，そして冷戦後のソビエト連邦崩壊とユーゴスラヴィア解体といった規模で，国民国家の叢生がみられるとは想定しにくい。

しかし，国民国家が政体の確固とした規範モデルであることは，これからも揺るぎそうにない。領域主権国家の国民共同体は，過激なナショナリズムの温床にもなりうるがゆえに，国家横断的な社会関係へ乗り越えられるべきだとみられる反面，流血の紛争後の，民族の独立と自律へ向けた希望の平和構築モデルとして，揺るぎない地位を確立している。グローバル化社会にあっても，国民国家は容易には消滅しない。

むしろ問題にすべきは，国民国家と国民国家の繋がり方である。**国連システムの規範や制度をベースにした多国間の枠組み作り**や，EUやASEANに代表される**地域統合の進展**は，各国民のナショナリズムを緩和しつつ，国家を超えた諸問題に対処していくための，大切なチャレンジであり続けよう。それはまさに，国民国家の維持・再生産を目的とした，チャレンジなのである。しかし，この国民国家を維持・再生産するための国民国家間の連携を通じて，国民の意味に転換が生じ，国民の境界やあるべき一体化について実態的に変化が生じていく可能性については，これをアプリオリに否定することはできまい。

《参考文献》

Balibar, E., 2001, *Nous, citoyens d'Europe? Les frontières, l'État, le peuple*, La Découverte.（『ヨーロッパ市民とは誰か――境界・国家・民衆』松葉祥一・亀井大輔訳，平凡社，2008年）．

Giddens, A., 1985, *The Nation-State and Violence*, Cambridge, Polity Press.

Habermas, J., 1992, "Citizenship and National Identity: Some Reflections on the Future of Europe," *Praxis International* 12 (1), 1-19.

Habermas, J., 1997, *Die Einbeziehung des Anderen: Studien zur politischen Theorie*. Suhrkamp.

臼井陽一郎（うすい・よういちろう）

個人主義 【individualism】

個人主義と集団主義

　個人主義（individualism）は，個人を全面否定する響きを持つ全体主義よりは，集団主義と比較するのが適当である。個人と集団の間には，個人あっての集団であり，集団あっての個人であるから，価値の比重に差はない。しかし，いずれがいずれを支えるのか，いずれの利益が優先するか，いずれの存在がいずれのためであるかをめぐっては，意見や勢力がせめぎ合う。

　アジア人とヨーロッパ人とを比較して，前者が集団志向，後者が個人志向であるともいわれる。ヨーロッパを団体で旅行するアジア人は多くても，アジアを団体で旅行するヨーロッパ人の姿は少ない。このため，ヨーロッパ人にはアジア人が集団主義に見え，アジア人にはヨーロッパ人が個人主義に見える。

個人主義の起源

　ヨーロッパで，個人の価値が集団の価値と並んで認められるようになったのは比較的新しい。古典古代のギリシャやローマ，そして中世でも，集団は個人に比べて価値の上位を占めていた。個人の価値が認知されるようになったのは，中世末期から近代初期である。

　ドイツの経済学説史家エドガー・ザリーン（E. Salin）は，生活の中心が古典古代のギリシャ・ローマでは**都市国家（ポリス）**，中世ヨーロッパでは**教会**，そして近代ヨーロッパでは**個人**となった，と述べている（Salin 1967: 1 – 2）。

　ヨーロッパ人の生活の中心が，都市国家や教会であった時代には，個人は都市国家や教会という集団の一員で，所属する集団に順応し安住もできた。人間が「政治的動物（ポリスで生きるもの）」というアリストテレスの定義，「アテネはアテネ人のためでなく，アテネ人がアテネのためにある」というペリクレスの言葉は，都市国家が求心力を持ち，個人が集団に順応し献身できる間は，よくあてはまった。しかし，都市国家や教会が求心力を失い，個人の都市国家離れ，教会離れが起こると，集団主義は衰え個人主義が勢いを増した。

　個人主義の起源は，紀元前5世紀後半のソフィストの哲学，紀元前4世紀のストア哲学，紀元後14, 15, 16世紀のルネッサンスと宗教改革，そして17, 18世紀の啓蒙主義に求められる。ソフィストの哲学とストア哲学の歴史的背景には，都市国家の衰退があった。ルネッサンスと宗教改革，そして啓蒙主義の歴史的背景にも，中世末期から近代以降の教会の分裂や勢力の衰退があった。

都市国家後の個人主義

　古典古代ギリシャの都市国家が，ペルシャ戦争を境に衰退すると，アレキサンダー大王のマケドニア帝国においても，ローマ帝国においても，市民が順応し安住できる生活の場所は失われた。**ソフィストの哲学**も，**ストア哲学**も，いずれも都市国家後，集団が個人へ解体した時代のものであった。ソフィストは，安住で

きる集団をなくした個人に,「人間は万物の尺度である」と言ったプロタゴラスに従い基準を自己のうちに持つことを,ストア派は自然の法則や人間の運命に自己を従わせることを教えた。しかし,ソフィストやストア派の基準・法則・運命が,都市国家のような集団に代わって,個人を安住・安心・安定させたかどうかは疑問である。

教会後の個人主義

中世ヨーロッパ人にとって,教会がザリーンの言ったように生活の中心であるためには,教会が神に結ばれた個人の集団であり,さらに個人の間に平和があることが欠かせない。教会が信徒のためにあり,逆に,信徒が教会のためにあるという関係がなければ,教会は信徒にとって安心できる場所とはならない。中世ヨーロッパの教会は,さまざまな理由によって,この関係を失い求心力も失った。

ルネッサンスも**宗教改革**も,教会が神の権威の下に個人を集団に拘束する桎梏と感じられたとき,これからの解放運動として展開した。ルネッサンスの文学者ラブレーの「なんじの欲するところをなせ」や,宗教改革者ルターの「われここに立てり。神よ,われを助けたまえ」のいずれもが,個人の欲求や,霊魂の抑圧からの解放を求める声であった。ルネッサンスと宗教改革の個人主義は,このようにしてはじまった。

ルネッサンスと宗教改革の個人主義は,**啓蒙主義**に受け継がれた。かつてソフィストやストア派が,個人の頼みを自己内の基準や自己外の法則や運命に求めたように,近代の啓蒙主義も,デカルトのように自己内の理性や自己外の法則に,個人の拠り所を求めた。

しかし,近代以降,いくら個人の価値が認知されるようになっても,個人は集団から孤立して生きられない。生活の中心が個人に移っても,個人は依然として絶対主義あるいは市民社会と呼ばれる近代国家,あるいは国民国家に統治されて生活している。

教会後,神なき状態を自然状態として,個人の間の平和と集団の存立を論じたのが,トマス・ホッブス(T. Hobbes),ジョン・ロック(J. Locke),ジャン・ジャック・ルソー(J.-J. Rousseau)であった。3者ともに,個人が**合意によって契約**することで,個人の間の平和と集団の存立は守られると論じた。ただし,ホッブスは個人が自己の権利を第3者に委譲することを合意内容にして絶対主義,ロックは権利の相互承認を合意内容にして市民社会,ルソーは権利なき自然状態への復帰を合意内容として社会主義を,それぞれの向かうべき政治社会とした点で相異した。

個人主義の批判と反批判

個人主義は,集団の結束を内部から侵食させるとして,批判される。特に,集団の存立が外部から脅かされるとき,集団の結束を求めて個人主義は批判される。しかし,集団の圧力が個人を抑圧すると,人権と自由と正義からの抗議が避けられない。個人主義と集団主義とが,反義語とみなされるのは,互いに他を排除するからである。個人と集団とが,背反する関係に陥らないためには,個人の間に平和があり集団が存立するような秩序の探

求と定立が求められる。

《参考文献》
恒藤武二，1977『法思想史』（現代法学全集3）筑摩書房。
南原繁，1962『政治理論史』東京大学出版会。
原田鋼，1956『近代政治思想史』（角川全書23）角川書店。
水田洋編，1968『社会思想史』（有斐閣双書）有斐閣。
Salin, E., 1967, *Politische Ökonomie : Geschichte der Volkswirtschaftslehre*, J. C. B. Mohr.

鉢野正樹（はちの・まさき）

コミュニケーション【communication】

定義と目的

　コミュニケーション（communication）は，人間が人間と関わりながら生きていく上で欠かせない活動である。しかし，人間の日常的で中心的な活動であるにもかかわらず，コミュニケーションは最も多義的で定義が難しい概念である。コミュニケーションの多義性を象徴するかのように，F・E・X・ダンス（F. E. X. Dance）とC・E・ラーソン（C. E. Larson）は，1972年にコミュニケーションの定義を126種類も発見している（Dance and Larson 1972）。

　コミュニケーションは，日本語で「伝達」「連絡」「情報」「通信」などと訳されており，その語源は，ラテン語で「分かち合うこと」を意味する名詞communicatio，あるいは「共通の」「共有の」を意味する形容詞communisに由来する。これらの語源をたどるならば，コミュニケーションは，単純に「情報の発信と受信のプロセス」ではなく，「人間が共通項を見出しながら社会の中で共生していくプロセス」と定義することができよう。

　こうしたコミュニケーションの目的は，心的内容の「表出」と「伝達」の2つに大別できる。「表出」を目的としたコミュニケーションは「自己充足的コミュニケーション（consummatory communication）」と呼ばれており，「伝達」を目的としたコミュニケーションは「道具的コミュニケーション（instrumental communication）」と呼ばれている。

一方向的コミュニケーション

　コミュニケーションの基本モデルは伝達である。伝達を目的とするコミュニケーション・モデルとして頻繁に言及されるのが，C・E・シャノン（C. E. Shannon）とウォーレン・ウィーバー（W. Weaver）の数学的モデルである。シャノンとウィーバーのモデルは，「伝えたいメッセージを信号に符合化する段階」「符号化された信号を送信する段階」「受信した信号をもとのメッセージに復元する段階」の3つの段階に区分できる。そして，信号が送り手から受け手へ伝わるまでの過程で発生する妨害は「ノイズ」と呼ばれている。このモデルでは，送り手のメッセージと受け手の再現内容が一致した時，コミュニケーションが成立す

る，と考えられている（Shannon and Weaver 1949）。

シャノンとウィーバーの数学的モデルは，シンプルで汎用性が高いという長所がある一方で，いくつかの修正が施されている。デニス・マクウェール（D. McQuail）とスヴェン・ウィンダール（S. Windahl）によれば，1950年代以降のコミュニケーション・モデルには2つの修正点がある（McQuail and Windahl 1981）。第1の修正点は，「線形の一方向的過程」から「非線形の循環的過程」への修正である。この点を指摘したのは，「循環モデル」を提示したウィルバー・シュラム（W. Schramm）と「螺旋モデル」を提示したF・E・X・ダンスである。第2の修正点は，「受け手の一義的な受容」から「受け手の独自な処理」への修正である。この点を指摘したのは，「コミュニケーションの一般的モデル」を提示したジョージ・ガーブナー（G. Gerbner）と「ABXモデル」を提示したT・M・ニューカム（T. M. Newcomb）である。以上のように，シャノンとウィーバーのモデルは，送り手から受け手への一方通行の回路で図式化されており，送り手と受け手の相互作用という視点が欠けていたといえよう。

双方向的コミュニケーション

情報の「伝達」に焦点を当てたシャノンとウィーバーのモデルに対して，言葉や行為という「シンボル」（symbol）の創造と共有に焦点を当てたのが，**シンボリック相互作用論（symbolic interaction）**である。シンボリック相互作用論は，G・H・ミード（G. H. Mead），H・G・ブルーマー（H. G. Blumer），R・H・ターナー（R. H. Turner）らにより展開された。

シンボリック相互作用論において，コミュニケーションは「意味のあるシンボル」（Mead 1934）を創造し共有する過程を意味する。ブルーマーによれば，人間は他者とのコミュニケーションのみならず，自分自身とのコミュニケーションも行っている（Blumer 1969）。人間のコミュニケーションは，動物のような「刺激―反応」図式とは異なるが，シャノンとウィーバーのモデルのような「一方通行」図式とも異なる。相互作用の過程で，刺激と情報には意味が付与され，その内容は修正され，変更され，再構成される。シンボリック相互作用論において，コミュニケーションは双方向的であり，新たな社会を創造する行為を意味している。

メディアとコミュニケーション

新しいメディアの出現とともに，コミュニケーションは大きく変容する。19世紀後半以降，新聞，雑誌，書籍に代表される「**マス・コミュニケーション（mass communication）**」は急速に発達した。ラジオ，映画，テレビが出現した20世紀以降にはその影響力がさらに拡大した。

マス・コミュニケーションに関する考察として，まずは，マス・コミュニケーションの効果が皮下注射のように即時的な効果を及ぼすことを指摘した「皮下注射モデル」が挙げられる。次に，マス・コミュニケーションの影響力を「小集団のオピニオン・リーダー層に届く段階」

と「オピニオン・リーダー層から集団内のフォロアー層に届く段階」の2つに区分した，P・F・ラザースフェルド（P. F. Lazarsfeld）の「コミュニケーションの2段の流れ」が挙げられる。ハーバート・メンツェル（H. Menzel）とエリフ・カッツ（E. Katz）は，マス・コミュニケーションの影響過程が2段以上の「多段」であることを主張した。このように，マス・コミュニケーションにおいて，コミュニケーションの送り手と受け手の役割は固定されており，「少数の送り手」から「多数の受け手」へ情報が一方向的に発信されるモデルが支配的であった。

しかし，1990年代半ば以降，インターネットという新たなメディアが普及することにより，コミュニケーションの動向も新たな展開を迎えている。第1の動向は，「自己発信型のコミュニケーション」が活発になっていることである。マス・コミュニケーションにおいて，個人は「消極的な受け手」であったが，電子メール，ブログ，SNS（social networking service）を利用することで，個人は「積極的な送り手」となり，双方向的なコミュニケーションが増大した。第2の動向は，「自己充足的コミュニケーション」が活発になっていることである。携帯電話のメールやSNSのコミュニケーションに代表されるように，コミュニケーションを取ること自体を目的としたコミュニケーションが重視されるようになった。このようなコミュニケーションは，情報の伝達ではなく，他者とのつながりの継続そのものを指向する点で自己充足的であるといえよう。

以上のように，コミュニケーションは，新しいメディアの出現とともに変容するが，「終わりのないプロセス」であるという点で不変である。こうしたコミュニケーションという創造的プロセスを介して，社会的現実は創造され，修正され，変化を続けている。

《参考文献》

Blumer, H. G., 1969, *Symbolic Interaction : Perspective and Method*, Prentice-Hall.（『シンボリック相互作用論——パースペクティヴと方法』後藤将之訳，勁草書房，1991年）。

Dance, F. E. X. and C.E. Larson, 1972, *Speech Communication : Concepts and Behavior*, Holt, Rinehart, and Winston.

McQuail, D. and S. Windahl, 1981, *Communication Models : For the Study of Mass Communications*, Longman.（『コミュニケーション・モデルズ——マス・コミ研究のために』山中正剛・黒田勇訳，松籟社，1986年）。

Mead, G. H., 1934, *Mind, Self and Society : From the Standpoint of a Social Behaviorist*, C. W. Morris (ed.), The University of Chicago Press.（『デューイ＝ミード著作集 第6巻 精神・自我・社会』河村望訳，人間の科学社，1995年）。

Shannon, C. E. and W. Weaver, 1949, *The Mathematical Theory of Communication*, The University of Illinois Press.（『通信の数学的理論』植松友彦訳，筑摩書房，2009年）。

本柳　亨（もとやなぎ・とおる）

コミュニタリアニズム【communitarianism】

現代コミュニタリアニズムの特徴

コミュニタリアン（communitalians, 共同体主義者）とは，哲学的リベラル主義者（リバタリアン）に対抗する立場である。

リバタリアン（**libertarian**）はイギリスに17世紀以降形成された市民社会の基本的理念，自立的個人主義，市場経済，手続きとしての国家行政主義を現代アメリカの社会理念にしようという立場である。コミュニタリアニズムはより実質的な倫理的アイデンティティと民主的政策へのより積極的な参加が必要であるという立場である。古典的共同体主義が家族，教会生活，地域主義を強調し，国家や大企業主義の介入に反対したのに対し，現代のコミュニタリアニズムは国家の政治活動や企業や市場経済にも積極的に参加する必要があるという立場である。

アメリカ市民社会の経済社会学

アメリカ新大陸でのイギリス植民地からの独立戦争で獲得したアメリカ合衆国の法的・政治的・経済的権利の思想的基盤はジョン・ロック（J. Locke）の**所有権思想**，「生命・自由・財産」全体を保護するのが政府の義務であるという思想であった。それとともに，企業に分業という生産効率制度を導入して商品を生産し，その商品を市場で販売して富と交換価値を獲得するというアダム・スミス（A. Smith）の**商業社会論**を基礎として市場経済を確立しようとした。そこにリンカーン主義が加わる。20世紀に入って第1次世界大戦はアメリカ合衆国の世界における地位を完全に変える。アメリカ合衆国の国家モデルを世界の政治機構のモデルにしようというウィルソン（W. Wilson）の試み，国際連盟の確立であり，世界政治での主導権獲得である。

このアメリカの国際社会での地位を認識させたのが1915年にグレアム・ウォーレス（G. Wallas）によって公刊された『大きな社会』であった。古典的市民社会論が想定していなかった巨大で非人格的な交通と商業の見えない環境世界が迫って来たということであった。ジョン・デューイ（J. Dewey）は大きな社会を拡張させつつある機械時代が**大きな共同体**（Great Community）を生み出さないままに，古い時代の小さい共同体に侵略し崩壊させている事態を憂いた。大きな社会に**公共精神と公共意識**を植え付ける必要性がある。1937年にウォルター・リップマン（W. Lippman）が『善い社会』を公刊した。アメリカは地球規模の変化の時代，定住農耕開始以来最大の変化の時代にある。分業と交換経済が拡大して巨大な社会を生み出し，それがまた国際問題の暴力化をも促進させた。この分業と交換の国際化は相互依存とテクノロジーの発展を通して社会を善いものへ変える可能性も生み出した。

市民社会論としてのコミュニタリアニズム

第2次世界大戦の勝利でアメリカは世界の超大国の地位を確立した。世界はアダム・スミス主義に立つか，マルクスの

『資本論』の立場に立つかの決断の前に立たされた。アメリカはアダム・スミスの立場を貫く。アメリカ主義を確立すべくジョン・ロールズ（J. Rawls）の『正義論』がハーバード大学から現れた。イギリスですでに問題になっていた自由主義と功利主義と利己主義の再検討である。自由主義命題を「道徳幾何学」的方法で直覚主義にかけられた批判をかわしつつ、功利主義の帰結主義の難点を克服して、社会的義務遂行論として正義論を確立しようとした。社会的義務問題としての弱者はいたわるべしという命題**格差原理**（difference principle）で説得しようとした。

1974年、ロバート・ノージック（R. Nozick）の『アナーキー・国家・ユートピア』が公刊される。リバタリアン宣言である。諸個人は基本的人権を持っており、個人に対してどのような人や集団も、暴力・盗み・詐欺からの保護、契約の執行などの最小国家の権利のみが認められる。国家が個人に要求する基本的権利・義務を越えて介入するようなことは認められない。弱者救済と後見的介入という目標に向かう強制的ルートも許されない。ロールズや平等、嫉妬、労働者による管理、搾取についてのマルクス主義理論も批判する。ノージックはヘーゲル（G. W. F. Hegel）のように家族の分裂体として市民社会（bürgeriche gesellschaft）を位置づけ、人倫体としての国（Staat）への弁証法的包摂（『法の哲学』）を想起させる仕方でアナーキー・国家・ユートピアの関係を論じた。

そしてこのノージックの立場に対抗するのがコミュニタリアニズムである。アラスデア・マッキンタイア（A. Macintyre），マイケル・サンデル（M. Sandel），『善い社会』のロバート・N・ベラー（R. N. Bellah），アミタイ・エツィオーニ（A. Etzioni）等である。

自由は最も重要な特性であることは間違いない。しかし自由には1人でいる権利があるという古典的定義の側面がある一方、自由は諸制度の中に存立し、諸制度によって保証されてこそ自由が可能であるということも事実である。自由は私たちの生活に影響を与える経済上・政治上の諸決定に参加する権利を包含するものでなければ意味がない。平和、繁栄、自由、正義という善い社会についての古典派的批判基準のすべては民主主義の実験が成功するかどうかにかかっている。民主主義的諸制度を新たに拡張し一段と高度なものにしなければならない。制度は個人と集団の期待される行為の型であり、社会から肯定と否定の両側面における制裁によって強制されるものである。

公共の業務を遂行するのに必要な税制のような近代国家に固有な公共的制度が必要である。税制は民主的国家において合意された共通の目標達成という目的に社会的経済的コスト原理を手段として仕える。公共精神が責任倫理で根拠づけられなければならない。人格的徳性に裏づけられた価値（Value）でなければならない。**新しい黄金律**（The New Golden Rule）への道が必要である。

《参考文献》

Bellar, N. R., 1991, *The Good Society*, Alfred A. Knopf, Inc, New York. （『善い社会』中村圭志訳、みすず書房、2000

年）．

Coleman, J. S., 1990, *Foundations of Social Theory*, The Belknap Press of Harverd University Press.

Etzioni, A., 1996. *The New Golden Rule : Community and Morality in a Democratic Society*, Basic Books, A Division of Harper Collins Publishers. (『新しい黄金律』永安幸正訳，麗澤大学出版会，2001年）．

Nozick, R., 1974. *Anarchy, State, and Utopia*, Basic Books Inc, New York. (『アナーキー・国家・ユートピア』嶋津格訳，木鐸社，1994年）．

Rawls, J., *Theory of Justice*, The Belknap Press of Harvard University Press. (『正義論』矢島欽二訳，紀伊國屋書店，1979年）．

東條隆進（とうじょう・たかのぶ）

コミュニティ【community】

コミュニティ論の源流

「コミュニティ（community）」という語は，地域，組織内，国際社会，そしてオンライン上などさまざまな文脈で用いられる．ロバート・マッキーヴァー（R. M. MacIver）によれば，「コミュニティ」とは，一定地域における共同生活の領域，生活空間のことを指し，互いの間に共通の関心や社会意識がみられることがその要件であるという（MacIver 1917）．コミュニティは，特定の関心により機能的に組織された「**アソシエーション（association）**」と対比的に用いられるが，必ずしも「コミュニティかアソシエーションか」という2項対立的関係でなく，むしろ目的的に作られるアソシエーションは，「すべてを包摂するもの」（社会的統一体）であるコミュニティの部分領域に位置づけられていた．

もう1つの重要な古典にフェルディナント・テンニース（F. Tönnies）の『ゲマインシャフトとゲゼルシャフト』がある（Tönnies 1887）．テンニースは，前者（その英訳はコミュニティである）を本能的・全人格的な結合である本質意志に基づく関係，後者を人為・作為的な選択意志に基づく関係とした上で，社会変動の方向性が前者から後者へ向かっていると考えた．富永健一が指摘するように，厳密には「**ゲマインシャフト（Gemeinschaft）**からの**ゲゼルシャフト（Gesellschaft）の分離**」と捉えれば，ゲマインシャフトが社会結合の基礎的形態を指すことがより明確になるだろう．

この他にも，シカゴ学派の嚆矢であるロバート・パーク（R. E. Park）は，一定の地域において動植物と同じように共生している人々の集合である「コミュニティ」を，その次の段階において形成される「ソサエティ」と対比する．日本においても，コミュニティに対応する「**基礎集団**」と，アソシエーションに対応する「**機能集団**」という対比がなされてきた．その源流のひとつは高田保馬の「基礎社会」と「派生社会」といった分類などにみられる（高田［1922］1971）．

このように，コミュニティが社会において基礎的で自生的なものであるという

捉え方は多くの古典に共通しているものの，その定義自体は多様である。マッキーヴァー以降の主要文献からその定義を整理したジョージ・ヒラリー（G. Hillery）によれば，これらは「地域性」「共同性」や「共属感情」を最大公約数とするコミュニティ観として整理することができるとしながらも，むしろその多義性や曖昧さを見出している（Hillery 1955）。

コミュニティ概念の受容と展開

　日本における「コミュニティ」概念の受容において重要なのは，戦後の近代化の過程で，依然残る前近代的な社会の解釈，あるいはその特性が失われていくという問題意識が背景にあったという点であろう。1969年に総理府国民生活審議会から出された『コミュニティ――生活の場における人間性の回復』では，その副題が示す"失われた人間性の回復の場所"としてコミュニティ形成の重要性と必要性が説かれている。ここにおけるコミュニティとは，"分析概念"ではなく"期待概念"としてのそれであり，この頃を契機に，「コミュニティ政策」が，解体しつつある地域社会をどのように回復・再構成するか，あるいはニュータウンや田園都市などの新しい街をどのように作るかという社会課題に対し位置づけられていった。日本の社会学においてまちづくり論やコミュニティ形成などの研究が急速に増えたのも，これ以降の1970年から80年代であった。

　こうした流れの中，極めて切実なレベルでこの問題意識を改めて想起させたのは1995年の**阪神・淡路大震災**であろう。災害時の初動の救助や，避難所や仮設住宅での生活など，地域性に根ざした近隣関係が重要な役割を果たしたという指摘は少なくない。そこには自助や公助に対するコミュニティの持つ互助的な機能への再認識があった。他方，復興が進むにつれて顕在化した街の賑わい再生の難しさや，つながりのない中での孤独死の問題など，一度脆弱化したつながりを再構築することの難しさは今日においてもなお課題となっている。

　また，2011年の**東日本大震災**では，津波により地域がそっくり消失し，あるいは原発事故の影響で地元に帰還しての復興自体が困難となるなど，現実としての地域性の喪失とでもいうべき事態が起こっている。今日では，防災コミュニティに関する施策など，多くの自治体がコミュニティの再生や構築を重要な政策課題とし，またその担い手としてボランティアやNPOに期待が集まるが，本来的に基礎的で自生的な関係を，目的的・人為的に作るという難しい課題を常に抱えながらでの挑戦だといえる。

コミュニティと社会変動

　前述したように，コミュニティへの関心は，**近代化**（modernization）という社会変動と密接な関連を持ちながら変遷してきた。バリー・ウェルマン（B. Wellman）は，こうしたコミュニティの方向性に関する議論を「コミュニティ喪失論」「存続論」「解放論」に整理している（Wellman 1979）。この実証分析によれば，親密で強い紐帯に基づく関係はたしかに存在するが，それは地域性に規定された関係においてではなく，空間的に拡

散した多様で重層的なネットワークとなっているという（コミュニティの解放）。すなわち，コミュニティはかつてのまま存続するのでも，喪失したのでもなく，そのかたちを変えてきているのである。

地域コミュニティの脆弱化からオンラインコミュニティの興隆という現代社会の流れも，情報社会化という社会変動から説明されるだろう。コミュニティを「帰属」の観点から捉えるジェラード・ディランティ（G. Delanty）が，「コミュニティは常にコミュニケーションを基礎にしてきた」（Delanty 2003）というように，コミュニティの基礎には，直接・間接のコミュニケーションがある。"つながり"や"絆"という言葉の内実も，こうしたコミュニケーションの蓄積から生まれるものだとすれば，情報社会化に伴うメディアの変化もまた，コミュニティのあり方を変えることに繋がる。

こうしたオンライン上の新しいコミュニティ形成の動きは，前述のNPOやボランティアへの期待の高まりとも重なり，地域性を共有することが前提の「**地域コミュニティ**」に対し，共通の関心や課題に取り組む共同体「**テーマ・コミュニティ**」として，その影響力や課題解決能力に関心が集まるようになっている。こうした動きは，コミュニティとアソシエーションという伝統的2分法が，今日においては必ずしも適合的でないことを示しているとも考えられる。

《**参考文献**》

Delanty, G., 2003, *Community*, Routledge.（『コミュニティ——グローバル化と社会理論の変容』山之内靖・伊藤茂訳，NTT出版，2006年）．

Hillery, G. A., 1955, "Definition of community: Areas of agreement", *Rural Sociology*, Vol.20 : 111−123.（「コミュニティの定義——合意の範囲をめぐって」山口弘光訳，『都市化の社会学〈増補版〉』鈴木宏監訳，誠信書房，1978年）．

MacIver, R. M., 1917, *Community*, Macmillan.（『コミュニティ』中久郎・松本通晴監訳，ミネルヴァ書房，1975年）．

Tönnies, F., 1887, *Gemeinschaft und Gesellschaft*.（『ゲマインシャフトとゲゼルシャフト』〈上・下〉杉之原寿一訳，岩波文庫，1957年）．

Wellman, B., 1979, "The Community Question : The Intimate Networks of East Yorkers", *American Journal of Sociology*, 84 : 1201−31.

宮垣　元（みやがき・げん）

さ 行

産業化【industrialization】

概　念

　産業化（industrialization）は，工業化とも呼ばれ，狩猟や農耕が中心で人力，畜力，水力などの生物と自然エネルギーを動力源とする農業社会から，「産業革命」を含めて蒸気や電力などの無生物エネルギーを動力源とする工業を中心とする産業社会への移行とその社会の変化を表す。産業化はその過程で，生産の機械化，技術の進歩，生産工程の組織化などの経済的な近代化をもたらし，労働生産性を高めて経済成長を生み出し，産業の構造を変化させてきた。産業化はまたこのような経済的側面だけでなく，同時にそれに伴う社会の構造変化も生み出してきた。富永は，家族の変動，組織の変動，地域社会の変動，社会階層の変動，国家の変動とそれらに伴う社会問題を挙げ，「産業化の概念を拡張して，これらの社会構造変動を含めたものを，広義の産業化とよぶならば，産業化の社会学的研究はこの意味での広義の産業化にあるということができよう」（富永 1993：516）と概念化している。産業化の経済的側面と社会的側面の広い範囲をここで詳述する余裕はないので，以下では産業構造変化の経験的な法則に限定してまとめることにする。

ペティ＝クラークの法則

　産業構造の変化をデータでみようとするときにはいくつかの方法があるが，ここではコーリン・クラーク（C. G. Clark）の**第1次産業**，**第2次産業**，**第3次産業**の3部門分割論を取り上げる。

　ウィリアム・ペティ（W. Petty）が，17世紀に，農業よりも製造業による方が，さらに製造業よりも商業による方が利得が大きいことを見出した。その後1940年に，クラークは産業を第1次・第2次・第3次産業に分け，多くの国のデータを用いて3部門の時系列的な関係を明らかにした（Clark 1940）。経済進歩と産業別構成比との関係に，所得水準が上昇するにつれて第1次産業の比重が低下し，第2次産業そして第3次産業の比重が大きくなっていくことを見出し，この実証結果を**ペティの法則**（Petty's law）と呼んだ。現在では，この関係を**ペティ＝クラークの法則**と呼んでいる。

　日本のデータからそれぞれの産業の変化をみると以下のようである。（1969年以前は江見の表5，6〔江見 1980：257〕，1970年以降は内閣府『国民経済計算報』1998（平成10）年度，2012（平成24）年度のデータによる。生産の構成比は1969年以前は国内純生産，1970年以

降は経済活動別国内総生産の小計に対するものである。なお（　）内の数値は製造業を示す。

第1次産業の就業者は1872（明治5）年には就業者総数の84.9％を占めていたが、産業化の進展とともに1930（昭和5）年には49.7％、1970（昭和45）年には19.7％、2012（平成24）年には4.8％にまで下落した。生産面では1890（明治23）年には国内純生産の48.4％を生み出していたが、1970年には国内総生産に対して名目で5.9％、実質で5.1％、2012年には名目で1.2％、実質で1.2％にまで下落した。

第2次産業の就業者は1872年には就業者総数の4.9％に過ぎなかったが、その割合は増加傾向を続け、1973（昭和48）年には36.6％（27.0％）にまで達した。しかし1973年をピークに減少傾向を続け、2012年には23.7％（15.5％）にまで下落し、この間、就業者数も2061万人（1522万人）から1524万人（1000万人）に減少した。生産面では1890年には国内純生産の15.3％であったがその割合は増加傾向を続け、1973年には国内総生産に対して名目で42.5％（33.5％）、実質で39.3％（26.7％）になった。しかし1970年代前半をピークに減少傾向を続け、2012年には名目で23.9％（18.2％）、実質で25.8％（20.7％）にまで下落した。

第3次産業の就業者は1872年には就業者総数の10.2％に過ぎなかったが、その割合は増加を続け1976（昭和51）年には就業者の50.1％、2012年には71.5％に達している。生産面では1890年には国内純生産の36.2％だったが、1960年代に50％を超えて増加を続け、2012年には国内総生産に対して名目で74.9％、実質で73.0％にまで達している。

以上のデータからわかるように明治以降の日本経済は、産業化とともにペティ＝クラークの法則に従って、第1次産業の構成比は就業者においても生産においても減少してきた。第2次産業の構成比は就業者においても生産においても1970年代前半までは上昇傾向を示したが、それ以降は下降傾向を示している。他方、第3次産業の構成比はこの間、就業者においても生産においても上昇傾向を続けてきた。

経済発展とともに第3次産業の比重が統計的に大きくなってきた理由としては、①輸送や清掃のような活動が製造業から切り離されて第3次産業に移ったという統計的な問題、②第3次産業の需要の所得弾力性は第1次、第2次産業に比較して高いこと、③第3次産業の労働生産性は他の部門、特に第2次産業や製造業と比べて低いこと、④新しい国際分業の結果、などが考えられる。

このように第1次産業と第2次産業（特に製造業）が相対的に縮小し、第3次産業が拡大していく現象は**サービス経済化**と呼ばれ、脱工業化という問題を提起している。

脱工業化

脱工業化というとき2つの解釈がなりたつ。1つは、ダニエル・ベル（D. Bell）の言う**脱工業社会**（postindustrial society）である。もう1つは、1970年代後半からイギリスで問題になっているde-industrializationの意味であり、**産業の空洞化**（hollowing out of industry）に

通じるものがある。前者は別項で取り上げられるので，ここでは後者について紹介しておく。

　経済の発展とともに製造業の生産と雇用やそれらの構成比は増加するが，ある水準を超えると製造業の生産と雇用の縮小あるいはそれらの構成比が減少に転じる，というのがこの意味である。横軸に1人当たりの所得をとり縦軸に製造業の雇用の構成比をとって世界各国のデータを当てはめてみると，逆U字型の曲線を描くことが実証されている。この意味での脱工業化は，経済と社会にどのような影響を与えるかということが問題になる。資源を製造業から**サービス産業**に再配分して特化と分業の範囲を拡大し，資源の完全利用を維持しながら長期的な成長を続けることができるならば問題はない。しかしアリン・ヤング（A. A. Young）やニコラス・カルドア（N. Kaldor）の言うように，製造業の収穫逓増に基づく累積的な因果関係を重視し，製造業を「経済成長のエンジン」として考えるならば，脱工業化は，経済成長，雇用等にかならずしも良い影響を期待できないことになる（Young 1928, Kaldor 1966）。アジット・シン（A. Singh）は1977年に，イギリスの脱工業化が経済の構造的不均衡をもたらしているかどうかを明確にするために，「国際収支の他の構成要素の正常な水準を与えられたものとして，（現実にも潜在的にも）国内の消費者の需要をみたすだけではなく，その国の輸入に必要なものを支払えるように海外で十分に製品を販売できる製造業」（Singh 1977：128）として「有効な製造業部門（efficient manufacturing sector）」という基準を提示した。この基準があてはまらないときには，構造的な不均衡が生ずる可能性がある。

　以上，経験的に明らかになったこの脱工業化の行方が，**情報化**の進展とともに，生産，雇用さらには社会構造にどのような影響を与えるのかが問題になってくる。

《参考文献》

江見康一，1980「XII 産業3サービス経済」『経済学大辞典』第II巻，東洋経済新報社。

富永健一，1993「産業化」『新社会学辞典』森岡清美・塩原勉・本間康平編，有斐閣。

Clark, C. G., 1940, *The Conditions of Economic Progress*, London, Macmillan.（『経済進歩の諸条件』（原書第2版，大川一司・小原敬士・高橋長太郎・山田雄三訳編，全2冊，勁草書房，1953-1955年）。

Kaldor, N., 1966, *Causes of the Slow Rate of Economic Growth of the United Kingdom*, Cambridge University Press.（『経済成長と分配理論』笹原昭五・高木邦彦訳，日本経済評論社，1989年，に収録）。

Singh, A., 1977, "UK Industry and the World Economy: A case of de-industrialisation?" *Cambridge Journal of Economics* Vol. 1, No.2, 113-136.

Young, A. A., 1928, "Increasing Returns and Economic Progress,"*Economic Journal*, Vol.38, No.152, 527-542.

　　　　二村重博（ふたむら・しげひろ）

産業主義 【industrialism】

産業主義の始源

フランス革命が政治の民主化を推進したのにまして社会生活を急変させ、人々に自由を享受せしめたのは**産業革命**が切掛けとなった。

社会思想家のサン=シモン（C. H. Saint-Simon）は、技術・技能を保持する人々が社会をリードする産業人主導社会を提示し、その秘書で、社会学の始祖と云われるオーギュスト・コント（A. Comte）は社会の進展の産業的段階について精神的区分における実証的段階から規定し、その担い手を産業指導者としている。

合理的思考、論理的行動、因果関連の検証可能性を求める科学性が、機械化された技術の活用によって可能となる。誰れもが原理を理解して、エネルギーを用いて操作することで生産が容易だとの思考様式が普及する産業主義が出現する。流通過程からの収益ではなく、生産過程での諸浪費を排除する効率化を進めることで収益を捻出する結果として豊かさを享受する。そのことは、必然的に事業家は機械装置を整備する費用の調達に努めて、多くの投資を募集する。最適な仕組みとして**株式会社制度**が導入される。それは投資家のみでなく、企業業績による株価の変動を見極めて、売買による収益を求める投機家も生じせしめる。また、株式を買い占めて、企業の経営を支配しようとする個人投資家、機関投資家、企業も出現する。このような帰結は技術革新による機械化で、人々が労苦なく生活を豊かにする生産と消費のシステムを追求した究極である。

分業と効率

ところでアダム・スミス（A. Smith）は**分業**（division of labour）に注目している。その1つは水平分業である。地理的条件の相違による国際分業であり、地域ごとの特産品を相互に必要とする時に取引によって交換し、スムーズに富の分配をもたらす。もう1つは垂直分業である。生産は、細分化された作業の単純な繰り返し動作の担当者が協働することで、1人で製品を完成させるよりも多人数の分担は作業を迅速化し、同じ労力で大量生産を可能にする。労力の浪費をなくし、生産時間を短縮し、製品の生産は増加する。作業は細分化されているから単調で簡単な動作に分解されており、誰でも短時間で習得でき、作業者は多数になり、雇用は増加し、多くの人々が安定した収入を得られるが、繰り返し反復する作業は機械の歯車の如き分業である。

産業革命によって、人力、蓄力から機械力による効率の高い生産システムが確立した。しかしながら、それに関与する人々の労働形態もマニュアル化した。けれども多くの人々が必要とする物品が容易に入手し得る大量生産による価格の低廉化が可能となった。その例として**フォーディズム**（Fordism）と云われている自動車製造システムが著名である。

生活を豊かにするに足る賃金を得る労働が軽減され、作業時間が適正に定めら

れ，生産量も向上する作業のマニュアル化は，F・W・テーラー（F. W. Taylor）によって創案された（旧ソ連ではリーベルマン方式として提唱された）。彼の現場経験による『科学的管理法』は，分業により作業手順を細分化した**インストラクションカード（指図票）**の通りに動作を行うことで，高効率が可能となり，労使双方に望ましい生産システムが構築される。彼は生産性が低下する原因を2つの怠業と考えた。第1の怠業は，自然的怠業で，疲労が作業を遅らせる。第2の怠業は組織的怠業で，職場仲間の掟による作業慣行である。

　第1の怠業の解消は，作業者を観察して，道具研究，動作研究，時間研究によって，作業を無理なく，無駄なく，そして人間は疲労するとの前提で余裕時間としてロスタイムを考慮した。インストラクションカード（指図票）通りに作業すれば，一定時間で一定の生産量が，誰が作業しても可能であるとの予測がたち，生産計画は成立する。機械の如く労働は浪費されず，細分化され，単純化された動作を繰り返すのみで，習熟はするが，特殊技能の熟練は必要としない。

　第2の怠業は雇用不安から生じるから，この生産システムは，すべての浪費を削り，無駄を省くことで，より多くの製品が生産され，単価は下がる。1個当たりの工具の工賃は下がるが生産量が倍増するので1日の賃金は多くなる。大量生産され，大量消費され，需要が高まれば，増産のために雇用需要が高まるから，サボタージュによる雇用維持は必要がなくなると説いた。労働の余分な動作が解消されると，機械の如く生産計画も容易になる。しかし，機械の如き正確さのインストラクションカード（指図票）に従う，熟練を不要にした細分化された作業の協働は，労働のイニシアティブは工具からインストラクションカード（指図票）作成者側に移り，ロボットの如く，すべて決められた動作で作業する非人間化（機械化）が生じ，自己疎外を招く。そこで，**モラール（morale）**・ダウンを防ぐ自発性を喚起する方策として**ヒューマン・リレーションズ（human relations）**が職場仲間集団の形成による小集団活動であるQC, ZD運動として導入され，現場の人間性回復の施策が行われた。個々の作業者の創意工夫を募り，現行の作業形態に無駄はないか，品質を管理して，不良品を出さないための工夫はないか。モラール・アップの活動は，より効率を高めて作業を迅速に進めるために余裕時間をも削る事態に陥り，自己搾取を出現させ，より非人間化・機械化を顕著にして，極限に達すると過労死に至る。効率化による労働軽減の方策が逆転して過重労働となり，省力化であった作業細分化による分業が，誰でもできる労働で，未熟練の人々に就業チャンスを与えると同時に熟練を必要としない就業であるから，経験の蓄積の技能・技術のない人々を何時でもわずかな時間のトレーニングで習熟できるので生産調整をしやすい雇用が行われ，テーラーが意図した雇用の安定ではなく，時々の生産に合わせて採用，解雇が容易な不安定雇用である非正規・低賃金就業者の常態化が出現した。

産業と社会

　産業主義の基底にあるのは，無理なく，

ロスを削減して，無駄を排除して効率を向上し，収益の極大化を図る。それ故に，最も望ましい工場の立地条件を探り，企業の拠点は国家を超えて国境を配慮しない生産活動を続ける。収益を高めるにはより低廉な労務費，より安価な原料，多くの消費者が条件として求められる。常にコストダウンを行う生産システムの改変，新たな需要を創造するために商品の使い捨て，流行遅れ，耐久性のない商品，計画的陳腐化によって商品を流通し，不要となった廃棄物は山積し，ゴミ処理は行政の大きな部門となる。

産業主義による社会は，人々に時間とモノと貨幣の豊かさを与えるはずであったが，この大量生産と大量消費の循環は，原材料の使用による自然環境の破壊，生産過程における廃棄物による公害が生活破壊と身体的悪影響を生じせしめ，商品の廃棄によるゴミの大量放出が顕著になる。

産業主義による生産が限界を示したことで環境を快適にする生産方式に転換していく。産業活動によって生じた廃棄物は，特定範囲の人々の生活上に不都合が起きれば，公害と称され，発生源の企業が特定されれば，その責任が追求され，裁判等によって補償が行われている。企業の社会的責任，社会的貢献がクローズアップされ，公共性が企業活動にインプットされる。社会の重要な機能を担う組織として生産の効率のみではなく，生活の快適さを担う有用の度合いを企業活動の理念に組み込んだ新しい産業主義が提唱され，事前に，**リデュース（reduce）**，**リユース（reuse）**，**リサイクル（recycle）** を考慮に入れた製品を産出する体制が構築されている。イノベーションをキーコンセプトとして社会の豊かさを目指す産業革命＝社会革命として現代の産業主義は顕現している。

《参考文献》

Galbraith, J. K., 1958, *The Afflueunt Society*, Boston, Houghton Mifflin.（『ゆたかな社会』鈴木哲太郎訳，岩波書店，1970年）。

Smith, A., 1776, *An Inguiry into the Nature and Causes of the Wealth of Nations*.（『国富論』大内兵衛訳，岩波書店，1949年）。

Taylor, F. W., 1911, *The Princiqle of Scientific Management*, New York and London, Harper and Brothers.（『科学的管理法』上野陽一訳，産業能率短期大学出版部，1969年）。

唐澤和義（からさわ・かずよし）

ジェンダー【gender】

ジェンダーの定義と歴史的背景

「ジェンダー（gender）」とは，「**生物学的性差（sex）**」に対して，文化的・社会的に構築された性の様態を示す術語である。当該社会・文化集団における「男らしさ」「女らしさ」がこれに相当する。関連する語に，性的志向性全般を意味する「**セクシュアリティ（sexuality）**」がある。ジェンダーの語は，主として1960年代以降の**第2波フェミニズム**を通じて，

社会における女性差別の構造解明のために用いられた。これに先立つ19世紀の**第1波フェミニズム**が、女性参政権など政治的な権利要求運動であったのとは位相を異にする。

近代市民社会は、成員の自由・平等の理念を基盤としていたが、「市民」と前提されたのは男性のみであった。それゆえ19世紀の第1波フェミニズムでは、男女平等の普通選挙制度確立など女性の政治的権利要求運動が行われた。だが20世紀に入り、政治的権利が確立されてもなお残る女性差別の問題を検討すべく、**フェミニズム**（feminism）は新たな局面に入った。日常的に自明と考えられた文化的・社会的性差が、当事者の女性自身を含め性差別的構造を再生産・補強しているという問題を解明すべく、「ジェンダー」概念が用いられた。具体的には、女性の家事やケアワークなど無償労働従事を当然視する「**性別分業**」批判や、公共の場に性的対象としての女性像を流布するといった「**性の商品化**」批判として現れた。

誤読されやすいジェンダー概念

さて、一般に私たちの性自認や性規範は自明視されがちである。それゆえ、「ジェンダー」「セックス」「セクシュアリティ」の指し示す領域も混同されやすい。例えば性同一障害（gender identity disorder, GID）は、当事者の生物学的性と文化的・社会的な性の間に齟齬があり、それゆえ性自認が混乱をきたすことである。この場合、ジェンダーはセックスと対立するが、セクシュアリティの対象はジェンダーに沿ったかたちで現れる場合も、そうではない場合もあり得る。例えば、生物学的男性が、ジェンダー・アイデンティティは女性、だがセクシュアリティの対象は女性という事例もある。この場合、当事者のアイデンティティは、「同性愛者の女性」となる。

一方社会の性規範は、セックス・ジェンダー・セクシュアリティが、個々人においては、それぞれ「女性」「男性」の一方に揃って表現されることを自明視する。また、これらは多様な領域にわたる問題であり、人々の「望ましさ」「美意識」との接合も強固である。例えば、1990年代以降、日本では保守系メディアを中心として「**ジェンダーフリー・バッシング**」が湧き上がった件などは、この問題の複雑さを示す好例である。ジェンダーフリーという和製英語は、「男性／女性を問わずジェンダーにとらわれない個人の自由」を尊重する理念である。だがバッシングにおいては、「男らしさ／女らしさの全面否定への反発」や、学校教育現場における「男女同室の着替え批判」などが立ち現れた。前者はジェンダー概念の誤読、後者は貧困な学校施設の問題にすぎないが、背景にはジェンダー概念の複雑さ・領域の広大さと、社会の変化に伴う不安の拡大があげられる。言いかえれば、ジェンダーとは人々が自明視する「安定した世界観」を内破する契機をはらむ概念であり、それゆえ感情的な反発を招きやすく、社会が不安定化すると批判の矛先が向けられやすい特性を持つ。

日本社会におけるジェンダー規範の変遷

ジェンダー規範は、当該時代・社会、

並びに文化集団ごとに異なっている。とりわけマイナージェンダーである女性は、社会規範から要請される「望ましさ」の振幅が大きい。日本におけるジェンダー規範は、江戸時代までは「女大学」に代表されるように、無知無学で思考力を持たず極力発言しないことが望ましいとされた。だが明治維新以降、西欧列強に伍していくため、女性は「国民の母」にふさわしい技能と教養を身につけた「**良妻賢母**」たることが望まれた。戦後は民主化と男女同権の理念のもと、男性が「企業戦士」として経済成長に邁進する環境を整備するためのケアワークや「**母性**」が強調された。それらは、女性個人の生き方と社会との軋轢や、さまざまな論争を呼んだ。焦点となるのは、女性の「家庭役割」と就業など「社会的役割」の矛盾である。

戦後日本社会に湧きあがった「女性の生き方論争」を見ると、①「主婦という第2職業論」(石垣綾子、『婦人公論』1955年4月号)から始まった「**第1次主婦論争**」(1955～1959年)、②「家事労働無償論」と「家事労働有償論」の対立が争点となった「**第2次主婦論争**」(1960～1961年)、③日本女性の「主婦化」の完成時期に、改めて「主婦」の意義再考が迫られた「**第3次主婦論争**」(1972年)、④芸能人が楽屋に「子連れ出勤」をしたのを契機に湧きあがった「**アグネス論争**」(1987～1988年)、⑤経済社会構造の変化(流動化・不安定化)により、「サラリーマン＝専業主婦」カップル像がゆらぎを見せたことから派生した「**専業主婦論争**」(1998～2002年)、さらには⑥晩婚化・非婚化をはじめ女性のライフスタイルの多様化や、女性間の階層格差拡大から生じた「**負け犬論争**」(2003～2005年)などがあげられる。

これらの争点は次のように要約できる。①経済的自立がなければ人格的自立はない。女性も経済活動に参加すべきである(長じて、結婚・出産などだけに縛られるべきではない)。②経済活動だけに価値を見出す視角が間違っている。とりわけ主婦は家庭責任や地域活動など、経済的に還元し得ない重要な価値を担っているため、その価値は相応に尊重されるべきである。だが、例えば①を確立するためには家事や育児・介護などケアワークの責任の所在や、女性の「就労と家庭責任の両立」をめぐる多様な問題が派生する。80年代後半の「アグネス論争」は、この問題を端的に表明したものといえる。また、②を尊重するためには、家事労働が有償か無償か、有償である場合には誰がそれを賄うのか、といった問題も派生する。例えば、専業主婦の年金権を保証する「第三号被保険者制度」は国が主婦への経済的保障を確約したものだが、未婚・既婚を問わず就労する女性が増加したことから、不平等との意見も根強い。

「経済社会とジェンダー」再考の意義

近代的「自立した個人」は、「男性・成人・生産労働に従事可能」という条件を前提していた。また近代社会は、成立当初女性に対し男性パートナーを通じた社会参加以外の道を閉ざし、同時に人間のあらゆる活動のうち生産活動を最も重要なものと位置づけた。それゆえ女性は「**家族賃金**」のもと、生産労働に参加する男性パートナーのためケアワークを担

うことが推奨された。だがそれは，経済社会という側面から見れば，女性の社会的地位を低く位置づける結果となった。その後先進諸国では，漸進的に女性の就業への道は開かれたが，家事・育児など家庭責任は依然女性に重くのしかかっている。このため既婚女性は，「職場と家庭の二重労働」つまり**セカンド・シフト**（アーリー・ホックシールド）を負っているとの指摘もある。一方，既婚男性は「一家の大黒柱」たるべしとのジェンダー規範から，家計責任が極めて重い。このため日本では，男性正規雇用者を中心に不当な長時間労働慣行が改善されないなど，多大な問題を内包する。したがって今後は男女問わず，雇用環境・家庭生活・余暇のあり方を含めた，総合的な「**ワーク・ライフ・バランス**」実現こそが求められている。

《参考文献》

Hochschild, A.R., [1989] 1997, *The Second Shift: Working Parents and the Revolution at Home*, New York, Viking Penguin.（『セカンド・シフト——第二の勤務 アメリカ共働き革命のいま』田中和子訳，朝日新聞社，1990年）。

田中理恵子（たなか・りえこ）

市　場【markets】

市場とは何か

　この問いはアダム・スミス（A. Smith）の『諸国民の富』（1776年）でのピン製造物語から始まった。ピン製造の教育を受けず機械使用法も知らない職人は1日1本も作れず，20本作ることは絶対できない。しかし，全作業が1つの職業になり，いくつもの部門に分割された諸部門も独自の仕事となる。1人の男は針金を伸ばし，もう1人は針金を真っ直ぐにし，第3の者はこれを切り，第4の者はこれを尖らせ，第5の者は頭部をつけるためにその先端を研ぎ磨く。頭部を作るのも2，3の別個の作業が必要で，それをつけ，それを白くする作業，ピンの紙包にすることも1つの仕事である。1本のピンを作る仕事は18の作業に分割される。スミスが見た製造工場では10人雇用されていたが，4万8千本製造されていた。1人1日4千8百本である。1人でピンを生産した時には1日に数本しか生産できないのに，**分業**（division of labour）生産した時には10人で1日に4万8千本生産できる。

　スミスは分業の原理を交換の原理に還元し，市場原理に還元した。分業を可能にするのは市場における有効需要の拡大である。ワルラス（L. Walras）は『純粋経済学要論』（1874年）で，市場は生産物市場だけでなく，生産用益市場，資本化・貨幣市場から成立しており，それぞれの市場に価格形成機構が存在するばかりでなく，全体としての市場に価格競争の「一般均衡」が成立し得るとした。マーシャル（A. Marshall）は『経済学原理』（1890年）でスミスの分業は近代的企業となり，市場に供給曲線となって，需要曲線との交点としての価格形成を可

能にするとした。マーシャル以降，生産物市場，生産用益市場，資本化市場，貨幣市場すべてに需要・供給曲線が描かれ，この交点が均衡価格として定義出来るかという問題を残した。ケインズ（J. M. Keynes）は『雇用・利子および貨幣の一般理論』（1936年）でこれについて否とした。

マーシャル的企業は生産要素市場・資本化市場および貨幣市場で投資活動を遂行し生産関数を設定する。生産要素を市場で確保し生産関数を設定し市場の価格競争にさらす。市場の価格競争によって生産コストを最小化させる。この過程が労働雇用に負の効果をもたらす。しかし同時に生産関数は生産物数量と価格の積から構成されるので，生産収益の最大化を目指すことになる。収益からの費用の差額としての利潤を獲得し得た企業のみが拡大再生産過程を可能にするための再投資を可能にさせる。企業によって商品による商品の生産・流通・再生産循環が遂行される。その過程で市場拡大が生ずる。生産用益市場・資本化市場が拡大し，貨幣市場も拡大し，国際金本位制度が拡大された国際通貨・国際債券市場に移行し，市場の拡大・縮小の変動過程が激化する。生産物市場も資本投資の拡大再生産構造に従って拡大する。さらに生産物市場拡大が生産用益市場・資本化市場・貨幣市場の構造を拡大させる。

ケインズはミクロとマクロの関係には「**合成の誤謬**（fallacy of composition）」が作用することを発見した。ケインズ以降「合成の誤謬」をいかに回避するかということが問題となった。生産物市場，生産用益市場，資本市場，貨幣市場のそれぞれに供給曲線と需要曲線の交点が成立し，しかもすべての市場にIS曲線－LM曲線の交点が発生し，全市場に一般均衡と安定性が同時に成立する可能性を追求した。

産業革命を市場に包摂する

スミスは，最初の蒸気機関について，ピストンが上下するのに応じてボイラーとシリンダーのあいだの通路を交互に開閉するために，通路を開くバルブをハンドルからこの機械の他の部分へ1本の紐で結びつけ，そうして自分で手を下さなくてもバルブが開閉するようにした少年の遊びを分業理論に結びつけた。それ以降，蒸気機関，内燃機関，原子力エネルギー創出機関をどのように生産理論，生産関数論に結びつけ，市場の価格理論に組み込むかといったことが問題となる。生産関数 $O=F(K, L, N)$ を微分可能関数からどのような関数に拡大するか。スラッファ（P. Sraffa）は『商品による商品の生産』（1956年）で「鉄と小麦の生産」から出発していかに産業革命商品生産プロセスが展開されたかを追求した。クラウゼ（U. Krauze）は『貨幣と抽象的労働』（1979年）で生産の価値構造，具体的労働と使用構造，抽象的労働と貨幣の関係を追求した。問題はそれが社会的に消費関数・社会的厚生関数とどのように結びつくかである。アロー（K. J. Arrow）の社会的厚生関数とアマルティア・セン（A. Sen）の市場と政治的・社会的・経済的正義の関係が追及されている。

租税国家は市場原理と結びつくか

スミスは主権者の義務として防衛，司法，公共事業をあげた。政府に権力集中される国家義務は市場によって価格調整されるのか。租税市場原理とどのような関係にあるのか。1776年にスミスの『諸国民の富』が人類社会の基本パラダイムを形成して以来，最も状況が変化したのが1945年，広島・長崎原爆投下であり，スリーマイル島・チェルノブイリ原子炉崩壊・福島第一原子力発電所事故である。軍事生産力，工業生産力概念そのものの変化が市場の生産要素価格機構・生産関数構造そのものの創造力なき破壊という地殻変動と津波を引き起こしている。$E=MC^2$はMとCとの関係を解明したが，この等式が，すべてを光速の関係へ置きかえることを可能にしたことによって，経済現象の研究においてもCを生産関数に組み込む論理の解明に向かわなければならなくなった。生産関数は生産力・商品流通の流れを解明できるか。新生産関数の設定および資本化市場・貨幣市場を創造する貨幣理論を構築できるかということが問われている。

《参考文献》

Hicks, J., 1969, *A Theory of Economic History*, Oxford, Clarendon.（『経済史の理論』新保博訳，日本経済新聞社，1970年）。

Krause, U., 1979, Geld und abstrakte Arbeit : Über die analytischen Grundlagen der poltischen Ökonomie, Campus.（『貨幣と抽象的労働』高須賀義博監訳，三和書房，1985年）。

Schumpeter, J. A., 1912, *Theorie der wirtschaftlichen Entwicklung*, Dunker & Humblot.（『経済発展の理論』塩野谷祐一ほか訳，岩波書店，1977年）。

Sraffa, P., 1960, *Production of Commodities by Means of Commodities : Prelude to a Critique of Economic Theory*, Cambridge University Press.（『商品による商品の生産』菱山泉・山下博訳，有斐閣，1962年）。

Walras. L., 1874, *Elements Déconomie Politique pure, ou théorie de la richesse, sociale*, L. Corbaz & Cie, Lausanne.（『純粋経済学要論』手塚寿郎訳，岩波書店，1954年）。

東條隆進（とうじょう・たかのぶ）

市場の失敗【market failure】

歴史と元義

市場の失敗（market failure）とは，経済過程全般の自動調整機能を旨とする価格メカニズムが有効に機能しないことをいう。公共財を例にあげると，公園などの公共施設は，個人的満足を充足し，その消費が個々の満足に結びついているので民間財と同じである。しかし，供給者が便益を享受する消費者に対して競合性と排除性を持たないので，価格メカニズムが有効に機能しないケースとなる。

歴史を振り返ると，自然的自由の体系を樹立したアダム・スミス（A. Smith）であっても，①社会を暴力と侵略から守る国防や警察などのサービス，②社会の成員を不正と抑圧から守る司法・立法・

行政などのサービス，③個別資本には損失となるが社会的総資本としては必要な公共事業や公共施設などのサービスを政府が注意を払うべき義務であるとした（Smith 1776: Book V, Chap., I）。

　J・S・ミル（J. S. Mill）は，アダム・スミスと同様に，自由主義的な古典派理論を支持していたが，社会全体では人々の厚生に役立つものとして，①教育，②幼年者の保護，③永久的契約，④公営企業，⑤労働時間や植民地の土地処理，⑥貧民救済，⑦植民，⑧公共事業，⑨学者階級の維持，⑩司法および国防を挙げ，それらについては政府が提供する必要を説いた（Mill 1848: Book V, Chap., XI）。

　20世紀最大の経済学者であったケインズ（J. M. Keynes）は，政府がやるべきこととすべきでないことを峻別し，政府が真にやるべきこととして，①貨幣・信用の管理と事業活動に関するデータの収集・公開，②貯蓄や投資の管理，③適切な人口規模の検討を挙げる（Keynes 1926: 292）。また，「市場の失敗」という専門用語の使用は比較的新しく，1958年にベイター（F.M.Bator）が用いたのが最初であるといわれている。

市場（経済）の諸要因と諸機能

　ところで，市場の失敗を論じるに際して，市場（経済）とはいかなるものであるかを確認しておく必要がある。基本的には，①価格メカニズムによる経済過程全般の自動調整機能，②私的利益の追求と私有財産制，③経済活動における分権（小さな政府），といった諸要因から構成されている。

　諸機能としては，市場（経済）では，自由な市場価格が商品やサービスの稀少性を的確に表し，個別経済主体はその価格を基に競争的に行動するため，需要・供給は均衡に導かれ，労働や資源の効率的な配分が可能となる。さらに，分権的な自由競争は，参加者のインセンティブを高め，創造的な企業家の活動を通じて，発展的な経済体制が実現される。

　また，市場では価値に応じた分配と貢献に応じた分配だけでなく，消費者主権を通じた経済民主主義の体系や経済・社会勢力の分散も期待できる。さらに，この体制が持つ法制度上の前提は，万人への私有権と自由権の平等，経済的活動への機会の平等を保証するものなので，社会的正義の一つの制度化を意味する。

　最後に，最も重要だと思われるのは，市場（経済）は各人の自由な活動と結果の責任を前提とすることから，人々に自律的な態度を促すことである。自律性は人格たる人間の特質を示すので，人格たる人間のあり方にも適合する。また，人格の尊重とともに，自由と自己責任は，近代民主主義の精神基盤なので，市場（経済）は民主主義の精神にも則っており，その精神基盤の形成を助ける。

市場（経済）成立の前提条件と市場の失敗

　しかし，市場（経済）が正しく機能するには，競争の完全性や完全情報，外部性や**フリーライダー**（free rider，タダ乗り）が存在しない，などといったさまざまな前提条件が必要となる。しかし，現実の経済社会では，市場（経済）成立のための前提条件の多くは満たされていないので，以下のように多くの問題が発生する。

〈市場の失敗の代表的事例〉

①格差の拡大や独占の発生：自由競争の結果，勝ち負けがはっきりするので，所得格差の発生だけでなく，勝者による独占を生むことがある。独占は，価格や供給量の操作を通じて，社会的に適切な供給量の達成を不可能にする。また，電力や鉄道など固定費用がかかる産業（規模の経済）では自然独占が発生し，独占価格が形成される。政府の対策としては，所得の再分配政策や独占禁止法の制定などが挙げられる。

②情報の非対称性：通常，商品やサービスの提供者と購入者では，保有している情報量に格差があり，取引を歪める要因となる。典型的な例としては，中古車市場や保険市場が取り上げられる。情報の非対称性があるために，取引開始前の「隠された情報」は逆選択を生み，取引開始後の「隠された行動」ではモラルハザードが発生する可能性が高い。

③外部性：ある経済主体の行動が，他の経済主体に影響を及ぼすことを外部性という。それがプラスの場合は正の外部性，マイナスの場合は負の外部性と呼ぶ。前者の例としては農業を，後者は公害を挙げたい。農業は，食糧安全保障，洪水防止等の国土保全，癒しの田園空間の維持，文化の継承，地域共同体の復権等々，多面的な公益機能を持つ。排気ガスなどの公害は，取引当事者に帰属しない社会的費用を伴うものが過大に供給されることから，規制や課税が必要となる。

④公共財：公園や警察などの公共財は，供給者が便益を享受する消費者に対して競合性と排除性を持たないため，フリーライダーの問題が発生する。要するに，誰でも無料で使用できる公共財は，民間による費用回収が困難であり，たとえ社会的に必要であっても，供給が過少となる可能性が高い。景観の維持や自然環境の保全等も政府が責任を持って提供すべき公共財である。

⑤不安定性：市場経済は，しばしばオーバーシュートする（行き過ぎる）。市場経済の秩序は，実体が無く媒介物にすぎない貨幣によって支えられており，そのような貨幣への欲求が強すぎて，皆が貨幣を退蔵すれば不況となり，それが行き過ぎると恐慌となる。その反対に，貨幣への欲求が弱くなり，商品やサービスに対する欲求が高まると物価騰貴が発生し，それが極端になるとハイパーインフレとなる。ケインズが，政府がすべきことの第一に，貨幣や信用の管理を挙げた理由がここにある。

⑥内包的深化：市場経済は，元々，市場になじまない非市場領域をも市場化してしまう傾向がある。例えば，家庭といった共同体に入り込むことで，家事や育児などを徹底的に市場化してしまう。ある経済主体が，自分たちの持っている機能の一部を，専門の業者に委託し外注化することを**アウトソーシング**（outsourcing）と呼んでいるが，代理母出産などのように，子どもの命までもが市場化される恐れがある。

《参考文献》

野尻武敏，1997『第三の道——経済社会体制の方位』晃洋書房

Bator, F. M., 1958, "The anatomy of market failure", *Quarterly Journal of Economics*, 72, August.

Keynes, J. S., 1926, *The End of Laissez-faire*. in *Essays in Persuasion,* Macmillan.（「自由放任の終焉」『説得論集』宮崎義一訳，東洋経済新報社，1981年）．

Mill, J. S., 1848, *Principles of Political Economy,* Routledge & Kegan Paul.（『経済学原理』末永茂喜訳，岩波書店，1959-1963年）．

Smith, A., 1776, *An Inquiry into the Nature and Causes of the Wealth of Nations,* Strahan & Cadell.（『国富論』大河内一男監訳，中央公論社，1978年）．

中矢俊博（なかや・としひろ）

システム理論【theory of system】

全体は部分の総和以上である

おなじみの体制論とか制度論，あるいは世界システム理論を指すシステム論と思いきや，「**一般システム理論（general systems theory）**」のことである。そのポイントは，「全体は部分の総和以上のもの」だという至極簡潔なもの。

もう少し詳しくみると，システムを，互いに作用している部分から成るが，部分に還元することができず，目的に向かって動いているが，それぞれ独特の構造を持つ複数の下位システムを有して，相互に作用しながら全体として調和している，とみなす理論のことである。ここまでなら，直観的に理解できる。ある時期，主流派経済学を「**要素還元主義（reductionism）**」だとして批判する論拠にこの理論の提唱者達の研究がここぞとばかりに言及する言説が流行もした。但し，直観的な類比でする議論には大した効力がなく，システムの具体的記述を志向し展開した主流派がその復元力を得たといえようか。

「デジタル＆社会制御楽観」派

システム理論のもともとは，第2次世界大戦中での諸科学の国家動員が背景にあるようだ。社会学者の宮台真司によれば，1940年代初めの脳抑制会議や目的論学会に参加した科学者に社会科学者や精神病理学者を加えて1945年に学際的な「生物学と社会科学におけるフィードバック機構と因果的循環システムに関する会議（メイシー財団による会議）」が開かれた。その参加者には，生物学のベルタランフィ，情報理論のノバート・ウィーナー（N. Wiener），数学者のフォン・ノイマン（J. von Neumann），生物学のグレゴリー・ベイトソン（G. Bateson）と人類学者のマーガレット・ミード（M. Mead）夫妻，心理学のエリク・エリクソン（E. Erikson），言語学のロマン・ヤコブソン（R. Jakobson），経済学者のケネス・ボールディング（K. Boulding）など戦後の自然科学や社会科学の流れを形成する錚々たる人物がいた。

興味深いことに，彼らを，2軸で分類できるとする宮台は，**メイシー会議**以後の理論の系譜を次のように要約してみせる。2軸とは，通信工学や弾道理論などの**アナログ方向**か計算機研究や神経研究などの**デジタル方向**かという軸と，社会

の制御可能性に関して**楽観方向**か**悲観方向**かの軸である。結局，デジタル＆社会制御楽観派が米国政府や産業界の意をうけて主流となって，人文・社会科学系の学問分野の自然科学科化が，研究資金と人材の獲得を容易にすることになったのだという。

生命の本質と諸学の統一

なかでも理論生物学者のベルタランフィ（L. von Bertalanffy）は，1968年に『一般システム理論』を著して，冒頭のシステムの定義を与えることになった。彼は，当時発達した統計熱力学やサイバネティクスの概念を踏まえ，機械とは異なる「生命」の本質を，物質とエネルギーの代謝を伴う「**開放システム**」であるとし，これら物質とエネルギーの代謝を通じて「情報」を取り込むことによって生命は「**低エントロピー状態**」を維持しているのだと仮説してみせたのである。そればかりではない。彼は，こうした生命の本質観を基にして，とかく縦割り化しがちな諸学を統合しようとしたのであった。

再度，宮台によれば，諸学を，例えば物理学という同一地平に基礎づける還元主義ではなくして，諸学を，冒頭のシステムの定義のように，**同型的構造が階層的に構成するもの**として編成しなおそうとしたのである（**遠近法主義**と呼ばれる）。ここまでくれば，ベルタランフィのこの同型性の発想が，1950年代にタルコット・パーソンズ（T. Parsons）のAGIL図式として，また，彼の統計熱力学的＝エントロピー的発想が，1960年代半ば以降のニクラス・ルーマン（N. Luhmann）に継承されていく流れをみるのは容易いものといえるだろう。

システムからの逃走？

人文・社会科学に限っていえば，先ごろまで**ポスト構造主義**（poststructuralism）が流行していた。人類学による未開社会の親族構造や，言語学によるシニフィアンとシニフィエで形成される言語構造の発見などは，他の学問分野でも同型的構造を記述することを夢見させることになった。と同時に，その後の，システムからの逃走劇は，結局は，システムに回収され出口なしとの呪縛のストーリーをもたらしたかのようだ。システムは，死と同じく，あがいても仕方ないものなのか，生（命）を際立たせるものなのか。それが「問題」だ。

《参考文献》

内田樹，2002『寝ながら学べる構造主義』文藝春秋。

宮台真司，2012「『一般システム理論』とは何か」（http://www.miyadai.com/index.php?itemid=981）。

メイシー会議参加者（http://www.asc-cybernetics.org/foundations/history/MacyPeople.htm）。

Bertalanffy, L. von, 1968, *General System Theory : Foundations, Development, Applications,* New York, George Braziller.（『一般システム理論』長野敬・太田邦昌訳，みすず書房，1973年）。

上沼正明（かみぬま・まさあき）

自生的秩序【spontaneous order】

自生的秩序論の系譜

自生的秩序（spontaneous order）が，**自己調整的な市場**（self-regulating market）や時間をかけて形成されてきた慣行・伝統といった人為を超えた社会秩序といった意味でなら，その起源は17世紀から18世紀にまでさかのぼることができる。主唱者としては，『蜂の寓話』で「私悪すなわち公益」と唱えたバーナード・マンデヴィル（B. Mandeville）をはじめ，経験論哲学（empiricism）に基づいて慣習論を展開したデヴィッド・ヒューム（D. Hume）や市場の「見えざる手」の導きを重視したアダム・スミス（A. Smith）などの**スコットランド啓蒙学派**（Scottish enlightenment）の学者，またマシュー・ヘイル（M. Hale）のような慣習法哲学者をあげることできる。彼らの秩序概念はアダム・ファーガソン（A. Ferguson）の次の言葉に端的に要約されている。すなわち「人間の行為の結果ではあるが，何ら人間の設計の産物などではない」秩序である。その後この着想は，経済学の領域では，自己調整的な市場がもたらす経済秩序に限定して論じられることになるが，本来は，社会秩序全般を射程に収めうる広い概念である。

今日「自生的秩序」という言葉に言及される場合は，ほとんどフリードリヒ・ハイエク（F. A. Hayek）との関連においてである。**オーストリア学派**（Austrian school）の流れを汲みながらも，経済学を超え出てより一般的な社会理論の基礎として自生的秩序論を正面から論じたのがハイエクだったからである。彼はスコットランド啓蒙学派の問題意識を継承し，なぜ自生的秩序としての慣習・伝統が重要なのかを，精緻な知識論をベースにした社会理論によって説明したのである。

ハイエクの自生的秩序論

経済学者としての出自をもつハイエクが，社会理論としての自生的秩序論を展開することになったそもそもの問題意識は，彼が「経済学と知識」（Hayek 1949所収）で批判したように，**合理的経済人**（homo economicus）仮説に立脚する正統的な経済学が知識の問題を正しく認識してこなかったところにある。そこで彼は人間における知識獲得やそれに基づく行為のありようを，若き頃から興味を抱いていた理論心理学に立ち返って検討した。その研究は『感覚秩序』（Hayek 1952）として結実し，以後，その著作は彼の自生的秩序論における知識論的基礎を与えることになった。その中でハイエクは，知識は外界からの刺激を神経回路の形成という形で分類・学習することを通じて獲得されるとし，ヒューム的な経験論的知識論を提唱した。これは，人が知識を獲得するためには安定した社会構造が不可欠であることを意味する。というのは，1回限りの，あるいは不規則な現象をいくら経験したとしても，そこから知識と呼びうるものを学び取ることはできないからである。ここでいわれる安定した社会構造とは，言い換えれば**制度**

（institution）である。

社会主義計画経済に見られるように人為的に制度を作り出すことは可能であるが，ハイエクはそうした思考を人間理性の限界を弁えない**合理的設計主義**（rationalistic constructivism）として批判した。経験からの学習が知識獲得の基本であれば，その知識は必然的に有限なもの，すなわち**無知**（ignorance），であらざるをえない。それゆえ，人間の知的能力をはるかに上回る複雑性を持つ社会を俯瞰し，計画的にそれを制御することなど不可能だと彼は主張した。

ハイエクによれば，秩序には3つのタイプがある。1つは**自然的秩序**（physis）である。自然の法則性や人体の遺伝学的な特性などがそれに相当する。それと対極にあるのが，人間が理性を用いて意図的に生み出す**人為的秩序**（thesis）である。計画経済や実定法がそれに対応する。そして両秩序の間に位置するのが**自生的秩序**（cosmos）である。大多数の者が互いに顔見知りではない**大規模社会**（The Great Society）において，人々の相互行為の中から自ずと生成する秩序である。

人為を超えて作り出された秩序，すなわち自生的秩序こそ，無知なる人間に行為の結果について予測可能性を保障するものである。またそれを欠いては，他者による恣意の強制なき自由な社会はありえないともハイエクはいう。彼の考える自生的秩序の典型例は言語や貨幣，あるいは慣習・道徳である。言語にしろ貨幣制度にしろ，それらの起源をたずねれば，歴史さえ残っていない過去にさかのぼらなければならない。たとえある時点で為政者によって制定されたルールであっても，おそらくそれは，すでに慣行として定着していた**黙約**（convention）を発見し，それを確認する目的で明文化されたものであろう。それゆえ，こうした秩序には人為の痕跡は残っていず，それらに無批判に従うことは他者の恣意の強制にはあたらないのである。

自生的秩序と文化的進化論

ハイエクは，人々のルールに自発的に従う行動が自生的秩序を生み出すと考えたが，そのより詳しいメカニズムについては，必ずしも明らかではない。例えば自生的秩序は自己組織的秩序なのか，あるいは進化的秩序なのかという問題がある。前者であれば，その発生プロセスは**個体発生的**（ontogenetic）もしくは目的論的であり，後者であれば**系統発生的**（phylogenetic）もしくは適合的である。1つの解釈としては，自生的秩序はまず人々が特定のルールに従うことによって自己組織的に生成され，その後，そのパフォーマンスの違いによってその秩序を生み出した当のルールが選択・淘汰される過程と理解できる。つまり，行為ルールの模倣や棄却のプロセスが集団的に進むのである。ハイエクは，この過程を**文化的進化**（cultural evolution）と呼んでいる。集団として従われることで，特定のルールは制度として機能するので，文化的進化は生物進化でいう**群選択**（group selection）に類似した過程と見ることができる。

《参考文献》

Hayek, F. A., 1949, *Individualism and*

Economic Order, Routledge & Kegan Paul.（『個人主義と経済秩序』嘉治元郎・嘉治佐代訳，春秋社，1990年）．

Hayek, F. A., 1952, *The Sensory Order*, Routledge & Kegan Paul.（『感覚秩序』穐山貞登訳，春秋社，1989年）．

Hayek, F. A., 1960, *The Constitution of Liberty*, University of Chicago Press.（『自由の条件 Ⅰ～Ⅲ』気賀健三・古賀勝次郎訳，春秋社，1986, 1987, 1987年）．

Hayek, F. A., 1973, *Law, Legislation and Liberty, vol.Ⅰ; Rules and Order*, Routledge & Kegan Paul.（『法と立法と自由 Ⅰ ルールと秩序』矢島鈞次・水吉俊彦訳，春秋社，1987年）．

〔森田雅憲（もりた・まさのり）〕

自然法【Naturrecht/natural law/droit naturel】

古　代

　自然法（論，思想）の歴史は，しばしばグレコ・ローマンの古代，キリスト教の中世，近代に区分される．古代では，**ピュシス**（physis，自然）と**ノモス**（nomos，法律），自然と立法の対立がソフィスト等によって形成され導入された．実定法批判の側面からこれを「自然法論の先駆け」とみなす者がある（H・ケルゼン）．ソフィスト等は自然主義的で非ポリス的なピュシス概念のお蔭で，人間を人間として見ることに成功はした（ヒッピアス）．しかし，それに基づいて新しい共同体秩序を樹立することはできなかった．**古典的（＝伝統的）自然法論**の定礎者となったのは，プラトンおよびアリストテレス，とりわけ後者であった．プラトン（Platon）は，善悪および正不正の生得説を引っ提げてソフィストの無道徳主義や法実証主義に対抗した一方，再想起およびイデアの学説により非歴史性・普遍性の契機を一面的に強調するきらいがあった．彼の関心は自然法論よりは国家論に向けられた．2つの自然的要素，即ち，欲求本能と相異なる才能，から，分業による一種の身分国家が導かれる．ここでは記述的自然に，社会的義務を伴う目的合理性あるいは共同善定位の目的合理性への功利主義的利益が規範的自然として結びついている．プラトンにおいては，イデアの超越＝離在（コリスモス）と内在＝関与（メテクシス），要するに，イデアの超越的かつ内在的なピュシス性が力説されていた．アリストテレス（Aristoteles）は，「人間は本性的に（ピュセイ）ポリス的な動物である」と喝破したが，師プラトンとは対比的に経験論的で世界内在主義的目的論を説いたとされる一方，人間はその本性によって共同生活へと規定されており，家族共同体から村落共同体を経て，ついにはポリスを形成してその中で人間の目的を，即ち，「善き生活」を遂げるよう定められていると考えた．彼の正義論と国制論及び自然法論は『政治学』と『ニコマコス倫理学』に見られる．それによると，何が正・正義であるかを決定するのはポリスにおける支配的秩序であり（『政治学』1253A），「ポリス的正（義）」（dikaion politikon）は「自然法的

な正（義）」（dikaion physikon）と「人為法的な正（義）」（dikaion nomikon）を含む（『ニコマコス倫理学』1134b-1135a）。自然法的な正は「いたるところにおいて同一の妥当性をもち、それが正しいと考えられていると否とにかかわらない」。人為法的な正は「こうであってもまたはそれ以外の仕方であっても本来は一向差支えを生じない」。国法秩序は両者「ピュシスとノモス」の有機的な結合から成るのである。もっとも、アリストテレス自身は自然法的正について具体的内容を述べていないのであるが、論述全体とりわけその目的論から推して次の内容が認められよう。「理性的本性が人間を共同体へ導くが故に、そこで生きる義務が生ずる。これから直ちに共同体秩序に服する義務が帰結する。但し、この服従義務は絶対的ではない。共同体は、共同体に結集した人間に奉仕するという以外の正当な目標を追求し得ない。…それ故、人間の本質が共同体の法を限定する」（Verdross 1963：44f.）。人間が本性的に規定されている共同体、即ちポリスは、ヘッフェ（O. Höffe）によれば、「自由で平等な人々全員の自己統治」である（ヘッフェ 1998：106）。**ストア派**は、古典的自然法論の目的論的要素から宇宙論的自然法を展開していった。さらに、普遍主義が唱えられる中で倫理の脱政治化がみられた。

中世

中世キリスト教の時代に入ると、先ず**教父**は、宇宙論的自然法を採用し、これを創造神に帰した。また、キリスト教的自然法は、堕罪以前の共同体の理想のうちに妥当していた絶対的自然法に対して、堕罪以降の善に向かう人間の自然的素質の腐敗を「悪への傾向」として取り入れ、そこからこれを抑制すべき義務を負う法と国家の強制的性格を承認した（相対的自然法）。聖アウグスティヌス（St. Augustin）は、世界創造者としての神の理性ないし意志の発現としての「秩序付ける秩序（ordo ordinans）」たる永久法（lex aeterna）に「秩序付けられる秩序（ordo ordinatus）」たる自然法（lex naturalis）を対置した。自然法は「人間的意識という蝋に刻印された永久法の印形ともいうべきもの」である（三島 1993：141）。そのほか、法観念の最表層には世俗的法（lex temporalis）、即ち実定法が効力を有する。しかし、それは最深層に有って働いている永久法に基づいている限りにおいてであり、永久法は可変的＝動態的実定法が存立するための条件であった。聖トマス・アクィナス（St. Thomas Aquinas）は、自然理性の領域と啓示の領域とを明確に区別し、後者に対する前者の相対的自立性と固有価値を承認し、壮大深遠な自然法論を説いた。彼によると、「共同体の配慮を司る者によって公布せられたところの、理性による共同善への何らかの秩序付け」と定義される法（lex）は4種——神の世界統治法則たる永久法（lex aeterna）、理性的存在者における永久法への参与たる自然法（lex naturalis）、啓示された神法（lex divina）、人間理性による自然法の適用としての人定法（lex humana）〔これは万民法（ius gentium）と市民法（ius civile）に更に分たれる。〕——に分たれる。トマスは、絶対的普遍的妥当性を有

する第1次自然法（不可変的根本原理）と例外を許す可変的第2次自然法（可変的帰結原理）とを注意深く区別した。

近　代

　近代に特徴的な自然法は，宗教的な背景内での基礎づけから解放され，その結果，世俗化された自然法が啓蒙思想に担われて登場した。この啓蒙自然法論，即ち，**近代的自然法論**は，根本原理および理性と自由を，政治的・社会的諸制度に適用し，これを批判しその改造に寄与した。アプリオリな絶対的原理から演繹的に具体的規定を導出する思考様式およびその理論を自然法論と考える傾向が濃厚であったが，それは近代自然法論についての話であって，伝統的自然法論には当てはまらない。近代自然法論者に共通の方法論上の根本特徴としては，それぞれの説明内容に相違がみられるとはいえ総じて，自然状態を先ず想定して，そこでの自由平等な存在者としての人間像を想定し，そうした人間による自由な契約によって国家状態の成立を説明するという手法が挙げられる。その代表者の1人であるトマス・ホッブズ（T. Hobbes）は，自然法（lex naturalis, law of nature）を，自己保存の情念に突き動かされながら「万人に対して万人が狼」（homo homini lupus）である自然状態を脱出して平和裏に生存を確保するために「計算する理性」によって案出される一般的規則ないし勧告に他ならないと説いた。ここで自然法に先行する自然権（ius naturale, right of nature）の逆転が生じた。即ち，各個人の生得の権利を前提とし，これを中心に法秩序を構想する傾向を近代自然法論の特徴と考えるならば，ホッブズこそその確立者である。また，逆説的ではあるが，ホッブズは法実証主義の近代の祖でもある。自然状態で「権利」の優位から「法」を導出したのに対して，コモンウェルスにおいては法の決定的優位，しかも主権者の意思の表明としての法の決定的優位が確定的となっているからである（三島 1993：234）。その後，ロック（J. Locke）やルソー（J.-J. Rousseau），そしてカント（I. Kant）の理性法としての自然法論が展開されていった。18世紀末から19世紀になると自然法批判が始まる。とりわけ英国ではジョン・オースティン（J. Austin）が影響力多大な法実証主義者であった。しかし，20世紀に第3帝国を経験した人類は，特にヨーロッパにおいて自然法思想の復活を見た。

現　代

　現代の法および国家の理論において自然法は表立った役割を演じているようには見えないかもしれない。しかし，現代的な多くの問題は，前実定的で超実定的に妥当する法原則の援用を求めて已まない。環境問題，医療倫理，動物保護，その他の重要問題で，人間の尊厳，世代間の倫理および正義，平等と自己決定といった理念が深く関わっており，それは実質的に自然法の原則及び適用問題である。又，カトリック陣営において，特にバチカンを中心とする教導職ほか，現在でも自然法論に定位した人間的努力が不断に継続されている（教皇回勅，ヨハネス・メスナー，ジョン・フィニス，マルティン・ローンハイマー等）。

なお，プロテスタント神学は，総じて自然法に対して批判的ないし懐疑的である。

《参考文献》
加藤新平，1973『新版 法思想史』勁草書房。
三島淑臣，1993『法思想史〈新版〉』青林書院。
水波朗，2005『自然法と洞見知』創文社。
Höffe, O., K. Demmer, A. Hollerbach, 1988, Naturrecht, in: *Staatslexikon 3. Bd.*（Hrsg.）Görres‒Gesellschaft, Freiburg, Basel, Wien.（「自然法」山田秀訳，南山大学社会倫理研究所編『社会と倫理』第5号，南山大学社会倫理研究所，1998年）。
Messner, J., 1966, *Das Naturrecht. Handbuch der Gesellschaftsethik, Staatsethik und Wirtschaftsethik*, 5. Aufl., Wien 1966, 7. unveränderte Aufl., Berlin 1984.（『自然法——社会・国家・経済の倫理』水波朗・栗城壽夫・野尻武敏訳，創文社，1995年）。
Verdross, A., 1963, *Abendländische Rechtsphilosophie. Ihre Grundlagen und Hauptprobleme in geschichtlicher Schau*, 2. erweiterte u. neubearbeitete Aufl., Springer Verlag, Wien.

山田　秀（やまだ・ひでし）

資　本【capital】

資本とは関係である

　近代経済学（modern economics）は資本主義社会を自然的・永遠的な秩序とみなし，この社会の歴史的特殊性を明確にしようとする関心を持たない。したがってこの社会を支配する**資本**（英：capital, 独：Kapital）についても超歴史的なものとして捉えている。すなわち，資本は，土地および労働と並ぶ第3の生産要素とされ，そして，道具，機械，建物といった，生産に投入されるすべての生産手段が資本と呼ばれるのである。

　これに対してマルクス（K. Marx）はいう。「資本は物ではなく，物を通じて媒介された人と人とのあいだの社会的関係である。」（Marx 1962: 793, 訳442）「資本もまた1つの社会的生産関係である。それは1つのブルジョア的生産関係であり，ブルジョア社会の一生産関係である。」（Marx 1959: 408, 訳403）この命題における重要な方法的基礎は，労働生産物の**素材的内容と社会的形態との区別**にある。資本とは，商品や貨幣と同様に，素材としての労働生産物が受け取る社会的形態であり，そしてこの形態規定は，一定の**社会的生産関係**から生ずるのである。

　マルクスは資本を形態的にさしあたり**剰余価値**（surplus value）（利潤・利子・地代の源泉）の獲得を目指す貨幣と規定する。貨幣は剰余価値を生み出すことによって資本に転化するのである。この剰余価値は，**労働力の商品化**を歴史的前提として，その労働力商品の売買を媒介とする資本主義的生産過程，そこでの資本家による労働者の支配と搾取の関係に

おいて生み出される。労働者は「**労働力の価値**」＝**賃金**と引き換えに「労働力の使用価値」を資本家に売ることにより資本家の支配・統制の下で労働を余儀なくされ、また労働力は「労働力の価値」以上の価値を生み出しうる可能性を持つことから、労働者は資本家により「労働力の価値」に対応する**必要労働時間**を超える**剰余労働時間**を強制され**搾取**（exploitation, Ausbeutung）される。この不払労働としての剰余労働時間の結晶が剰余価値である。こうして資本は不断に労働者の労働を自己のうちに吸収することによって自己増殖する価値となり、そして**資本家**（capitalist, Kapitalist）とはこの**資本の人格化**に他ならないのである。

資本の神秘化

だが、この支配と搾取の関係は隠蔽されてしまう。この隠蔽のメカニズムにはいろいろあるが、特に重要なのは「**労賃**」という**現象形態**である。

労働者の賃金とは「労働力の価値」の貨幣的表現、すなわち「労働力の価格」である。労働者が資本家に販売するのは労働力であって、労働そのものではない。ところが、資本主義社会の日常的実践の世界では、この労働者の賃金が「労働の価格」「労働の賃金」つまり「労賃」として現れ、労働そのものが商品として価値を持ち売買されるかのように見えるのである。というのも、①労働者が貨幣と引き換えに資本家に提供する使用価値は実際には労働力ではなくその機能である労働であり、それゆえ「労働の価値」とか「労働の価格」とかいう表現も不合理なものには見えない、②賃金は労働が行われた後で支払われ、したがってなされた労働全体に対する支払いとして現れる、③時間賃金・出来高賃金といった賃金形態も、労働力の価値ではなくて労働そのものの価値が支払われるのだということを証明しているかのようにみえる、からである。

こうして「労賃」という形態が「普通の思考形態として直接にひとりでに生産される。」だがそれは、労働力の価値および価格の「不合理な表現」であるとともに「現実の関係を目に見えなくしてその正反対を示す現象形態」である。(Marx 1962：561－564, 訳923－928) それは、**労働日**（1日の労働時間）が必要労働と剰余労働とに、支払労働と不払労働とに分かれることの一切の痕跡を消し去って、すべての労働を支払労働として現れさせる。

労賃形態の成立によって、資本主義的生産過程における資本家による労働者の搾取の関係はまったく覆い隠される。剰余価値の源泉は不可視化され、それに対応して、剰余価値は労働者の労働の産物ではなく資本の超自然的・神秘的な産物であるとの幻想、すなわち**資本の物神崇拝**が生み出される。

それだけではない。労賃形態は、資本家と労働者との恒久的な搾取関係を媒介するだけの労働力売買に、「互いに平等に自由に相対する対等な商品所有者たちのあいだの取引であり契約であるかのような欺瞞的な外観」（Marx 1988：128, 訳128）を与える。こうして、人と人との社会的関係の一切が自由で平等な商品所有者の関係、単純な商品流通の関係に還元される。それとともに、この関係を

自然的ものとみなす**商品物神崇拝**はより強められ，資本主義社会は，歴史的・一時的ならぬ永久的な社会体制として神秘化されることとなる。

運動としての資本

ところで，資本は一定の生産関係の表現であるだけではない。それはまた動態的な運動でもある。

資本主義的生産の歴史的偉大さは，その内部に，個々の資本をしてたえず労働生産力の上昇に駆り立てるメカニズムを内蔵させている点にある。「**特別剰余価値**」，すなわち，生産方法を変革して労働生産力を社会的平均以上に高めることに成功した資本家が，より安く生産される商品の個別的価値とその商品の社会的価値との差額として手に入れることができる追加的な剰余価値が，このメカニズムの秘密である。競争の中で個々の資本家たちは，この特別剰余価値の獲得を目指してたえず生産方法の改善に努力し，労働生産力を増大させようとするのである。労働生産力増大の方法には協業，分業，機械があり，歴史的に資本主義的生産は，単純な協業の段階からマニュファクチュア（分業に基づく協業）を経て機械制大工業へと発展してきた。そしてこの発展において重要なことは，個々の労働者ではなくて社会的に結合された労働者が，ますます労働過程全体の現実の機能者になるということであり，したがって生産がますます集団的・社会的性格をとるようになるということである。そしてこのことに対応して，労働生産力の発展も「**労働の社会的生産力**」あるいは「**社会的労働の生産力**」の発展ともいうべき性格を持つようになる。この発展は，一面において，労働者に対する資本家の支配と搾取を一層深化させるという側面を持つが，他面において，人々をして労働の社会的生産力とその領有の私的・資本主義的形態との矛盾をますます明白に自覚させ，生産の社会的・共同的な統御へと向かわせるのである。

《参考文献》

Marx, K., 1959, *Lohnarbeit und Kapital, Marx-Engels-Werke Bd.6*, Dietz Verlag.（『賃労働と資本』村田陽一訳，マルクス・エンゲルス全集，第6巻，大月書店，1961年）。

Marx, K., 1962, *Das Kapital, Erster Bd., Marx-Engels-Werke Bd.23*, Dietz Verlag.（『資本論』第1巻，社会科学研究所監訳・資本論翻訳委員会訳，新日本出版社，1982年）。

Marx, K., 1988, *Resultate des unmittelbaren Produktionsprozesses, Marx-Engels-Gesamtausgabe, Bd. II／4.1*, Diez Verlag.（『直接的生産過程の諸結果』岡崎次郎訳，国民文庫，1970年）。

山本雄一郎（やまもと・ゆういちろう）

市民社会【civil societies】

市民社会とは

　古代アテネなどの「ギリシャのポリス」が，市民社会の嚆矢である。ここでは市民権を保有している「自由市民」がポリスを構成し，市民は，これを防衛する「重武装歩兵」および「直接民主主義の議会」に参加する義務を負っていた。しかし中世封建社会では身分制により，各人が身分と職分により拘束されたゆえ，市民社会は存在しえなかった。

　この封建制が「市民革命」によって取り除かれることにより，各人は政治的自由と財産権を獲得した。この結果，近代の「市民社会（civil societies）」が誕生した。しかしそのような自由社会は，市民革命以前の16世紀ごろから進行しはじめており，19世紀に至って完成した。したがって「市民社会」は，このような広義の近代的な西欧社会を指す概念であり，それは civil society（英語），bürgerliche Gesellschaft（独語），société sivile, sosiété bourgeoise（仏語）と呼ばれる。

　この市民社会では，自由な市民が生産力の増大と経済の発展にともなって，政治力を得て「国家的政治的秩序」から別れ，これに対抗する独自の秩序を形成してきた。そして市民は身分的に自由であり，また財産権を所有するだけでなく，政治的権利も獲得していった。もっとも，この政治的権利は初期においては「制限選挙制度」により，一定規模以上の財産を所有する者に限られていた。けれども今日では，この制限も取り除かれ，全市民に等しく政治的権利が付与されている。

このような市民により構成される社会が「市民社会」である。

市民社会の合理性と国家の役割

　当時の人々は，市民革命によって自由を得たが，果たしてそれが正しかったか，その社会がスムーズに展開するか，社会秩序が保たれるのかという不安を抱いていた。そこで，この不安に応える考察が不可欠であった。

　そのような市民社会に関する考察は，市民革命と市場経済の先駆けであるイギリスにおいて，ホッブス（T. Hobbes），ロック（J. Locke）などにはじまり，ファーガスン（A. Ferguson），ヒューム（D. Hume）によって発展した。それらは一般的に敷衍すると，「個人の自由」と「市民社会の秩序」との両立が可能であることの証明を課題としていた。自由な「市民社会」において，身分制から解放された各人が自由に行為しても，そこに秩序が成立するという証明である。

　しかし自由経済や市場経済の発展が，国家と市民社会の分離をもたらしたゆえ，この論証は，経済についての十分な考察なしには不可能である。したがってアダム・スミス（A. Smith）の「道徳哲学」により，はじめて当時の人々が納得できる論証がなされた。スミスは市民社会の本質を，誰もがなかば商人となっているところの「**商業社会（commercial society）**」と捉えて，その合理性を明らかにした。

　この道徳哲学は第１部「自然神学」，

第2部「いわゆる厳密な意味における倫理学」，第3部「法学」，第4部「経済学」から成り立っている。そして第1部では社会秩序が神の手を離れていることを，第2部では社会秩序にとって，道徳が必ずしも不可欠な条件でないことを，第3部では社会秩序にとって法律や政策が決定的に重要なのではないことを論証する。そして第4部では『諸国民の富の性格と諸原因に関する研究（国富論）』によって，市場経済が「商業社会」として，おのずと「社会秩序」を形成するということを論証した。

さてヘーゲル（G. W. F. Hegel）も国家と市民社会の分離に注目して，この市民社会の本質を，人々の欲望が相互に結び合っているとこ
ろの「**欲望の体系**（System der Bedürfnisse）」と捉えた。そしてこの体系は基本的に均衡し秩序を形成する。また，その均衡が天変地異や戦争などの「偶然」により破られても，やがて新たな均衡に到達するという。しかし，その新たな均衡に到達するまでの社会的摩擦をできる限り少なくし，またその到達までの時間を短縮するために，「国家」による「**経済政策**」が必要だと説く。

さらに市民社会を構成する「市民」が，突発事故などの「偶然」により，自分の能力である「**特殊資力**（besonderes Vermögen）」を失うことがある。この場合には彼は社会の生産力体系である「**普遍資力**（allgemeines Vermögen）」に参加できず，生活できなくなる。しかしヘーゲルは，そうした個人も生きていけるように国家による「**社会政策**」が不可欠だと説く。

こうしてヘーゲルは，市民社会が国家を要請し，国家は政策によって市民社会の安定的な発展を期待するという。したがって分離した国家と市民社会が再び統一されるが，これがヘーゲルの主張した「**人倫国家**（sittlicher Staat）」に他ならない。

市民社会における階級対立

アダム・スミスは市民社会の本質を「商業社会」と捉えたが，それは各人が自らの生産手段を所有し，これに自分の労働を加えて生産するところの「**単純商品生産様式**」の社会であったからである。しかしやがて生産力の発展とともに，資本家と労働者が分離し，資本家が自分の生産手段に，労働者の労働を加えて生産するところの「**資本主義的生産様式**」が支配的になる。

この段階においては，市民社会は「資本主義社会」にほかならず，したがってマルクスはこの視点から市民社会の本質を，物質を神のごとく崇拝するところの「**物神崇拝**（Fetischismus）」と捉えた。そしてこの社会においては資本家と労働者の間の「階級対立」が必然的に激化するが，この対立は融和なき矛盾であり，一方が他を倒すことなしには終結しないと説く。

他方で国家と市民社会の分離は，この階級対立によって規定され，国家は資本家階級のための「資本主義の国家」となる。しかし階級対立の激化と資本主義経済の矛盾とから，資本主義社会は崩壊し，労働者階級が勝利して資本主義の国家も消滅するという。それゆえ社会政策や経済政策などの国家の政治は，崩壊する資

本主義経済に対する「無駄な延命工作」に過ぎないと説いた。

市民社会の崩壊と新たな市民社会論

現実の資本主義経済は，1929年からの世界大恐慌を経験したが，これを契機にファシズムの社会と国家が成立した。またそれ以前に1917年のロシア革命を皮切りに「社会主義国家」も登場した。これらいずれの社会においても，個人の自由が否定され，政治，経済，社会が完全に統制される「全体主義」となり，市民社会は崩壊した。

この全体主義が終焉し，再び市民社会が復活したが，この段階では市民社会と国家といった2領域論を前提とする「市民社会」に対して，もう1つの市民社会観が注目されるようになった。それはモンテスキュー（C. Montesquieu）からトクヴィル（A. Tocqueville）の思想に沿った見解で，社会の中から生じるNPOその他の「自発的結社」，もしくはそれらが結びつく「市民の輪」や「公共圏」を「市民社会」という。

独立を勝ち取ったアメリカでは，こうした結社が国家に対するチェック機能を果たし，市民の生活と権利を擁護するのに役立った。トクヴィルは，この経験からアメリカのデモクラシーと自発的結社を結びつけて解釈した。またハーバーマス（J. Habermas）の「コミュニケーション論」による「連帯」も，こうした市民社会論につながる。彼は行政システムと経済システムが，それぞれ権力と貨幣を媒体とするのに対して，行政や市場から独立した「生活世界」はコミュニケーションを媒体とし，これが公共圏もしくは市民社会を形成するという。

《参考文献》
田村正勝，2007『社会科学原論講義』早稲田大学出版部。
難波田春夫，1993『スミス・ヘーゲル・マルクス』講談社学術文庫。

田村正勝（たむら・まさかつ）

社会開発（発展）【social development】

社会開発登場の背景

社会をよりよい方向に導く取り組みが社会開発（social development）である。この言葉は国連憲章の第9章，経済的及び社会的国際協力の第55条に「経済的及び社会的な進歩及び発展（開発）の条件（conditions of economic and social progress and development）」として出てくる。社会開発が日本で注目されたのは国連経済社会局の報告書『世界の経済開発と社会開発』（1961年）が1964年に翻訳されてからで，アカデミックな場面でそれが登場するのはパーソンズ（T. Parsons）の **AGIL図式** の紹介とほぼ時期を同じくする。当時経済優先の開発に対して社会開発がいわれたが，それは環境への適応を担う経済（A : Adaptation），目標設定をする政治（G : Goal-attainment），行為を統合する社会（I : Integration），価値を維持する文化（L : Pattern-maintenance または Latency）から捉え（Parsons and Smelser 1956），各

ブシステム間のバランスによる社会システム全体のパフォーマンス（機能水準）の向上が社会開発とされた。

　70年代以降公害問題が顕著になり，80年代には社会インフラを整備する「**社会資本**」が登場する。90年代になると情報化，国際化，高齢化に加え，生涯学習やボランティア，ノーマライゼーション（多様な社会参加）など社会の新しいトレンドを踏まえた生活の豊かさから「**新社会資本**」がいわれると社会開発の言葉もしだいに消えていく。その後90年代以降，冷戦構造の崩壊から国際協力ではNGO（非政府組織）の活動が活発になり，経済開発だけでは途上国の発展が達成されないため医療・保健衛生や教育に関わる人間の開発が唱えられ，それが社会開発とされ再び注目を集めるようになる。

社会学から見た社会開発の内容

　人間の開発に基づく社会開発は経済以外の分野を社会開発とする経済学者からの捉え方だが，社会開発を社会関係や社会集団，地域社会のよりよい改善という社会学から捉えた「社会」の開発が主張されている（恩田 2001）。この社会開発は広義にはコミュニティ開発になるが，地域住民の医療・保健衛生や教育に関わる社会インフラの整備による生活システムの改善というハード面（**生活基盤整備**），住民組織をつくり集団としての意識を変え連帯力や共生力を高めるソフト面（**コミュニティ開発**），一人ひとりの意識を向上させるヒューマン面（**人間開発**）が含まれる。

　生活基盤整備は医療や保健衛生など人間の生命に関わるヒューマン・ミニマム（生存水準）と道路やため池，井戸など地域社会にとって必要なインフラ整備のコミュニティ・ミニマム（生活水準）を目指す。コミュニティ開発には女性や青年，高齢者などの小集団あるいは村落協議会などをつくり住民を動員する**コミュニティ・オーガニゼーション**（組織化）と集団としての住民意識を変えて社会的勢力を獲得する**コミュニティ・エンパワーメント**（制度化）が含まれる。人間開発では個人及び社会的存在としての目覚め（**意識化**）と一人ひとりの自立，自助，自決力を向上させる**セルフ・エンパワーメント**が進められる。持続可能な開発のためには経済開発だけでなく社会開発も必要とされる。

社会発展の多様な内容

　社会開発に対して社会発展は歴史の大きな流れを段階的に捉える用語として使われてきた。より望ましい社会の方向を社会発展とするなら，それはコント（A. Comte）がいう神学から形而上学，科学（実証的）という精神の発展段階と同様に軍事的，法律的，産業的過程をたどる社会の3段階の法則，スペンサー（H. Spencer）が唱えた適者生存の社会進化に基づく軍事型から産業型という社会動学の発展図式，またデュルケーム（É. Durkheim）が主張した機械的連帯から有機的連帯，テンニース（F. Tönnies）のゲマインシャフト（共同社会）からゲゼルシャフト（利益社会），ヴェーバー（M. Weber）の伝統主義から合理主義へという2項対立的な発展論まで含まれる。さらにマルクス（K. Marx）の原始共同

体から共産主義へという段階論もある。こうした古典的な社会全体の発展に対して，先の AGIL 図式を応用した近代化論では，経済の近代化としての産業化，政治の近代化としての民主化，社会の近代化としての都市化，文化の近代化としての合理化という捉え方もある。

しかしこれらグランド・セオリー（巨大理論）ではなく，**社会計画**に基づく具体的な都市化や合理化など生活様式の改善，また地域社会における共同性の向上として社会発展を捉えることでより現実的な政策対応が可能となる。段階的な質的変化の社会発展に対して，類似概念として社会成長は量的変化を，社会進歩は社会の望ましい方向への漸進的な変化を示し，社会進化は生物同様人間の社会環境へのよりよい適応過程として捉えることができる。

社会発展の指標

量的な面を含めた社会発展をどう計測するのか。GDP（国内総生産）などの経済指標だけでは「豊かさ」を捉えられないという指摘から**社会指標**が生まれた。これは国連で社会開発が提唱されてからの主張で，日本ではその後生活の質をめぐり国民生活指標や新国民生活指標，福祉指標などが策定された。1990年以降国連開発計画（UNDP）が『人間開発報告書（Human Development Report）』を発行し，GDP に加え平均余命や教育（識字率，就学率）を含めた「**人間開発指数（HDI：Human Development Index）**」を公表している。また国連ミレニアムサミットでは「人間の安全保障」という点から2015年までに達成すべき「ミレニアム開発目標（MDGs：Millennium Development Goals）」が採択されている。

しかし物質的繁栄にとらわれない幸福政策を進めるブータンの発展が注目されると，「**幸福度**」を測る動きが活発になる（Bok 2010）。2012年初めて発表された『世界幸福報告書（World Happiness Report）』では北欧諸国が上位を占めた（Helliwell 2012）。ブータンでは幸福観や健康，時間，教育，文化，グッドガバナンス，コミュニティ，環境，生活水準の9領域をさらに個別項目に分け合計33の指標から「**国民総幸福（GNH：Gross National Happiness）**」を計測している。それは従来の経済社会指標とは異なるものとされるが，コミュニティの帰属感や隣人との信頼関係など社会関係にも関わり，広く社会発展の指標といってもよいだろう。

この新しい指標は所得の再分配より幸福をもたらすものがあると考え，個人の幸せの集合が社会の発展につながるとする。東日本大震災後のコミュニティの再生で問われたように，人と人とのつながりや絆という社会関係の回復やアイデンティティを確認する帰属集団の見直し，個人が一定の役割を果たす社会参加，あるいは意思決定を明確にする参画も社会発展に欠かせない。なお日本の内閣府ではOECD（経済協力開発機構）の「主観的幸福度」（subjective well-being）測定ガイドラインに基づき，「**幸福度指標**」の策定に向けた取り組みがみられ，**社会関係資本（ソーシャル・キャピタル）**との関連も研究されている。

《参考文献》

恩田守雄, 2001『開発社会学』ミネルヴァ書房。

Bok, D., 2010, *The Politics of Happiness : What Government Can Learn from the New Research on Well-Being*, Princeton, New Jersey, Princeton University press.（『幸福の研究』土屋直樹・茶野努・宮川修子訳, 東洋経済新報社, 2011年）。

Helliwell, J., R. Layard, and J. Sachs, (eds.), 2012, *World Happiness Report*, New York, The Earth Institute, Columbia University.

Parsons, T. and N. J. Smelser, 1956, *Economy and Society : A Study in the Integration of Economic and Social Theory*, London, Routledge and Kegan Paul, Free Press.（『経済と社会』〈Ⅰ・Ⅱ〉, 富永健一訳, 岩波書店, 1958年・1959年）。

OECD, 2013, *OECD Guidelines on Measuring Subjective Well-being*, OECD Publishing.

恩田守雄（おんだ・もりお）

社会学と経済社会学【sociology and economic sociology】

マックス・ヴェーバー

　周知のように, マックス・ヴェーバー（M. Weber）を世界一の社会学者にした最初の巨大論文集の題名は「宗教社会学」であって,「経済社会学」ではなかった。そもそもヴェーバーには, 経済社会学という題名の著書はなく, ヴェーバーが力を込めて書き, 完成とともに亡くなった全3巻の著書は「宗教社会学」という題であった。ヴェーバーが『宗教社会学論文集』で「プロテスタンティズムの倫理と資本主義の精神」のあとに書いたのは, 論文集の中の論文集『世界諸宗教の経済倫理』で, それは「序論」「儒教と道教」「中間考察」「ヒンドゥー教と仏教」「古代ユダヤ教」からなるが, 論文集全体は1920年の彼の死の直前まで実は未発表であった。筆者がこのたびヴェーバーに関して依頼を受けた文章の題名は「経済社会学」だったが, ヴェーバーは経済社会学という語を『経済と社会』の第2章で本文と注それぞれ1回だけだが実際に使っているから, ここで両方の語を併用するのは差支えない。

　「マックス・ヴェーバーにおける宗教社会学と経済社会学の相関」と題する有名な大塚久雄の論文を見ると,「ヴェーバーの宗教社会学のなかには, 一見やや意外の感をあたえるかもしれないが, 彼の経済社会学的諸研究の成果が深く絡みこんでいる。むしろ端的に, ヴェーバーの宗教社会学はその経済社会学によってしっかりと裏打ちされている, と言ってしまった方がよいかもしれない」（大塚著作集8：541）とある。この指摘において大塚が念頭に置いていたのは, 宗教とは非日常的な**カリスマ**（charisma）の本来の場所であり, これに対して経済とは日常的な慣習的生活の本来の場所である, というヴェーバーの有名な言葉であったと思われる。

　マックス・ヴェーバーは『経済と社

会』の冒頭の論文「社会学の基礎概念」において，「社会学とは，社会的行為を解明的に理解し，その経過と結果とを因果的に説明しようとする科学のことをさす」とし，「行為とは，行為者がそれに主観的な意味を結びつけている限りでの人間行動のことをさす」と定義した。他方ヴェーバーは，「理解社会学のカテゴリー」論文において，少なくとも完全な意味で人間の行動にのみ固有なことは，行為のさまざまな諸関係や諸規則性の経過を，理解可能な形で解明し得るということであると述べた。行為者が主観的に抱いている行動の意味が他者によって理解できる時，ヴェーバーはそのような行動を「行為」と呼んだ。最高度に理解可能な行為は，目的合理的な行為である。ヴェーバーが，社会的行為の理念型として，目的合理的，価値合理的，感情的，伝統的の4領域をあげたことはよく知られている。これらのうち，**目的合理的行為**のみが，行為を目的－手段関係によって合理的に方向づける。目的合理的に選択された手段は，他者によって最高度の明証性をもつものとして理解され得る。**価値合理的行為**は，固有の価値に対する確信の限界内で合理的であるが，その外側においては非合理的である。**感情的行為**および**伝統的行為**は，それらの合理性の彼岸に立っている。

人間の行為は，他者に指向することによって社会的行為となる。人間の経済的行為は，効用を求めることであるとヴェーバーは指摘したが，効用を求めること自体は社会的行為ではない。人間の行為は，市場で他者と貨幣を媒介にして交換行為をし，あるいは企業組織に属して分業の一環を担うなどのことによって，社会的行為になる。また宗教的行為は，独りだけの瞑想や祈りであれば社会的行為ではないが，教団組織に属してその活動の一環としてなされることによって社会的行為になる。人間は誰も家族の成員として生まれるが，近代人は他方で企業の成員であることを求める。このような人間行為は，社会的行為であると同時に，経済的行為でもある。経済社会学は，人間が経済と社会とを相互に関係づけることによって形成される行為を，問題とするのである。

人間は1人の配偶者に遭遇することにより，家族において共同生活をする相手を得るが，そうなることが生まれた時から決まっていたわけではない。同様にして，人間はある企業に職を得ることによって，給与を得て生活し，職業的地位を得ることができるようになるが，このようにして徐々に形成されていく人と人との関係の広がりは，家族と企業の関係だけに限らない。人間は家族と企業を必要とするほかに，家族と親族集団，家族と近隣社会，家族と学校，家族と官庁，家族とお寺や教会，家族とスポーツクラブや趣味の会等々，社会を構成しているきわめて多数の人々と接触することによって，その生活が次第に形成されていく。家族や企業や官庁や学校はそれぞれ社会システムを形成しているが，近代社会はこれらのほかにも極めて多くの社会システムから成り立っており，それらは経済社会学を形成するだけでなく，政治社会学，支配社会学，法社会学，教育社会学，宗教社会学，都市社会学，農村社会学などの対象たる，いろいろの異なる

諸機能社会のミックスを形成していくのである。

経済社会学という領域を設定したのは，マックス・ヴェーバー自身であった。しかしそれは，ヴェーバーが設定した多数の研究領域の1つに過ぎなかった。ヴェーバーはがんらい特定の1つの研究領域だけにおいて研究者になった人ではなく，生涯の途上において次々にいろいろの分野の人々に接し，異なる分野の諸文献を読んで，多様な問題を並行して考えるタイプの研究者であった。没後に未完成のままで刊行され，ヴィンケルマン版第5版（1972年）として全1巻に編集された超大著『経済と社会』を例にとれば，ヴェーバーは第1次世界大戦後に「新稿Ⅰ」行為理論を作り，次いで「新稿Ⅱ」経済社会学を作り，次いで「新稿Ⅲ」支配の諸類型を作ったが，大戦前に「旧稿第2部第1・7章」法社会学を作り，「旧稿第2部第5章」宗教社会学を作り，「旧稿第2部第9章」支配の社会学を作り，「旧稿」都市の類型学を作り，「旧稿」国家社会学を作り，その他多くの諸論文を書いていた。ヴェーバーはそれらは未発表のままにして，徐々に大著を築き上げて行ったのである。それらはどれも一挙につくられたものではなく，長期のあいだにいろいろな材料が集められて，それらの1つひとつがヴェーバー社会学を代表する論文となっていったのである。経済社会学はその中の1つにすぎない。

ゲオルグ・ジンメル

ヴェーバーに先行する経済社会学の形成者は，ゲオルグ・ジンメル（G. Simmel）である。ヴェーバーはジンメルよりも6歳若かったから，ジンメルの著作に大きな関心を払い，とくにジンメルの『貨幣の哲学』（1900年）を丹念に読んでいた。ヴェーバーより年長であったジンメルは，『貨幣の哲学』において，ヴェーバーの経済社会学そのものに直接言及することはなかったとはいえ，ジンメルの最初の著書『社会分化論』（1890年）において，貨幣使用が人々の「社会圏」を拡大し，社会分化を促進することによって，ドイツの経済的近代化に大きな貢献をしていることを分析していた。ジンメルは『社会分化論』の10年後に，彼が『社会分化論』において創始した**「相互行為主義」**の方法的視点を「交換理論」の視点へと拡充し，経済学者ではなかったにもかかわらず，ジンメル社会学固有の視点により，貨幣を分析した社会学の大著『貨幣の哲学』（1900年）を出版した。ジンメルはヴェーバーの行為理論にとっても，またヴェーバーの経済社会学にとっても，密接な関わりをもつ経済社会学的分析を展開したのである。ジンメルの『貨幣の哲学』は，ヴェーバーの経済社会学と密接な関わりをもっていたということが重要である。

ジンメルが，ヴェーバーと並んで，相互に関連し合う重要な方法論的視点を提示した経済社会学の大著の著者になったのは，ジンメルの『相互行為主義』という視点が，2人以上の行為者の相互行為に着目する「交換」という視点を確立したこと，および貨幣がそれらの相互行為ないし交換の代表的なメディアであるということによっている。もちろん相互行為ないし交換は，貨幣をメディアとすれ

ば経済行為になるが，人間は貨幣を用いない相互行為ないし交換行為を毎日行っており，人間の相互行為は，経済行為よりもはるかに広い一般的な相互行為ないし交換行為の理論として，ジンメルによって理論化された。すなわちジンメルの『社会分化論』も『貨幣の哲学』も，経済社会学という語を使うことなしに，一般社会学の著作として構築されたのだが，もしジンメルが最初からそれらを貨幣論の本として考えていれば，経済社会学という視点を生みだすことができたのである。

ドイツにおいて相互行為主義の社会学を確立し，社会学の観点から大著『貨幣の哲学』を書いたジンメルと，ドイツ歴史学派の経済学から出発してこれをオーストリア学派の経済社会学に橋渡しし，超大著『経済と社会』および巨大編著『社会経済学の基礎』(1914-1929年)を書いたヴェーバーは，並行する経済社会学の構築者であった。ジンメルは，人間の相互行為を「**社会的交換**」と考える視点に立つことにより，社会学者として初めて貨幣の理論へと到達したことにおいて真にユニークであった。ジンメルの貨幣理論は，貨幣とは「社会圏」の拡大によって可能となった交換の純粋手段であるとするもので，交換のメディアだから貨幣それ自体が価値実体であると考える必要はないとし，マルクスの貨幣理論に批判的な視点を提示した。ジンメルのマルクス価値論批判とは，マルクスは労働力が統一価値尺度になったとしているが，いったい貨幣はどのようにして価値になったのかという問題がまったく説明されていない，というものであった。

ジンメルの『貨幣の哲学』は，「分析編」と「総合編」の2部に分かれ，前者は第1章「貨幣と価値」，第2章「貨幣の実体価値」，第3章「目的系列における貨幣」の3章からなり，後者は第4章「個人的自由」，第5章「個人的価値の貨幣等価物」，第6章「生活様式」の3章からなっている。前者が分析編と名づけられているのは，貨幣の価値とか交換とか目的といったものが分析的概念だからであり，後者が総合編と名づけられているのは，自由とか文化とか生活様式といったものが機能的概念だからであると説明できよう。

タルコット・パーソンズとニール・スメルサー

ドイツ語世界における傑出した社会学者として広く読まれたマックス・ヴェーバーとゲオルグ・ジンメルの諸著作は，その後ドイツに学んでヴェーバーを研究したアメリカ人社会学者タルコット・パーソンズ（T. Parsons）とその共著者ニール・スメルサー（N. Smelser）による共著『経済と社会』によって英語世界に伝えられた。パーソンズは1953年11月にケンブリッジ大学経済学部から「アルフレッド・マーシャル記念講演」に招聘され，「経済学理論と社会学理論との統合」というテーマで連続講演を行い，それを書物として出版するようにとの依頼を受けた。この書は，初めパーソンズが単著によってヴェーバーの著作と同題名の著書として書いたものだったが，ケンブリッジ大学の経済学者たちによって経済学の観点から批判されたので，パーソンズは弟子のスメルサーを共著者に引き入れ，スメルサーがこれを大幅に加筆修

正して，パーソンズ－スメルサー共著の『経済と社会』(1956年) がイギリスで出版された。

『経済と社会』の第1章は「現代の社会学理論と経済学上の中心問題」と題されているが，パーソンズがこの書で立てた基本問題は，経済とは社会の機能的サブシステムの1つであるというものであった。だからパーソンズがこの書で提出したテーゼは，経済社会学とは社会システムの理論に関わるもので，全体社会システムのうち「**適応 (adaptation)**」の機能を中心的に受けもつ部門に関するものである，とするものだった。このテーゼから引き出されたパーソンズの中心主張は，富・効用・所得を個人に関して規定してはならず，それらは社会に関して規定されるのでなければならない，というものであった。パーソンズによれば，欲望充足と効用を個人主義的なものとして扱うのは，経済学理論と**功利主義** (utilitarianism) 哲学との歴史的な結びつきの遺風に過ぎない。富・効用・所得は個人ではなく社会体系の状態に関わるものであり，それらを個人に関して最大化するものとして考えてはならない。経済学において，そのような個人主義的な主張を最も明裏に推進したのはロビンズ (L. Robbins) であり，パレート (V. Pareto)，ヒックス (J. R. Hicks) ら，**厚生経済学** (welfare economics) に関わった人たちも，もっと和らげられたかたちにおいてであるが，やはりそのように主張した。相互に独立であると前もって仮定された個人の選好リストを比較することをはっきり避けたのはマーシャル (A. Marshall) であり，ヴェーバーおよびデュルケーム (É. Durkheim) の見解もこれにつながっている，とパーソンズは主張した。

『経済と社会』の第2章「社会体系としての経済」においてパーソンズは，社会体系は基本的な機能上の4つの次元すべてにわたって分化する傾向を持つ，と主張した。パーソンズの AGIL 図式によれば，体系としての経済の4つの下位体系は，A (Adaptaion) 部門が資本の調達，G (Goal-Gratification) 部門が経済的生産，I (Integration) 部門が企業家職能，L (Latency) 部門が家族への委託として，それぞれ意味づけられている。資本の調達は経済的生産のための準備としての適応であり，経済的生産は経済にとっての目的そのものであり，企業家職能はシュンペーター (J. A. Schumpeter) の定義としての生産要素の**新結合** (neuer Kombinationen) であり，家族への委託とは労働力の再生産は企業にはできないから企業が労働力調達を家族にいわば委託することである。企業にとっては生産物の買い手は最終的に家族であるから，企業と家族はそれぞれ労働市場と消費財市場において**境界相互交換** (boundary interchange) をし合っている関係にある。

パーソンズの没後，スメルサーが，弟子の1人でスウェーデン人の社会学者スウェドベリィ (R. Suedberg) との共編によって，多数のより若い共著者とともに書いた大冊『経済と社会ハンドブック』(1994年) は，新しい世代による多くの新工夫を集めて，パーソンズ－スメルサーの経済社会学を発展させた。同書の冒頭には，「経済社会学の視点」とし

て，経済社会学が経済学とどのように異なるかということの指摘が，下記の7点にわたってあげられている。スメルサーとスウェドベリィに従って，「経済社会学」をその対概念たる「経済学」と対比しながら，経済社会学の内容を7つに区分して，このことを考えてみよう。

①**行為者の概念**：経済社会学は，集団，制度，社会を分析の主題とする。経済学は，経済的行為についての学として，方法論的個人主義の命題によって構築されるものである。

②**行為者相互の関係**：経済社会学は，合理的行為のほかに，伝統的行為や非合理的行為があることを否定しない。経済学は，行為者の特性として明確な合理性を仮定する。

③**行為に対する制約**：経済社会学は，社会構造の諸条件によって制約される。経済学は，行為者の好み（taste）と資源の稀少性によって制約される。

④**経済と社会との関係**：経済社会学の諸命題は，社会の中に埋め込まれたものとして定立される（K. ポランニー，グラノヴェター）。経済学の基本的な準拠点は，経済と市場である。

⑤**分析の目標**：経済社会学は，人と人とのネットワークを通じて社会的な繋がりを確立する。経済学は，単なる記述を好まず，フォーマルな予測を重視する。

⑥**使用される方法**：経済社会学は，調査データやセンサス・データの使用を重視する。経済学は，仮説の定式化と数学モデルの使用を重視する。

⑦**知的伝統**：経済社会学は，パーソンズによって，マーシャル，パレート，デュルケーム，ヴェーバーによって収斂へと導かれるとされた。経済学は，社会学とは異なり，功利主義の伝統を確立してきた。

これらの7項目に分けて対比してみるとわかるように，経済社会学の視点は，経済学の視点とははっきり異なる。経済学の視点においては，行為者は原子化された個人行為者として概念化されており，他者と相互行為をしない。これに対して社会学の視点においては，行為者は集団の一部として概念化されており，集団の中にあってたえず他者と相互に行為しあい，他者に影響を与え，他者から影響を受けている。この点が，経済社会学が経済学とはっきり区別される特徴である。

高田保馬, 青山秀夫, 大塚久雄, 阿閉吉男, 居安正

高田保馬は，1919年という早い時期に1400ページの独創的な大著『社会学原理』を書き，社会学という学問が日本で広く知られるようになる前から，オリジナルな社会学者としての名声を逸早く確立した。高田の社会学研究は1913年の『分業論』から始まったが，1919年の『社会学原理』は，社会学論，社会成立論，社会形態論，社会結果論の4部門によって構築された。この4部門構成は，1922年の『社会学概論』から1950年の『改訂社会学概論』まで，継続されている。このうち特に重要なのは，社会成立論と社会形態論の2つである。社会成立論の基礎カテゴリーは，同質結合の原動力としての「**群居の欲望**」と，異質結合の原動力としての「**力の欲望**」の2つからなる。社会形態論の基礎カテゴリーは，基礎社会と派生社会，結合定量の法則，基礎社会の発達方向，基礎社会の拡

大と縮小の法則，中間社会消失の法則，基礎社会衰耗の法則，派生社会の発達方向，社会分散の法則，錯綜の法則，利益社会化の法則などの諸命題からなる。最後の社会結果論は簡潔に書かれているが，大正デモクラシーの時期以来，文化の発達，自由の進展，個性の形成など，リベラル社会の形成を中心に述べられている。

1400ページの『社会学原理』が完成したあと，600ページの縮約版『社会学概論』（1922年）が書かれたほかに，『階級及第三史観』（1925年），『社会関係の研究』（1926年），『人口と貧乏』（1927年）などを経て，『国家と階級』（1934年），『民族の問題』（1935年），『勢力論』（1940年），『民族論』（1941年）など，高田オリジナルの階級研究，貧困研究，民族研究，勢力論研究などが次々に書かれた（九州大学教授時代）。しかしその途上において，高田自身は1928年から経済学者に転身し，まず『経済学』（1928年）と『景気変動論』（同）が書かれたのち，全5巻からなる大著『経済学新講』（1929－1932年）が書かれ，これにより高田は新古典派経済学の創始者になった（京都大学教授時代）。しかしそのさい高田は，『新講』の第2巻と第4巻に，「価格の勢力による説明」「価格の勢力説」「労銀の勢力説」「地代の勢力説」など，社会階級論を加味して経済社会学的に書かれた諸章・節を導入した。経済学者になって以後の高田は，これらの社会学的章・節を含んだ『高田原論』を「私自身の経済学」と呼び，それらを含まず**一般均衡理論**（general equilibrium theory）のみによって構築された『原論』を「経済学の通説」と呼ぶようになった。その後も高田は『経済と勢力』（1936年），『勢力論』（1940年），『勢力説論集』（1941年），『経済の勢力理論』（1947年）などを書いて，経済社会学者たることを主張した。

第2次世界大戦後の1950年，高田は1922年に初版が出された『社会学概論』の全面改訂版を出版した。「改版の序」に彼はこう書いている。「初版の執筆は大正八年廣島において始まり同十年東京において終る。当時友人に向って，小著幸に十年の風霜にたえたいと語った。三十年近き今日に於いて，なお学問的生命を保ち，改稿の機会を得ようとは，思いも設けなかった幸福である。…全巻を貫く思想は単純である。構造の理論としては群居性による同質化と力の欲望による異質化とを，相補完する二原理となした。変動の説明に於いては人口の増加と結合定量の法則とを所与の二前提として，それの結合から必然の結論を求め，以て変動の全過程を理解しようとした。初版の構想に変革を加えたところはない」。

高田はこの書の出版後にみずからその英訳を進めただけでなく，高田門下の経済学者市村真一がその英訳の促進の便宜をはかった。筆者は英語国の読者のために勧められ，英文の解説を書いたが，英訳版概論においても，これを再度活用させていただいた。

高田保馬門下から出た青山秀夫（京都大学教授）は，新古典派経済学の専門研究者であったが，師の高田とは反対の順序によって，第2次世界大戦中からマックス・ヴェーバーの『経済と社会』を中心とする専門研究者となり，著書『近代国民経済の構造』（1948年），『マックス・ヴェーバーの社会理論』（1950年），

『マックス・ウェーバー』（1951年）を書いた。

他方東京大学においては、『宗教改革と近代社会』や『近代欧州経済史序説』などの著者であり、ヴェーバー『プロテスタンティズムの倫理と資本主義の精神』および『宗教社会学論選』の翻訳者であり、ヴェーバー研究の中心的な推進者であった大塚久雄が、1964年にヴェーバー生誕百年記念シンポジウムを企画し、ヴェーバー研究の機運を大いに高めた。このシンポジウムには、丸山真男、堀米庸三、内田義彦、内田芳明、広中俊雄、住谷一彦、安藤英治、石田雄、折原浩などが報告者になり、折原とともに最も若かった筆者も、そのうちの1人として参加した。筆者は当時まだヴェーバーの勉強を始めたばかりであったが、タルコット・パーソンズから入ってヴェーバーを学び、その後にヴェーバーの「経済行為の社会学的基礎範疇」の翻訳に着手することができたのは、このときに青山秀夫の影響下にヴェーバーの経済社会学研究を開始したことによるものであった。

阿閉吉男は名古屋大学の社会学教授であったが、著書『ウェーバー社会学の視圏』（1976年）と『ジンメル社会学の方法』（1979年）を基軸にして、ヴェーバー研究とジンメル研究を結びつけるという着眼においてすぐれた仕事を行った。この間、ジンメルの『社会分化論』と、同『貨幣の哲学』の完訳が、居安正によって進められた。この時期に日本におけるヴェーバー研究とジンメル研究が進んだのは、これらの人々によって、ヴェーバーとジンメルの研究が進められたことによるところが大きい。

「社会変動の理論」と「社会階層と移動の研究」

最後に、筆者が戦後の1965年当時、ヴェーバーとパーソンズを読んだり訳したりしていた当時に書いた初めての著書で、社会学の博士論文として提出された『社会変動の理論』と題する本、およびそれとの関連において当時筆者が社会学の研究仲間たちとともに従事していた「社会階層と移動」と呼ばれる調査について、若干のことを述べておきたいと思う。というのは、前者の本に私は「経済社会学的研究」という副題をつけており、「社会階層と移動」の研究はそれと密接に関連していたが、当時30歳代の中ごろだった私が明るいイメージでそれらのテーマを研究していたのに比べると、現在の日本の「経済と社会」および「社会階層と移動」をめぐる状況はたいへん暗く、しかもそこから脱却できる見込みがないと考えざるを得ないからである。

日本における社会変動という問題へのアプローチは、古代日本についての考察から始まる。古代日本は、当時の中国・朝鮮よりずっと発展の遅れた国であったが、その遅れたレベルから日本が中国・朝鮮のレベルに追いついたのは、漢字・儒教・仏教を中国と朝鮮から輸入し、それらが日本の古代社会の規範を一挙に変えたことによるものであった。聖徳太子の時代、大化改新の時代から、平城京と平安京の時代まで、中国文化の輸入が日本の古代に驚異的進化をもたらした。ところがそのあとに、摂関政治・院政政治と進歩のない時代が始まり、それが平氏・源氏の戦争、鎌倉・室町・徳川の武家政権へと続いた日本社会は、停滞ばかりで発展がなかった。摂関政治から数え

て約1000年，鎌倉時代から数えて約700年，それ以後の日本の歴史は近代に到達するまで，社会変動が停止してしまったと考えざるを得ない状態だった。

日本の知識人が明治維新の時点に立って賢明にも下した決断は，日本が中国文化から離脱し，西洋文明をひたすら摂取することにより，近代社会システムの形成を実現する方向に向けて国民的な規範の変革へと急速に進むというものだった。このような決断が下されたということは，真に注目に値する。幕末当時に攘夷と開国をめぐって激しい国内対立があったことを想起するなら，近代化に指向したこの革新的規範形成が，1868年の維新から1871年の岩倉使節団派遣を経て，1874年の明六雑誌の発刊，同年における土佐の立志社を先頭とする民選議院設立建白書の提出まで，短期間にスピーディに進んだというのは，驚くべきことであった。1877年の西南戦争が不平士族による内乱の最後のものとなり，1881年に明治14年の政変を契機として国会開設の詔勅が出され，そして実際，文明開化と呼ばれた西洋化による日本の近代化において，日本はアジア諸国を一挙に抜き去り，経済発展が実現するかにみえた。それを壊したのが，大陸における日本のアジア侵略と，それに続く日米開戦という，日本にとって当初からまったく勝ち目のない，軍部の愚かな戦争決断であった。もう1つあげられるのが，戦後日本のイデオロギー的争点として「進歩的」知識人を襲った「資本主義か社会主義か」という問題であった。

後者を筆者は社会学の観点から「経済体系と社会体系の関係」の問題として捉え，社会学にとって最も重要なのは「産業化」による社会構造変動の達成であると考えた。社会変動とは**社会構造の変動**の実現であり，その2本の主柱は人員配分と所有配分の変動である，というのが筆者の提出した問題であった。社会体系の構造変動とは，体系の制度化された規範を変えることにより，人員配分と所有配分に変化を作り出す問題である。それは，体系内の諸役割に対して人員を再配分し，その再配分された人員に，用具として用いられ，報酬として付与される物財と関係財を再配分することである。

産業化を原動力とする社会体系の構造変動を，世界で最初に実現したのは18世紀のイギリスであった。イギリスはヨーロッパにおいてナポレオン戦争を終結させ，当時のヨーロッパで最終的な勝利者になった。スペンサー（H. Spencer）は1884年に『個人対国家』を書いて，「軍事型社会から産業型社会へ」という変動テーゼを立て，社会構造の変動を促進する原動力を生み出したのは産業化であると主張した。イギリスに次いで，第3共和政の進歩を実現したフランスと，普墺戦争・普仏戦争に勝利して統一を実現したドイツは，どちらも19世紀後半に産業化の達成によって経済発展を推進した。

ヨーロッパは第2次世界大戦における対ナチズム・ファシズムの戦争と，それに続いた対ソ・東欧冷戦という再度の破壊を経験したが，日本は第2次世界大戦の敗戦による破壊から立ち直って産業化の再スタートを切り，**高度経済成長**によって西洋先進諸国に追いついた。「もはや戦後ではない」といわれた1955年，

日本の社会学者グループによる「**社会階層と社会移動**」**全国調査（SSM 調査）**が開始された。1955年 SSM 調査がその第1回調査で，その後10年に1回のペースで第2回以後の SSM 調査が継続された。筆者がイリノイ大学に招聘され，大学院に1年間学んでコンピュータ調査の手法を身につけたのは1968年のことで，そのあと帰国して全国調査の準備をし，人材を集めて1975年第3回 SSM 調査のプロジェクトが推進された。日本の高度経済成長は1973年までで終わってしまったが，第4回以後も SSM 調査は人材の厚い層が形成されて熱心に続けられ，調査担当世代の交代を重ねながら，2005年の第6回調査まで継続されてきた。

SSM 調査は第1回調査以来毎回，階層帰属意識の調査というものを行った。これは，「仮に現在の日本の社会全体を，上，中の上，中の下，下の上，下の下という5階層に分けるとすれば，あなた自身はこのどれに入ると思いますか」という質問を発して，5つのうちどれか1つを選んでもらう調査であった。結果は非常に興味深いもので，「中の上」と「中の下」を足した「中流」帰属の合計が，1955年42.0％，1965年54.8％，1975年76.4％，1985年71.4％，1995年72.3％，2005年55.2％というものであった。すなわち日本人が自分は「中流」であると思っていた比率は，1955年から1975年まで急速に増加し続け，1975年の増加は特に顕著で，当時最高の76.4％に達した。四捨五入で80％になるので，1975年の日本は「8割中流社会」（調査によっては「9割中流社会」）といわれた。ところが1985年にはそれが71.4％に減少し，1995年には僅かな上昇があったとはいえ，2005年になると55.2％にまで一挙に下落した（轟亮編 2005：11）。

高度経済成長が持続した時期の内閣は，1960年池田勇人，1964年佐藤栄作，1972年田中角栄であった。この十数年間の日本は完全雇用，累進課税，所得平準化が安定し，福祉国家化の進展があったので，国民は勤勉に働きさえすれば，「**中流化**」への道に乗ることができるような良循環の社会装置ができていた。戦後日本において，産業化のよき時代が実現されたのはここまでであった，ということを認識することが重要である。

1975年をピークにして，1980年代に入るとともに，産業化は一挙に悪循環の時代へと切り替わった。1985年に何があったのか。「**派遣労働**」が合法的と認められる時代に入ったのである。派遣労働とは，自企業が雇用した労働者を自企業で使用せず，安い賃金で他企業に派遣し，他企業の指揮命令のもとで働かせることである。戦後に制定された職業安定法は，そのような雇用移転を禁止していた。ところが企業における雇用状況の悪化が，派遣労働を合法的として認めるようになったのである。2003年の『国民生活白書』は，「**フリーター**」と「**ニート**」という語を大きくとりあげ，高校・大学を卒業しても，企業に正規雇用者として雇ってもらえない若者が増加している事態が改善されないことを指摘した。

それ以後現在まで，若者の失業率が極めて高く，正規労働につくことが困難で，高齢者の福祉は後退を続ける一方という時代が続いている。そういうところに2011年3月11日の**東日本大震災**が襲来し，

激烈な大津波と重大な原発事故の発生がこれに伴った。このような暗い状況の中では，経済社会学と言ってみても，経済と社会について，明るい展望が開ける可能性がそもそもない。経済社会学について，明るい展望が開けるには，産業化のよき時代を取り戻すことが先決である。我々の時代を，ヴェーバーやジンメルやパーソンズや高田保馬や大塚久雄や社会変動研究やSSM調査が行われた当時になんとかして戻さなければならない。それには，若者が正規労働に就職できて，充実した職務に励むことができる時代にならなければならない。我々の時代をそのような時代に戻し，経済社会学とは何であるかを論じようではないか。

《参考文献》

大塚久雄，1969『大塚久雄著作集　第8巻　近代化の人間的基礎』岩波書店。

轟亮編，2005『階層意識の現在』(SSM調査シリーズ成果報告書)。

Parsons, T. and N. J. Smelser, 1956, *Economy and Society*. Routledge & Kegan Paul (『経済と社会』〈Ⅰ・Ⅱ〉，富永健一訳，岩波書店，1958年)。

Simmel, G., 1890, *Über sociale Differenzierung*, Leipzig, Dunker & Humblot. (『社会分化論』居安正ほか訳，青木書店，1970年)。

Simmel, G., 1900, *Pilosopie des Geldes*, Leipzig, Dunker & Humblot. (『貨幣の哲学』居安正訳，白水社，1999年)。

Smelser, N. J. and R. Suedberg (eds.), 2005, *The Handbook of Economic Sociology, 2nd ed.*, New York, Princeton Univercity Press.

富永健一（とみなが・けんいち）

社会システム【social system】

社会システムとその先駆的理論

　ある対象をシステムと呼ぶとき，観察者はその対象を各自の持つシステムのイメージ（それがいかなるものであれ）に基づいて見ていることになるから，社会システム (social system) という用語もまた，観察者（研究者）のシステム観と結びつけてはじめて意味のある用語となる。最も身近で素朴なシステムのイメージは，いくつかの要素がまとまってなんらかの働きをしている（＝機能を充足している）ひとつの単位（ユニット）といったところであろう。歴史的にはこれはルーマン（N. Luhmann）のいう「**全体－部分**」図式のシステム観であり（Luhmann 1984 : 20-29, 訳6-16），観察する目はもっぱらシステムの内部に注がれ，全体としてのシステムと部分である要素の間の関係や要素相互間の関係がテーマとなる。この意味ではたとえシステムということばを用いていなくとも，18世紀前半にまでさかのぼって多数の名が「社会システム論」の先駆者としてあがってくる。社会進化論の立場から社会有機体説を唱えたスペンサー（H. Spencer），『社会分業論』（1893年）や『社会学的方法の規準』（1895年）を著してのちの機能主義的システム理論への道を拓いたデュルケーム

(É. Durkheim)，経済学の一般均衡理論から出発しつつも独特の力学的社会システム・モデルを構築したパレート（V. Pareto）などはよく知られた例である。

パーソンズの社会システム像

しかしいまや，システムのイメージは「全体‐部分」図式の水準から少なくとも2段階高度化している。第1段階の高度化はベルタランフィ（L. von Bertalanffy）の『一般システム理論』（1968年：論文形式での初出は1945年）によってなしとげられたもので，観察の視野が全体‐部分という内的差異から**システム‐環境**という外的差異へと拡張されることとなった。この新しいシステム観のもとでは，部分を集めて全体（＝システム）ができあがるのではなく，システム（＝全体）は環境から区切られることによって成立し，全体が定まったのちに部分について語りうる。こうしてシステムの観察者にとってテーマの重心は，システムがその境界をいかに維持していくか，システムと環境の間の相互作用はいかに行われるかという点へと移っていくとともに，システム内部での「システム‐環境」差異の繰り返し，すなわちシステム分化が大きな関心事となる。

この段階で社会システム論に飛躍的な進歩をもたらしたのがパーソンズ（T. Parsons）である。彼は『社会体系論』（1951年）から『経済と社会』（1956年）に至る時期に自らの社会システム像を確立したのち視野を大きく拡げ，社会システムとその環境の一大見取り図を提示した。パーソンズの社会システム論の「基本的な出発点は，行為の社会体系という概念であり」，「社会体系は，複数の個人行為者のあいだの相互行為のパターンの持続，あるいはその秩序ある変動過程にかかわる行為諸要素の編成の一様式である」（Parsons 1951：3, 24，訳9, 31：傍点は引用者の付加）。つまり彼の場合社会システムの要素は行為，正確には相互行為（interaction）であり，社会システムは行動システム，パーソナリティ・システム，文化システムと並んで，「行為システム」という上位システムの4つの下位システムのひとつと位置づけられる。それゆえ他の3つの下位システムは，社会システムにとって行為システムという枠内での直接的な環境となっている。行為システム自体も，「人間の条件の一般的パラダイム」と呼ばれるより大きな図式の中で，物理‐化学システム（物的世界），人間有機システム（人間を含む生物有機体の世界），テリック・システム（超俗的世界）に接しているとされるのであるから，それら3世界もまた社会システムにとっての環境である。一方，社会システムの内部に目を転じると，パーソンズは「システム‐環境」差異の内に向かっての繰り返しにも力を注ぐ。その最大の成果というべきものが**AGIL図式**である。すなわち，社会システムはその存続のための機能要件とされる適応（A），目標達成（G），統合（I），潜在的なパターン維持と緊張処理（L）をそれぞれになう経済，政治，社会コミュニティ，信託という4つの機能的下位システムに内部分化しており，それら下位システムはおのおのの機能を果たすべく互いにインプット・アウトプットのやりとり（**境界相互交換**〔boundary interchange〕）をしている，というのである．さらに各下位システム自体にも4機能の区分がなされ，全体としてパーソンズの社会システム像は，外部環境とシステム内部の両方向へAGIL図式を拡張した壮大な入れ子式四元図式と複雑な境界相互交換によって特徴づけられる．

ルーマンの社会システム像

第2段階の高度化は第1段階以後の一般システム理論，サイバネティクス，情報理論等々の発展によってもたらされたもので，**自己準拠システム（self-referential system）**という考え方が柱になっている．この考え方を社会システム論において精力的に展開したのはルーマンであるが，彼は生物学でマトゥラーナ（H. R. Maturana）とヴァレラ（F. J. Varela）によって創始された**オートポイエシス（autopoiesis）**の理論を自己準拠システム理論のいわば最新版として取り入れ，「自己準拠的－オートポイエティック・システム（self-referential autopoietic system）」という表現を用いる．このシステム観をひと言で要約すれば，システムは自己を構成する要素を自分自身で再生産し続け，それによって同時に環境との境界を自ら設定し維持するとともに，システム自体が自己と環境を観察し，その観察を介して環境と相互作用する，ということになる．ルーマンの見るところでは，社会システムは自らの構成要素であるコミュニケーションを自己再生産し続けるオートポイエティック・システムである．コミュニケーションには言語のほかに種々のメディアが用いられるが，あらゆるコミュニケーションを取り込んだシステムは社会（Gesellschaft），その中で固有メディアを発達させた領域，例えば経済（貨幣），政治（権力），学術（真理）などは機能的部分システムと呼ばれる（括弧内は固有メディアを示す）．メディアの発達次第でさまざまな機能システムが分化（ausdifferenzieren）しうるから，パーソンズのA・G・I・Lのように部分（下位）システムの数があらかじめ限定されているわけではない．ルーマンは現代をそれ以前の環節分化や階層分化ではなく**機能分化（functional differentiation）**の時代として特徴づけ，個々の機能システムおよび総体としての社会（Gesellschaft）を上記「自己準拠的－オートポイエティック・システム」の視点から，それぞれ大冊をもって詳細に論じ独創的な社会システム像を築きあげた．

《参考文献》

富永健一，1995『行為と社会システムの理論——構造－機能－変動理論をめざして』東京大学出版会．

Luhmann, N., 1984, *Soziale Systeme : Grundriß einer allgemeinen Theorie*, Frankfurt am Main, Suhrkamp.（『社会システム理論』〈上・下〉，佐藤勉監訳，恒星社厚生閣，1993年，1995年）．

Luhmann, N., 1988, *Die Wirtschaft der Gesellschaft*, Frankfurt am Main, Suhrkamp.（『社会の経済』春日淳一訳，文眞堂，1991年）．

Parsons, T., 1951, *The Social System*, New York, Free Press.（『社会体系論』佐藤勉訳，青木書店，1974年）．

Parsons, T. and N. J. Smelser, 1956,

Economy and Society, London, Routledge & Kegan Paul.（『経済と社会』〈Ⅰ・Ⅱ〉，富永健一訳，岩波書店，1958年，1959年）．

タルコット・パーソンズ，1984『社会システムの構造と変化』倉田和四生編訳，創文社．

春日淳一（かすが・じゅんいち）

社会成層（階層）【social stratification】

社会成層の定義と研究の展開

社会成層（social stratification）の研究の背景にはヨーロッパ社会とは異なるアメリカ社会の現実があったと考えられる。ヨーロッパの身分制社会においては，明示的に区分された集団としての階級があったが，アメリカにおいては，必ずしも一義的な階級分化が存在したわけではなく，多元的な資源の配分状況が存在した。そのような状況をソローキン（P. Sorokin）は，社会成層（階層）と呼んだ。その後，社会成層の研究はアメリカを中心に展開されていった。ブラウ（P. M. Blau）とダンカン（O. D. Duncan）の社会的地位達成の研究（Blau and Duncan 1968）やリプセット（S. M. Lipset）とベンディクス（R. Bendix）の社会移動の研究（Lipset and Bendix 1959）などは，その重要な例である。

社会成層とは，ある社会の中で**社会的資源**（social resource）が社会の成員に対して不平等に分配されている状態を表している。社会的資源とは，権力・影響力・教育・貨幣等々のその社会の中で，人がその獲得を目標としたり，あるいは他の目標を達成するための手段として用いることができるものであり，天然資源とは異なる。類似の概念として**社会階級**（social class）があるが，社会階級は例えばマルクス理論における資本家と労働者のように，一定の基準によって明確に区別された集団であるのにたいして，社会成層はむしろさまざまな社会的資源の保有量によって連続的に変化するものであり，またある社会的資源を多く保有する人が別の種類の社会的資源も同様に多く保有するとは限らない。

社会成層研究の諸領域

社会的資源がいかに成員間に分配されるかについては，例えば身分制社会においてはその人の世襲身分が重要であり，カースト制社会においては所属カーストが重要である。近代産業社会においては，その人の職業が重要な意味を持つ。すなわち，どのような勤務先のどのような職業に就くかによって貨幣収入や権力・社会的影響力等が規定される。またどのような職業に就けるかは教育が大きく関わる。このような社会的資源を獲得していくまでのプロセスを描き出すモデルが，**地位達成過程**（status-attainment process）のモデルである。すなわち，親の社会成層上の地位を背景変数として，本人の教育達成，職業上の地位，所得がどのように影響をしているのかをモデル化して分析する手法である。その分析結果からは，近代産業社会は業績主義的傾向

を持ちつつも，親の社会成層上の地位が教育達成や就職に影響を及ぼし，所得を初めとする社会的資源の獲得に影響を及ぼすという世代間の社会成層上の地位の世襲的傾向が見出されている。

職業上の地位が親子間でどのように継承されるかという問題は，**世代間社会移動**（intergenerational social mobility）として取り上げられる。すなわち，職業をいくつかのカテゴリーに分類し，ある個人の親の職業と本人の職業とをそれぞれカテゴリー毎に分けた者を世代間移動表とよび，世代間でどの程度職業の地位が継承されるのかを，**開放性係数**（coefficient of openness）等の指標あるいは，**対数線形モデル**（log-linear model）等を用いて分析を行う。

社会の中で各個人が自らの社会階層上の地位をどのように認識しているかということは，階層帰属意識と呼ばれる。階層帰属意識は人々の政治意識や公正観とも関連を持ち，社会の安定性と関連すると考えられている。日本の階層意識については，1970年代に一億総中流意識という言葉で示されるように，中流意識を持つ人が多くなった時期があったが，今日においては，中流意識を持つ人の比率は低下している。

社会的資源の不平等な分配状態の指標としては，**ジニ係数**（Gini coefficien）が用いられる。完全な平等分配状態では，0となり，1人の人にすべての資源が集中している状態では1となる指標である。ジニ係数を時系列的に測定することにより，格差社会の進行などの，その社会の不平等度の変化をみることができる。

日本における社会成層研究

日本における社会成層研究としては，「**社会階層と社会移動**（SSM, Social Stratification and Social Mobility）」**全国調査**がよく知られている。この調査は，1955年を第1回として10年毎に全国調査を行っており，その間の日本社会の変容を社会成層という視点から実証的に分析しており，国内の社会成層研究を語る上では欠くことのできない研究である。1955年の第1回調査は戦後復興の時期に当たるが，1965年は高度成長期に，1975年はオイルショックの直後であり，1985年は安定成長期に当たり，1995年はバブル崩壊後の低成長期に該当し，2005年は日本型雇用形態が揺らいで格差社会に突入しつつある時期に対応している。このように「社会階層と社会移動」調査は，戦後日本の社会変動を，職業を中心とした社会成層についての時系列的な実証データに基づいて，綿密に分析してきたのである。

社会成層の多角的分析へ

社会成層の研究において，貨幣などの経済的資源は重要だが，それ以外の，教育（学歴），権力・影響力・社会関係資本なども重要な社会的資源である。ただし，現在は職業的な地位達成や移動に中心が置かれており，ある意味では経済的な社会成層中心の分析である。だが，これからは，それ以外の多様な社会的資源についての分析を進めて行く必要がある。例えばピエール・ブルデュー（P. Bourdieu）の挙げる**文化資本**（cultural capital）はその代表的なものである。高齢化の進展や非営利組織の拡大，脱産業主

義的価値観の普及等の社会の変化により，社会成層の研究において，非経済・非職業的側面を分析に組み入れて行くことはますます重要になっていくと思われる。

《参考文献》
富永健一編，1979『日本の階層構造』東京大学出版会。
原純輔，1998「SSM調査の歴史と展望」『日本世論調査協会報』82，74–86。
Blau, P. M. and O. D. Duncan, 1968, *The American Occupational Structure*, New York, Wiley.
Lipset, S. M., and R. Bendix, 1959, *Social mobility in industrial society*, Berkeley and Los Angeles, University of California Press.（『産業社会の構造——社会的移動の比較分析』鈴木広訳，サイマル出版会，1969年）。
Sorokin, P., 1927, *Social Mobility*, New York, Harper.

織田輝哉（おだ・てるや）

社会的経済【social economy】

歴史的変遷

社会的経済（social economy, économie sociale）とは，経済における民間部門（private sector）や公共部門（public sector）に対する，第3の経済部門（third sector），もしくはその主体である協同組合，共済組合，**アソシエーション（association）**（フランスでは「アソシアシオン」で，非営利団体を指す）の社会的経済組織を指し，これに財団を加える場合もある。非営利で公共的な役割を担う主体を示す同種の概念に，非営利セクターや**NPO（non-profit organization）**があるが，これらが主として米国での用法であるのに対し，社会的経済は欧州で主に用いられてきており，その成立過程や範疇，捉え方は両者に異なる点がある。

社会的経済の語の源流は19世紀のフランスにさかのぼる。フランス革命とル・シャプリエ法（1791年）により原則として労働者による結社は禁止されていたが，その後労働団体に対する規制緩和が徐々に進む中で，1884年には職業組合が合法化されるとともに，1901年のアソシエーション法により結社の自由が宣言された。この間，古くはシャルル・デュノワイエ（C. Dunoyer）が『社会的経済論』（1830年）を著し，キリスト教社会主義からはフレデリック・ル・プレ（F. Le Play）による雑誌『社会的経済』（L'Économie social）の創刊（1856年），協同組合運動を牽引したシャルル・ジード（C. Gide）が『社会的経済』（1905年）を著すなど，さまざまな立場から社会連帯の重要性が説かれた（富沢・川口編 1997: 46–49）。

こうした歴史的背景の上に，今日的な意味でこの語が用いられるようになったのは1970年代以降のことである。第2次世界大戦後の経済成長とそれに続くオイルショックが生み出す社会課題，福祉国家体制の変容などを背景に，共済組合・協同組合・アソシエーション連絡委員会（CNLAMCA）が設置され，1980年には社会的経済憲章が採択されるなど，これ

らの組織の役割が注目されるようになり，それは次第にEUレベルに広がりをみせた。この間，社会的・政治的地位を確立した協同組合をはじめとする旧来の社会的経済組織の形骸化が進む一方，拡大する失業や貧困問題など，「**社会的排除（social exclusion）**」に代表される新しい社会課題に対応するコミュニティレベルでの取り組みの台頭があり，相互の緊張関係とその後の接近を経て，今日に至っている。後者の新しい社会的経済組織は，オルタナティブ経済や**連帯経済（solidarity economy）**とも呼ばれ，以上を総称して社会的連帯経済，**サードセクター（third sector）**などと呼ぶことも多くなっている。

社会的経済論と多元的福祉

NPOと社会的経済は，ともに非営利かつ自主自立の社会的組織であるという点で類似しているが，この2つのアプローチにはいくつかの相違点もある。とくに大きく異なるのは，非営利性，あるいは公益の捉え方の違いである。NPO論においては，利潤の非分配制約が不特定多数の利益（公益）の基準と考え，加入する組合員の利益（共益）のために活動を行う協同組合を明確に峻別する。社会的経済論のアプローチでは，協同組合においても，配当の制限や財産の非分配などがなされていることなどから，必ずしも営利を目的としていない（not for profit）という点を重視し，これらを含める。

加えて，社会的経済論では，組織の目的規定に関して，利潤追求ではなくメンバーやコミュニティへのサービスであることが明確化されている。また，組織統制に関して，1人1票の原則に代表されるように，資本の供給量（1株1票）ではなく，利用者を含む参加者が等しく運営の権限を持つ点が強調され，**マルチステークホルダー（multistakeholder）**による参加や民主的な意思決定過程が重要視される。カルロ・ボルザガ（C. Borzaga）とジャック・ドゥフルニ（J. Defourny）によれば，NPO論においてはそのいずれもが明確に規定されておらず，利潤の再分配がなされない限り最大化原理を排除できず，また非分配制約は組織統制の重要な規則であるに違いないものの，それに基づく会計や管理業務と組織の統制過程とはほとんど無関係だとする（Borzaga and Defourny 2001：訳14-16）。

以上のような違いは，労働組合や協同組合，共済組合の果たしてきた役割が米国と欧州で歴史的に異なってきたという背景に加え，NPOが営利組織との対比を強調するのに対し，社会的経済は福祉多元主義や福祉ミックス論の枠組みで理解されてきたことによるものでもある。福祉多元主義における社会的経済の位置づけは，市場，政府，インフォーマルなコミュニティ・家族を三角形の頂点とするシステムの中に埋め込まれているものとして捉えられ，それぞれのセクターとの相互作用による影響を受けながら存在するものである。こうした「**福祉三角形（welfare triangle）**」の見方は，アダルベルト・エバース（A. Evers）らにより提示・議論され，ヴィクトール・ペストフ（V. Pestoff）がそこに非営利組織を位置づけることで定式化され，その後広

く用いられるようになった（Evers and Laville 2004：訳16－23）。ここでいう市場，政府，インフォーマルとは，それぞれ市場経済，非市場経済，非貨幣経済を指し，それらはカール・ポランニー（K. Polanyi）の経済理論における市場，再分配，互酬に対応している。

包括的な枠組みの必要性

　社会的経済論においては，同じ「サードセクター」という語を用いながら，市場，政府，NPOをそれぞれ明確な輪郭のある独立したセクターとして捉えるのではなく，それらの媒介的な領域として社会的経済組織を位置づけてきた。また，協同組合をその範疇に含めるか否かという点についても長らく議論の中心にあった。しかし，近年では，そうした対立を超え，より広い視野からこれらを捉えようとする動きもある。サードセクターや，社会的企業，社会起業家などの概念が次々に提示されるのはこうした文脈からである。

　実態としても，欧州では，社会目的を明確にしたイタリアの社会的協同組合やベルギーの社会的目的会社などが生まれ，協同組合とアソシエーションの境界を曖昧とする事例も増えてきた。他方，米国においても事業化を進めるNPOの存在は一般的である。日本においても，協同組合の長い歴史や，ワーカーズコレクティブなどの運動と福祉サービスを行う事業型NPOに連続性がみられる一方で，営利組織と非営利組織の境界も揺らいでいる。こうしたハイブリッドな組織が世界的に増加しているという事実は，従来の社会的経済論やNPO論を超えた枠組みを要請するものといえる。

《参考文献》

富沢賢治・川口清史編，1997『非営利・協同セクターの理論と現実——参加型社会システムを求めて』日本経済評論社。

Borzaga, C. and J. Defourny, (eds.), 2001, *The emergence of social enterprise*, Routledge.（『社会的企業——雇用・福祉のEUサードセクター』内山哲朗・石塚秀雄・柳沢敏勝訳，日本経済評論社，2004年）。

Evers, A. and J.-L. Laville, (eds.), 2004, *The third sector in Europe*, Edward Elgar Publishing.（『欧州サードセクター——歴史・理論・政策』内山哲朗・柳沢敏勝訳，日本経済評論社，2007年）。

Laville, J.-L., 2007, *L'économie solidaire. Une perspective internationale*, Hachette Littératures,（『連帯経済——その国際的射程』北島健一・鈴木岳・中野佳裕訳，生活書院，2012年）。

　　　　　　宮垣　元（みやがき・げん）

社会的交換【social exchage】

学問的背景

　社会的交換論（social exchange theory）はその研究分野としての形成および発展過程において，行動主義心理学，

合理的選択論（経済学），文化人類学の3つの分野から大きな影響を受けている。

行動主義心理学からの影響としては，行動者の学習過程や環境適応過程の考察という視点が挙げられる。行動主義心理学においては行動者の行動誘因の形成や修正を，行動と環境（物理的または社会的）との間の相互作用の中での試行錯誤的な学習過程の帰結として理解する。行動者は環境からの反応を受けてその後の行動を修正するとされる。行動の結果，何らかの良い結果（報酬）が得られたとすれば，その同じ行動を繰り返そうとする誘因が強くなり，悪い結果（費用・罰）がもたらされたならばその行動への誘因は低下する。そうした行動と環境からの反応との学習過程が累積的に将来の行動に影響を与えていることに行動主義心理学は注目する。社会的交換論は，こうしたある特定の行動への誘因に影響を与える報酬と費用という考え方から大きな影響を受けている。

合理的選択論（経済学）からの影響は，社会的交換論が前提とする人間観に見出せる。経済学における最適化する個人という人間像を多くの社会的交換論は採用するからである。最適化する個人とは所与の選好を持ち，その選好に基づくさまざまな目的を追求する人間である。一定の制約下（資源の稀少性および社会的諸制度）で最適化する諸個人は，ある行為に伴うと予期される便益と費用とを選択可能な諸行為の各々について計算し，自己の目的の実現に向けて最大の便益が得られると判断した行為を選択する。合理的選択論の目的はこうした最適化する個人の行為決定や諸個人間での相互作用を分析することである。社会的交換においても諸個人は，自己の目的追求に向けての最適な選択として**交換**（exchange）を行うとされる。

文化人類学からの影響としては，多様な交換形式の認識という点が指摘できる。経済的な財やサービスの取引に限定することなく，広く諸個人間の非経済的な相互行為にも「交換」としての意味合いを見出した先駆者として，ブラニスラフ・マリノフスキー（B. Malinowski）やマルセル・モース（M. Mauss）の名が挙げられる。マリノフスキーはトロブリアンド諸島の部族社会に見られる「クラ」と呼ばれる互酬的な慣行の中に，経済的な交換とは異なる性質をもつ交換の形態を発見する。クラにおいて交換される腕輪と首飾りは経済的な価値を持たない非経済財であるが，威信や名誉といった社会的地位に係わる卓越性（社会的価値）をその保有者に付与する機能があることが明らかにされた。モースもまた贈与などの互酬的な交換に注目する。モースは原始や未開の社会の中では，贈与や互酬（相互的贈与）といった儀礼的・社交的な交換形式が経済的な交換よりも一般的であることを指摘しつつ，そうした非経済的な交換が有する宗教的・道徳的な機能に関する研究を行った。贈与や互酬に関する先行研究は，非経済的な相互行為をもある種の交換関係として認識する視点を社会的交換論に提供した。有形の財やサービスに加え，当事者間の関係性それ自体（権力や権威など）や情意表出（愛情や尊敬など）という無形の象徴的記号も交換の対象とみなすことが可能となり，多様な交換形式の理論化の方向性

が見出されていくこととなる。

現代社会学における社会的交換論の展開

社会的交換論は1960年代以降，アメリカ社会学の中で一研究分野としての地歩を固めていく。G・C・ホマンズ（G. C. Homans），P・M・ブラウ（P. M. Blau），リチャード・エマーソン（R. Emerson）らがその中で主導的な役割を果たした論者である。

ホマンズは自身の研究の背景に，行動主義心理学と経済学からの影響があることを認めつつ両学問の考え方を折衷的に活用し，もっぱら諸個人の対面的接触における行動の類型化を企図した。ホマンズにおいて社会的交換は，諸個人が他者との相互作用においてその獲得が予期される有形・無形の報酬を，費用を要してまで追求しようとする行動と見なされる。無形の報酬である仲間からの是認，評判，尊敬，高い地位，感謝などを得る代償として，相手が必要としている財やサービスを提供したり，交換を実現するための準備に時間を費やしたりする個人の行動をホマンズは分析している。

一方，ブラウの関心は，諸個人間や小集団内部の相互行為のみならず，大規模組織やマクロな社会構造，諸個人と社会構造との間の繋がりなどのすべてを社会的交換の観点から理解することにあった。ブラウは社会的交換において，交換対象の等価性が常に満たされるわけではないとし，交換の不等価性が生じるときに当事者間（や集団内部）での権力の差異が発生することを指摘している。ブラウの社会的交換論の特徴としてはまた，複雑な社会構造次元の分析を行う際には，行動主義的な立場ではなく，制度や社会構造の諸個人に対する外在（実在）性を前提とする社会実在論的な立場を採用していることに留意しておく必要がある。

エマーソンの社会的交換論の特徴は行動主義的な立場を堅持しつつ，ブラウと同様に，マクロな次元の事象に関する理論化の試みを提示していることである。ただし，マクロな次元の理解とはいっても，もっぱら規範的な事象の解明に傾注したブラウとは異なり，エマーソンは交換ネットワーク（exchange networks）の概念を軸に，次元の異なる事象間の関連性を示すことで，社会構造や社会変化の論理を説明することを企図している点に違いがある。交換ネットワークの概念を用いることで，個人や2者関係といったミクロな次元と集団や組織などのマクロな次元とを橋渡しすることが可能となり，ミクロとマクロとを繋ぐ統合的な社会的交換理論の構築への道筋が示唆されることとなった。

社会的交換論の多様化

エマーソン以降の社会的交換論の1つの展開は，エマーソンが切り拓いた交換ネットワークの考え方を敷衍する方法に向かう。ネットワーク分析との接合を模索する動きがそれである。ネットワーク理論による構造分析と交換の観点からの相互行為分析とを**ネットワーク交換理論**（**network exchange theory**）というかたちで統合することで，より一般性の高い理論の構築を目指している。その他の展開としては，合理的選択論との結びつきを模索する方向性において，ゲーム理論や社会的ジレンマ論などとの統合を企

図する研究が進む一方で，認知科学（行動経済学）との接合を企図する方向性などの研究も盛んに行われている。このように社会的交換論をめぐる近年の理論的展開は多様な動向を示している。

《参考文献》

久慈利武, 1984『交換理論と社会学の方法——理論社会学的アプローチ』新泉社。

Molm, L. D. and K. S. Cook, 1995, "Social Exchange and Exchange Networks," in K. S. cook, G. A. Fine and J. S. House (eds.), *Sociological Perspectives on Social Psychology*, Massachusetts, Allyn and Bacon：209-235.

Ritzer, G. and D. J. Goodman (eds.), [1983] 2004, *Sociological Theory : 6 th ed*. edited by New York, McGraw-Hill.

鈴木康治（すずき・こうじ）

社会的ジレンマ【social dilemma】

社会的ジレンマの基本枠組み

社会的ジレンマ（social dilemma）とは，複数の行為者が相互行為を行っている状況において，協力的に行動するか，利己的に行動するかという選択肢を各人が持っており，全員が協力的に行動する方が，全員が利己的に行動するより，誰にとっても得になるにもかかわらず，個人合理的に利益を追求すると，利己的に行動する方が得になるために，全員非協力という結果になってしまう，という状況を表している（Dawes 1980）。各人の合理的行動が全体としてみると非合理的結果に帰着してしまうという点がジレンマと呼ばれる理由である。一般に行為者が2人の場合は**囚人のジレンマ**（prisoner's dilemma）と呼ばれ，3人以上の場合に社会的ジレンマと呼ばれる。

社会的ジレンマの具体例

社会的ジレンマとみなせる相互行為状況には次のようなものがある。

①**公共財供給問題**：費用負担をしなくても誰もが使える公共財について，それが供給されれば誰にとっても有利になるにもかかわらず，個人単位では自分が費用負担をしない方が得になるために，結果的に誰も費用を負担しようとせず，公共財は供給されなくなってしまう。

②**集団行動**：政治的な要求を実現するためのデモのような集団行動について，全員が集団行動に参加すれば，要求が通る可能性が高く，誰にとってもメリットがあるのに，自分1人ぐらい抜けても影響はなかろうと皆が考えると，誰もデモに参加せず，要求も実現しなくなってしまう。

③**環境問題**：良好な自然環境を保つ事は誰にとってもメリットがあることだが，例えば，ゴミのポイ捨てやフロンガスの使われている電気製品の使用など，個人にとって多少のコストの節約になる行為も，全員がそれを行えば，自然破壊という誰にとっても不利益な結果をもたらしてしまう。

④**資源の利用**：放牧用の牧草地や漁場

などの資源について，全員が節度を持って一定レベルの利用にとどめていれば，資源が回復し持続可能な形で利用していくことが可能になるのだが，個人の利益を追求すると，自分だけ多く利用しようとすることになり，全員が自己利益を追求することによって，資源が枯渇し持続可能な利用は不可能になってしまう。牧草地の利用について示された例として**「共有地の悲劇（tragedy of commons）」**(Hardin 1968) がある。

社会的ジレンマの解決策

社会的ジレンマにおいては，個人が自分の利益を最大化しようとする個人的合理性が，社会全体の利益を最適化する社会的合理性と一致しないということが起きる。社会的ジレンマは，人が社会生活をするに当たって，いかにお互いが協力してメリットを享受するか，という問題に関わっている。

社会的ジレンマの脱出方法としては幾つかの方策が提示されている。1つは，非協力的な行動に罰を与えたり，協力的な行動に報酬を与えたりすることで，協力的行動を個人合理的な行動に変えてしまうという方法である。これは，**選択的誘因（selective incentive）**とも呼ばれる（Olson 1965）。例えば，違法行為を当局が取り締まり罰を与えるとことで割に合わなくして法に従わせる，という制度はこの方策に対応する。しかしながら，このような選択的誘因を与える制度を作ること自体にもコストが掛かるため，それは新たな公共財供給問題を構成し，2次の社会的ジレンマを生み出してしまうという問題がある。

また，個人の道徳的意識に訴えるという方策もある。社会のため，あるいは仲間のために協力的に行動しなければならない，という規範意識を人々に植えつけることができれば，人々はたとえ自らの利益に反しても協力的に行動するようになり，コストを掛けずにジレンマから抜け出すことができる。しかしながら，規範意識を植えつけるということ自体が困難な課題であり，また非協力の利益が非常に大きいときには規範意識のみでは協力行動を選択させられないこともあり得る。したがって，規範意識の果たす役割は限定的なものにとどまると考えられる。

社会的ジレンマの実験研究

このように考えると社会的ジレンマからの脱出は容易なものではないように思われる。だが，現実世界において人々は社会的ジレンマ的な状況において常に非協力行動を選択するのだろうか。社会心理学の領域においては，社会的ジレンマ状況を実験室で作り出すことによって多くの実験研究が行われてきた。それらの結果から得られた知見によると，現実の社会的ジレンマ状況においては，人は必ずしも利己的に行動するわけではなく，一定の割合の人々は，協力的に行動する。また協力的な行動をとる人の割合は，実験開始以前に被験者同士が顔を合わせたり，被験者同士で実験の状況について話し合う機会が持たれた場合に増加する傾向がある。さらに，全体の中で協力する人の比率を高く見積もる人ほど協力的に行動する傾向がある。これらの結果は，人間は社会的ジレンマ状況において必ずしも自己利益を追求するわけではなく，

お互いが協力し合えるという信頼関係が形成されればより協力的に行動することを示している。

合理性と非合理性の交わるところ

　社会的ジレンマがジレンマとなるのは，個人が自己利益追求行動をとるというところにある。だが，実際の人間の行動は他人への信頼感や共同体意識，規範意識，公正観等によって影響され，必ずしも自己利益を追求し続けるわけではない。このように考えると，社会的ジレンマの問題は，まさに経済社会学の焦点とするところにあるといえる。すなわち，社会的ジレンマの理論的枠組みは，経済学の想定する合理性に基づくゲーム理論であるが，一方で，社会学の想定する制度・規範・価値が実際の人間行動に影響を与えているのであり，社会的ジレンマの研究は，まさに経済と社会の交わるところにある研究課題であるといえるのである。

《参考文献》

盛山和夫・海野道朗編，1991『秩序問題と社会的ジレンマ』ハーベスト社。

山岸俊男，1990『社会的ジレンマのしくみ――「自分1人ぐらいの心理」の招くもの』サイエンス社。

Dawes, R. M., 1980, "Social Dillemmas," *Annual Review of Psychology*, 31: 169-193.

Hardin, G., 1968, "The Tragedy of the Commons", *Science*, 162: 1243-1248.

Olson, M., 1965, *The Logic of Collective Action*, Cambridge, Harverd University Press.（『集合行為論――公共財と集団理論』依田博・森脇俊雅訳, ミネルヴァ書房, 1983年）。

織田輝哉（おだ・てるや）

社会的包摂と社会的排除【social inclusion and social exclusion】

社会的包摂と社会的排除の相関

　社会的包摂（social inclusion）とは，社会的排除（social exclusion）と一対の概念を持つ。その理由は，社会的包摂が社会的排除のない社会を目指す政策を意味するからである。近年，ヨーロッパにおいては，この社会的排除という言語で貧困問題を国民に対して喚起させてきた。ただ単に経済的に貧困であるというのみならず，各種の福祉制度への参入機会や社会的活動への参画機会から取り残されていることが強調された言語であるといえよう。1970年代，先進国を**オイルショック**による不況が襲い，1980年代に入ると新自由主義の波が強まった。それは，市場原理を再評価し，それに任せて経済活性化を図ろうと意図したものであった。米国ではレーガンが，英国ではサッチャーが政権を担ったこの時代は，いわゆる「小さな政府」を標榜し，新自由主義が政策の大きな潮流となった。つまり，経済面，社会保障面への政府の関与を，でき得る限り減ずる政策がとられたのだった。結果としてそれは，格差問題を自己責任として個々の問題として押しつけ，国家責任を曖昧にし，社会的排除という概念を正当化するものであった。今日ここに，多くの問題点が指摘されて

いる所以なのである。

社会的に排除された人々

社会的に排除された人々は、社会の最低辺に位置されたアンダークラスとも呼ばれることがある。その最たる象徴が**生活保護**と呼ばれる人々の存在である。近年我が国においても年間支出3.3兆円（2010年）と急増し、大きな社会問題になっている。また、家族形態の変化――3世代同居家族から、核家族化、独居化、地方農村部の過疎化、社会全体における人間関係の希薄化等々により、孤立無援な生活を余儀なくされている人々の増大もある。孤独とは、単に1人での生活を意味するものではない。つまり、居住形態は家族とともに暮らしつつも、**身体的**，**心理的**，**放任**，**性的**，**経済的虐待**を受けていることを、誰にも相談できず援助が受けられない状況であるとしたら、その当事者は孤独であるといえよう。このように、社会的に孤立していることが、**孤独死**，**虐待死**，**自殺**の原因ともなり、その増大にも繋がることから、これを未然に防ぐことが、今日の福祉政策の重要課題となってきているのである。社会的排除という言葉は、前述した様に、社会的包摂と一対になって、新時代の政策課題として提示されている。1997年の英国においては、ブレア内閣が誕生した直後に「ソーシャル・エクスクルージョン・ユニット」が創設された。そこにおいては、「失業、低スキル、低所得、差別、劣化住宅、不健康、それらと共に**家族崩壊**等々の複合的不利に苦しめられている人々や地域に発生している何か」を社会的排除として定義している。これらのことからもこの問題が、個人的範疇を超えて、地域社会を包含した視野で考えられなければならないことを示唆している。

ヴァルネラブルな循環

社会的弱者と呼ばれる人々は常に偏見と差別の中で生活してきており、21世紀は人権の世紀であるといわれるが、翻って我が国を眺めてみると、①**人種差別（民族差別）**，②**出身地差別**，③**性差別**，④**障害者差別**，⑤**年齢差別**，⑥その他の差別のように依然としてさまざまな差別が存在している。

このような社会的排除を被る人々のことを、ヴァルネラブルな人々と総称している。この**ヴァルネラビリティ**（vulnerability）とは、「傷つき易さ」「可傷性」「脆弱性」もしくは「**攻撃誘発性**」などと訳されている。つまり、弱い、小さい等々の理由での周囲から攻撃を被り易く、その結果、傷つき易い状況に置かれることとなる。しかしながら、今日においてはこれらすべての要因が、個人に依拠するものと考えるのではない。むしろ、社会変動を背景として、社会的偏見→社会的差別→社会的排除→再び、社会的偏見へという負のサーキュレーションに組み込まれていく人々と考えるべきであろう。このヴァネラブルな人々は、リスク社会論を提唱したドイツのウルリッヒ・ベック（U. Beck）によれば、自然災害がもたらすリスクに対し、人間が科学技術の発展を希求し過ぎた結果であるとし、社会生産構造の変化による失業、不安、それらが引き起こす事故、農作物、大気、土壌汚染等々が要因として挙げられている。

社会的包摂の揺り戻し

　社会的包摂は，これまで詳述した社会的排除の存在しない社会を目指す政策を意味する。グローバリゼーションの進展は，資源の再分配や，福祉国家が考える平等感（蟻の様に努力した者も，キリギリスの様に働かずに努力しなかった者も，ほぼ同様の老後を用意する）が，有効たり得ないことを示した。この社会的包摂という政策は，グローバリゼーション時代に求められてやまなかった経済効率一辺倒の施策の下に，見捨てられていた社会的連携や地域の絆を，再構築することを目標とするものであった。その社会的包摂の中心は，労働参加にある。自立支援の名の下に，標語「福祉から就労へ」が示すように，その中核に労働支援を位置づける我が国は，社会援護局が2000年に「社会的な援護を要する人々に対する社会の在り方に関する検討会」報告書を，2008年には「地域における『新たな支え合い』を求めて──住民と行政の協働による新しい福祉」を発表した。この中においては「住民が，時と場所に応じて，支え，支え合いの関係」が，中心理念として述べられている。

社会連携のゆくえ

　1950年，社会保障制度審議会（現社会保障審議会）は，社会保障制度に関する勧告において国家責任を基調としながらも「国家が責任を取る以上は，他方，国民もまたこれに応じてこの制度の維持と運用とに必要な社会的義務を果さなければならない」とした。これらの考えも，社会保障制度を持続可能なものとするため，国民の義務として，社会連帯を道徳的規範として位置づけたものだった。1960年代以降の高度経済成長期においては，社会福祉制度の整備が進み，老人医療無料化や年金の物価スライド制導入等々，福祉元年と呼ばれる程であった。ところが，1970年代のオイルショックを契機に，1979年発表の新経済福祉7カ年計画においては「効率の良い政府が適正な公的福祉を重点的に保障すると共に，個人の自立心と家庭の安定が基礎となって，その上に近隣社会等を中心に連帯の輪が形成され，国民ひとり1人が真に充実した社会生活を営むことが出来るような環境づくりをすすめることが重要」と述べられている。まず**自助**ありきで，その上に**共助**として社会連帯があり，最終手段としての**公助**＝社会保障が存在するという構図である。そしてそれは，1995年の社会保障体制の再構築に関する勧告に結実する。ところが，社会福祉基礎構造改革以降になると，またしても，揺り戻しが訪れる。2000年発表の「社会的援助を必要とする人々に対する社会福祉の在り方に関する検討会」報告書においては，人間関係が希薄化する現代社会では，人々の「つながり」の構築を通じて，偏見や差別の芽を摘み取り，近隣を始めとする人間関係を修復，回復し，地域福祉を推進するところに社会福祉における役割があるとしている。今日の福祉政策は，従来からある「**保護・救済政策**」から「**自立支援**」へと大変換を遂げている。加えて，自立という概念も，単なる経済的自立のみならず，自ら健康生活を管理する**日常生活動作的自立**と，自ら社会とのつながりを維持回復しようとする**社会生活的自立**を包含する。以上のように，

自立という概念が拡大解釈されると，当然，依存という概念も変化する。つまり，他者に経済的依存があったとしても，また，日常生活動作が他者に依存していたとしても，本人自身が**自己選択**し**自己決定**できたとするならば，その者は自立しているとみなす方向へ向かっているのである。

なお，我が国の**セーフティネット**は，3重であり，第1ネットは雇用対策，住宅対策であり，第2ネットが雇用，労災，年金，医療，介護保険の5つの社会保険制度であり，防貧的，予防的機能を持つ。第3ネットとして，所得調査を伴う社会手当，生活福祉資金貸付制度等の低所得者対策と，資力調査を伴う貧困対策（生活保護制度）によって，救貧的・事後的機能を持たせている。

《参考文献》
伊東眞理子，2011『高齢者福祉政策の研究』黎明書房。
岩田正美監修，2010『社会福祉の権利と思想』日本図書センター。
ユーキャン社会福祉士試験研究会，2009『U-CAN社会福祉士速習レッスン』自由国民社。

伊東眞理子（いとう・まりこ）

社会的連帯【social solidarity】

孤立化する個人と「社会問題」の顕在化

1789年に，絶対王政とそれに伴う土地制度と身分制度を変革するフランス市民革命が起こった。中世以来，許認可あるいは特権が与えられ，フランス全土の商業や協業を支配してきた同業組合や商業組合などの「職業団体」にもメスが入った。革命政府は1791年の「ル・シャプリエ法」により，「職業団体」の結成と団結を禁止し，自由な労働市場を創出した。

7月王政（1830～1848年）期に入るとフランスは産業革命をむかえ，産業化が進展する。農村における囲い込みが自由となり，大農地所有者と農業労働者という二極化が生じる。また大規模工場の設置や職人ギルドの撤廃により，労働者の境遇が不安定となり，非熟練労働者が出現する。また，「職業団体」を廃止することで生まれた自由な労働市場は貧困問題を解決せず，むしろ個人の孤立化を招いた。そして，イギリスにおける1834年の「救貧法改正」を契機に，自由主義的議論に対する批判が高まる。こうして貧困および労働問題が，個人の資質や能力に関わる問題ではなく，社会構造から引き起こされる**社会問題**（question sociale）として認識される。

そこで，社会を再組織化し，モラルの組織的な改善が求められる。例えば，サン＝シモン（C. H. Saint-Simon）によると，政府が貴族，僧侶，法律家などの「不労所得層」に牛耳られているため，産業社会が上手く発展しない。彼は，農民や芸術家といった自分の労働だけを生産手段とする「産業者」が主体となる協同社会を構想する。また，シャルル・フーリエ（C. Fourier）は，社会の再組織化を目指し，生産者の集団が生産，流

通，消費を直接にコントロールできるような協同組織の建設を説く。

1848年の2月革命後，ブルジョワ共和主義者と社会主義者で構成される**第2共和政**（1848〜1852年）が誕生した。そして，失業者を救済するために「国立工場」が建設された。1851年12月に，ルイ＝ナポレオンがクーデタを起こし，ブルジョワ共和派に対する反目を利用し，国民投票での圧倒的勝利により，**第2帝政**（1852〜1872年）を開始する。その後，1870年の普仏戦争に敗れ，1871年1月に休戦協定が締結された。同年2月には，史上初の労働者による自治政府である「パリ・コミューン」が約2カ月間形成されたが，臨時政府により打ち倒される。同年9月に**第3共和政**（〜1940年）が誕生する。

産業化の本質的問題——功利的個人主義

第3共和政が樹立したものの，現状は無政府状態にあった。こうした政治的社会状況は，産業化による労働者の生活困窮と，労働者の団結を禁ずる政府や資本家に対する階級闘争に原因があった。その産業化の思想的背景には，ハーバート・スペンサー（H. Spencer）を旗手とする，私的利益を追求する個人の合理的な行為が，予定調和的に社会に秩序を紡ぎだすと主張する**功利的個人主義**があった。

そこで政治の世界では，「社会問題」を背景に，社会教育の普及や社会保険の導入に力を尽くし，また1896年に『**連帯（Solidarité）**』を発刊する急進党指導者レオン・ブルジョワ（L. Bourgeois）が登場する。また大学の世界では，サン＝シモンの流れを汲むオーギュスト・コント（A. Comte）により「社会学（sociologie）」が生み出され，その社会学あるいは「連帯」を理論的に精緻化するエミール・デュルケーム（É. Durkheim）がいた。

社会的分業——機械的連帯と有機的連帯

デュルケームによると，産業化が進展した社会において，モラルあるいは集合意識を再確認させるものは**社会的分業**（division du travail social）である。分業は孤立した個人を**社会化**（socialisé）させ，連帯させる働きをもつ。その連帯は2つある（Durkheim 1893: 98-102, 訳215-221）。

一方の**機械的連帯**（solidarité méchanique）とは，前近代社会において個人が，強力かつ確定的な集団意識により，個人化する余地が無く，固有な人格を持って活動をせずに，類似からなる繋がりである。「機械的」とは，個々の分子つまり個人が個性的な活動をせずに全体が動くことができる無機物質と同じ特徴を有するという意味を持つ。また，各人の私的意識と社会の集合意識が一致しており，各人が集合意識及び伝統に規定されているため，制裁的法律である**抑止法**（droit répressif）が前近代社会では機能する。

他方の**有機的連帯**（solidarité organique）とは，分業の発達した近代社会で，諸個人は集合意識および伝統の拘束から解放され，自由で個性的な個人として，職能などの相互依存によって産み出されるつながりである。「有機的」とは，個人が固有な人格をもとに自由に活動するほど，社会は全体として活発になるという意味を持つ。各人の職業の専門化か

ら，私的意識と集合意識の結びつきは緩やかになり，職業的環境と「職業団体」の形成を通じ，社会への新たな帰属が産まれる。こうした職能を通して結ばれた近代社会では，加害者への制裁よりも，行った行為に対して償わせる**復元法**（**droit restitutif**）が働く。

「リスク」観念

近代社会における有機的連帯の思想は，当時の「**リスク**」あるいは「**保険としての社会**」という観念を体現している（Ewald 1986: 365–373）。危険度を可視化し数値化する「統計学」の発展もあり，労働災害を労働者個人だけの過失や責任ではなく，社会の全成員を襲いうるリスクとして捉えることにより，個人への責任の追求よりも被害の修復が優先される。また失業，病気，高齢化などにまでリスクの対象が広がると，社会全体でリスクを補おうとする発想が，連帯の思想を下支えする。このように分業を通じて個人と社会との間に相互義務が想定され，個人の人格的自律を基礎に置いた「個人の社会化」が図られる。

その後「連帯」の思想が基礎となり，1889年の「労働災害保障法」，1901年の「退職年金法」，そして1930年の「社会保険法」の整備と法制化がフランス社会で進み，第2次世界大戦後にまで引き継がれる福祉国家体制の原型が形成されていく。

現代社会における「新たな社会問題」

1970年代以降フランスだけでなくヨーロッパ全体に，「職業団体」や社会教育という個人を「社会化」する装置が機能しない諸問題が起こってくる。すなわち「福祉国家の危機」である。その諸問題とは経済のグローバリゼーションに伴う，雇用の不安定化と非正規雇用の拡大を契機とした失業・格差，移民・社会的弱者，差別・排除，すなわち**新たな社会問題**（**nouvelle question sociale**）である。そこで現在，万人を社会へと包摂あるいは包含する「連帯のあり方」が模索されている。

《参考文献》

重田園江，2010『連帯の哲学 I ——フランス社会連帯主義』勁草書房。

田中拓道，2006『貧困と共和国——社会的連帯の誕生』人文書院。

Durkheim, È., 1893, *De la Division du Travail social*, Paris, Felix Alcan.（『社会分業論』〈上・下〉井伊玄太郎訳，講談社学術文庫，1989年）。

Ewald, F., 1986, *L'Éta-providence*, Paris, Grasset.

Rosanvallon, P., 1995, *La nouvelle question sociale : repenser l'Éta-providence*, Paris, Seuil.（『連帯の新たなる哲学——福祉国家再考』北垣徹訳，勁草書房，2006年）。

古市太郎（ふるいち・たろう）

社会ネットワーク分析【social network analysis】

定義と発展の経緯

　社会的行為を行う行為者間の関係構造をネットワークとして抽出し，その構造が個々の行為者に及ぼす影響や，行為者がネットワークに占める位置の特性などを計量的に分析する手法である。手法的には離散数学の一種である**グラフ理論**を社会関係に応用し，ネットワークとして社会関係を捉え，その特徴を計量的に分析するものである。同じく人間関係を計量的に分析する手法であったソシオメトリーは比較的小さな集団の人間関係の分析に特化しているが，社会ネットワーク分析は行為者を人間に限定することなく，企業の取引関係，産業間の投入産出関係，国家間の貿易関係や軍事同盟関係などミクロからマクロまで多用な対象に対して応用しうる領域横断的な性格を持つ。

　1970年代後半より米国の数理社会学研究者が中心となり，数十から数百人程度で構成されるネットワーク構造の特性を計量化する努力が重ねられ，関係特性の指標作りや，大域特性の計量化を進めてきた。日本において，比較的初期に米国流の社会ネットワーク分析を導入したのは，平松闊（平松 1988）や安田雪（安田 1997）らである。1990年代後半からはワッツ（D. J. Watts）とストロガッツ（S. H. Strogats）の画期的なスモールワールドのシミュレーション研究（Watts and Strogats 1998）に触発され，統計物理学や複雑系の研究者がネットワーク構造の計量分析へ参入してきたこと，コンピュータの処理能力の加速度的向上により数百万以上の要素が構成する大規模なネットワークの解析が可能になったことから，研究対象となるネットワークの種類や規模は飛躍的に拡大しつつある。

　初期には職場従業員の小集団，学生の交友関係，役員兼任などの比較的小規模なネットワークの研究が多かったが，その後，企業間関係，産業連関関係，SNS上の交友関係や，WWWページの相互リンク構造など，構成要素が数百万単位のネットワークの研究もなされつつある。また，一時点の静的なネットワークだけではなく，感染症や流行商品の普及など，時系列的に変化するダイナミックなネットワークの分析も近年，急速に発達してきている。さらには，人々やコミュニティの保持するソーシャル・キャピタル概念の計量には社会ネットワーク分析の指標が用いられることが多い。ミクロレベルで個々人が持つ**ソーシャル・キャピタル**（social capital）は**結束型**と**橋渡し型**に大別されるが，両者の計量には直接結合の指標および拘束度の指標が用いられる。

構造社会学の流れ

　社会的ネットワークは，その内部に存在する行為者を埋め込む存在として捉えられ，行為者の行為，嗜好，信条などに多大な影響を及ぼす。従来の伝統的な生得的ないし獲得的属性による確率的な行為予測モデルでは，性別・年齢・居住地・学歴などから，個人の嗜好や消費行動，支持政党などの予測を立てる。が，

社会ネットワーク分析では，これらの個人の意思では変更不可能な決定論的な要因の影響力よりも，環境として可変な，その行為者をとりまく周囲の人々，いわばその個人を埋め込む社会構造の影響力を重視し，行動の予測にネットワーク変数を用いることが多い。経済的行為を行う行為者はすべて何らかの社会関係に埋め込まれていると説く，グラノヴェター（M. Granovetter）の**社会的埋め込み**（social embeddedness）理論は，あらゆる経済活動を行う行為者は社会構造に埋め込まれているという洞察に満ちた論文（Granovetter 1985）であり，経済社会学に大きな影響を及ぼしている。社会ネットワーク分析は，手法としてはグラフ理論を社会現象に応用するものであり，離散数学の社会科学への応用という位置づけになるが，理論社会学的には**構造社会学**の流れを汲むものといえる。

関係を計る指標

行為者を取り囲むネットワーク内での位置特性を計る指標は，1970年代以降，多数開発されており，ワッサーマン（S. Wasserman）とファウスト（K. Faust）が1990年代までの指標については網羅的な検討を加えている（Wasserman and Faust 1994）。代表的なものをいくつか紹介しよう。直接結合の度合いを計る指標としては，入次数，出次数，クリーク，N-クリーク，コア，K-コアなどの手法がある。ネットワーク内で行為者が占める位置の類似度を計測する構造同値は，競合関係の特定に用いられることが多い。ネットワーク内で各行為者がどの程度中心的な存在であるかを計測する中心性は，次数中心性，距離による中心性，仲介力に基づく媒介性，固有ベクトルによる中心性など多数の指標が開発されている。3者関係を意味するトライアドの分析では，バランス理論に基づく符号つきトライアドの分析，紐帯の有無のパターンからトライアドの発生頻度をかぞえあげるトライアドセンサスの手法がある。また，情報の仲介力と統制力には，ブリッジ（橋）の分析や，構造的空隙を抽出する分析手法などがある。これらの指標は1980年代以降，膨大に開発されており，ネットワーク分析の研究者もすべての指標を使いこなすわけではない。自分の研究対象に最も適合的な指標をいくつか，多変量解析の中に変数として用いるといった使い方がされることが多い。

《参考文献》

平松闊，1988『社会ネットワーク分析』福村出版。

安田雪，1997『ネットワーク分析』新曜社。

Granovetter, M., 1985, "Economic Action and Social Structure: The Problem of Embeddedness", *American Journal of Sociology* 91 (3): 481—510.

Wasserman, S. and K. Faust, 1994, *Social Network Analysis: Methods and Applications*, Cambridge University Press.

Watts, D. J. and S. H. Strogatz, 1988, "Collective dynamics of 'small-world' networks," *Nature*: 393 (6684): 440–442.

安田　雪（やすだ・ゆき）

社会福祉【social welfare】

始まりの歴史と原義

社会福祉（social welfare）とは，社会制度や社会政策，またボランティア活動等の，社会の中におけるさまざまな物的資源，または人的資源を用いて，人々にとって幸福である状態を目指したり，社会的に弱い人々や恵まれない人々に対する援助や支援を行ったり，傷つきやすい状態，何らかの理由によって攻撃を受けやすい状態にある人々を保護したり，また生活上の困難の緩和や克服を支援したりすることであると考えられる。また，社会の中に存在する具体的な社会福祉は狭義の社会福祉（我が国においては社会福祉法等の法律の支援対象となる人々を対象に考える福祉）と広義の社会福祉（社会支出を伴う社会政策等，社会構成員全体を対象として考える福祉）に分けられることが多い（武川 2011：2-9）。

起源として，我が国においては，593年，聖徳太子により四天王寺に四天王寺四箇院が設けられて，困窮者の救済を行ったこと，古代律令制社会において，701年に律令制国家の基本法である戸令（こりょう）が定められて困窮者，障害者，行旅病者に対する隣保による救済義務が規定されたことが具体的な社会福祉の始まりとしてあげることができる。その際，考え方の基盤となったのは，家と村を中心とする共同体相互扶助，また仏教や儒教による救済思想等があげられる（岡村・小林・高田 2007：172）一方，西欧社会における社会福祉の起源としては，**相互扶助**，ギリシャの**博愛**（philanthropy），初代キリスト教会の**慈善**（**charity caritas**）に基づく形があげられる。相互扶助は自然発生的，博愛は人道的動機，慈善は宗教的動機によるものと区別される（岡村・小林・高田 2007：183）。

社会福祉実施の流れ

流れとしては，国家によって行われた施策と民間の活動家等によって行われた活動とに分けることができる。国家による施策としては，我が国においては，1874年以降行われた**恤救規則**（じゅっきゅう）がある。恤救規則は，廃藩置県によって幕府や藩の救済制度に代わる困窮者対策が各県から求められたのに対して制定されたものであるが，全く身寄りのない「無告の窮民」で労働能力のない場合に限られており，極めて制限的な内容であった。1929年，世界恐慌の影響を受けて引き起こされた昭和恐慌により多数の失業者が出たこと，また農村の疲弊が起こったことを受けて，同年1929年に救護法の制定が行われた。恤救規則よりも，受給要件が緩和されたこともあり対象者は増加したが，隣保制度や家制度の前提，制限主義に基づき失業者除外，被救護者の選挙権剥奪等の制約も多く存在した（岡村・小林・高田 2007：176）。

一方，西欧社会における国家による施策としては，イギリスにおける1601年の**エリザベス救貧法**（**Poor Law**）が最初であった。エリザベス救貧法は，1834年に改正され新救貧法となるが，このとき

に考え方として付与された**劣等処遇の原則**（less-eligibility principle）は，現在の生活保護等の制度のあり方の議論においても，その影響力を残している。また，民間の活動としては，我が国においては，1880年代後半の産業革命期におけるアリス・アダムス（A. Adams）による岡山博愛会等の**セツルメント活動**（settlement）（岡村・小林・高田 2007: 173-174）や，1918年以降，方面委員制度が貧困問題の解決の期待の下に開始されて，制度的ボランティアによる組織的・科学的援助が始まったことなどがあげられる（岡村・小林・高田 2007: 173-175）。

西欧では，中世以降，教会を中心とした慈善救済事業が活発になったが，背景には，国家権力の喪失により貧困者の救済を教会等の民間組織が担わざるを得なくなったことやトマス・アクィナス（Thomas Aquinas）等による救済原理における理論の確立があった（岡村・小林・高田 2007: 184-186）。民間における救貧法の考え方への反省や反発は各国で起こっている。救貧法に対抗する形での具体的な活動としては，ブース（C. Booth）らの貧困調査を土台としたウェッブ（Webb）夫妻の活動，また英国から米国へ伝播したセツルメント活動などがあげられる。

第2次世界大戦後における我が国の社会福祉

第2次世界大戦後においては，世界各国において福祉国家を目指す社会的コンセンサスが確立され，各国は社会福祉を推進する制度の整備や政策の策定を行うことになる。

我が国においても，戦後，1946年の旧生活保護法，1950年の新生活保護法によって国家責任による最低生活の保障の理念が法律上明記されたことに続き，1947年の児童福祉法，1948年の民生委員法，1949年の身体障害者福祉法によって福祉三法体制が開始される。1960年代には，1960年精神薄弱者福祉法（1998年知的障害者福祉法に改正），1963年老人福祉法，1964年母子福祉法（1981年母子及び寡婦福祉法に改正）によって福祉六法体制が確立した。1970年代には，イギリスやアメリカ，北欧諸国等の影響もあり，**ノーマライゼーション**（normalization）の思想，**コミュニティ**（community）における福祉推進の考え方に基づく政策が打ち出される。また，1973年は「福祉元年」と呼ばれ，社会福祉にとどまらず社会保障全体において大幅な制度の整備，拡充が行われた。

1980年代は，石油危機後の税収における低迷等の社会的背景の影響を受け，世界各国で社会福祉支出の見直しが行われる。我が国においても，1985年から1989年にかけての国庫補助率の引き下げ，1986年における団体委任事務化等が行われ，社会福祉の責任主体が国から各地方自治体へ移行する政策方向が打ち出された。1990年代においては，1993年の障害者基本法（心身障害者対策基本法改正），1994年の「今後の子育ての支援のための施策の基本的方法について」（エンゼルプラン）と高齢者に対する社会福祉施策の目標をまとめた新ゴールドプラン，1995年の「ノーマライゼーション7か年戦略」（障害者プラン），1999年にはゴールドプラン21，新エンゼルプランと，

高齢者，障害者，児童に対する社会福祉の具体的なプランが次々と打ち出される。1990年代半ば以降は，社会福祉の理念そのものを，国家による全面的な生活保障から，個々人の自立を国が側面から支援する社会福祉基礎構造改革の姿勢が打ち出される。これに伴って，1998年には「社会福祉基礎構造改革」が発表され，2003年の支援費支給制度，2006年の障害者自立支援法と繋がっていくことになる。また，1995年に起きた阪神・淡路大震災以後は，民間における非営利組織の活動やボランティア活動も活発になっていく。

2000年代には，社会福祉基礎構造改革の理念に沿って，多くの法律の制定が行われる。具体的な法律としては，2000年における成年後見制度と介護保険制度の実施，同年2000年における社会福祉の増進のための社会福祉事業法等の一部を改正する等の法律，また児童虐待の防止等に関する法律の制定，2002年のホームレスの自立の支援等に関する特別措置法の制定，2004年の発達障害者支援法の制定，2005年の高齢者虐待の防止，高齢者の養護者に対する支援等に関する法律等がある。

現在は，自立支援の考え方において，支援を受ける当事者にとってのプラス面とマイナス面の双方を考慮に入れながら，高齢者，また障害者に対する制度面の見直しが活発に行われている。

《参考文献》

市川一宏・牧里毎治，2007『地域福祉論』ミネルヴァ書房。
岡村民夫・小林良二・高田眞治，2007『社会福祉原論』ミネルヴァ書房。
武川正吾，2011『福祉社会――包摂の社会政策〈新版〉』有斐閣アルマ。
藤岡秀英，2012『社会政策のための経済社会学』高菅出版。
Titmuss, R., 1968, *Commitment to welfare*, George Allen and Unwin Ltd.(『社会福祉と社会保障――新しい福祉をめざして』三浦文夫 監訳，東京大学出版会，1971年)。

吉田しおり（よしだ・しおり）

社会保障【social security】

社会保障の登場と普及

社会保障（social security）について誰もが承認する定義を下すことは容易ではないが，この用語が，いつ，どこで最初に使われたかは明快である。1935年，アメリカ政府が，大恐慌後の深刻な生活不安や社会の混乱を克服するため，生活困窮者の経済生活を保障する「**社会保障法（Social Security Act）**」を制定した。人間の自由に重きをおくアメリカは，その後，社会保障に極めて消極的な態度を貫いたが，これがその登場であった。そして，この用語は，ニュージーランドにおける画期的な制度の成立（1938年）や米英が戦後の指導原則を確認した「**大西洋憲章（Atlantic Charter）**」（1941年）における言及を通して注目を受けるようになった。

こうした社会保障の普及に大きく貢献したのが、1942年のベヴァリジ（W. Beveridge）と国際労働機関（ILO）による2つの報告書である。ベヴァリジは、何よりも人々を貧困から解放すること、つまり「最低所得の維持による最低生活の保障」が大切であり、それには①**社会保険**、②**国民扶助**、③**任意保険**の3つが必要であると主張した。一方、ILO は、『社会保障への途』において、社会保障を「成員の生活上のリスクに対する備え」と捉え、その性質に応じた社会保険と社会扶助の組み合わせが重要であるとした。ベヴァリジが自由と両立できる最低限の保障に固執したのと異なり、ILO はその拡大に向けた理論的用具の提供に腐心したが、その後、社会保障は、「全国民に最低生活保障を」という理念と「保険方式と扶助方式の統合」という制度が1つになって世界に広がった。

福祉国家による定着と2定型

　戦後、先進諸国がこぞって福祉国家化を推進したことで、社会保障は一挙に開花した。国民生活の安定化には、雇用保障と並んで社会保障が不可欠であった。また、高度経済成長が、強力な追い風となったことも確かである。イギリスでは、社会保障に積極的な労働党政権が、ベヴァリジの構想をほぼ具体化した上に国営による無料の医療保障を実施し、スウェーデンの社会保障は、伝統的に進んだ福祉や公共サービスに加えて社会保険が拡充された結果、いち早く成熟段階に達した。他方、戦後しばらく社会保障に消極的であった旧西ドイツは、すでに完成していた社会保険の諸制度を再建・拡充するとともに補完的な制度を追加することに専念し、フランスやイタリアも、ベヴァリジに触発されながら社会保険の伝統を貫いてその制度化を進めた。我が国も、新憲法の生存権保障と概念の移入を受け、戦前からの社会保険に新たな制度を並立させて社会保障の整備を急いだ。先進諸国の社会保障は、こうした勢いで最低限の保障水準を超えて発展した。

　各国の現実を直視すると、このような多様性こそ社会保障の特質に他ならないが、そこに**均一主義**のイギリス・北欧型と**能力主義**のヨーロッパ大陸（ドイツ）型という2つの定型があるのは確かである。これらは、社会保険の系譜を引き継いだものであり、社会保障の制度設計や制度改革に少なからぬ影響を与えている。例えば、老齢年金について、イギリスでは均一給付＝均一拠出の原則が貫かれ、平等主義的色彩が強いのに比べ、ドイツでは伝統的に「年金給付でも現役に近い生活水準を保障すべき」という考え方が強く、所得比例制が基本とされている。また、制度運営では、均一主義が一元主義・国家管理に、能力主義が多元主義・自主管理に傾きがちである。どちらにも一長一短があり、実際の制度では2つの原則が組み合わされ、制度改革では2つの定型が交錯することも多い。我が国の社会保障は、典型的な混合タイプであるが、戦後の整備とその後の制度改革によって、しだいに均一主義的傾向が強くなっている。

社会保障の多様な制度と給付

　歴史的にも制度的にも、社会保険が占める位置は極めて大きい。社会保険とは、

保険料拠出を前提として生活上の特定のリスクが発生した場合に一定の給付を行う制度であり，19世紀末のドイツで導入されたのち各国に拡大した。社会保障の中では，対象リスク，拠出原則や財源調達および給付条件によりそのあり方は多様である。もう1つの柱が，救貧制度の流れをくむ公的扶助であり，社会保険から漏れる弱者の救済に意味がある。これは，公費＝租税を財源に無償で給付されるが，それだけに資力調査などの厳しい条件が課される。しかし，今日では，これらでは明別できない制度や給付も多い。特に，社会保障の進展により，租税を財源としながら一定の条件だけで給付される社会扶助が広がったことで，制度原則による統御が十分ではなくなっている。

制度と並んで，社会保障の給付も多元的に拡大した。ベヴァリジのように，それを経済的保障＝所得保障に限定すべきという考えは今でも根強いが，実際には，医療保障の現物給付や介護保障の人的サービスの比重が高まっている。そして，社会保障の範囲は広がる一方であり，給付の担い手にも目を向けると，その確定は困難になっている。そこで，社会保障の全体像を把握するために具体的な制度や給付から離れて，機能別や財源別に整理して体系的に捉えようとする枠組みもある。ただし，我が国では，そうした体系的把握よりも，以下のような制度と給付によって構成されたものと理解するのが一般的である。①年金保険（国民年金と被用者年金の2階建て），②医療保障（医療保険・高齢者医療・医療提供体制），③介護保障（介護保険・介護提供体制），④労働保険（雇用保険・労災保険），⑤生活保護，⑥社会福祉，⑦社会手当（児童手当），⑧その他。

福祉国家の限界から福祉社会へ

1970年代後半，先進諸国が低成長時代を迎えると，社会保障を取りまく状況は一変した。長引く不況により増大した国家財政の赤字は，社会保障財政を逼迫させ，高齢化に伴う医療費や年金給付の膨張はそれをいっそう一層深刻化させた。しかも，社会保障は，給付費の増大や過剰な保障に歯止めをかけられない，少子高齢化への対応力が弱い，新たな格差や貧困を呼び起こす，といったさまざまな構造的欠陥を抱えていた。こうして1980年代に入ると，「福祉国家の限界」が声高に叫ばれるなか，社会保障は抜本的な構造改革を迫られることになった。その後，年金改革，医療費抑制と医療の効率化，介護保障，ワークフェア改革，家族政策と子育て支援，世代間バランス，財政構造の安定化など，社会保障改革の課題や論点は目白押しであるが，その選択の幅は狭くなるばかりで，そこに明確な解決モデルもないのが現状である。

また，福祉国家が自助－共助－公助の中で公助＝国家活動の肥大化を招いたことに対する反省は，その限界から福祉社会に対する展望へと向けられている。そこでは，公助の役割は残しつつ自助の力を見直し，その中間にある共助の領域で多様な主体が与えられた役割を担うことが期待されている。これからの社会保障には，こうした福祉社会との調和や協働が求められる。

《参考文献》

足立正樹編著，2003『各国の社会保障〈第3版〉』法律文化社．

足立正樹，2006『高齢社会と福祉社会』高菅出版．

広井良典，1999『日本の社会保障』岩波書店．

椋野美智子・田中耕太郎，2012『はじめての社会保障〈第9版〉』有斐閣．

Beveridge, W., 1942, *Social Insurance and Allied Services*, New York, Macmillan．(『社会保険および関連サービス』山田雄三監訳，至誠堂，1969年)．

小林甲一（こばやし・こういち）

宗　教【religion】

世俗化と近代精神

　社会科学における宗教（religion）の位置づけは，近代的な知の伝統，つまりルネッサンス以来の西洋近代文明をリードしてきた「**世俗化（secularism）**」の思想を根本としてきた．そしてその中心に**プロテスタント諸派**の存在があった．彼らの目指したものは，既存の（その実カトリック的な）キリスト教支配体制からの精神的，文化的，社会的離脱あるいは独立であった．さらに，産業革命とともに世界を席巻したのが，彼らプロテスタント系宗派が優勢な地域であったことで，彼らの主張する世俗化の思想，具体的には，「政教分離」に象徴される，人間理性の尊重などの近代的な思考が尊ばれ，また社会的にも学問的にもその傾向が世界的に優勢となった．そしてその伝統の上に，「経済学」や「社会学」も形成されたのである．ゆえに，近代諸科学における宗教の位置づけは，社会の諸要素との結合を極力排除する方向にあり，経済学も例外ではない．

　この点で厳密な文献分析から経済学の成立を明らかにした経済学者の難波田春夫は，経済学がアダム・スミス（A. Smith）によって実質的に形成されたとした上で，「（経済学は）宗教，道徳，政治，法など従来，経済を形づくる形相と考えられるものから解放され」（難波田 1982：291）独自の存在として誕生したと分析している．つまり経済学は，普遍性・総合性を基本とするカトリック的な世界観を否定し，経済を神の総和としての世界から独立させ，個人の勤勉努力の総和としての経済という概念を作り上げたとする．これが，**近代資本主義経済の基本精神**であり，経済学の基礎であると指摘する．

　つまり，近代資本主義社会を基調とする近代経済学の出発点は，カトリック的世界からの経済の独立にあったのである．経済学は，世俗化社会から生まれた近代西洋文明を基にしているというわけである．

宗教の再評価

　しかし，難波田はこの近代的な知の体系である経済学には，根本的な欠陥があるとも指摘する．つまり，中世的なキリスト教支配からの独立時には，スミス的な発想は有効であったが，しかし，経済

活動が機能するためには，結果的に法や道徳が不可欠のように，経済学もかつて捨て去った法，政治，道徳，宗教の要素を再解釈しつつ，取り込まなければ，経済学そのものも維持できなくなる，と指摘する。その指摘は，近代以降の資本主義社会においてしばしば見られる過剰生産とその破綻（恐慌），あるいは近代文明が招いた危機的な環境破壊や富の格差などに顕著に表れている。

この点は，マックス・ヴェーバー（M. Weber）が『プロテスタンティズムの倫理と資本主義の精神』で指摘するように，近代資本主義精神誕生の背景に**禁欲プロテスタント**の気質が大きく寄与したとする視点と同様であるが，難波田はこの点をさらに社会科学全般に展開した。その意味で，近代西洋文明の持つ特徴であり，現在となっては一種の欠点ともいえる世俗化の伝統の修正を提言したものであった。難波田は経済学において，**宗教の再評価**を提言したということになる。

宗教論理と経済

事実，経済学における宗教の再評価の必要性は，欧米以外の地域における経済活動の活発化によって，不可避となってきている。

つまり，経済学も近代以降の西洋文明を支えてきた世俗化，あるいは聖俗分離とは異なった視点において，経済を位置づけているイスラム教圏の台頭などを視野に入れなければならなくなってきたからである。周知のように，イスラム教においては最重要の聖典にして，あらゆる価値規範の源泉たる『**クルアーン（コーラン）**』を中心に，すべての価値は決定される。つまり宗教生活から日常生活に至るすべての価値は，『クルアーン』を中心に同心円状に広がって行くのであり，あらゆる価値は『クルアーン』に矛盾してはならないということである

例えば，イスラム教では，**現物主義経済**を定め，先物取引を許さず，また銀行利子の存在も原則禁止している。そのために，経済活動は地に足の着いた取引となり，バブル経済など過剰生産による恐慌は発生し難いとされる。

さらに，宗教と経済の結びつきにおいて，注目されるのが，インドの経済と宗教の関係である。インドにおいて宗教と経済活動の関係を最も顕著に示す事例は，ジャイナ教徒の場合である。**ジャイナ教**はインド起源の宗教で，仏教とほぼ同じ時代に始まり，今日に至るまでインドにおいて連綿と続いた商業カーストに属する。彼らは徹底した菜食主義者であり，不殺生（アヒンサー）の戒律を遵守し，農業や漁業など殺生が不可避な職業には就かない。その代り商業や事務職のような職業を好む。しかも彼らは勤勉と節欲をも説くので，イギリス統治以前のインドの国民資産の多くを，たった1％に満たないジャイナ教徒が握っていた，という説もある。従来の経済学では，このような事例は前近代的なものとして注目されてこなかったが，しばしば引き起こされる金融・経済危機を機に，宗教，特にその倫理性の必要性が叫ばれ，宗教の再評価の必要性は増している。

世界がグローバル化する中で，近代西洋文明によって形成された知の体系の絶対的な優位が徐々に後退し，文化・文明の違いを取り込んだ形の新たな知の体系

への胎動，特に経済や社会における**宗教の存在を再評価**する動きは，今後益々活発化するであろう。

《参考文献》

難波田春夫，1982『国家と経済』早稲田大学出版会。

保坂俊司，2006『宗教の経済思想』光文社。

M. Bāqir-ṣ-Ṣadr., 1993, *Iqtiṣādynā*（『イスラーム経済論』黒田壽朗訳，未知谷，1993年）。

Weber, M., *Die Protestantische Ethik und der Geist des Kapitalismus.* （『プロテスタンティズムの倫理と資本主義の精神』大塚久雄訳，岩波文庫，1989年）。

保坂俊司（ほさか・しゅんじ）

集合行為【collective action】

集合行為と社会運動

集合行為（collective action）を「共通の目的のために人々が集まり共同して行われる行為」とすれば，それは人間の歴史とともに古い（集合行為問題というときには特定の問題を指すが，それについては後述）。このような集合行為の1つとして**社会運動**（social movement）がある。社会運動とはティリー（C. Tilly）によれば「剥奪され排除された人々の名においてなされる既存の権力組織に対する持続的で組織的な挑戦」のことである。そしてそうした挑戦の前提には，社会が介入や変革の影響を受ける人間の構築物であるとする認識がある。この意味で社会運動は現代的な現象であり（Buechler 2011：1），それはさまざまなアプローチで分析されてきた。

集合行動アプローチ

集合行動（collective behavior）アプローチは，社会運動を，心理的要因を重視して把握しようとする。同アプローチを発展させたのはシカゴ学派であり，代表的論者はブルーマー（H. G. Blumer）である。彼は環境や期待の変化によって，行為者の抱く主観的あるいは間主観的な期待と現実のあいだに乖離が生じ，そのストレーン（緊張）が社会的不安を生み出すとした。そして社会的不安の中に集合行動の原初的形態があると主張した。こうしたブルーマー理論はその心理的要因への偏重が批判され，それを克服しようとしたのがスメルサー（N. Smelser）である。彼は集合行動をクレイズ・パニック，敵意噴出行動，規範志向型の社会運動，価値志向型の社会運動に分け，どの運動がどのようにして生じるかについて，ブルーマーのいうストレーンだけでなく，構造的誘発性，一般化された信念の形成，きっかけ要因，参加者の動員，社会統制の実施という要因を考えた。そしてこれら6要因の組み合わせによって集合行動が発生するとした（価値付加アプローチ）。

合理的行為者理論――集合行為問題

集合行動アプローチに対しては心理主

義である.集合行動を非合理性の現れとみているという批判がなされ,1970年代以降の運動分析は合理的行為者理論に由来するモデルを採用するようになる.合理的行為者理論は方法論的個人主義,成果最大化のために利得を計算する合理性の前提といった特徴を持ち,その枠組みのもとにオルソン(M. Olson)は**集合行為問題**(collective action problem)を提起した.集合行為問題は,集合財の提供に協力せず,他者の成果にただ乗りしようとする合理的な行為者が,どのような条件のもとで集合行為に参加するのかを問題とした.その解決のためにオルソンが指摘したのは,集団の小規模性,選択的誘因であった.その後こうした合理的行為者という前提は資源動員論に引き継がれていく.

資源動員論,政治過程論,フレーム分析

資源動員論(resource mobilization theory)は,豊かな社会では不平は減っていき,その結果として運動は減少していくはずなのに,なぜ依然として多くの運動が存在しているのかという問題を考え,その理由を資源の利用可能性の増加に求めた.この場合の資源には,オーバーシャル(A. Oberschall)によれば,物質的な資源(収入,物質的な財など)のみならず非物質的な資源(権威,信頼,技能など)も含まれる.ジェンキンス(C. Jenkins)とペロー(C. Perrow)は,社会運動の成功に関して中産階級エリート層の庇護に注目し,マッカーシー(J. McCarthy)とゾルド(M. N. Zald)は社会運動組織,社会運動業界,社会運動セクターという概念を用いて資源をめぐる競争という視点を提示した.

政治過程論(political process theory)は,アメリカで資源動員論と同時期に登場した.同アプローチに中心的な概念として**政治的機会構造**(political opportunity structure)があり,いち早くそれを論じたのはアイジンガー(P. Eisinger)である.タロー(S. Tarrow)は,政治的機会構造という概念を,国家の強さや中央集権化という要素に注目することで精緻化し,マッカダム(D. McAdam)は運動の,発生だけでなくキャリアに沿った説明を行った.さらに彼は『フリーダム・サマー』の研究で,白人系アメリカ人学生が,黒人公民権運動についての道徳的立場を集合的に定義していくやり方について考察している.

フレーム(frame)とは「個人にその生活空間や,全体社会のなかでおこった出来事を位置づけ,知覚し,識別し,ラベルづけすることを可能にする解釈図式」(スノー〔D. Snow〕)のことである.社会運動研究の中で早くからフレーム概念を用いてきたのは,資源動員論の陣営であり,スノーらは社会運動組織の支持者をいかに獲得していくかという問題を考える際にその概念を利用した.スノーとベンフォード(R. Benford)は,複数の異なる運動において占有され利用されるマスター・フレームについても論じている.たとえば1960年代のアメリカにおける**公民権運動**(civil rights movement)のフレームは,女性や先住民など,黒人以外の集団による運動のマスター・フレームとなった.フレームの考察は心理的要因に注目した集合行動アプ

ローチに通じるものであるが，資源動員論はその概念を合理的行為者理論の行為者理論に付け足すようなかたちで適用した（クロスリー 2009：241）。

「新しい社会運動」論と理論統合の模索

「新しい社会運動（new social movements）」論の代表的論者はトゥレーヌ（A. Touraine），メルッチ（A. Melucci），ハーバーマス（J. Habermas）である。彼らは，ある時代に属している鍵となる運動群と，それらの運動が形成される元になる主要な構造的緊張の両方を確定しようとしている。

トゥレーヌは，産業社会において鍵となる運動としてプロレタリアート運動を考え，いまや移行しつつある**ポスト産業社会**においてはテクノクラート（大規模な組織である官庁や企業にいて計画と意思決定を行う人々）が出現し，その支配に反対するものとして新しい社会運動を理解した。

メルッチは，現代社会を複合社会という概念で捉え，そのシステムにおいて，原発建設反対運動や平和運動などのかたちで新しい社会運動が出現していると考えた。この場合運動の新しさは，物質的な財ではなく情報が中心的な役割を担っている，運動への参加は単なる手段であるだけでなく目的でもあるといった点に求められた（メルッチ 1997：270）。

ハーバーマスは，社会をシステムと生活世界に分け，「**生活世界の植民地化**」，すなわち国家がより一層私たちの生活領域に浸透し，監視や規制の役割を遂行するとともに，市場も生活世界の中に拡張し，人格的な関係の世界までもがますます商品化されていくことへの応答として新しい社会運動を捉えた。

1980年代末までは，資源動員論が社会運動発生の「どのようにhow」という問題，「新しい社会運動」論が「なぜwhy」という問題を取り扱うことで相互に統合できるかのようにいわれていた。しかし資源動員論は「新しい社会運動」論の基本的な前提を受け入れなかった。

現在も，クロスリー（N.Crossley）のような，スメルサーの価値付加アプローチに基づく統合の試みもあるけれども，いまだパラダイムの競合状態にあり，首尾一貫した統合は実現されていない（Buechler 2011：227）。

《参考文献》

杉山光信，2000『アラン・トゥーレーヌ』東信堂．

Buechler, S. M., 2011, *Understanding Social Movements,* Boulder, London, ParadigmPublishers.

Crossley, N., 2002, *Making Sence of Social Movements,* Open University Press.（『社会運動とは何か』西原和久ほか訳，新泉社，2009年）．

Melucci, A., 1989, *Nomads of the Present : Social Movements and Individual Need in Contemporary Society,* Temple University Press.（『現在に生きる遊牧民』山之内靖ほか訳，岩波書店，1997年）．

Olson, M., 1965, *The Logic of Collective Action : Public Goods and the Theory of Groups,* Cambridge, Harvard University Press.（『集合行為論』依田博・森脇俊雅訳，ミネルヴァ書房，1983

豊山宗洋（とよやま・むねひろ）

消費行動【consumer behavior】

定義と研究領域

　消費行動（consumer behavior）とは，人々が欲求や欲望を満たすために，製品，サービス，アイデア，経験を選択，購入，使用，処分するプロセスである（Solomon 2012: 6）。生活の基本的な部分を占める重要なものであるため，消費行動を対象とする研究領域は広範多岐にわたっている。例えば，経済学では予算制約下における効用最大化を仮定する消費者選択理論，心理学では商品の認知から購買までの意思決定プロセスの分析，マーケティング研究における消費者行動論では他分野のアイディアを取り込んだ学際的な研究が進められている。

　経済社会学では，消費行動も社会的行為の1つとして考える。このため，消費行動に影響を与える変数として，集団，地位・役割，より大きな社会的・文化的背景が取り上げられてきた。なかでも集団に関する研究には歴史があり，家族，友人・知人，コミュニティといった対面的なものから，社会階層，職業，世代といった概念的なものまで多種多様な集団的影響が照射されてきた。

　以下では，消費行動に対するこれらの集団的影響を捉えるキー概念として，準拠集団，パーソナル・コミュニケーション，集合行動，社会的・文化的背景を取り上げる。

準拠集団

　消費者は特定の社会集団の影響を受ける。消費者が態度・行動を形成するときに拠り所とする集団のことを**準拠集団**（**reference group**）という。例えば，仲間集団，職場の同僚，近所の住民，趣味サークルのメンバーに倣って商品・サービスを選択するのが準拠集団の影響である。見倣う対象としてばかりではなく，「反面教師」として見倣わないようにしている集団も否定的な準拠集団として考えられる。また，現在その集団に所属していなくても，今後所属することを希望ないし回避したい集団も準拠集団に含まれる。

　経済社会学が特に着目してきた準拠集団としては，社会階層集団が挙げられる。ソースタイン・ヴェブレン（T. Veblen）が指摘した，奢侈的な消費によって社会経済的地位を周囲に示す**顕示的消費**（**conspicuous consumption**）は一例である（Veblen 1899）。また，ゲオルグ・ジンメル（G. Simmel）の**トリクルダウン**（**trickle-down**）理論は，上層階級が下層階級を差異化するために新しい流行を採用する側面と下層階級が上層階級を模倣する側面に分けて流行のメカニズムを捉えている（Simmel [1904] 1919）。

パーソナル・コミュニケーション

　社会学におけるパーソナル・コミュニケーションに関する議論が消費行動研究

に与えた影響は大きい。エリフ・カッツ(E. Katz)とP・F・ラザースフェルド(P. F. Lazarsfeld)は、社会調査の結果をもとにマス・メディアからもたらされる情報が直接人々に影響を与えるのではなく、集団内で影響力を持つ**オピニオン・リーダー**(opinion leader)を媒介して人々に伝わるとする**コミュニケーション2段階の流れ**(two-step flow of communication)仮説を提示した(Katz and Lazarsfeld 1955)。消費行動の場面では、マス・メディアや広告などから得られた情報をオピニオン・リーダーが取捨選択、解釈、評価し、周囲の人々へと伝えることになる。この仮説は、賛否両論を引き起こしながら理論的・実証的研究の蓄積をもたらした。

集合行動

組織化されていない個々人が集まり、結果として一定の行動をとることを**集合行動**(collective behavior)という。もともとは暴動、デモ、パニック、社会運動などの分析に用いられてきた概念だが、経済社会学の観点からは流行現象や普及現象が典型例となる。なかでも、E・M・ロジャーズ(E. M. Rogers)による**イノベーションの普及**(diffusion of innovation)に関する研究は現在も大きな影響力を持っている(Rogers [1962] 2003)。ロジャーズは、新製品を採用する時期の平均値と標準偏差を用いて消費者を5つのカテゴリー(採用時期が早い順に、革新者、初期採用者、前期採用者、後期採用者、遅滞者)に分け、各カテゴリーに位置する消費者の性格や社会属性について検討した。

社会的・文化的背景

国、地域、時代によって社会的・文化的背景が異なれば、それに応じて商品・サービスの意味も変わってくる。ある地域に固有の伝統、慣習、宗教などが特定の消費行動を促すのはもちろんだが、豊富な商品・サービスが生産され、流通する消費社会では、それ以前と異なる消費行動が立ち現われてくる。ジャン・ボードリヤール(J. Baudrillard)は消費社会において特徴的な消費行動として、商品の機能よりも意味やイメージといった記号性の重視を指摘した(Baudrillard 1970)。消費社会において人々は、豊かさ、楽しさ、集団への所属、他者との同調/差異化、社会的地位、アイデンティティなどを追求する消費行動を実践するようになる。

社会的・文化的背景は、上記で取り上げた準拠集団、パーソナル・コミュニケーション、集合行動のあり方自体も規定する。たとえば、インターネットが発達した情報化社会では、消費者間相互作用が活発化し、それまでのパーソナル・コミュニケーションとは違った情報の流れが生じる。また、情報流通の高速化と多方向化によって集合行動の規模や持続時間が変化する。

前述のように、経済社会学は消費行動を社会の反映であると捉える。そのあり方が消費化、情報化、グローバル化といった社会的潮流によってどのように変化していくのか今後も注目される。

《参考文献》

Baudrillard, J., 1970, *La société de consommation : ses mythes, ses struc-*

tures, Paris, Denoël.（『消費社会の神話と構造』今村仁司・塚原史訳, 紀伊國屋書店, 1995年）.

Kats, E. and P. F. Lazarsfeld, 1955, *Personal Influence*, New York, Free Press.（『パーソナル・インフルエンス——オピニオン・リーダーと人々の意思決定』竹内郁郎訳, 培風館, 1965年）.

Rogers, E. M., [1962] 2003, *Diffusion of Innovations*, 5th ed., New York, Free Press.（『イノベーションの普及』三藤利雄訳, 翔泳社, 2007年）.

Simmel, G., [1904] 1919, *Philosophische Kultur: gesammelte Essais*, Zweite um Einige Zusäze Vermehrte Auflage, Leipzig, Alfred Kröer Verlag.（『ジンメル著作集7 文化の哲学』円子修平・大久保健治訳, 白水社, 1976年）.

Solomon, M. R., 2012, *Consumer Behavior: Buying, Having, and Being*, 10 th ed., Boston, MA: Prentice Hall.

Veblen, T., 1899, *The Theory of Leisure Class: An Economic Study in the Evolution of Institutions*, London, Macmillan.（『有閑階級の理論』高哲男訳, 筑摩書房, 1998年）.

寺島拓幸（てらしま・たくゆき）

消費社会【consumer society】

消費社会の成立

人間にとって, 日々の暮らし, 特に食糧に事欠く生活ほど苦痛なものはない。しかし, ごく一部の社会を除きほとんどの社会では, そのような貧しさや飢えが日常的に存在し, 人々はそれを恐れ, また苦しめられてきた。しかし, 20世紀の進行とともに, いわゆる先進各国では, 食糧のみならず, 他のさまざまな消費財を含めて, 物資に事欠くことがなくなり, むしろ有り余るようになってきた。このような社会を示すのが, 「消費社会（consumer society）」という言葉である。

人間社会では, 古代から一握りの富裕な人々が存在し, 豊かな消費生活を送っていた。しかしそれはあくまでもごく一部の人であり, 大多数は貧しく不安定な生活を送っていたといえる。それがごく最近になって, 先進諸国では社会全体が富裕化の傾向を示すようになり, 人口の大多数が日々の食糧が十分入手できるようになり, それに加えて多くの衣類や耐久消費財に取り囲まれ, 娯楽的消費や文化的消費をも享受できるようになった。そのような豊かな社会こそが消費社会なのである。

実際, 消費社会という言葉が用いられるようになったのも, 第2次世界大戦後しばらくの間, 世界経済が順調に伸びて, 先進各国で人口の大多数がさまざまな消費財を享受できるようになった時期であった（間々田 2000：3-4）。

消費社会の成立時期については, もっと古い時代に設定する見方もあるが, 一部の人が富裕であるだけなら歴史を限りなくさかのぼることになってしまう。消費社会の概念は, やはり社会全体に豊かな消費生活が広がり, 大衆化した時期に

こそ適用すべきものであろう。

消費社会へのまなざし

　豊かな生活を謳歌できる消費社会は，その限りではこの上なく幸福な社会である。見方によっては，人類が長い間夢見てきたことが実現された素晴らしい社会だといえる。

　しかし，消費社会が論じられる時の見方，あるいは「まなざし」はそのようなものではない。むしろ，豊かな消費生活が実現されたにもかかわらず，さまざまな不均衡や社会問題が発生することに注目するのが，消費社会という言葉の含意である。

　間々田は，かつて「消費社会とは，人々が消費に対して強い関心をもち，高い消費水準の消費が行なわれており，それにともなってさまざまな社会的変化が生じるような社会である」と定義した（間々田 2000：8）。ここでは，消費への強い精神的コミットメント，高い消費水準，さまざまな社会的変化という3つの要素が示されているが，2番目は幸福な消費生活を示すとしても，1番目の精神的要素，3番目の社会的要素は，いずれも高い消費水準にもかかわらず，消費社会がさまざまな問題をはらんでいることを示すために定義の中に取り入れたものである。

　精神的要素に注目すると，消費社会においては人々が消費に対して強い関心を持ち消費財やサービスの獲得に熱中する。そのことは，人々を快楽主義的にして勤労や生産とのバランスを失わせたり，利己的で社会的関心の乏しい人間にしたりする恐れがある。また，気まぐれで利那主義的な文化，あるいは非合理主義的な文化が主流となって，社会の安定性を阻害する可能性もある。他方，社会的要素に注目すると，消費社会は，私的消費と社会的消費のアンバランスをもたらすことが多く，さまざまな消費者被害や消費者問題を発生させ，**新自由主義的経済政**策のもとで，国内および国際的な格差と不均衡を拡大させる傾向がある。さらに最も大きな問題として，大量の資源消費による資源問題，大量の廃棄物，排出物による環境問題を激化させている。

　このような消費社会の諸問題は，消費社会という言葉の使用と同時に注目されてきたものであり，ガルブレイス（J. K. Galbraith）やボードリヤール（J. Baudrillard）など消費社会の論者も，常にこのような問題への関心とともに消費社会を論じているのである（Galbraith 1990, Baudrillard 1979）。

消費社会の変容

　現代社会の自己認識の1つとして「消費社会」が注目されるようになってから，すでに少なく見積もって50年以上が経過している。そこで留意すべきは，この50年の間にも消費社会の状況は日々変化しているということである。

　当初あまり注目されなかった環境問題は，いまや消費社会の分析にとって不可欠なレベルにまで深刻化しており（フレヴィン 2004），消費社会と無縁と思われたいわゆる「発展途上国」でも，一方では消費社会化の傾向を強めて従来の先進国と同様の問題を引き起こしつつ，他方では消費社会への原料供給基地として搾取をうけ，南北問題の深刻化を招いてい

る。他方では，それに対応するかのように先進消費社会で社会性，倫理性を尊ぶ消費文化が育ちはじめ，ひたすら個人主義的で利己的と思われた消費社会の様相を変化させつつある。また単純な物的消費拡大過程と思われた消費行為自体も，高品質化，**脱物質主義化**，**文化的消費**の拡大などの新しい傾向を示している。

　こういった消費社会の現象に対して，個別実証研究においてはある程度研究がなされているものの，「消費社会論」あるいは「消費文化論」といった一般理論のレベルでは，現在むしろ研究の停滞が目立つようになっている。

消費社会研究の可能性

　従来の消費社会論は，マルクス主義の影響を受け資本主義批判の流れの中で，その傍流として派生したものであり，研究者たちは概ね次のような認識を共有していた。第1に，消費社会における生存水準を越えた消費は基本的に無駄で肯定的な意味をもたないという「**浪費説**」，第2に，それとうらはらに質素で物質的関心を持たない生活を暗黙のうちに理想とする「**反物質主義**」，第3に，消費は近代的個人のエゴを示すものであり社会的なものとはなりえないという「**反社会性説**」，第4に，消費動向は需要拡大をもくろむ企業の企みによって決定されているという「**生産者主権論**」，第5に，企業のマーケティング活動によって消費はいくらでも拡大していくという「**無限膨張説**」である。

　しかし，第1，第2の見方は，これまでの消費生活の発展に関してあまりに一面的で無理解な見方であり，消費文化のあり方について何らの積極的な方向をも示せないであろう。第3の見方は近年の**社会的消費**，**倫理的消費**の胎動からするといささか悲観論に過ぎる。また第4，第5の見方は現在の先進国の脱物質主義化の傾向によって明らかに裏切られている（間々田 2007：209-269）。

　これらの見方の根底にあるのは，1つには消費という現象の本質についての基本的な無理解であり，「人はパンのみに生くるものなり」と言うが如き見方が横行していることである。消費が質的に発展するということがどういうことかについて，全く想像力に欠けているのである。もう1つは近代社会における消費者の自律性についての驚くほどの悲観論である。消費者は無力で低俗な大衆であり，生産者に操られる弱い存在であるという見方から一歩も抜け出せないのである。

　いつの間にか固定化してしまったこれらの「旧消費社会論」的見方は，消費社会が成熟化に向かったいまでは，もはや現実の直視を妨げるバリアと化している。日本で1980年代に注目を集めた，いわゆる「**記号論的消費社会論**」もその域を超えるものではない。

　旧消費社会論の桎梏から早急に抜け出して，一方では消費という文化的営みの積極的な方向性を探求しつつ，他方では消費文化が自律的に社会的，倫理的な方向へと進んでいく様相を注視することが，今後の消費社会研究のあるべき姿だと考えられる。

《参考文献》

間々田孝夫，2000『消費社会論』有斐閣。
間々田孝夫，2007『第三の消費文化論

──モダンでもポストモダンでもなく』ミネルヴァ書房.
C・フレヴィン編, 2004『ワールドウォッチ研究所 地球白書2004-2005』北濃秋子ほか訳, 家の光協会.
Baudrillard, J., 1970, *La Société de consommation : ses mythes, ses Structures*, Paris, Denoël.(『消費社会の神話と構造』今村仁司・塚原史訳, 紀伊國屋書店, 1995年).
Galbraith, J. K., 1958, *The Affluent Society*, Boston, Houghton Mifflin(『豊かな社会』鈴木哲太郎訳, 岩波書店, 1990年).

間々田孝夫(ままだ・たかお)

情 報【information】

歴史と原義

情報(information)は, 20世紀前半において, 通信と制御に関する一般理論である**サイバネティクス**(**cybernetics**)の登場や工学技術の発達を主な背景として次第に注目を集め, のちに日常用語として用いられるようになった概念である. その意味の内包は,「有意味の記号の集合」として一般的に定義することができる.

サイバネティクスは, アメリカの数学者であるノバート・ウィーナー(N. Wiener)が提唱した学問で, 生命・人間・社会・機械を, 情報の処理・伝達・貯蔵・変換・制御といった側面から等しく扱う視点を提供した. また, 同じくアメリカの数学者であるC・E・シャノン(C. E. Shannon)は, 情報を定量的な側面から「不確実性の減少の度合い」として数学的に定義した. その後, ウィーナーのサイバネティクスやシャノンの情報理論, さらにフォン・ノイマン(J. von Neumann)の計算機科学などを理論的基礎として, **情報科学**(information science/informatics)という新たな学問領域が開拓されることになった.

社会学者の吉田民人は1960年代, ウィーナーやシャノンの情報理論と, チャールズ・オグデン(C. Ogden)やアイヴァー・リチャーズ(I. Richards)の古典的記号理論という2つの理論系列を拠点として, 独自の情報科学の基礎理論の構築をはかった(吉田 1967). 吉田は, 広義の情報を「物質・エネルギーの時間的・空間的, 定性的・定量的パタン」(吉田 1967:82)と定義し, 前述の「有意味の記号の集合」を狭義の情報として捉えた. 自然科学と社会科学という近代科学の領域区分を超え, 情報という概念を基礎に新たな知のパラダイムを構築しようとする壮大な理念と挑戦は, 現在では基礎情報学や社会情報学といった理論的立場に受け継がれている.

情報産業・情報社会

しかしながら, 吉田のような理論的挑戦が近代科学の「情報論的転回」を成し遂げたかといえば, 否と言わざるを得ない. 情報科学は, ウィーナーやシャノンの情報理論を理論的系譜に持つ機械科学として, 現在では自然科学のなかに学問的な位置を占めている.

他方，社会科学において情報という概念がその後も長らく語られ続けることになったのは，同じく1960年代に登場した**情報（化）社会**（information society）や**情報産業**（information industry）という文脈である。戦後，テレビをはじめとする**マス・コミュニケーション**（mass communication）の発達や普及にともない，人々の日常生活に流通する情報量が飛躍的に増大し，また情報の製造・加工・流通に関わる労働力および生産力が増加した。こうした社会的・経済的インパクトを測定し解明するために提起されたのが，情報社会や情報産業をめぐる議論であった。これらの議論はまた，当時注目を集めていた未来学（社会・経済・文化の予測を行う学問）としての側面を同時に兼ね備えており，国家による情報化政策の策定および推進の理論的基盤を提供する役割を果たすことにもなった。

日本では梅棹忠夫の『情報産業論』（1963年）が，海外ではフリッツ・マッハルプ（F. Machlup）の『知識産業』（1962年）が，情報社会や情報産業に関する最初期の議論とされている。だが，社会理論としての十分な強度を有し，後世に読み継がれたのは，アメリカの社会学者であるダニエル・ベル（D. Bell）の『脱工業社会の到来』である（Bell 1973）。ベルはこの著作の中で，サービスなどの第3次産業の比重が高まる経済社会の構造的特徴を，産業社会の歴史的な発展段階として捉えた。こうした捉え方はアルビン・トフラー（A. Toffler）の『第三の波』（1980年）や増田米二の『原典 情報社会』（1985年）などに引き継がれ，情報社会の出現は農業革命・産業革命に次ぐ**情報革命**（information revolution）であるとする議論を生み出した。

高度情報化と情報社会論の解体

日本社会では，1970年代後半から80年代にかけて策定された第3次および第4次「全国総合開発計画」（3全総・4全総）といった国家的プロジェクトとも関連しながら，「高度情報化」が推進されていく（大石 1995：37-122）。情報通信技術としての**コンピュータ化**（computerization）の進展とともに，**情報通信ネットワーク**（information and communication network）の構築による地域情報化が目指されたのである。この時期，情報社会・情報産業をめぐる議論の特徴として挙げられるのは，情報通信技術による産業および社会構造のネットワーク化（networking）への着目であり，それは今井賢一の『情報ネットワーク社会』（1984年）などによって社会的な注目を集めることになった。

情報社会をめぐる言説空間には，1960年代の当初から，情報化が経済や産業の発展に資するものとして言祝ぐ議論と，そうした議論のイデオロギー性を告発する批判的な言説とが併存していたが，人口に膾炙したのは前者であったといえる。後者の代表としてはフランク・ウェブスター（F. Webster）が挙げられるが（Webster 1995），90年代にはその他，マルクス主義の都市社会学者であるマニュエル・カステル（M. Castells）が *The Information Age* 3部作を上梓するなどの新たな展開もみられた。

だが，単なるイデオロギー批判を超え

て，90年代半ばに情報社会論の解体を試みたのが，社会学者の佐藤俊樹である。「情報技術が社会を変える」と繰り返し論じてきた情報社会論は，その発展段階説や技術決定論などにおいて社会科学としての論理的欠陥を持つ。にもかかわらず，社会の人々は長年にわたって情報社会論のフィクションを信じ続けてきた。なぜか。近代産業社会は，一方で情報技術の絶えざる革新を促し，他方で情報化社会というイメージを同時に生み出す。すなわち「近代産業社会のしくみがその需要と信憑性を同時につくりだしている」（佐藤 2010：203）からこそ，多くの情報社会論が生み出され，また多くの人々に受け入れられてきたのである。

情報を論じる多様な理論と方法

佐藤が意図したのは，社会と／の情報化を論じようとするさいに陥りがちな「文体や語り方」の問題性を指摘することであった（佐藤 2010：293）。90年代半ば以降の情報環境における最大の社会的変化は，いうまでもなく**インターネット**（internet）の急速な普及である。2000年代後半にはTwitterやFacebookなどのSNS利用者数が増加し，それらの社会的・経済的インパクトについて論じた著作も続々と登場している。

本項では，情報を主に「経済」および「社会」という観点から解説してきたが，情報技術を「文化」として捉えるならば，情報行動論や情報環境論，あるいはメディア文化論といった研究系譜の存在を無視することはできない。先人たちは現象の十全な解明のために，社会学や社会心理学をはじめ，言語学や人類学などさまざまな分野の理論と方法を駆使してきた。情報をいずれの観点やいかなる目的のもとで論じるにせよ，今後さらなる議論の発展に必要なことは，対象を捉える方法意識と文体の精度を高めつつ，新たな問いの地平を切り拓いていくことである。

《参考文献》

大石裕，1995『地域情報化——理論と政策』世界思想社。

佐藤俊樹，2010『社会は情報化の夢を見る——ノイマンの夢・近代の欲望〈新世紀版〉』河出書房新社。(旧版，1995『ノイマンの夢・近代の欲望——情報化社会を解体する』講談社)。

吉田民人，1967「情報科学の構想——エヴォルーショニストのウィーナー的自然観」，吉田民人・加藤秀俊・竹内郁郎『今日の社会心理学4 社会的コミュニケーション』培風館，3-287. (再録，1990『自己組織性の情報科学』新曜社)。

Bell, D., 1973, *The Coming of Post-industrial Society*, Basic Books, New York. (『脱工業社会の到来』〈上・下〉内田忠夫訳，ダイヤモンド社，1975年)。

Webster, F., 1995, *Theories of the Information Society*, Routledge, London. (田畑暁生訳『「情報社会」を読む』青土社，2001年)。

野尻洋平（のじり・ようへい）

新古典派【neo-classical school】

本来の意味

「新古典派（neo-classical school）」という名称は，マーシャル（A. Marshall）と彼を開祖とする**ケンブリッジ学派**（**Cambridge school**）に限定してその語が使用されていた。この意味で「新古典派」は，アダム・スミス（A. Smith），リカード（D. Ricardo），ミル（J. S. Mill）に代表される**古典派経済学**（**classical economics**）を継承する正統派経済学の意味合いも持っていた。

「新古典派」という用語を最初に使用したのはヴェブレン（T. Veblen）であり，マーシャルの経済学と古典派経済学との継承関係を強調して，彼は「新古典派」という名称を付けた（Veblen 1900：242, 260-262, 265-268）。マーシャルが限界概念に立脚し効用分析を行いながらも，生産費分析や長期動態論に関心を持ち古典派経済学の伝統を引き継いでいたからである。本来ヴェブレンは，マーシャルに対して古典派経済学と比較して新規性をあまり見い出せないという批判的な意味でその語を使用した。マーシャルは限界概念を含めた新しい分析道具を自らの経済学体系に取り込んだが，リカード経済学の数式化を図り古典派経済学の継承関係の方も重要視した。

同じケンブリッジ学派内において，ケインズ（J. M. Keynes）は，自らの「非自発的」失業の概念の先見性を強調するためマーシャルやピグー（A. C. Pigou）の経済学を「新古典派」とは定義づけずに，彼らを古典派に分類し自らの経済学と区別した。

意味の広がり

20世紀初頭にはマーシャルの経済学が新古典派と定義づけられていたが，その後，1870年代初頭の限界概念の発見者であるイギリスのジェヴォンズ（W. S. Jevons），**オーストリア学派**（**Austrian school**）のメンガー（C. Menger），**ローザンヌ学派**（**Lausanne school**）のワルラス（L. Walras），アメリカのクラーク（J. B. Clark）をも含めて彼らが新古典派の経済学者に分類されるようになってきた。新古典派経済学に限界効用を取り入れた経済学者も分類されるようになり，新古典派という用語がより広義に使用されるようになっていく。この段階で使用される新古典派は，古典派の労働価値説を採用せず，効用価値説を用いて原子論的個人主義に基づき分析する経済学を意味する。それらは，限界分析を用いてミクロの価格論を中心に自らの経済学を展開したという共通点も持っている。さらに新古典派という名称は，マルクス経済学や歴史学派の経済学との区別においても使用されていく。

1930年代に入って，ヒックス（J. R. Hicks）とサミュエルソン（P. A. Samuelson）が限界概念による一般均衡理論に基づくミクロ経済理論を体系化していった。彼らも自らのミクロ経済理論において，広義の意味での新古典派という名称を使っている。

マーシャルの経済学を新古典派と定義

づけるのは現在では狭義な分類方法になっているが，1960年代までの文献では新古典派経済学を代表する論者としてマーシャルを祖とするケンブリッジ学派を指し示していた。1970年代に入ると，新古典派経済学はケンブリッジ学派の始祖マーシャルよりも一般均衡理論であるワルラスおよび彼の流れを継ぐ論者を指すように変わっていく。その背景として，用語の変遷があろう。

用語の変遷

サミュエルソンは，世界的なベストセラーの教科書『経済学』（初版1948年）の第3版（1955年）頃から限界革命以降の価格理論（ミクロ理論）とケインズの国民所得理論（マクロ理論）とを統一的理解をする試みで，「**新古典派総合（neo-classical synthesis）**」という名称を使用した。新古典派総合とは，完全雇用を達成するためにはケインズ経済学の財政・金融政策が必要であり，完全雇用達成後にはミクロ的な市場経済に委ねて人々の福利厚生の向上を図るというものであった。しかし，サミュエルソンは第8版（1970年）においてこの名称の使用を控えることになる。その背景には，1960年代末から1970年代にかけて不況のもとでインフレーションがおこる，いわゆるスタグフレーションが先進諸国を襲い，新古典派総合の影響力が政策的に弱まったことがある。

1970年代から1980年代にかけて**マネタリズム（monetarism）**や**サプライサイドの経済学（supply-side economics）**が一般の人々にも知れ渡っていく。同時代には，イギリスのサッチャー政権やアメリカのレーガン政権が反福祉の小さな政府を掲げそれらの経済学を組み入れながら政策を実施していく。それらの経済学は，反ケインズ的な共通点を持ちながら，市場原理に委ねる広義の意味での新古典派のミクロ経済を基礎に理論を展開していく。サミュエルソンも彼らの批判を部分的に受け入れていく過程で，「新古典派」の概念はヴェブレンが意図したことやマーシャル経済学を意味するところから離れ，その定義はさらに広くなり曖昧なものとなっていく。

新古典派の意味するところ

1980年代末から1990年代にかけて新古典派とは別に，ミクロ的基礎づけに基づきマクロ経済分析を行う経済学に「**新しい古典派（new-classical school）**」という名称が使用される。その経済モデルは，ケインズ的なマクロ経済政策の無効性を説き，市場の自動調整機能に絶対的な信頼を置き，精緻なミクロ経済的基礎のもとに理論が構築されている。「新しい古典派」は，広義の意味での新古典派経済学の枠組みの下に形成されたものであるが，狭義の意味での新古典派の伝統を引き継いでいるかどうかに対しては疑問が残る。さらには，新古典派から派生・発展した経済学の中から「新しい古典派」を吸収しつつそれを批判するような議論も出てきている。「**ニュー・ケインジアン（new-Keynesian）**」は不完全競争・不完全情報の下における価格分析をもとに，資源配分の最適化に関して市場調整機能の不完全性を失業問題と結びつけて分析する。「ニュー・ケインジアン」は，ケインズ経済学に関しての類似

性よりもミクロ的基礎づけを行っているので，広義の新古典派経済学との共通点を多く見出すことができる。

　現在では，新古典派経済学という名称は多義的に使用されているため，「新古典派」の意味を理解するためには論者の文脈から慎重に読み解く必要がある。最近では多くの学派が分化・並立しておりそれぞれ類似性と相違点を持っており，正統派経済学並びに主流派経済学が何であるのを明らかにするのは次第に難しくなってきている。

《参考文献》

西部忠，1996「新古典派とはなにか」伊藤誠編著『経済学史』有斐閣。

根井雅弘編著，2011『現代経済思想』ミネルヴァ書房。

Aspromourgos, T., 1986, "On the origins of the term 'neoclassical'", *Cambridge Journal of Economics*, 10：265−270.

Colander, D., 2000, "The death of neo-classical economics", *Journal of the History of Economic Thought*, 22−2：127−143.

Veblen, T., 1900, "The preconceptions of economic science Ⅲ," *Quarterly Journal of Economics*, 14：240−269.

　　　　近藤真司（こんどう・まさし）

人的資源【human resource】

人的資源

　人的資源（human resource）とは，ヒトをモノ，カネ，情報，時間など他の資源と等しく組織における価値ある経営資源の１つとしてみる見方である。グローバル化，技術革新，人材の流動化など今日の激変する経営環境の中で生き残り，競争に勝ち抜くためには創発的イノベーションが大事であるが，その担い手が他ならぬヒトである。このことより，現代の企業経営において何より大事なのは人的資源であるといえる。

人的資源管理

　人的資源管理（HRM：human resource management）は，組織の目標を効率的に達成するために人的資源を管理の対象とし，それらの人々に対してマネジメント手法を適用することである。このHRMの理論的支柱となる学問領域としては，1960年代以降の労働経済学の**人的資本論**（human capital theory）と**行動科学**（behavioral science）があげられる。前者の人的資本論は，機械や工場など物的資本と同じくヒト（労働力）を資本としてみるもので，人間に付加された知識，スキル，訓練，体力などを向上し，価値を高めるための教育訓練等を投資とみなしている経済理論である。一方，後者については，1960年代からマズロー（A. Maslow），マグレガー（D. McGregor），アージリス（C. Argyris）およびハーズバーグ（F. Herzberg）などの行動科学者による調査研究結果が「ヒトの管理」に導入されている理論である。ここでは，人間を成長，開発，達

成への無限の能力を持つ人間的存在として理解し，従業員を動機づけるためには人々の承認欲求，成長欲求，自己実現欲求など，従業員の高次元の諸欲求を充足させることが必要であることを強調している。

人的資源管理の歴史

1980年代以前の「ヒト」に関する管理は，経営者が労働者を対象にその使用を合理化し，生産性を高めることを目的として行われる人事労務管理であった。この人事労務管理は，ブルーカラーを中心とした集団管理（**労務管理**〔labor management〕）とホワイトカラーや管理者を中心とした個人管理（**人事管理**〔personnel management〕）とに分けられる。前者は，企業が雇用した労働力から最大限の労働効率や労働生産性を引き出すために，労働者を機械や原材料と同等の物的生産要素の1つとしての代替可能な労働力とみなし，この労働者をいかに管理・統制するかに関する一連の理念，計画，実践である。しかし，このような機械的な労働者観に対しては批判が高まり，1972年のオハイオ州ローズタウンでストライキが起こった。このストライキを契機に，労働生活の質の向上を求める運動が盛んになり，労働者の心理状態や働きがいに焦点を当てた職場設計や組織開発によって労働の質を高めようとする発想が出てきた。これは，労務管理とは区別する意味で人事管理と呼ばれる。しかしながら，人事管理においては，依然として「育てる」という発想ではなく，あくまで労働者を満足させることで現在の能力を有効に活用するという発想であった。

1980年代に入り，欧米企業は生産性や国際競争力の低下に苦しんだが，従業員のコミットメントを価値ある資産としている日本企業は隆盛を極めた。これには，いわゆる「日本的経営」の教訓があり，従来，標準化やルール，規制などを強調してきた人事・労務管理の代わりに，競争力の源泉として人的資源に注目し，フレキシビリティや責任感，労使共通の目標の促進などを大事にする人的資源管理へと移行するようになった。

そして，1980年代半ば頃からHRMを経営戦略と結びつけて議論する動きが広がった。その後，人的資源を激変する環境変化に柔軟に適応し，競争に勝ち抜くための戦略的資源としてみなす**戦略的人的資源管理**（SHRM：strategic human resource management）といった新たな言い回しが現れ始めた。これは，1990年代以降広がりをみせた。

このSHRMには，ベストプラクティス・アプローチとコンティンジェンシー・アプローチの2つがある。前者は，ある企業の競争優位を導く特定のHRM施策は普遍的であると考える。その根幹は，従業員のコミットメントが生産性を増大させるので，企業内での仕事への意欲向上策や教育訓練によって，必要な人材を企業内に保有しようというものである。後者は，自社が置かれた競争市場の状況が異なれば，企業が採用する競争戦略も異なると考える。これは企業の戦略によって必要とする人材が異なることを基本にするもので，多様な競争戦略とHRMの整合のパターン，すなわちHRMの戦略適合モデルを追求しようとするも

日本では、1990年代以降、バブル経済崩壊後の長期不況の中で、業績低迷を克服するためにコンサルタント会社や民間シンクタンクを通してSHRMという言葉がよく使われるようになった。終身雇用、年功序列、企業内労働組合という日本的経営の雇用慣行（人事労務管理）は安定的な環境変化の中で効率を高め、成功を収めてきた。しかし、環境の不確実性が増大し、創発的イノベーションが要求される今日では、解決すべき課題も多く、人的資源管理における抜本的な見直しが求められている。

人的資源管理に対する批判

今日の多くの企業では、経営の効率化と人件費コストの削減を目指し、正規社員の数が大幅に削減されている。その代わりに、パート、（有期）契約社員、嘱託、派遣社員、臨時社員など非正規雇用者の占める割合が高まっている。これらの人々は、必要なときにだけ安いコストで調達できる「部品」のような労働力として扱われていることから、ワーキングプアと格差社会の問題は徐々に拡大の一途をたどっている。一方、この非正規雇用者の増大で、正規社員は長時間労働や過密労働に耐えられる労働力として位置づけられ、彼らにとっては、ストレスと不満の増大をもたらす結果となっている。この意味で、人的資源管理論は人間を手段化し、使い捨てにする発想ではないかという批判の声もある。このような批判の声や不満等を受けて、W・L・ゴア・アソシエーツ社、アマゾン、セコム社などでは社員や従業員をアソシエーツ（仲間）、パートナー、メンバー、またはステークホルダーと呼んで、この問題の解消に努めている。

《参考文献》

安藤史江, 2008『人的資源管理』新世社。
日沖健, 2012『変革するマネジメント』千倉書房。
吉田敏浩, 2010『人を"資源"と呼んでいいのか』現代書館。
経営能力開発センター編, 2009『人的資源管理第 〈第4版〉』中央経済社。
Bratton, J. and J. Gold, 2003, *Human Resource Management: Theory and Practice 3rd ed.*, Basingstoke, Palgrave Macmillan.（『人的資源管理──理論と実践』上林憲雄ほか訳, 文真堂, 2009年）。
Heery, E. and M. Noon, 2008, *A Dictionary of Human Resource Management 2nd ed.*, New York, Oxford University Press.

朴　容寛（パク・ヨンファン）

新保守主義【neo-conservatism】

1980年代の新保守主義

新保守主義（neo-conservatism）とは一般に、1980年代のイギリスのサッチャー（M. Thatcher）、アメリカのレーガン（R. Reagan）、日本の中曽根康弘ら各保守政権が採用した新自由主義的

な政策思想および伝統主義的な道徳観に与えられた総称である。基本的に国家の内政的役割を極小化させ，国家が担っていた多くの分野を市場原理に任せていくことを是としていた。よって，福祉制度の見直し，公共支出の減額，国営企業の民営化，規制緩和などが経済政策的な柱となり，個々人の自助努力，自己責任に多くを委ねていこうとするものであった。一方で，道徳的には健全なナショナリズムを唱え，外交的には強い国家を志向し，反共産主義，つまり自由市場主義や民主主義を擁護した。

アメリカの新保守主義（ネオコン）

豊永郁子が指摘するように（豊永2008），こうした1980年代のサッチャー，レーガン，中曽根らの各政策の内実には差異が見られるし，それらが2000年代にクローズアップされた**ネオコン**（Neo-conservatives）と呼ばれるアメリカのイデオローグたちの思想とも質的に異なることには注意が必要であろう。実際，ネオコンは，邦訳すれば同じ「新保守主義」であるが，80年代の新保守主義とは全く異質のイデオロギーで，強い国家や健全なナショナリズムを唱える点では共通していても，福祉国家をある程度容認している（橋本 2007 : 233-249）。

また，ネオコンの始祖と言われるアーヴィング・クリストル（I. Kristol）が，イギリスの政治哲学者マイケル・オークショット（M. J. Oakeshott）の論文『保守的であることについて（On being conservative)』を読んだ際，その宗教性の希薄さを指摘して，特殊イギリス的な論文だと批判したように，アメリカのネオコンは，キリスト教原理主義とも結びつき，――クリストル自身が「アメリカの『例外的保守主義』(America's "Exceptional Conservatism")」と呼んでいるように――一種独特な思潮であった。その宗教的道徳意識の強さから，必然的に，ネオコンは中絶や同性愛，ポルノなどに対して不寛容な態度をとり，道徳的に中立であろうとする新自由主義の立場と袂を分かつのである。

古典的保守主義との違い

留意しておきたいのは，反革命（反共産）主義，自由市場主義というスタンスが共通しているからといって，近代保守主義の父といわれるエドマンド・バーク（E. Burke）らの古典的保守主義と，新保守主義とを同じ「保守主義」として同一視してはならないということである。例えば，エリート主義的で，大衆民主主義に懐疑的な古典的保守主義に対して，新保守主義は，大衆による自由民主主義を（表向きは）至上の普遍的価値とするなど懸隔も大きい。

そして，おそらく両者の最大の相違点は，個人と社会の捉え方にあると思われる。すでに述べたように，新保守主義政権は「小さな政府」化や規制緩和を推し進め，医療や福祉などの公共的領域を個人の自己責任，市場の領域へと解消させていったが，これが過度の個人主義化と社会的流動化をもたらし，地域コミュニティや連帯，互助といった共同性の領域までも掘り崩してしまったのである。

こうした事態は近年，ロバート・パットナム（R. Putnam）などによっても指摘されているが（Putnam 2000），教会

などの宗教的コミュニティの弱い日本ではさらに事態は深刻である。バークは，フランス革命が教会や中間集団を破壊し，解放という名の下に個人をアトム的な「埃と塵（dust and powder of individuality）」にしてしまったことを批判し，また，バーク主義者を任じたフリードリヒ・ハイエク（F. A. Hayek）も，アトム的な個人観を「偽の個人主義」だと批判し，市場と個人を直接対峙させるのではなく，地域コミュニティや家族などの「自生的下位秩序ないし部分社会（spontaneous sub-orders or partial societies）」と，会社や国家などの「組織（organizations）」とが織り成す多元的な社会秩序として自由社会を構想していたことを鑑みれば，新保守主義政権の一面的政策のその後の衰微も容易に理解されよう。新保守主義も形式的には地域コミュニティは重要だとしているが，理論的には統治主体としても生活主体としても自助自律の「強い個人」を想定しているために，地域コミュニティの崩壊をむしろ加速させてしまった面もある（共産主義は，統治主体としては革命的主体と称して「強い個人」を想定し，生活主体としては「弱い個人」を想定する一方，古典的保守主義は統治主体としても生活主体としても「弱い個人」から出発する）。

地域コミュニティの基本的な原理の1つは，不確実性の中で本性的に互助ないしは共生をしていかざるをえない「弱い個人」に立脚しているということにある。しかし，新保守主義政権の一面的な自助自律化政策により，政府にも家族にも地域コミュニティにも支えられなくなったアトム化した弱い諸個人は，その後，大きな政府を志向する社会民主主義勢力を支持するようになったのである。しかし，この新保守主義政権後の揺り戻しによって成立したイギリスのブレア（T. Blair）労働党政権や日本の民主党政権などは，巨額の財政赤字を背負ったままの政権運営であったから，当然，財政負担を軽減させるための新自由主義的政策をある程度継承せざるをえなかった。今後も先進国において政府の役割を再編していく動きが加速していくと思われるが，その際にも古典的保守主義の重要な思考様式の1つである**多元的な社会秩序**に配慮できるか否かが重要な論点となるであろう。

《参考文献》

小島秀信, 2011「伝統・市場・規範性――エドマンド・バークとF・A・ハイエク」『政治思想研究』第11号。

豊永郁子, 2008『新保守主義の作用――中曽根・ブレア・ブッシュと政治の変容』勁草書房。

橋本努, 2007『帝国の条件――自由を育む秩序の原理』弘文堂。

Burke, E., [1790] 1987, *Reflections on the Revolution in France*, Hackett. (『新装版 フランス革命の省察』半澤孝麿訳，みすず書房，1997年)。

Hayek, F. A., 1973-1979, *Law, Legislation and Liberty*, 3 vols, Routledge & Kegan. Paul. (西山千明・矢島鈞次監修「法と立法と自由」『新版 ハイエク全集』Ⅰ-8, Ⅰ-9, Ⅰ-10, 春秋社, 2007-2008年)。

Kristol, I., 1995, *Neoconservatism : The Autobiography of an Idea*, The Free Press.

Putnam, R. D., 2000, *Bowling Alone: The Collapse and Revival of American Community*, Simon & Schuster.（『孤独なボウリング』柴内康文訳，柏書房，2006年）。

小島秀信（こじま・ひでのぶ）

信　頼【trust】

信頼の理論的枠組み

　かつてケネス・アロー（K. J. Arrow）が「信頼は社会システムの重要な潤滑剤」と述べたように（1974年），信頼（trust）は，それがなければ私たちの日常が途端に立ちゆかなくなるほど，経済社会の運営に欠かせない要素だといえる。

　遡れば，ゲオルグ・ジンメル（G. Simmel）が，その著『貨幣の哲学』（Simmel 1900）において，かつてマルタの鋳貨に〈銅ではなく信頼〉と刻まれていたという例を出し，交換としての貨幣取引が行われるためには，一方で受け取ったその貨幣を発行する政府や貨幣の実質価値を認める人々への信頼がなければ，他方でその貨幣が再び同じ価値のために支出できるという経済圏に対する信頼がなければ，誰もその鋳貨を使用することはできないだろうと述べた。続く『社会学』（1908年）においても，信頼を社会における最も重要な結合力の1つとした上で，それを「知識と無知のあいだの中間状態」と考えた。ここでいう信頼とは，知識や情報が不十分な状態において，行為に及ぶための将来に対する仮説や予期だと考えられている。

　ミクロ社会学の創始に位置づけられるジンメルの問題関心は，広く社会学全体に引き継がれた。**社会的交換理論**（social exchange theory）においては，社会的交換状況における他者の義務履行に対する信頼が重要だとし，かつそれは社会的交換が漸次的に反復・拡張されることにより高まることがピーター・ブラウ（P. M. Blau）によって示されている。また，ジェームズ・コールマン（J. S. Coleman）は『社会理論の基礎』（Coleman 1990）で，信頼関係について多くの紙幅を割いている。ここでは信頼を期待効用モデルから捉え，どのような状況下（戦略）において人は相手を信頼するのかについて論じた。

　ミクロ社会学の潮流だけでなく，ニクラス・ルーマン（N. Luhmann）やアンソニー・ギデンズ（A. Giddens）らも，ジンメルに言及しつつ信頼を論じている。ルーマンは情報の不足した状態（複雑性下の状況）こそ信頼が要請される前提であるとし，手持ちの情報を過剰に利用する「複雑性の縮減メカニズム」としての信頼の重要性を説いた（Luhmann 1973）。ギデンズは「信頼にとってもっとも重要な用件は，支配力の欠如ではなく，十分な情報の欠如である」（Giddens 1990：訳49）という前提に立ち，相互の自己開示過程として信頼を捉えようとした。

信頼の機能と類型

　このように，信頼の議論の歴史は古い

が，それが社会学，経済学，政治学などの社会科学全般を巻き込みつつ活発になったのは，1990年代以降，とりわけギデンズやルーマンを引き継いだ**リスク社会（risk society）**論や，後述する**ソーシャル・キャピタル（social capital）**の議論においてである。近代化やグローバリゼーションを背景に，社会が一層複雑化し不確実性を増す社会トレンドが，それだけ信頼の重要性を浮き彫りにしたからであろう。

「歴史の終わり」を説いたフランシス・フクヤマ（F. Fukuyama）は，冷戦終焉以降の経済発展における諸国家の差異を信頼の違いから説明した（Fukuyama 1995）。そこでは，中国，韓国，南イタリアなどを例に，家族主義的で，それ以外の人に対する協力的な規範が希薄である社会を「低信頼社会」とし，アメリカ，ドイツ，日本に代表されるような，家族と国家の間に，企業をはじめとする中間組織が自発的に形成される社会を「高信頼社会」とする分類がなされている。後者のような高信頼社会では，地縁や血縁を超える関係において人材が登用され大企業の形成が可能となり，意思決定の権限が労働者に与えられ，また組織間の長期的な取引関係が構築されるなど，経済発展に重要な基盤が醸成されている。

フクヤマは日本とアメリカをともに高信頼社会としたが，山岸俊男はこうした議論を踏まえつつも，アメリカと日本の差異に注目し，2つの国における一般的信頼の違いを実証的に見出している（山岸1998）。アメリカは，一般的に他者を信頼できる割合が日本に比べて高く，その意味で信頼の高い国だといえる。それに対して，日本はフクヤマのいうような家族主義ではないものの，いったん形成された関係の中で取引を行う傾向が強い，いわば集団主義の社会である。山岸は，アメリカのような，社会的な不確実性のある中でも他者一般へ関係を拡張できる期待を「信頼」とし，日本の集団主義のようなそもそも社会的な不確実性がない状態での期待を「安心」としてこの2つを峻別する。日本は，終身雇用や系列取引が代表するように，安定した日本型システムを構築してきた。しかし，こうした不確実性の低いシステムが過去のものとなりつつある中で，いかに集団主義的関係を超えた関係を構築することができるかが課題であるという。

信頼醸成という社会課題

信頼の持つ重要な機能が実証的に明らかになることは，それを政策的に生み出す可能性の議論へとつながる。こうした文脈での信頼研究は，ソーシャル・キャピタル論と結びつき，その重要性を一層高めつつある。

ロバート・パットナム（R. Putnam）によれば，ソーシャル・キャピタルとは人々の協調行動を活発にすることで社会の効率性を改善できる社会組織の特徴であり，具体的には**互酬性（reciprocity）の規範**と**社会的ネットワーク**に加え，信頼があげられている（Putnam 1993）。先のコールマンやフクヤマも，信頼をソーシャル・キャピタルの重要な，もしくは核となる要素とみなす。信頼がソーシャル・キャピタルの条件なのか，機能なのか，具体例なのかなど，その整理は

容易ではないが，概念の多義性から分野を超えて多くの関心を呼び，世界銀行やOECD，英国統計局などをはじめとする各国の実証研究や政策研究を生み出すきっかけとなった。

こうしたなか，具体的に信頼醸成の担い手の1つとして取り上げられるのが，NPOやNGOに代表される自発的な公益活動である。これらが注目されるのは，領域や既存の関係を越境する中間組織として，地縁や血縁，あるいは集団主義的な関係とは異なる，新たな紐帯を生み出す役割が期待されているからであろう。

《参考文献》

山岸俊男，1998『信頼の構造——こころと進化の社会ゲーム』東京大学出版会。

Coleman, J. S., 1990, *Foundations of Social Theory*, The Bellknap Press of Harvard University Press.

Fukuyama, F., 1995, *Trust : The Social Virtues and the Creation of Prosperity*, New York, Free Press.（『「信」無くば立たず——「歴史の終わり」後，何が繁栄の鍵を握るのか』加藤寛訳，三笠書房，1996年）。

Giddens, A., 1990, *The Consequences of Modernity*, Polity Press.（『近代とはいかなる時代か——モダニティの帰結』松尾精文・小幡正敏訳，而立書房，1993年）。

Luhmann, N., 1973, *Vertrauen : Ein Mechanismus der Reduktion sozialer Komplexität*, Ferdinand Enke Verlag.（『信頼——社会的な複雑性の縮減メカニズム』大庭健・正村俊之訳，勁草書房，1990年）。

Putnam, R. D., 1993, *Making Democracy Work : Civic traditions in modern Italy*, Princeton University Press.（『哲学する民主主義——伝統と改革の市民的構造』河田潤一訳，NTT出版，2001年）。

宮垣　元（みやがき・げん）

生活世界【life-world】

歴史と影響

生活世界（Lebenswelt, life-world）は，**現象学**（Phänomenologie）の創始者フッサール（E. Husserl）により使用されて有名となり，「今世紀の最も稔り豊かな造語のひとつ」ともいわれる。実際，その概念は，ハイデガー（M. Heidegger），メルロー＝ポンティ（M. Merleau-Ponty），シュッツ（A. Schutz），ハーバーマス（J. Habermas）など，現代思想に強い影響を与えた学者たちによってさまざまに展開され使用された。訳語には「生世界」や「生の世界」，「生命界」などもあるが，現在は「生活世界」という訳語がほぼ定着している。

この概念の形成には，アヴェナリウス（R. Avenarius）やマッハ（E. Mach）の「経験批判論」，ディルタイ（W. Dilthey）の「生の哲学」などの影響が指摘される。それらの共通点は，形而上学的思弁を排し，人間的な生の直接経験に学問的基礎を求める点である。ただし，

フッサールの生活世界はその構成過程を問いうる形成物とされ、彼はそこからさらに「**意識の流れ**（Bewußtseinsstrom）」へ還ること（超越論的還元）を主張した。

「意味」への視座と学問の危機

この概念の初出は1917年の草稿中だとされるが、同様の発想はすでに、いわゆる『イデーン』第1巻（1913年）でも確認できる。そこでは日常的な**自然的態度**（natürliche Einstellung）の世界、すなわち生活世界が、単なる事物的世界ではなく、私にとっての価値世界・財貨世界・実践的世界などの、主観的な意識と相関的な**意味連関の地平**（Horizont）であることが指摘されている（Husserl 1976 : 58、訳128）。

この概念は『ヨーロッパ諸学の危機と超越論的現象学』（1937年）の中で特に主題化された。およそ19世紀後半から、ヨーロッパでは科学技術の発展にともない、客観的に確認可能な事実のみを知識の基盤とする**実証主義**（Positivismus）が支配的であった。しかし、その基礎にある自然の数学的把握の偏重は、学問の**「生に対する意義」**を喪失させた。そのためフッサールは、あらゆる学問がそこから成立するが、いつも問われないままに前提されているこの生活世界に光を当て、それを学問的に問うことが、形骸化した当時の諸学の再生に必要だと主張した（Husserl 1954 : 第2章、第9章）。

「生活世界の存在論」と知識社会学的展開

しかし、生活世界を具体的に展開したのは、シュッツにはじまる**現象学的社会学**（Phenomenological Sociology）である。シュッツは、自然的態度で遂行される「**生活世界の存在論**」の立場から、生活世界の構造を探求した。その中で彼は、生活世界を「私」を基点に、「実際に到達可能な範囲」「回復可能な範囲」「獲得可能な範囲」に分類し、さらにそれを時間空間的な経験のあり方に即して「共在者」「同時代者」「先行者」「後続者」の世界に具体化した。そして、「実際に到達可能な」世界を「**労働（working）の世界**」と言い換え、そこでは、有限な人間が持つ**根本的不安**から「希望と怖れ」や「欲望と満足」といった意味の**関連性**（relevance）が生じ、それが生活世界を「**支配の領野**」として現出させていると指摘した（Schutz 1962 : 226-228、訳34-36）。

また、彼に学んだバーガー（P. Berger）は、『現実の社会的構成』（1966年）のとルックマン（T. Luckmann）は、『現実の社会的構成』（1966年）の中で、生活世界を**日常知**の観点から捉え、それは**社会構成主義**（Social Constructionism）の源流のひとつとなった。さらにバーガーは、意識の合理化により宗教的な現実定義の信憑性が失われ、現代社会では生活世界が個人化して**複数化**し、人々が**故郷喪失**（homelessness）の状態にあると分析した（Berger 1973 : 77、訳91）。

コミュニケーション論的展開と「植民地化」

このような現象学的概念としての生活世界から、その自我論的要素を除去し、相互了解的な**コミュニケーション的行為**の場としてこれを位置づけたのが、ハーバーマスである。彼は生活世界を「文化

的に伝承され言語的に組織化された解釈パターンのストック」（Habermas 1981：189，訳25）と言語論的に定義し，その意味連関の再生産様式を考察した。しかしその生活世界は，経済などの物質的な再生産を担う**システム**と相関関係にある。そのため彼は，資本主義社会が発展するにつれ，市場システムや官僚制的な行政システムへの人々の依存度が高まり，その結果「**生活世界の植民地化**」（Habermas 1981：471，訳307）が生じていると批判した。

ハーバーマスにみられる，こうしたシステムと生活世界の2層構造に対して，彼と論争したルーマン（N. Luhmann）は，社会を一元的にコミュニケーションだけからなるシステムと捉える。それは，フッサールの「生活世界」論のシステム論的解釈だといえる。このように，生活世界の概念は，それ自身がいまなお汲み尽くせぬ豊かな知の泉である。そのため，その地平を見通すためには，あらためて「**生（Leben, life）**」の概念を再考することが必要となろう。

《参考文献》

Berger, P., B. Berger and H. Kellner, 1973, *The Homeless Mind : Modernization and Consciousness*, New York, Random House Inc.（『故郷喪失者たち——近代化と日常意識』高山真知子ほか訳，新曜社，1977年）．

Habermas, J., 1981, *Theorie des kommunikativen Handelns*, Frankfurt am Main, Suhrkamp.（『コミュニケイション的行為の理論』〈下〉，丸山高司ほか訳，未来社，1987年）．

Husserl, E., 1954, *Die Krisis der europäishen Wissenschaften und die transzendentale Phänomenologie*, 2. Aufl., hrsg. v. W. Biemel, Haag : M. Nijhoff.（『ヨーロッパ諸学の危機と超越論的現象学』細谷恒夫・木田元訳,中央公論社,1995年）．

Husserl, E., 1976, *Ideen zu einer reinen Phänomenologie und phänomenologischen Philosophie : Allgemine Einführung in die reine Phänomenologie*, hrsg. v. K. Schuhmann, Haag : M. Nijhoff.（『イデーン 純粋現象学と現象学的哲学の諸構想1-1』渡辺二郎訳,みすず書房，1979年）．

Schutz, A., 1962, *Collected Papers I : The Problem of Social Reality*, edited and introduced by M. Natanson, The Hague : M. Nijhoff.（『アルフレッド・シュッツ著作集 第2巻 社会的現実の問題［2］』渡辺光・那須壽・西原和久訳，マルジュ社，1983年）．

廣重剛史（ひろしげ・たけし）

正　義【justice】

古典的正義の概念

人間存在は，社会的存在であり，社会生活を通じて自らの完成と幸福の実現を目指す。したがって，人間は，その社会生活において，人間をすべてその者に相応しく扱うこと，すなわち，「各人にそ

の人のものを与えること（*suum cuique tribuere*）」が必要となる。この「各人にその人のものを与える」とは，時々または偶然の行いであるというのではなく，このような正しい行いを自然本性的に行わせるような，意志の確定的恒常的な態度（*habitus*，慣習態）である点に意味がある（メスナー 1995：468, 243）。このようなものを，倫理徳，その中で基本的なものを枢要徳と呼ぶが，正義とはまさにこの枢要徳の1つである。すなわち，正義は，他者に対する人間的行為を理性の求めに適ったものたらしめる徳であり，対他的社会倫理の徳目である。

交換的正義，配分的正義，法的正義

古典的正義概念によれば，各人は自分自身のものを有するから，それを過不足なくその人に帰することが理性に適った行為となる。それゆえ，正義は，個々人や個々の社会集団に対し，各人のものをその人に帰す義務を課している。この関係は，3種に分けられる。第1は，社会を構成する個人と個人との相互関係，第2は，社会のそれを構成する個人に対する関係，第3は，社会の構成員である限りにおける個人の全体である社会に対する関係である。

第1の関係に関わる正義の徳は，**交換的正義**（commutative justice）である。これは，等しい個人と個人の間を支配すべき公平の徳であり，万人を全く平等で均等なものとみなした上で，算術的等しさをもって取り扱われるべきものと考える。具体的には，債務不履行，不法行為，犯罪などにおける加害者被害者間の回復を目指す「厳格な正義」であり，民事取引において等価物の交換を要求する「契約の正義」でもあり，給付と反対給付との均等を求める「均等の正義」でもある。

第2の関係に関わる正義の徳は，**配分的正義**（distributive justice）である。これは，「等しいものを等しく」，「等しくないものを等しくないように」取り扱うことであり，人を算術的な等しさではなく釣り合った等しさ，幾何学的・比例的な等しさをもって取り扱うべきものと考える。全体である共同体の中で各人が占める位置や重要性に応じて，何が部分である個々の構成員にとっての正当な持ち分であるかは，共同善（*bonum commune*）に照らして確定され，比例的に配分がなされる。

第3の関係に関わる正義の徳は，**法的正義**（legal justice）である。これは，個人の社会に対する行動を規定するものである。人は，社会の構成員である以上は，その社会の存続および繁栄を図らなければならず，つまりは，共同善への貢献が求められる。共同善への秩序づけを図るのはもっぱら実定法であり，共同体への個人の責務は一般的に実定法によって規定される。それゆえに，「法的正義」と呼ばれる。

社会的正義

古典的正義の3分法は，部分と部分との関係，全体の部分に対する関係，部分の全体に対する関係からなる，現在でも広く受け入れられている網羅的・合理的な体系である。しかしながら，資本主義のグローバルな展開の結果広まった格差問題などのさまざまな問題を契機に，人格の尊厳の価値が世界的に注目され，19

世紀半ば頃から，社会的正義が論じられるようになった（宮川 2007：20）。元来，正義の徳は，他の枢要徳とは異なり，行為者の人間人格（*persona*）への秩序づけとして，社会性を重要な内的特性のひとつとして備えている。それ故，古典的正義の概念に社会性の側面を加え，古典的正義の概念を補強する役割を果たすものとして，社会的正義の概念が論じられるようになった（宮川 2007：28）。

現代正義論

特に，20世紀後半，ジョン・ロールズ（J. Rawls）の反功利主義的な**「公正としての正義」**論をきっかけに，福祉国家を支持する平等主義的リベラリズム（R・ドゥオーキンなど），拡大国家を否定するリバタリアニズム（R・ノージックなど），そして，リベラリズムを批判するコミュニタリアニズム（M・サンデル，M・ウォルツァー，A・マッキンタイア，C・テイラーなど）が登場し，「ロールズ・インダストリー」と呼ばれる膨大な量の研究が蓄積された。その中でも代表的な成果がアマルティア・セン（A. Sen）の**「潜在能力アプローチ」**である。以下，ロールズの見解とセンの見解をみていく。

ロールズの公正としての正義論

ロールズは，社会契約説を現代的に再構成し，自由かつ平等な市民が社会的協働を図るための公正な基盤を確立するよう，公正な手続条件の下で正義の原理を導出・正当化しようとする。人々は自らが置かれるであろう状況を覆い隠された「無知のヴェール」の下で，自己の状況の合理的な改善だけを求めるように設定されている。この仮説的な「原初状態」の下で，最も賢明な判断は，最悪な場合を回避しようとする合理的な保守的戦略である「マキシミン・ルール」に従って，正義の原理を選択することである。この正義の原理と直観的な道徳的判断との間で相互反復しながら両者が一致する「内省的平衡状態」が目指される。その結果，平等な自由の原理が第1原理として，格差原理および機会均等原理が第2原理として，いわゆる「正義の2原理」が導かれるとする（ロールズ 2010：402-444）。

特に注目されたのは，格差原理である。ロールズは，格差原理において，人々の生まれながらの才能は偶然のものであるがゆえに「社会の共同資産」とみなし，最も不利な状況にある人々への国家による「基本財（primary goods）」（権利と自由，機会と権力，富と諸徳など）の平等な分配を正当化する。

センの潜在能力アプローチ

ロールズの正義論を批判的に承継し，ロールズ同様，平等こそが正義論の中核に据えられるべきであるが，ロールズの正義論には深刻な問題があると指摘したのが，センである。センは，格差原理は個々人のニーズの多様性を考慮していないと批判し，重要なのは基本財そのものではなく，基本財はあくまで人生のさまざまな目的のための手段に過ぎないと指摘する。センは，人は，財を利用することでさまざまな生き方をするが，身体的精神的にもまた社会的にも異なっているから，その人が現実に何ができるかは，その人の特性と財によって異なっている。

そこで，ある人にとって実際に達成可能な活動の組合せの集合（生き方の幅，価値ある生活を選ぶ実質的自由）をセンは「**潜在能力（capabilities）**」と呼び，分配において着目されなければならないのは，潜在能力のうち，特に基本的なもの（移動，衣食住，社会生活への参加など）に関しては平等を図ることだと論じるのである（セン1999：125）。潜在能力はアリストテレス＝トマス主義の可能態（*dynamis*）にその淵源を持ち，センのアプローチは古典的正義論の立場の発展形態ともいえよう。

《参考文献》

宮川俊行，2007「回勅『クワドラジェジモ・アンノ』の正義論——トマス主義福祉倫理学的一考察」『カトリック社会福祉研究』第7巻，1-34。

Aristoteles, *Ethica Nicomachea*. (『ニコマコス倫理学』〈上・下〉高田三郎訳, 岩波書店, 1971年, 1993年)。

Aquinas, T., *Sammc, Theologica*. (『神学大全〈第18・19・20冊〉』稲垣良典訳, 創文社, 1985年, 1991年, 1994年)。

Messner, J., 1960, *Das Naturrecht: Handbuch der Gesellshaftsethik Shaftsethik und Wirtschaftsethik*, 5. Aufl, Wien. (『自然法——社会・国家・経済の倫理』水波朗・栗城壽夫・野尻武敏訳, 創文社, 1995年)。

Rawls, J., 1999, *A theany of Justice, revised ed.*, Cambridge, Harvard University Press., (『正義論〈改訂版〉』川本隆史・福間聡・神島裕子訳, 紀伊國屋書店, 2010年)。

Sen, A., 1992, *Inequality reexamined*, Harvard University Press. (『不平等の再検討——潜在能力と自由』池本幸生・野上裕生・佐藤仁訳, 岩波書店, 1999年)。

平手賢治（ひらて・けんじ）

制　度【institution】

定　義

人々が社会生活をスムーズに営むためには，人々や集団における関係を調整するしきたりや慣習，あるいは法や規則などの制度（institution）が必要となる。制度は，その原義からいえば，ラテン語の語源「in+ statuere」（「或るものの上に立てる」の意）や漢字の語源「度を制す」（「きまりや基準を定める」の意）に端的に表れているように，人間の意志によって設立されて在るものである。そのため，かつては法や規則のように国や集団・団体を運営していくために意図的に制定されたものだけが制度（「**フォーマルな制度**」）とみなされていたが，現在ではしきたりや慣習のように明確な意図を持たず無意識的に形成されるものも制度（「**インフォーマルな制度**」）とみなすようになっている。こうして，今日，制度は「フォーマルな制度」と「インフォーマルな制度」の2つに大別される。

制度の役割としては，制度が人々の行動の制約や規範として機能していることに着目し，これまでは主にその規制的・

規範的な面が重視されていたが，近年は認知科学（cognitive science）の影響を受けて，人々の行動や思考の前提となる認知的枠組みとしての制度に注目が集まっている。

制度は常に生成・変化（維持・発展・衰退・消滅）しており，「パターン化すること」（**制度化**）と「パターン化されたもの」（制度）とを区別することが重要である。パターン化された制度は本質的に一定の範囲・一定の期間において安定・持続する傾向を有するが，必ずサンクションを伴い，正のサンクション（同調）は制度の維持や発展を，負のサンクション（逸脱）は制度の変更や衰退・消滅をもたらす。制度には，社会経済体制の転換や崩壊の影響を受け，それとともに大きく変質したり消滅する制度もあれば，逆にしぶとく生き残る制度もある。また，体制の転換や崩壊が起こらなければ変更や解体ができない制度もある。その中で，体制の解体後も残る制度が制度の中心となる部分であり，それ以外の部分は制度の周辺を形成している。

歴史と多様性

人々の社会生活を明示的ないし暗黙に律している制度は，服装や言語などの慣習法的なインフォーマルなものから，家族・寺院・教会・大学・企業・政府などのインフォーマルないしフォーマルな組織を含み，さらには法治国家において立法化されるフォーマルな法制度まで，およそ社会生活のあらゆる範囲に及んでいる。実際，制度は経済・政治・社会・文化や下位組織・個別組織・組織集団・社会・世界など人間活動のあらゆる領域・あらゆる階層において見い出される。こうした遍在性のため，多種多様な制度が存在し，制度に関する議論は大きな多様性を示すことになる。

歴史的に振り返ると，制度についての議論が活発だったのは，19世紀末から20世紀1930年代までの**旧制度主義**の時代と20世紀末から21世紀初めの**新制度主義**（new institutionalism）の時代（現在）である。1980年代以降本格的に復活した新制度主義は，制度についての理論そのものが欠如していた旧制度主義とは異なり，方法論や理論への高い関心を共有するが，その具体的内容となると著しく多様である。新制度主義においては，制度の捉え方に大きく2つのタイプが存在する。1つは，制度と行為者（個人）との関係において行為者を制度よりも先に設定し，行為者の選好や信念を与件とする**経済学的アプローチ**である。この考え方では，制度は行為者にとって制約として働くが，制度そのものは行為者間の相互作用（ゲーム）の結果（均衡）とされるため，制度変化の説明に有効である。もう1つのタイプは，行為者よりも制度を先に置く**社会学的（文化的）なアプローチ**である。この考え方では，制度が行為者に対して現実理解や行動を意味づける認知的枠組みを提供する自明のものとして存在するため，制度の持続性の説明に有効である。

新制度主義には，この2つのタイプのアプローチ以外にも，制度の持つ政治性に着目して制度生成のダイナミズムを強調する政治学的なアプローチや制度の生成過程の歴史的経緯を重視する歴史的なアプローチなど，多様なアプローチが存

制度の再発見

「制度の再発見」と呼ばれている新制度主義の興隆は，制度とは何かを考える上で極めて示唆的である。旧制度主義は欧米社会全体において経済が社会的基盤から切り離され本格的に「離陸」しようとしていた時代の隆盛であり，新制度主義は経済の「離陸」がグローバルな規模で進行している現代において復活している。新制度主義の興隆は，法治国家として議会での立法活動が日常化した現代社会における「フォーマルな制度」のあり方や，経済的・政治的な「フォーマルな制度」と人々に内面化されている社会的・文化的な「インフォーマルな制度」との結びつきのあり方が，社会秩序全体に決定的な影響を与える大きな時代的課題として再び浮上してきていることの現れである。

《参考文献》

河野勝，2002『制度』東京大学出版会。
盛山和夫，2002『制度論の構図』創文社。
Chavance, B., 2007, *L'Économie Institutionnelle*, La Decouverte.（『入門制度経済学』宇仁宏幸・中原隆幸・斉藤日出治訳，ナカニシヤ出版，2007年）。
March, J. G. and J. P. Olsen, 1984, *Rediscovering Instituions : The Organizational Basis of Politics*, Free Press.（『やわらかな制度（制度の再発見）』遠田雄志訳，日刊工業新聞社，1994年）。
North, D. C., 1990, *Institutions, Institutional Change and Economic Performance*, Cambridge University Press.（『制度・制度変化・経済成果』竹下公視訳，晃洋書房，1994年）。
Peters, B. G., 2005, *Institutional Theory in Political Science : The New Institutionalism*, Continuum.（『新制度論』土屋光芳訳，芦書房，2007年）。
Scott, W. R., 1995, *Institutions and Organizations*, Sage Publications, Inc.（『制度と組織』河野昭三・板橋慶明訳，税務経理協会，1998年）。

竹下公視（たけした・こうし）

政府の失敗【government failure】

政府の失敗とその理論

第2次世界大戦後，西側諸国の多くは，**市場の失敗**（market failure）を補整・補完するために，完全雇用と経済成長を目標とした経済政策と，社会保障政策を拡充する**福祉国家**（welfare state）体制へと移行した。政府が積極的に経済経過への介入を強め，国民の生活は大きく改善した。しかし，1970年代頃から国家財政の膨張による財政赤字や再分配の歪みが大きな経済社会問題となり，21世紀に至るまで，解決の糸口は見つかっていない。政府による経済プロセスへの介入が，市場の失敗を克服し，経済社会の厚生を高めるとは限らないのである。この問題を総称する概念が，「政府の失敗（government failure）」である。政府の失敗は，財政問題が表出化した1970年代

から今世紀にかけての問題ではあるが、戦後、多くの国が福祉国家体制に舵を切った時点から、潜在的に存在していた。

政府の失敗を引き起こすような政策決定過程の欠陥は**公共選択論**（public choice theory）によって1960年代から指摘され続けてきた。公共選択論は、政策決定に関わる主体の行動原理を検証し、問題点を明らかにしている。政策決定過程の欠陥の構造を、公共選択論では、以下の2点に整理している（小西2009：7-13）。1点目は、「政府はパレート効率的な資源配分ができない」という点である。なぜなら、市場の失敗により、**公共財**（public goods）の供給において政府の介入が必要になった時、政府は生産にかかる限界費用は知りえたとしても、私的な限界便益の総和を知ることはできないためである。2点目は、「政策決定に関わる主体が合理的な選択をできない」ことに着目する。合理的な判断を行うためには、政策決定に関わる主体の選好が首尾一貫していなければならないが、それが貫徹されることは非常に難しく、ゆえに非合理な政策決定が行われる。その結果、引き起こされるのは、経済経過に対し過剰な介入による競争的市場の侵害と、その結果としての財政赤字の累積である。また、財政赤字をもって行われる再分配も、適切な箇所に投入されるとは限らない。

政策決定過程とその特徴

政策決定は、議会において行われる。その議会の構成は、ほとんどの民主制国家では、間接民主制と多数決ルールに基づく選挙制度により、有権者の投票によって決定される。だが、有権者の投票行動は、不完全な情報に基づくものになりうる。例えば、有権者にとって、自分に合致した政治観の政党や候補者を探すコストが、情報を獲得し得られる便益に対して大きい時、有権者は不完全な情報のまま政治的意思決定を下していこうとするのである。この問題を「**合理的無知**（rational ignorance）」と呼ぶ。

他方、政治家は、有権者の投票行動原理と選挙制度の特性を踏まえた選挙活動を行なう。例えば、有権者は、選挙直前に実施された政策について良く覚えており、また短期的な問題に関心を抱く傾向を持つ。そのため、政治家は直近の課題を解決するような政策、かつ選挙前に政策の便益が表れ、選挙後の未来に負担が生じる政策を選択し、長期的な課題に取り組む政策は忌避される。

官僚もまた、政策決定に対し一定の権限を持つ。福祉国家体制では、国家の活動と介入の領域は拡張し続けため、それに対応するために、大規模な官僚システムが必要不可欠となった。かつて、官僚機構は、議会の決定に対し受動的な立場であったが、現在ではその専門知識、情報量、自由裁量の余地を利用しながら、政治家に代わって多くの政策を立案する。

利益団体（interest group）は、団体とその構成員の利益を実現するための組織であるが、その手段として議員や官僚に対して、利益の要求を行なう。利益団体の要求が政策に及ぼす影響の強さは、組織の持つ資金や資金の提供能力、構成員の数などによる。選挙の際に、政党や政治家は議席獲得のために集票能力を持つ利益団体を利用するインセンティブを

持つため，利益団体を支持母体としその構成員の利益を実現するような政策を実施する。**多元社会**（plural societies）とは，このように利益団体による個別集団的な利益追求が政策決定に影響を与える経済社会である。そして，1980年代から国家および地方自治体のレベルでも，利益団体をはじめステークホルダーを組織し，各種審議会を通じた政策立案が展開されてきた。行政施策を検討する各種審議会は，官僚組織と利益団体の相互戦略的な交渉の舞台としての意味を持っており，これは多元社会の新たな展開としての「**ネオ・コーポラティズム**（neo-corporatism）」として特徴づけられる。

財政赤字と「新しい社会問題」

政府の失敗は以下に示す具体的な経済社会的な問題を引き起こしてきた。

まず多元社会の力学において，利益団体にとって国家財政はあたかも**集合財**（collective goods）のごとく扱われ，予算獲得競争が巻き起こる。さらに，利害調整が比較的に容易な特定の政策領域への予算の偏重がもたらされる。具体的には，利害関係者の協調行動が組織しやすい高齢者医療と介護の分野では，より速いテンポで費用が膨張し続けている。国家財政が危機に直面していても，利益団体は既得利権を強固に主張し，財政削減による再分配の縮小に強く反対をする。

また，官僚機構も政策立案と実施に関して，利益団体と協調関係にあるため，強くその行動を抑制することはできない。そして，官僚システムでは，獲得された予算の消化が目指される。予算を使い切ることが優先される結果，効率性が損なわれ非効率な選択がなされることを，「**X非効率**（X inefficiency）」という。また，官僚機構そのものを拡大させ，集団的昇進を実現し，官僚の個人的利益を獲得するために，官僚機構は維持・拡大される傾向も持つ。他方，有権者が，利益団体や官僚の行動を規制することは不可能であり，選挙と選挙の間の期間の政治家の政策決定に関与することもできない。したがって，福祉国家においては，財政膨張を食い止める力学は存在せず，財政赤字の慢性化と財政赤字に伴う債権の累積が大きな問題となる。

加えて，財政規模の拡大に応じて国民生活が必ずしも改善されているわけではない。強い政治力を持つ利益団体の構成員は多元社会の力学により誘導された利益を享受することができるが，小さな利益団体の構成員，または利益団体に組織されない人々は，再分配からも排除される。このような再分配のゆがみは，1970年代ドイツのガイスラー（H. Geißler）により「**新しい社会問題**（neue soziale frage）」として指摘されている（足立1995：116-118）。

《参考文献》

足立正樹，1995『現代ドイツの社会保障』法律文化社。

小西秀樹，2009『公共選択の経済分析』東京大学出版会。

永合位行，2001「福祉国家の調整問題」足立正樹編著『福祉国家の転換と福祉社会の展望』高菅出版。

Buchanan, J. M., C. K. Rowley, and R. Tollison, 1987, *Deficit*, Blackwell Publishing.（『財政赤字の公共選択論』加藤

寛訳，文眞堂，1990年）。

山岡　淳（やまおか・あつし）

世界システム【world-system】

世界システムの成立と構造

イマニュエル・ウォーラーステイン（I. Wallerstein）は，『近代世界システム』第1巻（1974年）において，16世紀に西ヨーロッパを中核として成立した世界的分業体制を**近代世界システム**（modern world-system）と呼び，一国的視座を越えた資本主義の新たな歴史認識を提示した。その理論的系譜としては，中心－周辺関係を軸として世界経済を捉える「従属理論」や世界資本主義論の展開があった。世界システム論，とりわけウォーラーステインのそれは，政治経済学にとどまらず，社会学，政治学，歴史学など，多くの分野に影響を与えており，いまや現代科学・思想の不可欠な一部となっている。

一般に，世界システムは**中核**（core），**半周辺**（semi-periphery），**周辺**（periphery）という3層構造からなり，各地域間で不平等な地理的分業が行われる。そして，各地域には，それぞれ特有の生産形態，労働様式，国家機構が成立する。中核諸国では強力な国家機構が発展し，それらの間で**ヘゲモニー**（hegemony）をめぐる抗争が展開される一方，周辺地域にさまざまな支配を及ぼす。

ウォーラーステインによれば，15世紀末から17世紀初頭にいたる，いわゆる「長期の16世紀」に，それに先立つ「封建制の危機」（1300～1450年）への対応策として対外進出を行った西ヨーロッパ＝中核は，東ヨーロッパとラテンアメリカを主な従属地域，つまり「周辺」として，世界的な分業体制である世界システムをつくりあげた。「中核」では，自由な賃金労働が支配的となり，製造工業が盛んになったのに対して，「周辺」では，奴隷制や「再販農奴制」，強制的な労働形態が主流となり，世界市場向けの農・鉱産物のモノカルチャーが広がった。この中間には，南フランスやスペイン，ポルトガルなど，「半周辺」と呼ばれる地域があり，労働様式として「分益小作制」が一般的であった。そういうわけで，**資本主義世界経済**（capitalist world-economy）とは，極大利潤の実現を目指す市場向け生産のために成立した「世界的分業体制」に他ならない。

ウォーラーステインの見解では，それまでにもさまざまな世界経済が誕生していたのだが（例えば，中世末期のヴェネツィア，さらにはフランドルやハンザ同盟の諸都市），それらは解体するか世界帝国に転化するかどちらかの道をたどった。だが，この時期に生まれたヨーロッパ世界経済だけが，こうした轍を踏むことなく，ハプスブルク帝国による世界帝国への転化の試みをしのいで，文字どおり世界経済に成長したのである。その画期となったのが，1556年の神聖ローマ皇帝カール5世の退位であり，これをさかいにハプスブルク王朝の世界帝国への夢が永遠に潰えたという（「帝国の挫折」）。

というのも，世界経済の急速な経済的・人口的・技術的発展を支えるに足る帝国の基盤——経済的基盤，官僚層，常備軍——はあまりにも脆弱だったからである。

世界システムの長期動態

このような構造を持つ近代世界システムは，その後，**コンドラチェフ循環**（Kondratieff cycle）に示されるような，経済の長期変動を繰り返しながら，次第に拡大を遂げ，ついには地球全体をおおうにいたった。1620年代から始まる17世紀の「全般的危機」は，「長期の16世紀」に成立し拡大を遂げた世界経済の収縮局面（ロジスティック波のB局面）を意味した。この時代のヨーロッパを中核とする世界経済は，地理的にも交易量の点からもほとんど拡大せず，重商主義および重商主義戦争を通じて，中核諸国は世界の余剰を奪い合うことになった。

このような中核諸国の熾烈な競争の結果，中核諸国の中でも他を圧倒し，「生産・貿易・金融活動の効率性において，さらに軍事力において他の国を凌駕する」(Hopkins/Wallerstein 1979：訳30) 国が現れた。17世紀中葉のオランダである。このヘゲモニー状態は，その後19世紀のイギリス（パクス・ブリタニカ），20世紀なかごろのアメリカ（パクス・アメリカーナ）についても認められる。

しかし，生産，貿易，金融のすべての領域でヘゲモニーを確立した経済も，いずれその順に「比較優位」を喪失し，次第に金融に比重が移っていく。ヴィクトリア朝のイギリス，ドル覇権のアメリカは，生産面での競争力が低下したずっと後まで金融力の比較優位を保持してきた。

ウォーラーステインによれば，これらのヘゲモニーはいずれも「30年の長さの世界戦争」によってもたらされた。**世界戦争**というのは，「領土と人口に甚大な破壊をおよぼす戦闘に，その時代のほとんどすべての主要軍事大国をまきこむ陸上を拠点とする戦争」(Wallerstein 1984：訳68) のことである。そのような戦争として挙げられるのは，1618〜1648年の30年戦争（ハプスブルク家に対するオランダの勝利），1792〜1815年のナポレオン戦争（フランスに対するイギリスの勝利），1914〜1945年のユーラシア戦争（ドイツに対するアメリカの勝利）であった。そして，この戦争の結果，世界秩序の相対的安定に必要な国家間システムの新たな再編成（ウェストファリア，ヨーロッパ協調，国際連合とブレトンウッズ体制等）が行われた。世界戦争は，他のより限定的な戦争と異なり，ヘゲモニーそのものと同様に「まれなこと」であった。

世界システムと21世紀

ジョシュア・ゴールドステイン（J. Goldstein）は，その著『長期循環——近代における繁栄と戦争』（1988年）において，戦争の激化期——年平均戦死者数でみた——がコンドラチェフ循環の上昇末期に訪れていることを実証し，近代における経済的繁栄が実は大戦争の発生と分かちがたく結びついていたことを明らかにした。そして，こうした知見に基づいて，21世紀初頭の数十年間に予想される世界経済の拡大とヘゲモニーの衰退との「危険な組み合わせ」に警告を発し，国際的なパワー・ポリティクスのシステ

ムに代わる新しい世界秩序の構築を提唱している。

　今日，こうした観点から注目すべきは，世界経済のなかでとりわけダイナミックな発展を遂げているアジア・太平洋地域である。この地域の将来について予測される最悪のシナリオは，急速な経済成長を背景に軍備が増強され，国際的に危険な地域となる場合であろう。ゴールドステインの試算によれば，コンドラチェフ循環の上昇期における戦死者数の総和は，下降期のそれの実に21倍にものぼるという。アジア・太平洋地域が，「このような愚行の歴史から脱却できるか」どうかが，「この地域に問われている大きな文明的課題」（猪口 1996）なのである。

《参考文献》

岡田光正，1999「世界システムと長期波動」若森章孝・松岡利通編『歴史としての資本主義』青木書店．

『朝日新聞』1996年1月1日号，新春座談会「アジアを考える」（猪口邦子氏の発言）

Goldstein, J. S., 1988, *Long Cycles : Prosperity and War in the Modern Age*, Yale University Press.（『世界システムと長期波動論争』岡田光正訳，世界書院，1997年）．

Hopkins, T. K./Wallerstein, I., and others, 1979, "Cyclical Rhythms and Secular Trends of the Capitalist World-Economy", *Review* Ⅱ, 4.（『長期波動』山田鋭夫ほか訳，藤原書店，1992年）．

Wallerstein, I., 1974, *The Modern World-System : Capitalist Agriculture and the Origins of the European World-Economy in the Sixteenth Century*, New York, Academic Press, Inc.（『近代世界システムⅠ』川北稔訳，岩波現代選書，1981年）．

Wallerstein, I., 1984, *The Politics of the World-Economy*, Cambridge University Press.（『世界経済の政治学』田中治男・伊豫谷登士翁・内藤俊雄訳，同文舘出版，1991年）．

　　　　　　　岡田光正（おかだ・みつまさ）

ソーシャル・キャピタル【social capital】

歴　史

　ソーシャル・キャピタル（social capital，以下SCと略）という表現が初めて欧米で用いられたのは，小説家ヘンリー・ジェームスが1904年に発表した『金色の盃』だと言われている。このほか，アメリカの教育者で哲学者のジョン・デューイ（J. Dewey）の『学校と社会』にも，SCという言葉が使われている。また，1916年にアメリカのウェスト・ヴァージニア州の地方教育長であったリダ・ハニファンは『アメリカ社会政治学会年鑑』掲載の論文でソーシャル・キャピタルについて，「不動産，個人の資産，現金などの有形な物を人々の日常生活の中で最も有用にするもの，すなわち，社会単位を構成する個人や家庭間の社会的な交流，善意，仲間意識，同情など」（Hanifan 1916 : 23）と述べている。

　その後，都市問題を基礎に鋭い文明批

評を展開したジェーン・ジェイコブスも『アメリカ大都市の死と生』の中で人々の交流をとらえて，SCという言葉を用いている。このほか，市民的コミュニタリアニズム（共同体主義）もパットナムを中心とするSCの論者へ影響を与えているように思われる。

研究の発展

1980年代に入って，SCは学術的な研究テーマとして本格的に取り扱われ始めた。フランスの哲学者で社会学者でもあるピエール・ブルデュー（P. Bourdieu）とアメリカの教育社会学者のジェームズ・コールマン（J. Coleman）がそれぞれSCをテーマに論考を著した。さらに，1990年代に入り，ネットワーク論のロナルド・バート（R. Burt）による**構造的空隙論（structural holes）**，イタリアの州政府の効率の違いを論じた政治学者ロバート・パットナム（R. Putnum）の Making Democracy Work，合理的期待形成論者で経済学者のゲーリー・ベッカー（G. Becker）も人的資本と対比させSCを論じている。さらに1990年代の後半からは，世界銀行でもマイケル・ウールコックらを中心にSCの発展途上国における重要性が盛んに論じられた。このほか，イチロウ・カワチらが公衆衛生学の立場からSCを取り入れ，社会疫学という新しい学術分野を切り拓いた。2000年にはロバート・パットナムがSCをテーマに Bowling alone : The collapse and revival of American community を著し社会的にも大きな反響を呼んだ。このように，ソーシャル・キャピタルは社会学，社会心理学，教育学，経営学，経済学，政治学，開発経済学，社会疫学などさまざまな分野で学術研究がすすめられていった。

定　義

パットナムは Making Democracy Work で，SCの定義を「協調的行動を容易にすることにより社会の効率を改善しうる**信頼（trust）・規範（norms）・ネットワーク（networks）**などの社会的仕組みの特徴」（Putnam 1993：167）とし，これが，最も人口に膾炙した定義となった。彼は，その後 Bowling alone の中で「社会関係資本が指し示しているのは個人間のつながり，すなわち社会的ネットワーク，およびそこから生じる**互酬性（reciprocity）**と信頼性の規範である」（Putnam 2000：訳14，括弧内は筆者付記）と述べている。なお，SCの日本語訳としては上記の Bowling alone の邦訳でも用いられている「**社会関係資本**」が定訳となっている。

パットナムは，SCを個人の資産ではなく，社会やコミュニティに帰属するものとしている。しかし，SCを個人の資産と見る定義もある。ピエール・ブルデューは「SCは，多少とも制度化された関係の永続的ネットワーク，お互いに知り合いであり認め合うネットワーク関係の所有，つまりあるグループのメンバーであることと関係する，現実および潜在的なリソースの集合である」（Bourdieu 2006：110）と述べSCは個人に帰するものとしている。

このほか，ナン・リン（N. Lin）は「人々が何らかの行為を行うためにアクセスし活用する社会ネットワークの中に

埋め込まれた資源」(Lin 2001 : 29) と定義している。リンの定義でも，社会関係資本は個人に帰属するものである。また，彼のいう社会関係資本はネットワークの効果であり，規範や信頼とは区別している。このほか，アメリカのビジネススクールでは，いかに個人的なコネをうまくビジネスに利用するかという観点からSCを論じるビジネススクール学派があり，彼らは基本的にネットワークとその外部経済は個人に帰属するという考えを持っている。例えば，ロナルド・バートは「関係構造における個人の位置づけによって創造される利点」(Burt 2005 : 4) と定義している。

以上のように，ネットワークに焦点を当てる論者は，SCを個人に帰するものとする場合が多い。一方，互酬性の規範や信頼に重きを置く論者は，個人ではなく社会全体の協調的な活動に重点を置く傾向がある。また，社会全体やコミュニティのまとまりの良さを**凝集性**（cohesion）というが，健康とSCとの関係を論じる社会疫学では，社会関係資本を論じる場合，主に凝集性に重点を置き，SCからネットワークを外して議論するケースもある。

このほか，エリノア・オストロム（E. Ostrom）は，SCの構成要素として，**信頼性**（trustworthiness）とネットワークに加えて，**公式・非公式なルール（制度**〔institutions〕）をあげている。また，稲葉はSCを広く解釈し「**心の外部性を伴った信頼・規範・ネットワーク**」（稲葉 2005 : 18）と定義し，5つの外部性の特徴（社会的文脈の中で存在し，そのなかの位置で性格を異にし，市場への内部化になじまないものが多い，認知的なものであり，波及効果が高い）をあげている（稲葉 2008 : 13）。

現在の評価

SCには以下のような批判がある。すなわち，①新たな付加価値を提供する概念か，②定義が論者により多岐にわたりあいまいである，③測定方法が確立していない，④因果関係は不明である，⑤政策的含意が不明である。これらの批判のうち，定義については今日ほとんどの研究で明記しており，測定方法についても収斂しつつある。因果関係の特定は現在も大きな課題であるが社会疫学の分野では，介入研究などの導入で因果関係の特定が進んでいる。政策含意も格差，健康，教育などとの関連では大きな意味を持つことが明らかにされつつある。SCの付加価値としては，①信頼，規範，ネットワークなどの既存の概念の持つ効果の理解を，学際的交流を通じてより深化させたこと，②コミュニティの包括的な理解が可能となったこと，③社会疫学のような新たな学術分野を拓いたこと，などがあげられる。

SCは，例えば東日本大震災における人々の冷静かつ協調的な行動の基盤となるものであり，健全なSCを備えた社会はそれ自体，政策目標であり，社会運動の目標でありうる。しかし，社会運動だけではなく，より良い社会を創るためにコミュニティを包括的に研究する学術研究においても有用な概念である。

《参考文献》

稲葉陽二，2005「ソーシャル・キャピタ

ルの経済的含意——心の外部性とどう向かい合うか」『計画行政』第28巻第4号,17-22。

稲葉陽二,2008「ソーシャル・キャピタルの多面性と可能性」稲葉陽二編著『ソーシャル・キャピタルの潜在力』日本評論社,11-22。

Becker, G., 1996, *Accounting for Tastes*, Cambridge, Harvard University Press.

Bourdieu, P., 2006, "The Forms of Capital", in H. Lauder et al. (eds.), *Education, Globalization & Social Change*, Oxford, Oxford University Press.

Burt, R., 1992, *Structural Holes: The Social Structure of Competition*, Cambridge, Harvard University Press.

Burt, R., 2005, *Brokerage & Closure: an Introduction to Social Capital*, Oxford, Oxford University Press.

Coleman, J., 1988, "Social Capital in the Creation of Human Capital," *American Journal of Sociology*, 94, Supplement 95-120.

Hanifan, L., 1916, "New Possibilities in Education", in E. Ostrom and T. Ahn (eds.), *Foundations of Social Capital*, Northampton, Edward Elgar.

Kawachi, I., S.V. Subramanian and D. Kim (eds.), 2008, *Social Capital and Health*, New York, Springer.(『ソーシャル・キャピタルと健康』藤澤由和・高尾総司・濱野強監訳,日本評論社,2008年)。

Lin, N., 2001, *Social Capital: A Theory of Social Structure and Action*, Cambridge, Cambridge University Press.(『ソーシャル・キャピタル——社会構造と行為の理論』筒井淳也,石田光規ほか訳,ミネルヴァ書房,2008年)。

Putnam, R., 1993, *Making Democracy Work: Civic Tradition in Modern Italy*, Princeton, Princeton University Press.(『哲学する民主主義——伝統と改革の市民的構造』川田潤一訳,NTT出版,2001年)。

Putnam, R., 2000, *Bowling alone: the collapse and revival of American community*, New York, Simon & Schuster.(『孤独なボウリング——米国コミュニティの崩壊と再生』柴内康文訳,柏書房,2006年)。

稲葉陽二(いなば・ようじ)

組織理論【organizational theory】

組織の分析

社会と経済の活動の多くは,組織によって担われている。組織は,企業,政府,学校,病院,非営利団体,宗教団体などがある。それは複数の個人から成る社会集団であり,社会の一部を構成しているが,目的のために協働する面で独自の特徴を持っている。そのために,組織は,一定の目的を目指して,意識的な調整を行う社会集団であると定義される(Daft 1998)。組織理論(organizational theory)は,こうした組織が持つ構造と行動についてのパターンや一定の傾向を「組織現象」として捉えて,その因果関

係を観察，分析するための理論である（Daft 1998）。組織は，個人の単なる寄せ集めではなく，集団としての独特な特性を持っている。これは集合的特性といわれ，個人以上の力を発揮したり，複雑なメカニズムを持ったりする特徴である。組織理論は，組織について，こうした集合的特性を強く意識しながら，深い理解をもたらそうとしている。そのために，社会学だけではなく心理学，経済学，経営学，情報科学などの諸領域の間で展開している学際的な協働を行いながら組織現象の分析を行っている。近年ではビジネス・スクールにおいては，「組織行動論」としてその成長とともに制度化されている。社会学的には，ヴェーバー（M. Weber）の官僚制組織の議論から組織の独特なパターンやメカニズムについての研究が始まり，現代では，組織の働きだけではなく，個人や社会に対してどのような意味を持つのかが改めて研究されている。

官僚制論からポストモダニズムへの展開

近代的な組織理論は，20世紀初頭にまず合理的な官僚制組織の研究を主要な出発点としている。ヴェーバーは，政府組織の歴史的な構造的成長を対象にして，近代化に伴ってトップ・リーダー主導でタテの強い階層構造を持ち，法や規則によって支配されている官僚制組織が発達してくるとした。さらに，同時代の資本主義の発達に伴いGMやフォードなどの巨大企業が成長するにつれて，企業もまた大規模化すると官僚制化が進むことがわかってきた。他方，セルズニック（P. Selznick）らは，官僚制が常に合理性を持つとの常識を批判した。つまり組織が官僚制化すると，いわゆる官僚主義のように硬直的な体制ができたり，組織の病理現象が起きたりする「**官僚制の逆機能**」現象が起こると批判した。

次に，1940年代から70年代にかけて組織をシステムとして考える理論が発達してくる。経営学者バーナード（C. Barnard）は，パーソンズ（T. Parsons）の社会学理論などを参照しながら，組織の公式的な構造すなわち「公式組織」について，ある目的を達成するために動く個人間の協働システムであると定式化した。サイモン（H. A. Simon）らは，バーナードの議論を発展させて，意思決定を中心にこうした協働システムが動くものとして組織をモデル化した。こうした組織モデルは，バーナード＝サイモン理論として，現代の組織理論の重要な基盤となっている。さらに，1960年代には環境と相互作用するシステムというオープン・システム論の発想に基づく組織理論が発達してくる。社会環境のあり方に応じて組織の構造のあり方が影響されると考えるコンティンジェンシー理論はその代表である。アストングループらは，先進国での企業の官僚制化が，技術や従業員規模などに影響されることを発見した。ローレンス（P. R. Lawrence）とローシュ（J. W. Lorsch）は，こうした考え方をオープンシステム理論に基づき「**組織のコンティンジェンシー理論（contingency theory）**」とモデル化した。

1980年代に入ると，社会環境が組織に与える影響を考慮する組織理論が，意味や進化という新たな社会学的視点を取り入れて発達してくる。まず，従来の組織

に対する機能主義的な見方に対して，組織の持つ意味や文化，価値を重視した「間主観性の社会学」を取り入れた組織理論が発達してくる。これは，新制度学派社会学もしくは制度理論と呼ばれる理論である。これは，組織が社会の文化環境の影響を受けて，自らの価値観，文化や慣行をパターン化（制度化）して，その構造を形成すると考える。他方で，社会環境のプレッシャーの中で，それに適した組織が生き残ると考え，多数の組織の群れからどのような特性を持つ組織が，淘汰のうちに生き残るかを考える理論も出てきた。組織生態学である。これは後に組織の進化理論にも発展している。

しかし1990年代以降は，西欧近代社会への反省，グローバル化と新興地域の発展を受けて，西欧的な合理性を批判し，よりグローバルな多様性や非合理的な側面を分析しようとする組織理論が発展してきている。ポストモダン組織理論や批判的組織理論である。これらの組織理論は，ポストモダンの思想を基に，西欧合理性の観点を批判し，それとは別の観点で組織現象の持つ意味合いを解釈していこうとする視点である。

市場，企業，ビジネス・ネットワーク

経済的なメカニズムが社会的な組織に与える影響についての研究が，こうした組織理論と並行して1970年代以降に発達を始めた。まず，**取引費用経済学**(transaction cost economics)のような新たな企業組織の経済学の発達は，経済組織の理論に対して大きな影響を与えた。取引費用経済学は，サイモンの組織理論の一部を取り入れて，企業組織の働きを分析した。そして，企業組織が発達する理由は，市場における経済取引が非効率になる「市場の失敗」の克服のために取引を内製化することにあると提唱した。他方で，こうした組織の経済学的分析は，1970年代以降の「**新しい経済社会学**」に基づく組織理論の発達を促進した。グラノヴェター（M. Granovetter）は，経済活動が，それを担っている人たちの社会的ネットワークを媒介にして，実際には社会構造の中に埋め込まれており，社会文化（価値観，文化，制度慣行，社会権力など）の影響を受けながら経済活動が行われていることを明らかにした（経済の社会的埋め込み）。こうした考え方に基づき，市場，企業，ビジネス・ネットワークを対象にした経済社会学的な研究が進み，その1つの領域として，企業組織の研究も進んできている。近年では，組織ネットワーク理論という新たな理論潮流も登場してきている。

組織理論の今後と経済社会学

組織理論において，社会学的な研究が期待されている領域は数多い。まず組織の中の集団，地位，権力，コミュニケーションの現象という伝統的な領域についての研究が期待されている。さらに，文化の影響，グローバル化の影響，女性の社会進出と性役割分業の実態などと組織のあり方についても分析が期待されている。また，経営環境の変化に対応した企業改革が増えてきたことから，組織の構造やその変革の分析にも関心が持たれている。そして新たな経済社会学の観点のように，サービス経済や情報経済のような現代の経済的な現象における新たな組

織の働きと仕組みについて明らかにすることも期待されているだろう。

《参考文献》
富永健一, 1997『経済と組織の社会学理論』東京大学出版会。
渡辺深, 2007『組織社会学』ミネルヴァ書房。
Daft, R. L., 1998, *Organization Theory and Design, 6 th* ed., Cincinnati, Ohio, South Western College Publishing.
Robbins, S. P., 2009, *Essentials of Organizational Behavior, 8th ed.*, Upper Saddle River, N.J.: Pearson/Prentice Hall.(『組織行動のマネジメント』高木晴夫訳, ダイヤモンド社, 2009年)。

若林直樹(わかばやし・なおき)

た　行

第三セクター【third sector】

セクター

　経済学では伝統的に経済システムを2つの領域に分けてきた。政府セクターと市場セクターである。第三セクターは，この政府セクターと市場セクターの中間にあり，市場セクターで事業や活動を行っているが目的は政府のように非営利であるという企業体・組織体から構成されている。**サードセクター**（third sector），**サードエコノミー**（third economy）と呼ばれる場合もある。日本では第三セクターの用語は政府の外郭団体の意味を持っており，ここでの意味と全く異なるので注意する必要がある。

NPOと社会的経済

　この第三セクターが何であるかは国によって考え方が異なる。特に米国と欧州での考え方は非営利の定義やセクターの要件等でかなり異なっている。米国では非営利組織NPOを中心に第三セクターの議論が展開されてきた。米国ではNPOは次の7要件を満たす組織として規定されている。①正式の組織　②非政府　③利益分配しない　④自己統治　⑤ボランタリー組織　⑥非宗教組織　⑦非政治団体。

　欧州では，欧州連合EU，「**欧州社会的経済**（Social Economy Europe）」，研究者集団のEMESやCIRIECなどが**社会的経済**（social economy）の用語を使うことが多くなり第三セクターは社会的経済と呼ばれる流れが強まっている。この場合に社会的経済に含まれるのは，**協同組合**，**共済**，**アソシエーション**，**財団**，**社会的企業**が中心である。しかし欧州でも国によっては社会的経済に関係した概念は異なっており一律には規定しきれない部分がある。例えばイタリアでは広義と狭義の社会的経済の定義があり，広義がここでの第三セクターである。また社会的経済の原語はフランス語から来ているが，フランスやラテンアメリカの諸国では**連帯経済**（solidarity economy）という概念も広がっている。

　社会的経済の欧州レベルでの代表組織である**欧州社会的経済**（Social Economy Europe）が2002年に出した綱領（Charter）によれば，社会的経済の要件は次の7原則からなる。①個人中心で資本を超える社会的目的②自発的で自由な組合員制③組合員による民主的管理（財団には組合員がいないので適用しない）④組合員または利用者の利益および／または公益との結合　⑤連帯と責任の原則の支持と適用　⑥自律的経営と公的機関からの独立⑦余剰の大部分は持続的発展目的，

組合員の利益や公益へのサービスのために使われる。

NPO と社会的経済の相違

当面，第三セクターを米国では NPO セクターと考え欧州では社会的経済と考えた場合，米国と欧州の第三セクターの違いはチャベス（R.Chaves）とカンポス（L.M.Campos）によれば次のような点にある（Chaves and Campos 2008）。

第1に，協同組合や共済は米国では第三セクターに含まれない。その理由は非営利組織 NPO の定義には利潤を分配しない（上の③）という条件が含まれているからである。また米国の社会的企業には，ミッションとして公益目的を掲げていても利潤を分配する場合もある。この場合にはこの社会的企業は第三セクターには含まれないことになる。これに対し，社会的経済では前に述べた定義や特徴で見たように，利潤を分配するか否かは決定的な基準にはなっていないので協同組合，共済，社会的企業は社会的経済に含まれる。

第2に，社会的経済では組織の民主主義を重視し民主主義的基準を満足しない組織は除外するのに対し，米国では NPO の条件に民主主義は含まれない。そのために，病院，学校，文化・芸術分野は，米国 NPO には含まれるが欧州社会的経済には含まれない（ただし，これらの分野でも無料かそれに近い価格でサービスを提供する場合には社会的経済に含めている）。

第3に，第三セクターによるサービスの提供が誰になされるのかという点での欧州と米国の違いがある。欧州社会的経済では利益の受取人は個人，家族，消費者，自営業者などである。これらの人々が組織の会員となり利益を享受する。これに対し米国の NPO では，サービスの主たる対象者は規定されていない。

《参考文献》

Chaves, R. and L. M. Campos, 2008, "The Social Economy in the European Union," http://www.ciriec.ulg.ac.be/fr/telechargements/WORKING_PAPERS/WP08-02.pdf.

Defourny, J. and V. Pestoff (eds.), 2008, *Images and Concepts of the Third Sector in Europe*, EMES European Research Network.

津田直則（つだ・なおのり）

第三の道【third way】

第三の道論の登場

20世紀は経済体制論競演の時代であった。実にさまざまな学説が学問の舞台に登場し，互いに優劣を争ったのである。実証的な議論と並んで未来志向のノーマティブな学説が多彩に展開されたが，その中で注目すべきは第三の道論が登場したことである。これは既存の資本主義と既存の社会主義を超える理想の経済体制を提案する学説と両者の中間にある混合体制を主張する学説を総称したものである。

第三の道論は既存の経済体制の危機が高まった時代に登場した。レッセ・フェール資本主義が動揺する中で大恐慌に襲われた両大戦間期，第２次世界大戦後の混乱期にあたる1940年代後半，ソ連圏諸国の現存社会主義が機能不全に陥った1960年代，そして東欧革命とソ連の解体によって現存社会主義が倒壊した1990年代である。例外はあるが，主要な学説はこれらの時代に集中している。それらは理想を説いたのであるが，その大半は机上の空論ではなく，政策実践を想定した体制改革プランであった。

２つのアプローチと６つの系譜

第三の道論には経済学的アプローチと政治学的・社会学的アプローチがある。前者には５つの系譜が，後者には１つの系譜がある。次の通りである（括弧内は登場年代と主要な学者名である）。

〈経済学的アプローチ〉

①**ドイツ新自由主義系**（両大戦間期：オイケン〔W. Eucken〕，レプケ〔W. Röpke〕，1940年代後半：ミュラーアルマック〔A. Müller-Armack〕）。

②**ドイツ社会主義系**（両大戦間期：ハイマン〔E. Heimann〕，オッペンハイマー〔F. Oppenheimer〕，1940年代後半：リッチュル〔H. Ritschl〕）。

③**マルクス主義系**：この系譜にはマルクス・レーニン主義を否定した東欧の新マルクス主義（1960年代：シク〔O. Sik〕，1990年代：ホルヴァート〔B. Horvat〕）とアメリカの分析的マルクス主義（1990年代：ローマー〔J. E. Roemer〕，ユンカー〔J. A. Yunker〕）がある。

④**体制収斂論系**（1960年代：ティンバーゲン〔J. Tinbergen〕）。

⑤**カトリック社会論系**（両大戦間期：ネルブロイニンク〔O. von Nell-Breuning〕，グントラハ〔G. Gundlach〕，1990年代：野尻武敏）。この派の学説は経済のほか哲学・倫理・社会等をも視野に入れた総合的な経済社会学のスタイルをとっている。

〈政治学的・社会学的アプローチ〉

この方向をとる学説はグッド・ソサエティ論の形をとっている。つまりグッド・ソサエティ論の中で第三の道が説かれているのである。グッド・ソサエティ論系と呼んでおこう。これには政治学的アプローチ（両大戦間期：リップマン〔W. Lippmann〕）と社会学的アプローチ（1990年代：ギデンズ〔A. Giddens〕，エツィオーニ〔A. Etzioni〕）がある。

超越論と混合論

第三の道論は，内容に即して整理すると，超越論と混合論に分けられる。超越論の典型はドイツ新自由主義系とカトリック社会論系である。ドイツの新自由主義者たちは大恐慌を招いたレッセ・フェール資本主義と急速に台頭した国民社会主義を超える第三の道を提唱した。オイケンの**競争秩序**（Wettbewerbsordnung），レプケの**経済ヒューマニズム**（Wirtschaftshumanismus），ミュラーアルマックの**社会的市場経済**（Soziale Marktwirtschaft）である。これらに共通する基本構造は私有，競争市場，国家の経済政策による個別経済の誘導制度の組み合わせであった。レプケはこれに加えて社会の領域にも目を向け，家業や家産を相伝する独立自営の家族や地域共同

体を含む総合的な経済社会体制を構想した。これらの体制構想は第2次世界大戦後の西ドイツにおける経済復興政策に活用され，同国の高度成長に大きく貢献した。

　カトリック社会論は物質主義に立脚する資本主義と社会主義を斥け，人間の顔をした経済社会体制を提唱してきた。その流れを汲む野尻武敏教授は1997年にキリスト教の人間論をベースにして自由と機会の平等に照応する市場経済，連帯に照応する社会的経済および公正に照応する公共経済から構成される第三の道を描き出した。

　混合論に分類されるのはドイツ社会主義のハイマン，体制収斂論のティンバーゲン，新マルクス主義のシク及び分析的マルクス主義のローマーらの学説である。ハイマンは1922年に国有企業と市場経済から成る**市場社会主義**（**Marktsozialismus**）を論じ，シクは1960年代に労働者自主管理企業と市場経済をベースにした自主管理市場社会主義を提案し，ローマーは1990年代に経営者主導の公企業と市場経済を柱とする経営者市場社会主義の構想を打ち出した。ティンバーゲンは1960年代初頭に資本主義とソ連型社会主義は互いに歩みより，やがては**最適体制**（optimum regime）に収斂すると予言した。混合所有（私的セクターと公的セクター），市場経済および政府のマクロ経済計画から成る中間の道である。

　1997年にイギリスにおいて発足した労働党政権は**第三の道**（**The Third Way**）をスローガンに掲げた。それは旧式の社会民主主義（福祉国家）とサッチャリズム（市場原理主義）を超えようとするものであった。そのオピニオン・リーダーはギデンズであったが，社会学者の彼はこの第三の道という枠組みの中で市民社会再生の道を示そうとした。彼が提示した21世紀型市民社会は男女平等・夫婦合議・親子関係の生涯契約に基づく民主的家族と地域コミュニティを中核とするものであった。ギデンズは地域の問題解決については市民が積極的に参加する**アクティブな市民社会**を構築し，福祉の面では市民と行政のパートナーシップに基づく**ポジティブ・ウェルフェア社会**を樹立すべきことを説いている。彼はそのような連帯強固な市民社会に市場のパワーと政府のパワーを制限するという役割を託した。つまり市場経済の破壊力及び国家権力に対する対抗力としての役割を期待したのである。

《参考文献》

野尻武敏，1997『第三の道――経済社会体制の方位』晃洋書房。

福田敏浩，2011『第三の道の経済思想――危機の時代の羅針盤』晃洋書房。

Giddens, A., 1998, *The Third Way, The Renewal of Social Democracy*, London.（『第三の道――効率と公正の新たな同盟』佐和隆光訳，日本経済新聞社，1999年）。

Roemer, J. E., 1993, *A Future for Socialism*, Cambridge.（『これからの社会主義――市場社会主義の可能性』伊藤誠訳，青木書店，1997年）。

Röpke, W., 1944, *Civitas humana, Grundfragen der Gesellschafts-und Wirtschafts-reform*, Bern.（『ヒューマニズムの経済学』喜多村浩訳，勁草書

房,1952年)。

福田敏浩(ふくだ・としひろ)

大衆消費社会【mass consumer society】

2つの捉え方

　大衆消費社会(mass consumer society)は2つの捉え方ができる。広義には,生活に必要不可欠な水準を超える選択的消費が大衆的な規模で行われている社会を意味する。この捉え方では,消費活動を行う者の量的規模が問題になる。他方,狭義には,同質の志向を持つ消費者によって画一的な消費が行われている社会を意味する。この捉え方では,消費者および消費財の質が問題になる。消費社会が十分に成熟していない段階では両者は重なり合っていたが,消費社会化の進展に従って消費者の成熟化,多様化が進み,日本においては狭義の意味での画一的な大衆消費社会は終焉したと認識されるようになっている。

　学術的な用語としては,経済学者のW・W・ロストウ(W. W. Rostow)が1960年の著作で**高度大衆消費時代(the age of high mass consumption)**という言葉を使用している(Rostow 1960)。ロストウは,1920年代のアメリカ社会が初めてこの段階に到達したとし,その特徴として,基本的な衣食住を超えた消費水準の拡大,社会的関心が生産から消費へ移行したことを挙げている。また,その当時のアメリカ社会では,農民の減少と中産階級の勃興,都市化と郊外化,自動車,ラジオ,電気冷蔵庫といった耐久消費財の普及,食料消費の高級化などが起こったとしている。

　経済心理学者のジョージ・カトーナ(G. Katona)も,ロストウと同時期に**大衆消費社会(mass consumption society)**という言葉を使用している(Katona 1964)。カトーナは,大衆消費社会の特徴として,「豊かさ」「消費者の力」「消費者心理の重要性」の3つを挙げている。これらはそれぞれ,一部ではなく多くの人が選択的消費を行うようになったこと(=豊かさ),経済変動に対して消費者が大きな影響力を持っていること(=消費者の力),消費者の心理が消費に影響を与えていること(=消費者心理の重要性)を意味する。

　以上のロストウとカトーナの捉え方はいずれも,広義の大衆消費社会を捉えることに重心がある。

大衆消費社会の始まり

　世界的にみて大衆消費社会がいつ,どこで生まれたのかという問題に対しては,ロストウのように1920年代のアメリカ社会であるとする見方のほかに,1950年代のアメリカ社会であるとする見方がある。これらはいずれも消費が前面に出てきた時代であり,一定の説得力を持っている。しかし実際のところ,何をもって大衆消費社会が成立したとするかという厳密な規準は存在しないため,はっきりとしたコンセンサスがあるわけではない。

　ただし日本社会については,ある程度の限定ができる。日本で大衆消費社会と

いえる状況が出現したのは1950年代半ばから始まる高度経済成長期においてである。高度経済成長が始まる直前の1953年は家庭の電化元年といわれており，この頃に洗濯機，掃除機，冷蔵庫の3つを表す**三種の神器**という言葉が生まれた。これらの電化製品は当時の人々にとって，豊かさを象徴するものとして共通の消費目標となり，60年代を中心に急速に普及していった。また1966年には第2次電化ブームが起き，カラーテレビ，クーラー，自動車の3つを指す**3C**という言葉が生まれた。このように，高度経済成長期には共通の消費目標が存在し，相対的に画一性の高い消費が行われていた。アメリカの社会学者デヴィッド・リースマン（D. Riesman）は，この種の，手に入れるべき消費財の一揃いを**スタンダード・パッケージ**（standard package）と呼び，それを所有していることがアメリカの中産階級の一員であることを示すものであったと述べている（Riesman 1964）。

先述のとおり，ロストウは1920年代のアメリカ社会で労働力構造の変化および都市化，郊外化が起こったとしていたが，同様の変化は高度経済成長期の日本社会でも起こっている。国勢調査によれば，第1次産業従事者の割合は1950年に50%弱だったが1970年には20%を切るまでに減少している。また，農村部から都市へ人が移動することによって都市化が進行し，東京や大阪などの大都市では郊外化が進んだ。大衆消費社会は，このような産業構造の変化，人口移動と並行して発生し，かつそれによって後押しされていった。

狭義の大衆消費社会の終焉

1980年代に入ると，画一的な大衆消費の終焉と消費者の成熟化，多様化が論じられるようになる。例えば山崎正和は，柔らかい個人主義という概念によって，成熟した消費者像を提示した（山崎1984）。また，マーケティングの領域では，少衆や分衆といった言葉が作り出され，大衆という画一的な存在が消失したとの認識が示された。

このような消費者の成熟化，多様化が起こった背景には，耐久消費財が一定程度普及して，消費者が豊かさを実感したことがあると考えられる。このことは，内閣府による国民生活に関する世論調査で，1980年頃から「心の豊かさを重視したい」とする回答が，「物の豊かさを重視したい」とする回答を上回るようになったことにも窺える。

以上のように，日本では，画一的な消費が行われる狭義の大衆消費社会は終焉した。しかし，広義の大衆消費社会は今でも継続している。そればかりか，世界的には拡大を続けている。広義の大衆消費社会は，大量の資源と大量の廃棄物によって成り立ち，世界的な資源問題および自然環境問題を引き起こしている。そのため，消費者がどのように行動するかということが今後の重大な問題となっている。

《参考文献》
牧厚志，1998『日本人の消費行動――官僚主導から消費者主権へ』筑摩書房。
間々田孝夫，2000『消費社会論』有斐閣。
山崎正和，1984『柔らかい個人主義の誕生』中央公論社。

Katona, G., 1964, *The Mass Consumption Society*, New York, McGraw-Hill.（『大衆消費社会』社会行動研究所訳，ダイヤモンド社，1966年）．

Riesman, D., 1964, *Abundance for What?: And Other Essays*, New York, Doubleday & Company.（『何のための豊かさ』加藤秀俊訳，みすず書房，1968年）．

Rostow, W. W., 1960, *The Stages of Economic Growth: A Non-Communist Manifesto*, Cambridge University Press.（『経済成長の諸段階』木村健康・久保まち子・村上泰亮訳，ダイヤモンド社，1961年）．

藤岡真之（ふじおか・まさゆき）

多元主義【pluralism】

翻訳語としての多元主義

公正という言葉が日常用語としても用いられるのに対して，多元主義という言葉は日常用語として用いられることはない。この言葉は英語のpluralismやドイツ語のPluralismusといった外国語の翻訳語である。これらの外国語の訳語としては，多元主義の他には**多元論**や**多元性**といった訳語が多く用いられる。

哲学用語としての多元論

いまや日本語となった多元論は，何よりも哲学用語として取り上げられる。哲学用語としての多元論は，人間が関わる世界の全体（世界観という言葉に含まれているところの世界）の究極にあって変わらない（つまり永遠の）根元的なもの（要素）が多数（3つ以上）あるという説である。これら多数のものは，相互に独立していて，全体としての統一性がないとされる。それに対して，根元的なものが1つであるという**一元論**（monism）や，2つであるという**二元論**（dualism）が対置される。

社会科学用語としての多元論

pluralismという言葉は，社会科学用語としても用いられる。よく知られているのは，政治的多元論（political pluralism）ともいわれる**多元的国家論**（pluralist theory of the state）という用語である。この学説の代表的な論者は政治学者のラスキ（H. J. Laski）である。彼は，国家主権の絶対性を否定し，社会を構成する諸団体の自治権を主張した。また，社会学者のマッキーヴァー（R. M. MacIver）も同様の議論を展開した。彼によれば，国家は社会（コミュニティ）の中の統治機能を担う**社会構成体**（アソシエーション）であって，社会の中のそれ以外の諸機能を担う各種の諸社会構成体と並ぶものである。彼らの議論には，社会の構成要素の多元性という社会観にとどまらず，社会の統合原理や調整原理の多元性という規範論的主張が含まれている。

同じく規範論的な主張としての多元論（多元主義）には，**文化的多元主義**（cultural pluralism）もしくは多文化主義（multiculturalism）がある。これは，1970

年代のオーストラリアで，従来の同化主義政策からの転換の中で唱えられたもので，少数民族の言語をはじめとする文化的多様性を積極的に承認し，そのための制度化を政府が進めるというものである。

また，1970年代のイギリスでは，**福祉多元論**（**福祉多元主義**，welfare pluralism）が登場した。これは，社会サービス（医療サービスや介護サービスなど）の意味での広義の福祉サービスの供給者として，政府に加えて民間営利・非営利団体やボランティア，それに家族・隣人・友人などのインフォーマルな主体の重要性，それらによる福祉サービス供給の必要性を唱えるものである。

なお，規範論的な主張を含むものではないが，同じく社会保障の領域で，社会保障の機能に注目して，社会保障を所得保障として一元的に捉える見方（社会保障の一元論）や，社会保障を所得保障と医療保障とから成るものと捉える見方（社会保障の二元論）に対して，介護保障その他を含めた捉え方として社会保障の多元論の必要性が言われている。

歴史の中の多元主義

さらに，これは特にドイツ語圏で盛んに用いられてきたPluralismusの用法がある。ブリーフス（G. Briefs）に代表される**多元社会**（pluralistishe Gesellschaft）の議論がそれである。すなわち，社会には多数の組織利益集団あるいは利益団体が存在し，それらが行使する社会勢力が，国家をも動かすほどの影響力を持っているという社会状況を指すものとしてPluralismusという言葉が用いられるのである。勢力の多元性（Machtpluralismus），利益の多元性（Interessenpluralismus），団体の多元性（Verbandspluralismus）といった具合にである。

このような社会状況が生まれた歴史的背景としては，産業革命以来の近代の経済変動があった。経済変動の中で不当に不利益を被ったと感じた経済的弱者が，しかし個人単独では境遇改善をなし得なかったので，共通の利益を防衛して境遇改善を成し遂げるために組織化の運動を進めたのが最初であった。この動きは，それに利害が対立する側での組織化の動きを呼び起こし，さらには，組織化の目的に，共通利益の防衛からさらに進んで共通利益の伸長が加わっていった。その後，国家の経済・社会政策の拡大と普通選挙権の拡大（民主主義の大衆化）とが相まって，こうした経済利益団体はさらに，自らに有利な経済・社会政策の実施を国家に働きかけて引き出すために運動する圧力団体としての性格を，合わせ持つようになってきた（「組織された大衆民主主義」〔難波田春夫〕）。

こうした利益団体の典型的なものとして，ブリーフスは労働組合を考えている。彼によると，労働者たちの集団は19世紀の社会において，個人主義的自由主義という一元論的な社会構想が支配的な中で，自らの社会的地位を獲得するための活動に取り組んできた。そして，20世紀において労働者たちの集団は団結権の承認を勝ち取り，労働組合は確固たる法的地位を獲得するに至った。しかし，ブリーフスは，こうして成立した多元社会においては，経済主体が個人から団体へと交替はしたものの，経済主体の行動原理は相変わらず自利追求であるので，そこに社

会的無秩序さの危険を指摘している。

他方，ブリーフスは，次のような，国家（ポリス）絶対主義的な一元論的な社会構想を批判する議論を展開するアリストテレス（Aristoteles）を，Pluralismusの議論の先駆者として挙げている。すなわち，「家にも国（ポリス）にも統一が必要であるが，しかしそれはある範囲でだけである。なぜなら，国が強くなり過ぎてもはや国ではないほどの，あるいは，国であることをやめはしないが，それの調和が画一に堕するので悪い国になるほどの統一があるからである」（『政治学』第2巻第5章より）（Briefs 1966：11）。

このように，またこれまでに述べてきたように，pluralismは多義的な言葉であって，「それの意味するところは歴史文脈で初めて確定できるのである」（Briefs 1966：10）。

《参考文献》

大塚桂，1999『多元的国家論の展開――原田鋼・岩崎卯一をめぐって』法律文化社．

小林大造，2011「福祉国家から福祉社会へ――共助の中間組織の再生と近代の超克にむけて」『経済社会学会年報』現代書館，ⅩⅩⅩⅢ．

野尻武敏，1980『選択の時代――多元化社会と経済体制』新評論．

Aristoteles, *Politica*（『政治学』山本光雄訳，岩波文庫，1961年）．

Briefs, G., 1966, "Staat und Wirtschaft im Zeitalter der Interessenverbände," in Briefs, G.（hrsg.）, *Laissez-faire-Pluralismus. Demokratie und Wirtschft des gegenwärtigen Zeitalters*, Duncker & Humblot.

大西秀典（おおにし・ひでのり）

脱工業社会【postindustrial society】

原　義

20世紀の半ばから後半にかけて，先進国の産業構造は変わりつつあった。これまで隆盛を誇っていた製造業は成熟を迎え，新たな産業――**第3次産業**――が興りつつあった。脱工業社会（postindustrial society）とは，この産業構造の変化とそれに付随する社会変動を表象した言葉である。

最初にこの言葉を世に広めたのは，アメリカの社会学者ダニエル・ベル（D. Bell）である。ベルは，社会の発展段階を，前工業社会，工業社会，脱工業社会の3つに分けている。前工業社会は農林水産等の採取業が中心であり，人々は自然を相手に生産を行う。工業社会は製造業中心となり，人々は工場の中で機械を相手に生産を行う。より効率的な生産を実現するために人々は技術を熟練させ，高い経済成長を成し遂げた。工業化が成熟を迎え，経済成長も鈍化すると，社会は脱工業化段階を迎える。脱工業社会では，人間相互の交流による生産が中心となり，サービス（商業，金融，運輸，保健，レクリエーション，研究，教育および行政）職が拡大する。サービス職の隆盛は，情報の重要性を高め，高度な情報を処理し，管理することのできる専門

職・技術職階層の優位性を高める。それに付随して，科学の知識や成果は増大し，専門分化はますます進んでいく。

背　景

ベルが脱工業化を唱えた1960年代から1970年代には，多くの研究者が社会の変化を訴え，それに付随した将来予測が行われていた。1966年に雑誌『タイム』において未来学者の叢生が取り上げられ，1967年には未来学の国際会議が開かれた。1968年には日本にも未来学会が創設されている（2007年7月から「新日本未来学会」）。これらの主張の共通点をあげておこう。

最大の共通点は，いずれの研究者も製造業の頭打ちと**サービス業**の進展を軸に議論を展開していることである。機械を相手に生産性の拡大を指向する工業社会では，合理的な生産を軸に熟練技術の形成を図る。しかし，人間相互の交流が主軸となるサービス業では情報の重要性が高まり，専門職・技術職・研究職といった知的階層の優位性が高まる。知的階層の優位性の高まりに並行して教育産業が活性化する。

産業構造の変化は人々の価値観をも変えていく。これまでのように拡大，成長および物的豊かさを追求する価値観は縮減し，脱物質的で精神的なものを重視する価値観が中心となってくる。それに付随して人々の欲求や嗜好は拡大し，多様化する。

さらに，人々を特定の場（工場）に固定しないサービス業は，インフラの進歩と相まって人の移動を拡大させる。人々の行動範囲は拡大し，時間は加速化する。

現　状

以上多様な論点が含まれているが，最後に，当時の脱工業化言説がその後の日本社会においてどれほど当てはまるのか見てみよう。

国勢調査から産業別の就業人口を見ると，第1次産業（農林水産業）就労者は激減し，第2次産業（製造業，建設業，鉱業）就労者も頭打ちの傾向が見られる。1950年には全体の48.6％を占めていた第1次産業就労者は，2010年には4.2％と激減している。第2次産業就労者比率も，1975年の34.2％をピークに，2010年には25.1％と緩やかに減少している。製造業の海外移転が進めば，この比率はさらに縮小するだろう。

翻って第3次産業就労者の比率は1950年から一貫して拡大している。1950年にはわずか29.6％だった第3次産業就労者は，2010年には70.6％と全体の7割を占める。

職種を見ても，事務・技術・管理関係職業従事者の比率は大幅に増えている。国勢調査で1950年に508万人（14.1％）だった事務・技術・管理関係職業従事者は，2010年には2104万人（35.3％）に増えている。以上の点から見ると，産業構造および就業人口についてベルらの発した予言は妥当だといえよう。

しかしながら，ベルの想定と異なった状況もいくつか存在する。第1に，科学技術の危険性についての認識が深まったことだ。ベルの想定する脱工業社会は，知的専門職が導く社会をやや楽観的に描いている。しかし，ウルリッヒ・ベック（U. Beck）の『危険社会（*Riskogesellschaft*）』において述べられたように，

進歩しすぎた科学技術は世の中全般を**リスク化**した。科学は人々では管理しきれない魔物を生み出したのである。2011年3月に日本を襲った震災およびその後の原発騒動は，科学技術の持つリスクを改めて思い知らせた。

　第2に，格差についての認識が甘かったことだ。現在の社会は，確かにベルの述べるように，知的専門能力が重視されている。しかしその一方で，社会は世の中を専門職層と流動層に二分した。知識層中心の流動的社会は，一部の基幹労働者と多数の周辺的労働者に労働層を二分している。派遣労働者の拡大は，脱工業社会のエリート支配がもたらした負の産物である。非正規雇用労働層が増加している日本社会において，二極化または格差問題は放っておいてよいものではない。

　また，価値観は脱物質化したとはいえ，未だに「善い社会」とはどのようなものか定まらず迷走の感がある。個人化もと，多様化した価値観を生きる現在の社会において「善い社会」といった共通イメージを構築することは難しい。脱工業社会のただ中に生きる我々にとって，議論の中心は，当該社会が内包する問題への対処に移りつつある。

《参考文献》

Beck, U., 1986, *Riskogesellschaft : Auf dem Weg in eine andere Moderne*, Frankfurt, Suhrkamp Verlag.（『危険社会——新しい近代への道』東廉・伊藤美登里訳，法政大学出版局，1998年）.

Bell, D., 1973, *The Coming of Post-Industrial Society*, New York, Basic Books.（『脱工業社会の到来』〈上・下〉，内田忠夫・嘉治元郎・城塚登・馬場修一・村上泰亮・谷嶋喬四郎訳，ダイヤモンド社，1975年）.

　　　　　　　石田光規（いしだ・みつのり）

地域通貨【local/community currency】

地域通貨とは

　1980年代半ばから，世界各地で特定の地域ないしコミュニティ内でのみ流通する貨幣の動きがみられるようになってきた。地域通貨，または**コミュニティ通貨**と呼ばれるものがそれである。地域通貨の性質を簡潔に言い表すのは難しいので，以下にその定義をいくつか挙げることを通じて，その特徴を把握する。

　「独自の基準や相対取引の中での評価に基づき，モノやサービスなどを価値づけし，その価値を交換手段として表象化した紙券や通帳などを用いて，一定の地域やグループまたはテーマ・コミュニティ内で互酬的な取引を行うシステム」（泉 2003：138）。「コミュニティ内での互酬関係を基礎として成立したインフォーマルなコミュニティ交換」（福士 2003：61）。「強制通用力を有しない交換の媒介物」（堀田 2006：58）。「①相対取引，②価格の自由交渉，③比較的小規模な流通圏，④国家通貨への換金不可ないし換金制約，⑤市民や市民団体による自由発行と運営コストの共有，⑥ゼロない

しマイナスの利子という特性を持」った通貨（吉地・西部 2007：1）。

これらの定義から，地域通貨の性質に関して少なくとも次の5点が指摘できそうである。①地域通貨は，取引ないし交換の媒体である。②取引ないし交換の範囲は，特定範囲内に限定されている。③取引ないし交換の主体は人あるいは集団になるが，財・サービスの提供者と受領者は明確に区分されず，同じ行為主体が提供者であると同時に受領者である。④活動主体は公的セクターや営利セクターには属さず，第三セクター（あるいは社会的経済の領域）に属する。⑤貨幣の機能という観点からいえば，地域通貨は汎用貨幣（all purpose money）ではなく，特定目的貨幣（special purpose money）（Polanyi 1957）であり，交換手段や価値尺度としての機能は保持しているものの，価値を貯蔵する機能は持たない。

このように地域通貨は，ある程度の性質を法定通貨と共有しつつも，機能や使われ方を限定することにより，特定の目的に供することを目指す通貨だといえる。

地域通貨の種類

地域通貨はいくつかの種類に分かれている。例えば，LETS（Local Exchange Trading System/ Scheme）は北米や西欧を中心に普及する地域通貨方式であり，最も一般的かつ汎用的な流通の仕組みを持つといわれる。ドイツでは交換リング（Tauschring）フランスではSEL（Système d'échange local）というように，独自の名称で呼ばれる場合もある。他にも，アメリカのイサカアワーズ，スイスのWIR，カナダのトロントダラー，アメリカとイギリスを中心に普及するタイムダラーなど，さまざまな取り組みが行われている。その中でも我が国ではLETS，エコマネー，タイムダラーの3種類が主に使われている。

LETSはマイケル・リントン（M. Linton）が1983年にカナダのコモックスヴァレーで始めた方式であり，昨今の地域通貨ブームの先駆けとなった，欧米諸国では最も普及している方式である。交換レートを「1地域通貨」単位＝「1法定通貨」単位に設定しており，財・サービスの値段は相対取引で決定されること，紙券を発行せず口座の変動で収支を管理することなどがその特徴として挙げられる。エコマネーは1997年に通商（現経済）産業省の加藤敏春が開発した日本独自の方式であり，取引の仕組みそのものはLETSに近いが，市場で流通する財・サービスの取引を原則禁止していること，紙券が発行されることなどに違いがみられる。タイムダラーは1980年代初期にエドガー・カーン（E. Cahn）がアメリカで創始したボランティア活動へのインセンティブに特化した地域通貨であり，「1労働時間」あたりの価格を予め定めておき，財・サービスの質によっては価格を差別化しない点などにその特徴がみられる。近年ではこのようなP2P・C2C（消費者対消費者）型で財・サービスを取引する形式のもののほか，B2C（事業者対消費者）方式を取り入れたものや不特定多数へのボランティア活動への対価として支払われるものなど，より複雑な形態を採用した地域通貨も展開してきている。

地域通貨の歴史

　地域通貨は1980年代に突然変異的に現れたものではなく、歴史上いくつかの起源を持つ（地域通貨の歴史的系譜に関しては、室田〔2004〕などをみて欲しい）。直接的な関係にあるものとしては、1930年代に世界恐慌の影響を被ったオーストリアやドイツ、アメリカで展開された**「減価する貨幣」**の試みが挙げられるだろう。シルビオ・ゲゼル（S. Gesell）により提唱された減価する貨幣は、貨幣流通速度を上げてデフレによる貨幣の滞留を解消するために、一定期間の経過ごとに額面の数％に相当するスタンプを購入して貼付しないと使用できなくした貨幣であり、地域経済の活性化とそれに伴う雇用創出の役割を担った。だがそれらの試みのほとんどは法定通貨への影響を恐れた行政の介入によって短命に終わり、その後約50年にわたって地域通貨はごく一部の例外を除いて世界から姿を消した。

　しかし1980年代に入ると、グローバリゼーションや資本主義の拡大に対抗するオルタナティブな社会・経済システムの構築を模索する動きが広まってきたのと連動して、再び地域通貨が脚光を浴びるようになった。その大きな契機になったのが、上述したLETSの開発であり、1990年代には地域通貨が世界各地で流通するようになった。我が国においても2000年前後になると積極的にLETSやタイムダラーなどの仕組みが輸入されるとともに、エコマネーが開発され、各地に普及した。正確な統計は取られていないものの、その導入数は2011年1月時点で662件に達しているといわれる（「地域通貨全リスト」website）。1980年代以降の地域通貨は1930年代のそれとは異なり、地域コミュニティの再生のための使用やボランティア活動へのインセンティブ・システムとしての使用といった、経済的諸側面にとどまらない種々の社会的な効果を得ることを目的にするものが多い。特に日本における地域通貨活動は、地域コミュニティ内の人同士の繋がりを取り戻すという社会福祉的な側面に重きを置いて展開されてきた。

地域通貨研究の動向

　欧米各国においても、我が国においても、地域通貨の導入ブームは現在沈静化し、その現状と可能性について腰を落ち着けて評価するべき局面が訪れているといえよう。上述したように、昨今の地域通貨の導入に際しては地域内互助ネットワークの構築やボランティア活動活性化などの、経済に還元されない社会的な諸効果に期待がかけられるものであり（最近では、東日本大震災の被災地において地域内での助け合いを促進する「復興応援地域通貨」の取り組みなども行われている）、その活動目的が経済的効果のみをねらったものでない以上、参加する人々の満足などの社会的な効果をいかに測り、活動の評価に繋げていくかが課題になっている。近年、この問題に対してソーシャル・キャピタル（social capital）やソーシャル・サポート（social support）概念を用いて地域通貨の社会的効果を測る試みが展開されている（〔Nakazato and Hiramoto 2012〕など）。

　また、「通貨」と称するだけあって、これまでの地域通貨研究はどちらかといえば経済学寄りに行われてきた。だが、

地域通貨の現状をみるに，取引が行われ，その結果として何らかの効果が地域にもたらされる過程には，明らかに経済学では扱いきれない「社会」的要素が深く関わっている。今後の地域通貨研究においては，新しい経済社会学的アプローチの採用（中里 2007）を含め，地域通貨への「社会」的アプローチの確立とその「社会」的実態を経験的に説明しうる分析が行われる必要があるだろう。

《参考文献》

泉留維，2003「循環型社会の構築に向けた地域通貨の役割について」『都留文科大学研究紀要』58, 135-151.

吉地望・西部忠，2007「分散的発行通貨と集中的発行通貨の特性比較――LETSを使ったランダム・ネットワーク・シミュレーションによる」『経済學研究』57（2），1-14.

中里裕美，2007「地域通貨の取引行為にみられる経済-社会の相互関係に関する一考察――社会ネットワーク論の視点から」『経済社会学会年報』29, 74-85.

福士正博，2003「地域通貨――社会的経済論から見たコミュニティ・ワークの役割」『歴史と経済』45（3），61-70.

堀田力，2006「福祉における地域通貨の将来」『都市問題』97（7），58-66.

室田武，2004『地域・並行通貨の経済学』東洋経済新報社.

Nakazato, H. and T. Hiramoto, 2012, "An Empirical Study of the Social Effects of Community Currencies", *International Journal of Community Currency Research*, 16 (D), 124-135.

Polanyi, K., 1957, "The Semantics of Money-Uses", *Primitive, Archaic, and Modern Economies: Essays of Karl Polanyi*, Beacon Press.（「貨幣使用の意味論」『経済の文明史』玉野井芳郎・平野健一郎編訳，日本経済新聞社，1975年，59-76）。

中里裕美（なかざと・ひろみ）

紐　帯【ties/bonds】

概　説

紐帯（ties/bonds）は**社会的単位**同士の結合状態，社会的関係性のことである。社会的単位としては個人を最も基本的なレベルとして，団体，企業を含む組織，国といった集合レベルの社会単位まで考えることができる。**社会ネットワーク理論**に依拠した**新しい経済社会学**では，紐帯への注目は本質的な条件となる。2者の間の紐帯をダイアド，3者のそれをトライアドという。紐帯は，個人レベルにおいてはお互いに社会的な属性が似た者同士の間で生まれやすいという**相同性**（**homophily**）を基本原理として形成される。

紐帯の強さは，個人レベルにおける属性変数として，心理的な近接性，期間の持続性，親密性．役割定義，交換の量とタイプ，結合の直接性と間接性，多重性などによって操作化できる。近年**社会ネットワーク論**（あるいはソーシャル・キャピタル論）を基本とする経営学的研

究において紐帯の強さ（や凝集性）を組織の独立変数とした実証的な研究が進んでいる（レビューについては〔金光 2011〕）。

弱い紐帯と強い紐帯

　紐帯という概念を経済社会学的に重要な概念として導入したのはマーク・グラノヴェター（M. Granovetter）である（Granovetter 1974）。彼は専門職の転職の研究において普段からあまり連絡をとらないような「弱い紐帯」を通じて転職した人の転職成功率は高く，満足度も高いことを示した。彼は，強い情緒的な紐帯で結ばれた3者間で弱い紐帯は存在しないということを表す**「禁じられた3者関係」**に基づいて，ブリッジ（クラスター＝クリーク間を結ぶ唯一のリンク）は，必ず弱い紐帯になることから，ブリッジである弱い紐帯を通じて一方のクラスターには他方のクラスターから当該のクラスターには広まっていない新しい情報が入ってくることを数学的に証明した。これは**「弱い紐帯」の強さ**理論と呼ばれ社会学で最もインパクトを与えた理論として経済学から情報工学まで，多方面で引用されている。弱い紐帯は，少ない心理的，金銭的コストでネットワークを連結させる機能がある。またスモールワールドの形成にも関係しており，情報の伝播において大きな役割を果たす。

　デヴィッド・クラックハート（D. Krackhardt）はグラノヴェターがとらえた弱い情緒的な紐帯は，実際は強い紐帯であり，もともとは**「強い紐帯」の強さ**であるとし批判した（Krackhardt 1992）。彼はフィロス（philos）という親密さを表す結合＝強い紐帯概念を導入し，フィロスに基づいた紐帯を，信頼を提供するような「強く，情緒的で，時間にはぐくまれた」関係性であるとした。また**組織間関係**においても，組織内部あるいは組織間の強い紐帯は組織間のコンフリクトを低減するという知見もある。これは**株式の相互持ち合い，系列取引，役員派遣**などを利用した日本の伝統的な**企業間関係**にもある程度成り立つ議論である。

　またモルテン・ハンセン（M. Hansen）は大手電機メーカーの41部門，120の新製品開発ユニットの研究から，弱い紐帯（間接結合）はほかのユニットにおける知識を探索したり，単純な知識の移転には有用であるが，複雑な知識の移転には強い紐帯（直接結合）が強みを発揮するとした（Hansen 1999）。さらに強い紐帯は非コード化された知識の移転の問題を緩和するが，コード化された知識の移転には悪い効果があるとした（Hansen 2002）。いずれにしても紐帯の強弱の効用については技術タイプに依存することに注意する必要がある。また紐帯の強弱の効用は，企業の発展段階でも異なり，起業時には弱い紐帯が資源の調達において役立つが，企業として組織化が進む際には強い紐帯が必要となる。しかし同時にこの強い紐帯が，イノベーションを阻害したり，不祥事を隠蔽することもある。重要なのは紐帯の強弱のバランスであるといえよう。

「ブランドの絆」——ヒトとモノの紐帯

　成熟した資本主義社会においては，個人とブランドとの間にも一種の社会的関

係性としての紐帯を定義できる。近年消費者研究ではヒトとしての消費者とモノとしてのブランドの間に人格的な関係性を想定し「**ブランドの絆（bonds of brands）**」として研究する方向が明確になっている。その指導的研究者であるスーザン・フォルニエ（S. Fournier）は人格としてのブランド観に依拠し，消費者とブランドの間の紐帯を「見合い結婚」「都合のいい結婚」「忠実なパートナー」など15の関係性に分類した（Fournier 1998）。近年消費者の購買に影響を与えているとされるブランド・コミュニティの形成もこのような関係性に依存するとされる。このような個人とブランドの関係性に焦点を当てることは，極めて行動主義的なマーケティングサイエンスの個人中心主義を克服し，関係性を中心として経済現象に社会学的にアプローチする際に極めて意義深い研究方法といえる。

《参考文献》

金光淳，2011「経営・ネットワーク論」稲葉陽二ほか編『ソーシャル・キャピタルのフロンティア——その到達点と可能性』ミネルヴァ書房。

Fournier, S. M., 1998, "Consumers and Their Brands: Developing Relationship Theory in Consumer Research," *Journal of Consumer Research*, 24 (March): 343-373.

Granovetter, M., 1973, "The Strength of Weak Tie," *American Journal of Sociology*, 78: 1360-1380.（『リーディングス ネットワーク論』野澤慎司編訳，勁草書房，2006年）。

Granovetter, M., 1974, *Getting a Job: A Study of Contacts and Careers*, Chicago University Press.（『転職——ネットワークとキャリアの研究』渡辺深訳，ミネルヴァ書房，1995年）。

Hansen, M., 1999, "The Search-Transfer Problem: The Role of Weak Ties in Sharing Knowledge across Organization Subunits," *Administrative Science Quarterly*, 44: 82-111.

Hansen, M., 2002, "Knowledge Networks: Explaining Effective Knowledge Sharing in Multiunit Companies.," *Organization Science*, 13: 232-248.

Krackhardt, D., 1992, "The Strength of Strong Tie: The Importance of *Philos* in Organizations," in N. Nohria and R. G. Eccles, (eds.), *Networks and Organizations: Structure, Form and Action*, Harvard Business School Press: 216-239.

金光　淳（かなみつ・じゅん）

取引費用【transaction cost】

経済学と資源配分問題

ライオネル・ロビンズ（L. Robbins）の有名な経済学の定義（「稀少性定義」）を持ち出すまでもなく，経済学の研究対象の中心に位置したのは，稀少な資源の配分メカニズムをめぐる問題であった。

主流派である**新古典派経済学**（neo-classical economics）においては，もっぱら市場が資源配分メカニズムの中枢に位置し，**一般均衡論**（general equilibrium theory）の枠組みの中で競争的市場の資源配分がパレート最適であることが論証された（「厚生経済学の第1基本定理」）。これは，アダム・スミス（A. Smith）のいう「**見えざる手（invisible hand）**」による予定調和の実現を厳密な形で示したものであり，新古典派経済学が明らかにした資源配分問題の理論的到達点でもある。

このように，新古典派経済学においては資源配分の問題は，もっぱら市場取引を媒介として解決されることになるが，ロナルド・コース（R. H. Coase）が（Coase［1937］1988）において問題としたのは，市場取引に加えてそれとは代替的な資源配分メカニズムとして企業を位置づけることであった。コースによれば，「企業の著しい特徴はそれが価格［市場］メカニズムに取って代わっている」（Coase［1937］1988：36，訳42）ことにある。つまり，コースの着眼点は企業を市場と並ぶ資源配分メカニズムとして捉え，両者が資源配分に関し代替関係にあるとしたことにある。それでは，市場と企業という2つの資源配分メカニズムの相対的優劣を決定するものは何であろうか。コースは**取引費用**（transaction cost）という概念を提示することによってこの問題に対する簡潔な解答を提示した。

取引費用と企業の存在理由

まず，取引費用とはどういう内容を持つ費用概念であるのかを説明しよう。ミクロ経済学のテキストで説明されている費用（cost）は，原材料費，人件費，利払い費など「企業が生産に要する投入物の市場価値」（Mankiw 2004：訳359），つまり**生産費用**（production cost）を意味している。これに対しコースが導入した取引費用とは，生産費用を投下して生産された財・サービスを市場で取引する際に発生するもろもろの費用を意味する概念である。例えば，取引に際しての適切な価格や取引相手を見出すための費用，取引契約を交渉・締結するための費用，財・サービスの品質をチェックする費用，取引契約締結後の（履行を）監視する費用などがあげられる。取引費用は取引の性質に応じて多様な内容を持つことになるが，その本質は市場取引のプロセスの中で発生する「摩擦」に由来するということができる。この意味で，取引費用は市場を用いて経済活動を実行するための費用であり，市場メカニズムを利用する費用ということができる。

取引費用をこのように理解すれば，取引費用が相対的に大きくなるような取引については，それを市場以外のメカニズム（仕組み）に代替させようとする動きが出て来るのは自然であろう。コースは取引費用の節約ということこそ市場メカニズムの下で意識的な**生産資源の管理**（management）が行われる組織としての企業が存在する理由であると考えたのである。

企業の境界——Make or Buy

企業は比喩的に「市場という大海に浮かぶ島々」と呼ばれることがあるが，企業の外部での市場取引が企業の内部に取り込まれる，あるいは逆に企業内部の活

動が市場取引に取って代わられる「臨界点（critical point）」は，**企業の境界**の問題と呼ばれている。企業の観点からみれば，ある経済活動を自分で行うか（Make，内製ないし自製）他の企業から購入するか（Buy，購買ないし外注）という**垂直的統合・分解**（vertical〔dis〕integration）に関わる決定の問題である。資源配分の観点からは，無意識の共同作業である市場取引か意識的な管理が行われる**組織内（企業内）取引**か，という問題である。

　企業の境界は企業の経済活動の範囲をめぐるものであるから，これは**企業規模の決定**の問題でもある。この問題についてコースは「企業の規模を決定するためには，marketing costs（すなわち，価格［市場］メカニズムを利用する費用）と企業家による組織化の費用（costs of organizing）を検討しなければならない」（Coase［1937］1988：53，訳56）と述べている。「企業家による組織化の費用」とは，今日では**エージェンシー費用**（agency cost）と呼ばれている概念に対応する。取引費用が市場を用いて経済活動を実行する費用であるのと同様エージェンシー費用は同じ経済活動を企業（組織）内で行う時に発生する費用であり，企業（組織）内での構成メンバー間での権限の委譲に伴って発生する費用であり，メンバーの行動を監視するモニタリング費用などから構成される。

　この２つの概念を用いると，企業規模の決定については以下のようにまとめることができる（Marris 1998：xiii~xiv）。すなわち，横軸に企業規模を，縦軸に限界エージェンシー費用（追加的取引を企業内で行った時の限界費用）と限界取引費用（追加的取引を市場で行った時の限界費用）をとると，両曲線の交点が最適企業規模となる。

取引費用経済学の展開

　いまや経済学の古典的論文ともいうべき（Coase［1937］1988）は，コース自身が述べているように，「よく引用はされたが，利用されることはほとんどなかった」（Coase［1972］1988：52，訳70）論文であった。この論文は1970年代にO・E・ウィリアムソン（O. E. Williamson）によって「再発見」（Marris 1998：xiii）され，それ以降，取引費用を鍵概念として**取引費用経済学**（transaction cost economics）ないし**内部組織の経済学**（economics of internal organization）という名称の下，急速な理論展開がみられた（例えば，Williamson 1975, 1985）。現在では，**契約の経済学**（economics of contract），**比較制度分析**（comparative institutional analysis），**法と経済学**（law and economics）といった新たな経済学の分野にその成果が受け継がれている。なお，コースとウィリアムソンはここで述べた業績により，それぞれ1991年と2009年にノーベル経済学賞を受賞している。

《参考文献》

Coase, R. H., [1937] 1988, "The Nature of the Firm", *Economica*, New Series, Vol. 4, November, 1937, reprinted in R. H. Coase, *The Firm, the Market, and the Law*, The University of Chicago Press, 1988（『企業・市場・法』

宮沢健一ほか訳,東洋経済新報社,1992年)。

Coase, R. H., [1972] 1988, "Industrial Organization : A Proposal for Research", in V. R. Fuchs, (ed.), *Policy Issues and Research Opportunities in Industrial Organization*, NBER, 1972, reprinted in Coase (1988).

Mankiw, N. G., 2004, *Principles of Economics 3rd ed.*, South-Western (『マンキュー経済学Ⅰ ミクロ編〈第2版〉』足立英之ほか訳, 東洋経済新報社, 2005年)。

Marris, R., 1998, *Managerial Capitalism in Retrospect*, Macmillan.

Williamson, O. E., 1975, *Markets and Hiararchies*, The Free Press.(『市場と企業組織』浅沼万里・岩崎晃訳, 日本評論社, 1980年)。

Williamson, O. E., 1985, *The Economic Institutions of Capitalism*, The Free Press.

野方　宏（のがた・ひろし）

な 行

ネオ・コーポラティズム【neo-corporatism】

概念

アンドリュー・ションフィールド（A. Shonfield）は著書『現代資本主義』の中で，イギリスの経済計画（1962～1964年）の性格を「コーポラティズム的」（Shonfield 1965：161）と特徴づけた。当時の経済計画は，主要な経済団体が協議し，取引することによって策定され，実施されていたからである。その後フィリップ・シュミッター（Ph. C. Schmitter）による論文「いまもなおコーポラティズムの世紀なのか？」を契機にネオ・コーポラティズムが社会科学研究の「成長産業」（レオ・パニッチ）になった。

ネオ・コーポラティズムもコーポラティズムも，職能代表制を政治的な統合原理にする点では共通するが，利益団体と政府・行政機構の協力関係の性格は異なる。この点を特に強調するために，現代のコーポラティズムは「ネオ・コーポラティズム（neo-corporatism）」と表現される。

利益代表システム

シュミッターは，ネオ・コーポラティズムを利益団体の構造に着目して**利益代表システム**と定義する。そこでは利益団体が，「単一性，義務的加入，非競争性，職統的秩序，そして職能別の分化といった属性を（持ち），…個々のカテゴリー内での協議相手としての独占的代表権」（Schmitter 1979：13，訳34）に基づき，それぞれの職能的利益を代表している。利益政治の実証研究のため，彼はネオ・コーポラティズムを**国家コーポラティズム（state corporatism）**と**社会コーポラティズム（societal corporatism）**に区分した。前者は権威主義的国家にみられるように，政治・行政システムに依存し，それに浸透される利益代表システムであり，後者は自由民主主義国家にみられるように，政治・行政システムへと浸透していく自律的な利益代表システムである。

政策形成様式

いま1人の代表的な論者であるゲルハルト・レームブルッフ（G. Lehmbruch）は，ネオ・コーポラティズムを「**政策形成の制度化された1つの型**」（Lehmbruch 1979：150，訳105）と定義する。そこでは利益団体が，自組織の利益を代表するだけでなく，政府・行政機構と協力して経済社会の安定的な発展を阻害する諸問題の解決に取り組んでいる。彼は政治体制の差異に着目して，ネオ・コーポラティズムを**リベラル・コーポラティズム**

(liberal corporatism) と**権威主義的コーポラティズム** (authoritarian corporatism) に区分した。

ドイツ語圏におけるネオ・コーポラティズム研究は、レームブルッフ・グループによる西欧諸国の比較分析を中心に展開されたが、その過程で彼は、上記2類型に代わり**部門コーポラティズム** (sectoral corporatism) と**コーポラティズム的協調** (corporatist concertation) の分析概念を適用するようになった。前者は、特定の経済部門における集権的かつ代表独占的な利益団体と国家機構の協調である。後者は相互に利害の対立する全国レベルの利益団体と政府・行政機構の間でのマクロ経済動向への影響を考慮した利害調整であり、競争的な利益を代表する参加団体の多元性とマクロ政策目標の重視の点で部門コーポラティズムとは異なる。

コーポラティズム的協調

このほかにも多くの論者が、それぞれの分析視角からネオ・コーポラティズムの概念を規定しているが、多様性の中にも一定の収斂傾向が認められる。ネオ・コーポラティズム論は、先進工業国における「経済的・社会的な問題や紛争がどのように社会的あるいは国家的に処理されるのか」(Tálos 1982：263) を中心問題に展開されてきたという意味で、政策形成過程を説明する「中範囲の理論」である。具体的には、先進工業国で広く制度化されている利益団体と政府・行政機構の機能的・協働的な相互依存関係が、ネオ・コーポラティズムの概念によって分析的に把握される。レームブルッフはその実態をコーポラティズム的協調と特徴づけたが、エンマリヒ・タロシュ (E. Tálos) は**協働的・協調的政策** (kooperativ-konzertierte Politik) と表現している。

しかし、利益団体と政府・行政機構の共棲的な関係が制度化されたとしても、利益団体は相変わらずそれぞれの組織的・集団的自利を追求し続ける。もし利益団体が自組織の集団的利益を絶対視し、その実現のみを意図すれば、共棲的な相互依存関係は破綻し、結果的には自組織の存立基盤を否定し、共倒れを招くことになる。そこで、利益団体はこのような最悪の事態を回避するため、関係性の維持を優先しながら、それぞれの個別目標を全体目標に向けて相互に調整する中でその実現を目指す。特に全国レベルの利益団体は、集団自利的な行動の経済社会全般への影響を事前に予想できるので、各組織は個別目標を全体目標の実現に向けて調整することが容易である。このようにして利益団体は、それぞれの個別特殊利益をマクロ政策目標に同調させながら、自組織の利益を実現しようとする。レームブルッフの言うコーポラティズム的協調とは、このような機能的・協働的な相互依存関係のことである。

政策構想としての意義と限界

利益団体が一国の政策形成に影響を及ぼし、しばしば実質的に規定することは、先進工業諸国で広く観察される政治状況である。しかし今日、利益団体の活動は政府・行政機構に設置された各種の委員会や審議会を通じて、情報収集コストや実施コストの軽減などにより政策形成を促進する役割を果たしているのも事実で

ある。最後に多元社会的状況の超克を目指す政策構想としてのネオ・コーポラティズムの有効性について触れよう。

　レームブルフに従って，ネオ・コーポラティズムの本質的な特徴をコーポラティズム的協調に求めると，ネオ・コーポラティズムは一定の制度的条件を前提にしていることが分かる。コーポラティズム的協調を実現するためには，当該利益が集中的・集権的に組織され，政策形成過程における交渉当事者が効率的・効果的に集団的利害を相互に調整し，しかも調整結果が政党を媒体に政治システムに確実に転送される伝達経路が確保されていなければならない。他方，多元社会とは本来，多様な利益が組織され，相互に競争的な状態にある中，有力な利益団体によって政策形成が左右され，規定される社会のことである。ネオ・コーポラティズムが想定するように，集団の利害が効率的・効果的に調整され，合意が一定の拘束力を持つためには，各集団利益はできる限り集中的・集権的に組織されていなければならず，その限界的なケースがいわゆる2階級モデルである。とすれば，ネオ・コーポラティズムは古典的な2階級モデルを克服したことにはならず，ここに政策構想としてのネオ・コーポラティズムの1つの限界を認めることができる。さらに，近年ますます社会的な存在意義を高めている民間非営利組織などの利他的な組織集団を政策形成過程に内在化していないことにも注意が向けられるべきである。

《参考文献》

Lehmbruch, G., 1979, "Liberal Corporatism and Party Government" in Ph. C. Schmitter, and G. Lehmbruch, (eds.), *Trends Toward Corporatist Intermediation*, SAGE Publications, Beverly Hills. (『現代コーポラティズム(I)団体統合主義の政治とその理論』山口定監訳，木鐸社，1984年)。

Lehmbruch, G. and Ph. C. Schmitter (eds.), 1982, *Patterns of Corporatist Policy-Making*, SAGE Publications, Beverly Hills. (『現代コーポラティズム(II)先進諸国の比較分析』山口定監訳，木鐸社，1986年)。

Lehmbruch, G., 1984, "Concertation and the Structure of Corporatist Networks" in J. H. Goldthorpe (ed.), *Order and Conflict in Contemporary Capitalism*, Clarendon Press, Oxford.

Schmitter, Ph. C., 1979, "Still the Century of Corporatism?" in Ph. C. Schmitter and G. Lehmbruch, (eds.), *Trends Toward Corporatist Intermediation*, SAGE Publications, Beverly Hills. (『現代コーポラティズム(I)団体統合主義の政治とその理論』山口定監訳，木鐸社，1984年)。

Shonfield, A., 1965, *Modern Capitalism*, London/Oxford/New York, Oxford University Press. (『現代資本主義』海老沢道進ほか訳，オックスフォード大学出版局，1968年)。

Tálos, E., 1982, Sozialpartnerschaft und Neokorporatismustheorien, in *Österreichische Zeitschrift für Politikwissenschaft*, Jg. 11, H. 3.

　　　　　内山隆夫（うちやま・たかお）

ネオ・リベラリズム【neo-liberalism】

ニュー・リベラリズムとネオ・リベラリズム

ネオ・リベラリズム（neo-liberalism）のネオ（neo）は、ギリシャ語 νέος（ネオス）が語源である。英語の new を意味する。ネオ・リベラリズムも、ニュー・リベラリズムも日本語に訳せば**新自由主義**である。しかし、ネオ・リベラリズムが国家からの自由、ニュー・リベラリズムは国家による自由を求めるので両者は同じではない。

近代の政治的自由主義

近代という新しい時代に入って、領主が分割統治し、ローマ・カトリック教会がゆるやかにヨーロッパを統一した時代は終わった。ヨーロッパは、国王が市民を統治する絶対主義と呼ばれる国民国家の時代となった。絶対主義の政治は専制政治、経済は重商主義（マーカンティリズム）であった。産業政策、財政政策、貿易政策は国王が統制した。しかし、国家の産業を担う市民は、この国家体制を国王による束縛あるいは圧政と感じて変革を求めた。政治的自由主義は、17世紀のイギリスでは市民革命、18世紀のフランスではフランス革命の動因となった。

政治的自由主義から経済的自由主義へ

ジョン・ロック（J. Locke）は市民革命の時代に、**政治的自由主義の原理**を論じた。ロックは、トマス・ホッブス（T. Hobbes）と同じく、自然状態を前提に、人間が平和に過ごせる条件を明らかにした。しかし、ロックはホッブスとは異なり、主権を上位の第3者に委譲し第3者の主権に服従することを平和の条件とせず、相互に相手の主権を認めあう合意が平和の条件であるとした。そして、生命・自由・財産を、万人に平等な自然権とした。各人が自然権を認めあう合意をし、合意を契約し、契約を法律とする社会で平和は実現する。このような社会が、これも合意で法律の監視機関を設ければ、立憲体制の国家になる。

アダム・スミス（A. Smith）は、産業革命の時代に、政治的自由主義を受け継いで、**経済的自由主義の原理**を論じた。スミスは、近代社会を商業社会とする。商業社会は、分業と交換によって成る。交換は、スミスのいう give and take で行われる。交換は、合意がなければ成立しない。合意は威嚇、暴行、強制にはよらないから、互いの自由を損なわない。売買も貸借も、合意によって実現する。このようにして、スミスとロックとは、自由をかなめとする商業社会と市民社会との定礎者となった。

ロックの政治的自由主義は、絶対主義の専制政治を排し立憲体制による民主政治への道を開いた。スミスの経済的自由主義も、重商主義の計画経済を排して市場経済への道を開いた。両者はこれによって、近代の国民国家を絶対主義から市民社会へと進展させた。

ニュー・リベラリズムと積極的自由

19世紀、産業革命はフランス・ドイツ・アメリカに波及し、ヨーロッパに経

済の繁栄をもたらした。スミスは，価格の均衡作用による自然的秩序の経済理論によって，フランスのマルキ・ダルジャンソン（M. d'Argenson）は，**自由放任**（**レッセ・フェール**，laissez-faire）の経済政策によって，経済活動の発展に寄与した。

しかし，経済の繁栄は社会問題を伴った。カール・マルクス（K. Marx）は，社会問題を階級闘争の1点に集約した。搾取理論によってこれを分析し，社会主義革命への道を開いた。他方，J・S・ミル（J. S. Mill）は，マルクスとは異なり，世論・慣習・道徳・宗教などを社会的束縛とした。そして，社会的束縛から個人を解放することが社会を進歩させると論じた。そして言論・出版・結社の自由を，このための必要条件とした。これによって自由主義は，国家の統治や統制からの解放という消極的なものではなく，あらゆる束縛からの解放という積極的な意味を持つものになった。自由は，あらゆる革新の源泉となった。

ミルによる新しい自由の解釈は，19世紀イギリスの理想主義哲学者T・H・グリーン（T. H. Green）に受け継がれた。グリーンは，国家は個人の意志決定を妨げてはならないが，それだけでなく個人の意志活動の障害を除いて，意志的勢力を解放しなくてはならないと論じた（原田 1956：205）。これによってグリーンはミルとともに，国家からの自由でなく，国家による自由への道を開いた。イギリスの福祉国家は，グリーンの思想に由来する。

20世紀，有効需要の理論によって，1930年代の大恐慌の閉塞状態を打破させたJ・M・ケインズ（J. M. Keynes）も，スミスの自然的秩序とダルジャンソンの自由放任とを否定して，国家による経済不況からの救済を論じた。ケインズもまた，ミルとグリーンとが開いた，進歩と革新を目指す**積極的自由**（positive liberty）の同調者であった。

ネオ・リベラリズムと消極的自由

第2次世界大戦後，国家による自由から，再び国家からの自由へと回帰する古典的自由主義再興がはじまった。この自由主義ルネッサンスの中心地は，西ドイツであった。ナチスの全体主義のもと，政治・経済・社会・文化，すべての生活に自由が全面否定されたドイツにおいて，ロックとスミスが主導した古典的自由主義が再生された。これが最も顕著であったのは，経済活動においてであった。ドイツの経済体制は，1990年東西ドイツ統一以前も以後も**社会的市場経済**（Soziale Marktwirtshaft）と呼ばれる。この経済体制の理論の定礎者はワルター・オイケン（W. Euken），政策の実践者はルードウィッヒ・エアハルト（L. Erhard）であった。英語ネオ・リベラリズムは，ドイツ語ネオ・リベラリスムス（Neoliberalismus）に由来する。

ドイツの新自由主義は，社会的市場経済と経済の奇跡と呼ばれた経済復興とに結びつく。新自由主義は，1970年代石油危機とスタグフレーションと呼ばれた時代をうけて1980年代には，マーガレット・サッチャー（M. Thatcher）とロナルド・レーガン（R. Reagan）が実施した民営化や規制緩和を中心にする**小さな政府**（limited government）の経済政

策に結びついた。1990年代東欧革命で，計画経済（社会主義）が体制崩壊し，市場経済（資本主義）へと転換したときも新自由主義が注目された。

ニュー・リベラリズムの代表をケインズとし，ネオ・リベラリズムの代表をハイエク（F. A. Hayek）として比較すると，両者ともに自由放任主義と社会主義には反対である。ただし，前者は国家による自由，後者は国家からの自由と立場を異にする。経済政策では，前者に従う者は，完全雇用と福祉国家に向かう大きな政府，後者に従う者は，規制緩和と構造改革に向かう小さな政府を支持する。

《参考文献》

恒藤武二，1977『法思想史』（現代法学全集3）筑摩書房。

原田鋼，1956『近代政治思想史』（角川全書23）角川書店。

鉢野正樹（はちの・まさき）

ネットワーク【network】

広義の概念と狭義の概念

ネットワーク（network）という用語には広義の概念と狭義の概念がある。広義の概念を用いれば，ネットワークは「あるシステムを構成する各要素間の関係」と定義づけることができる。この広義の概念としてのネットワークは，いたる所に見出すことができる。

インターネットをシステムとみなせば，それを構成する要素としての各サイトがあり，さらにサイト同士を繋げているリンクが存在する。人体をシステムとみなせば，それを構成する各器官や，それらを繋ぎ合わせる経路が存在する。つまり，あるシステムはそれを構成する要素の連関により形成されているのである。この繋がりの様相が広義のネットワークである。

一方，狭義の概念としてのネットワークは，私たちの生活する社会の変化と密接に関連する。この概念は，社会の規範や集団の拘束が揺らぐ現在において，社会の様相を理解し，分析，検討するためのツールとして発展してきた。

ネットワーク概念の社会科学的発展

社会学の諸領域におけるネットワークという言葉の浸透過程は，現実社会の変化と密接に関連する。頑健な中間集団が存在し，硬直的な社会の中で生活していた時代において，社会学の分析対象は特定の社会や集団であった。すなわち，特定の企業組織や地域，家族に焦点をあて，その中での地位，役割，規範，組織構造などを分析の対象としてきた。

しかし，中間集団の拘束が揺らぎ，個人の意思が前景に出てくると，特定の社会や集団に境界を定め，その中での地位や役割に焦点をあてた分析だけでは，社会状況の把握が困難になった。すなわち，固有の意思を持った諸個人の結合様式に着目する必要性が増したのである。このように，集団，地域といった境界を定めずに，共通の意思や目的を軸に結合した諸個人の繋がりの様相を捉えたものが，狭義の概念としてのネットワークであり，それらを描き出すアプローチが**社会ネットワーク分析**（social network analysis）である。

狭義の概念としてのネットワークにおいて射程となるのは、人と人との関係のみではない。集団や組織なども擬人的に個別要素とみなされ、それらの織りなす諸関係もネットワークと捉えられている。

狭義の概念としてのネットワークの諸領域

狭義の概念としてのネットワークに着目する研究は、地域、家族、企業などの諸領域において独自の発展を遂げてきた。しかしながら、それらの研究はいずれも既存の関係の揺らぎと、そうした社会で取り結ばれる人間関係の追究という共通の課題に目を向けていた。

家族社会学研究にネットワークの概念が取り入れられたのは1950年代の半ばである。当時の家族社会学研究は、タルコット・パーソンズ（T. Parsons）の「**孤立した核家族**」の研究（Parsons 1943）に依拠しており、家族の外部にいる人々との関係やその影響を視野に入れることは少なかった。つまり、住居をともにする狭い意味での「家族」とそのメンバー間の関係がもっぱら分析対象となっていたのである。これに異を唱えたのがエリザベス・ボット（E. Bott）である。彼女は人々が取り結ぶ関係を「関係の連鎖によるネットワーク」と捉え、人々の関係は「家族」といった小集団の中で完結するわけでなく、その外までも広がり、そうした人々は家族成員に多くの影響を与えていることを指摘した（Bott 1957）。このような視点は日本の家族社会学にも受け継がれている。

都市社会学研究でも、ネットワークの概念は、これまでの集団的アプローチでは捉えきれない人間関係を把握するために用いられてきた。つまり、特定地域に限定して人間関係を把握する方法では捕捉しきれない人間関係の様相を分析・検討するために、導入されてきたのである。その背後には、第1次的関係（血縁・地縁関係）の揺らぎが進展した都市社会の事情があった。血縁、地縁といった第1次集団が揺らぎ、個々人が自らの意思に基づいて選択的に関係を結ぶようになった都市社会を分析するには、目的を共有した諸個人の有機的な繋がりに着目するネットワークアプローチが有効だったのである。

産業・労働社会におけるネットワークの概念は、経営学的な文脈で用いられることが多かった。すなわち、グローバル化による競争の激化、情報システムの整備等による環境変化の加速化が見られる社会において、組織の優位性を獲得する有効な手段として注目されたのである。

流動的で変化の早い社会状況では、硬直的な官僚制組織よりも変化に柔軟に対応しうる**ネットワーク型組織**が重要だとされる。ここで言うネットワーク型組織とは、従来のように部署・部門に分かれた縦型の硬直的な組織ではなく、現場のニーズに合わせて人々を有機的に結びつけることのできる柔軟な組織形態である。日本では今井賢一（今井 1984）や金子郁容（今井・金子 1988）がこの議論の先鞭を付けた。近年の組織に関する議論は、いずれのものもネットワーク組織を推奨する方向に向かっている（朴 2003）。

個人化（individualization）が進む現在社会において、人々の有機的な繋がりに着目する「ネットワーク的」な視座は、

ますます重要になっていくであろう。

《参考文献》
今井賢一, 1984『情報ネットワーク社会』岩波新書。
今井賢一・金子郁容, 1988『ネットワーク組織論』岩波書店。
朴容寛, 2003『ネットワーク組織論』ミネルヴァ書房。
Bott, E., 1957, *Family and Social Network: Roles, Norms, and External Relationships in Ordinary Urban Families*, New York, Free Press.
Parsons, T., 1943, "The Kinship System of the Contemporary United States", *American Anthropologist*, 45（1）: 22-38.

石田光規（いしだ・みつのり）

は 行

ハビトゥス【habitus】

由来と意味

ハビトゥス (habitus) は，もともと「態度」「外観」「衣服」「習慣」「気分」などを意味するラテン語である。この概念の学問的な使用はアリストテレス (Aristoteles) にまでさかのぼることができ，その後エミール・デュルケーム (É. Durkheim)，マルセル・モース (M. Mauss)，ノルベルト・エリアス (N. Elias) によって使用されてきた。ただし，この概念を彫琢して社会学的分析に本格的に使用したのはピエール・ブルデュー (P. Bourdieu) である。ブルデューはこの概念を，慣習的な行動を生成，認知，評価する体系を意味するものとして使用している。彼は，アルジェリア社会が蒙った変化を説明しようとする努力の中から，この概念を使うようになり，その後の諸著作の中で経済行為，婚姻，言葉遣い，音楽や絵画の享受など多様な社会現象の分析に適用している。

ハビトゥスと切り離すことができない概念に**プラティック** (**pratique**) がある（慣習行動や実践と訳されることもある）。これは，慣習的側面を重視した，行為全般を意味する概念である。私たちは日々の生活の中で，食事をとる，会話をする，音楽を鑑賞するなどといったことを行うが，それらをどのように行うかということに対しては必ずしも自覚的ではない。つまり，私たちのさまざまな行為には，明確には意識されない身体化された部分が多く含まれている。ブルデューは，このような，慣習的側面を含んだ行為をプラティックと呼ぶ。そして，プラティックを生みだす原理，さらにはプラティックを知覚する図式，評価する図式の体系をハビトゥスと呼ぶ。

ハビトゥスは，「身体化された社会構造」(Bourdieu 1979：訳Ⅱ 339) と説明されるように，所属する階級・集団の中で後天的に獲得されるものである。つまり同様の階級・集団に所属する者は，同様のハビトゥスを保持するようになる。したがって社会的に構造化されるという意味で，ハビトゥスは構造化される構造といわれる。また他方で，プラティックおよびプラティックを知覚・評価する図式を構造化するという意味において，構造化する構造ともいわれる。

『ディスタンクシオン』における分析

ブルデューはハビトゥス概念を用いて，いくつかの経済社会学的分析を行っている。そのうちここでは，『ディスタンクシオン』の内容を簡単にみておこう。

同書では，音楽，絵画，映画，新聞・雑誌などの文化に関わる消費や，食事，美容・健康，スポーツなどの身体に関わる消費などが取り上げられ，それが文化資本（教養，趣味，学歴など）や経済資本といった社会構造とどのように関係しているかということが分析されている。分析から明らかになるのは，社会構造を通じて獲得されるハビトゥスが，人々の消費における好みに無意識的，身体的なレベルで影響を与え，さらにその異同が人々を分節したり，結びつけたりしているということである。

　この分析でブルデューは，資本総量と資本構造という見方を示している。資本総量は文化資本と経済資本を足し合わせたもので，資本構造はこれらがどのような割合で保持されているかということを意味する。例えば，高等教育機関の教授と大企業の経営者は，いずれも資本総量が大きいために同じ支配階級に分類されるが，資本構造という点では，前者は文化資本の占める割合が大きく，後者は経済資本の占める割合が大きいという違いがある。そしてこの違いがプラティックの差異を生み出す。前者は，読書においては詩や哲学的エッセー，政治関係の著作，やや左がかった文学・芸術雑誌を好み，芸術鑑賞に関しては古典劇，前衛劇，美術館，クラシック音楽，レジャーでは登山や歩行を好む傾向がある。それに対して，後者は，読書では歴史物語，自動車雑誌，大衆読物雑誌を好み，芸術鑑賞やレジャーでは大衆演芸，テレビのバラエティー番組，狩猟，競馬，高級車，船などを好む傾向がある。前者には，禁欲的性向や，文化的純粋性を求める傾向が

あるのに対し，後者は，誇示的要素や大衆性をより多く求める傾向がある。このような違いは，資本構造の違いに由来するハビトゥスの差異を反映したものと考えられる。

　以上のようなハビトゥスの差異は，無意識的，身体的な水準で人々を結びつけたり，反発させたりする。つまり，同様のハビトゥスを持つ者同士は惹かれあい，異なるハビトゥスを持つ者同士は遠ざけ合う傾向がある。

主観主義と客観主義の乗り越え

　ハビトゥス概念は曖昧さを含んでいる。それは，この概念が主観主義と客観主義の対立の乗り越えを意図して考えられたことと関係している。

　主観主義的な人間像を代表するのは**ホモ・エコノミクス**（homo economicus）である。この概念では，人間は，自分自身の目的を設定し，合理的計算を通して効用を最大化しようとする者として考えられている。このような人間像は，目的に向かって理性的に振舞うという見方をとる意味で目的論的である。他方，構造主義に代表される客観主義的な見方では，人間は客観的構造に規定され，それを反映した機械的な振舞いを行う存在であると考えられている。このような人間像は，原因によって人間の振舞いが決定するという見方をとる意味で機械論的である。ブルデューがハビトゥス概念を考えた背景には，以上の２項対立，あるいは別の言い方では，主体と客体，能動性と受動性，決定論と自由といった２項対立を乗り越えようとする意図があった。そのためハビトゥスは，「規定されていると同

時に自発的な，と矛盾なく言いうる行為」(Bourdieu 2000：訳 294) と説明される。

以上のような特徴を持つブルデュー独特の概念であるハビトゥスは，その後の文化，教育，階層・階級，ジェンダー，社会理論等についての研究に影響を与え続けている。

《参考文献》
石井洋二郎，1993『差異と欲望――ブルデュー「ディスタンクシオン」を読む』藤原書店。
Bourdieu, P., 1979, *La distinction : critique sociale du jugement*, Paris, Éditions du Minuit. (『ディスタンクシオン――社会的判断力批判〈Ⅰ・Ⅱ〉』石井洋二郎訳，藤原書店，1990年)。
Bourdieu, P., 1980, *Le sens pratique*, Paris, Éditions du Minuit. (『実践感覚Ⅰ』今村仁司・港道隆訳，みすず書房，2001年)。
Bourdieu, P., 2000, *Les strucutures de l'économie*, Paris, Éditions du Seuil. (『住宅市場の社会経済学』山田鋭夫・渡辺純子訳，藤原書店，2006年)。
Bourdieu, P. and L. J. D. Wacquant, *Réponses : pour une anthropologie réflexive*, Paris, Éditions du Seuil. (『リフレクシヴ・ソシオロジーへの招待』水島和則訳，藤原書店，2007年)。

藤岡真之（ふじおか・まさゆき）

非営利組織【non-profit organization】

広義と狭義

非営利組織 (non-profit organization, もしくは not for profit organization, 以下 NPO) という概念の難しさは，そのまま字義通りに捉えると「営利組織以外のすべて」となることからもわかるように，その具体的内実が極めて多様であるという点にある。ここでいう非営利とは営利を目的としないことだが，厳密には，組織活動から得た利益や余剰金を株主などの利害関係者に分配しない（できない）ということを指している。したがって，非営利組織と営利組織を峻別するのは，利潤があるかどうかではなく，それをどう分配しているかという点にある。非営利組織とは，こうした「**非分配制約 (non-distrbution constraint)**」のある公益・共益活動を行う組織というのが最も広い定義である。

この枠組みを字義通り日本の状況に適用すると，広義の非営利組織は，NPO 法人のみならず，財団法人や社団法人，さらには学校法人や社会福祉法人なども含まれる。これらにより形成される経済圏を「**非営利セクター (non-profit sector)**」というが，逆にこれらの組織が皆「NPO」だといわれると違和感を覚えるかもしれない。この違和感は，私たちが一般に「NPO」という際，震災時における支援活動や，福祉活動を行うボランティア団体，環境団体などといった，自発的な市民公益活動が組織化されたものを想起するからで，実際にマスコミ等において「NPO」という語が用いられる

際もこれらを指している。ここに経済学的な定義と社会通念的な定義の乖離がみられる。広義の非営利組織のうち、後者の指すボランティア団体や市民活動団体、NPO 法人などが狭義の NPO である。

なお、NPO に似た概念として **NGO（non-governmental organization，非政府組織）** がある。これは NPO が営利活動に対する非営利を、NGO が政府に対する非政府を強調している違いであり、一般には NGO も NPO に含まれると考えてよい。非市場的活動を行う福祉サービス団体が NPO を名乗る傾向があり、国際協力活動や地球規模の環境問題に国境を越えて取り組む団体が NGO を名乗る傾向があるのは上記の強調点の違いによる。

理論的背景

「広義の非営利組織」の理論は、主として公共経済学からのものがよく知られている。その主要なものは、NPO の存在理由に関するもの、そして他セクターに対する優位性に関するものである（Weisbrod 1988, Hansmann 1980）。

NPO の存在理由に関する議論としては、財・サービスの供給における「**市場の失敗（market failure）**」と「**政府の失敗（governmert failure）**」を補完するものとして NPO を位置づける公共財供給理論がある。この議論では、NPO が供給する財・サービスが準公共財であるという点を立脚点とし、私的財の効率的な供給を行う市場メカニズムや、国防や上下水道などの純粋公共財を供給するのに適している政府では準公共財の供給には不十分であるということを踏まえ、そのどちらでもない第 3 番目のセクター（third sector）である NPO の存在意義を強調する。また、市場では供給されず、政府による供給でも自分が望む水準でない場合、同水準の需要を持つ仲間を募り自ら財・サービスを供給することが起こり得る。ここに NPO の原初形態をみることもできるだろう。

他セクターに対する優位性の議論では、需要側よりも供給側の方が財・サービスに関する情報を多く持つという非対称性の問題に着目する。具体的には、医療の場合では患者よりも医師に、福祉の場合では被介護者やその家族よりも介護者に、教育の場合では生徒・学生よりも教師・教員の方に、それぞれのサービスに関する情報が偏っている。こうした情報の非対称性が存在する場合、利用者はそのサービスの品質を評価することが困難となるだろう。市場取引の場合では、サービスの供給側が営利的に行動することで、こうした利用者の情報不足を悪用して利潤をさらに増加させようとする **機会主義的行動（opportunistic behavior）** の可能性が否定できなくなる。サービス供給側の組織や行動の内実を知らない利用者は、こうしたリスクを仮定することで需要が過小となり、結果的に社会的な供給量も最適水準を下回ることになる。「**契約の失敗（contract failure）**」といわれるこうした事態は、換言すれば、需要側の供給側に対する「信頼」の欠如が失敗を招くということを示しているといえるだろう。こうした点を考えると、利潤を利害関係者で分配しない非分配制約がある NPO に関しては、営利組織のように機会主義的行動をとる可能性が低くなる

分，（さらに政府の失敗を考慮すると）利用者の信頼を得られやすいと考えることができる。

日本におけるNPOの展開

NPOへの関心が高まる契機となったのは，世界的な規模での非営利セクターの台頭をレスター・サラモン（L. Salamon）が実証的に明らかにしたこと（Salamon 1994），そして日本では1995年の阪神・淡路大震災におけるボランティアの活躍であった。数多くのボランティアによる支援活動は，その量的なインパクトのみならず，活動の有効性や可能性への関心の高まりから，この年は日本における「ボランティア元年」といわれた。

もっとも，日本の公益活動を行う市民活動や非営利組織の源流を辿れば，古くは仏教思想に基づく，あるいはキリスト教伝来とともに広がった救貧活動，江戸時代の結や講など，豊かで多様な公益活動があったことに気づく。その意味では，日本には古くからNPOがあったともいえるが，こうした多様な存在を市民による非営利公益活動として広く括る概念がなかったともいえる。ボランティア元年は，市場でも政府でもない3番目のセクターが存在し得るという社会的認識を改めて生み出すきっかけとなったのである。

こうした高まりを受けて1998年に成立した「**特定非営利活動促進法（NPO法）**」は，ボランティア団体や市民活動団体などの「狭義のNPO」に法人格を付与するもので，日本においてNPOという語が一般に認知されるようになったのもこれ以降のことである。もっとも，NPO＝NPO法人という認識は必ずしも正しくなく，あくまでも狭義のNPOのうち，法人格を有するものがNPO法人という関係にある。したがって，法人格のないNPOも存在する点に注意する必要がある。

NPO法人は，その後の法改正により，当初の12分野の活動領域が2012年4月には20分野へと多様化し，この間の法人数も一貫した増加傾向にある。また一定の要件を満たして**認定NPO法人**になると，寄附控除等の対象となる。この認定基準・方法が2012年より変更されたことで，今後認定NPO法人の増加も予測されている。

今日では，行政や企業，NPOといった，セクターごとの主体が独立して活動を行うのではなく，社会課題の解決に対し，これらがどのように協働していけるかが重要な関心となっている。また，コミュニティビジネスやソーシャルビジネス，社会起業家など，公益的な活動でありながら，営利組織の形態をとる事例も増えてきており，その意味ではNPOとその関連する概念が一層多様になってきている。

《参考文献》

山内直人，2004『NPO入門〈第2版〉』日本経済新聞社。

Drucker, P. F., 1990, *Managing the Nonprofit Organization*, Harper Collins Publishers.（『非営利組織の経営——原理と実践』上田惇生・田代正美訳，ダイヤモンド社，1991年）。

Hansmann, H., 1980, "The Role of Nonprofit Enterprise", *The Yale Law*

Journal, 89: 835–901.

Salamon, L. M. and H. K. Anheier, 1994, *The Emerging Sector*, The Johns Hopkins University.（『台頭する非営利セクター――12ヶ国の規模・構成・制度・資金源の現状と展望』今田忠訳，ダイヤモンド社，1996年）．

Weisbrod, B. A., 1988, *The Nonprofit Economy*, Harvard University Press.

宮垣　元（みやがき・げん）

福祉国家【welfare state】

福祉国家の概念

　福祉国家（welfare state）という概念は，第2次世界大戦中のイギリスで，ナチスドイツの「戦争国家（warfare state）」との戦いに勝利した後に実現される国家のすがたを示すものとして用いられたのがきっかけとなって広く知られるようになったといわれる。福祉国家の概念についての学問的な定義は，研究者によって必ずしも同一ではないものの，一般的な用語としての「福祉国家」は，**社会保障制度**の整備を中心として，国民の生活最低限の保障（ナショナルミニマム）と国民生活の安定・向上をはかる政策の推進を重要な国家目標として位置づける国家という程度の意味合いで国際的に広く用いられている。「福祉国家」に対応するフランス語は，État-providenceであり，ドイツ語はWohlfahrtsstaatであるが，ドイツでは，同じような意味で，むしろ社会国家（Sozialstaat）という概念がよく用いられる。

福祉国家の発展，危機と再編

　第2次世界大戦後の1970年代初頭までの時期は，西側先進諸国において，福祉国家の大きな発展がみられた時期であった。この時期の福祉国家の発展のメカニズムを説明する上では，**ケインズ主義的福祉国家**（Keynesian Welfare State）という概念が有効である。ケインズ主義的福祉国家とは，ケインズ主義的な経済政策と，社会保障を中心とする社会政策を有効に結合させることによって，経済の成長と安定という経済的目標と，**完全雇用**，国民の生活最低限の保障や生活の安定という社会的目標を同時に実現することを目指す国家のあり方を示すモデルである。ケインズ主義的福祉国家において政府は，市場経済の基本的な枠組みを守りつつ，財政・金融政策を通して市場に介入し，経済の安定的な成長を図る。経済成長による歳入の増加や完全雇用の実現が，社会政策の拡充と社会保障制度の安定的な運営を可能にする一方，社会保障制度による国民生活の安定が，景気の回復や経済成長を支えるものとされる。70年代初頭までの時期は，多くの西側先進諸国においてこのような経済成長と社会保障の発展の好循環のメカニズムが有効に機能した時期であった。

　ところが，1973年の第1次オイルショックを契機とした世界経済の構造変化のなかで，このような好循環のメカニズムが作動しなくなり，社会保障の維持・拡充に対する財政的制約が強まる一

方,福祉国家をめぐる政治的対立が顕在化する傾向がみられるようになった。「福祉国家の危機」といわれる状況が生じたのである。この危機への対応の主要なパターンとしては,アメリカのレーガン政権やイギリスのサッチャー政権に代表される新保守主義的な対応と,スウェーデンやオーストリアに代表されるネオ・コーポラティズム的な対応があったといわれる(武川 1999:99-101)。しかし,いずれの場合も,社会保障関連支出の削減が行われたとしても,福祉国家の基本的な枠組みを変えるには至らなかった。

しかし,その後もさらに進展した経済の**グローバル化**(globalization)や脱工業化・サービス経済化などの環境変化の中で,福祉国家は新たな課題に直面している。国際的な競争の激化や,労働市場の柔軟化を進める政策展開の中で,非正規雇用の拡大や雇用の不安定化が進展し,長期安定雇用を前提とする制度設計を採用していた社会保障制度が,有効な生活保障の機能を果たすことが難しくなっている。少子高齢化の進展は,社会保障制度の財政的持続可能性の低下や,負担と給付をめぐる世代間の不公平の問題を引き起こしている。また女性の労働参加の拡大や,長寿化の進展,家族生活の多様化は,ケアサービス(保育・介護)などの新たなニーズを生み出している。このような課題に直面する中で,多くの先進諸国は,制度の持続可能性を高めるために,給付水準の引き下げや財政方式の変更などの制度改革を実施したり,社会サービスの提供体制に市場メカニズムを導入するなどの制度改革を実施するといった対応を行っており,このような改革を通して福祉国家の再編が進みつつある。

福祉国家研究と福祉(国家)レジーム論の展開

国際的に見ると福祉国家は,社会科学の重要な研究主題であり,図書や学術文献のデータベースを welfare state というフレーズで検索するとすぐわかるように,福祉国家に関する膨大な件数の研究業績が存在しており,政治学・経済学・社会学等の研究者が関与する学際的な研究領域としての福祉国家研究が成立している(Castles et al. 2010)。

福祉国家研究における重要な研究主題は,福祉国家の発展要因の分析であり,1970年代までは,社会保障費用等の指標を用いて,福祉国家の発展に影響を及ぼす要因を計量的に分析する研究が一つの潮流を形作っていた。そこでの有力な理論としては,社会の産業化に伴う経済発展,地域・家族の変化,高齢化などの要因を重視する**産業化理論**,社会民主主義勢力の影響力を重視する**権力資源論**(社会民主主義モデル)などがあった(平岡 2005)。

このような研究を批判し,福祉国家研究にブレークスルーをもたらしたのは,エスピン=アンデルセン(G. Esping-Andersen)による**福祉国家レジーム論**(**welfare state regime theory**)の提唱であった(Esping-Andersen 1990)。エスピン=アンデルセンは,福祉国家の主要な目的・機能を,労働力の**脱商品化**(de-commodification)と階層化(stratification)と捉え,各国の福祉国家レジーム(政策・制度の形態)が,脱商品化・階層化の機能を果たす程度を得点化して比

較分析し，自由主義レジーム（アメリカ合衆国等が典型例），保守主義レジーム（ドイツ，フランス等が典型例），社会民主主義レジーム（スカンジナビア諸国が典型例）という福祉国家レジームの3つのタイプを抽出した。

エスピン＝アンデルセンは，その後，企業，NPO等，国家以外の主体の役割を位置づけるという観点から，「福祉国家レジーム」に代えて，**福祉レジーム（welfare regime）**という概念を用いるようになっている。一方，福祉（国家）レジーム論に対する最も有力な批判は，ジェンダー論からの批判である。1990年代半ば以降，ジェンダー論の視点から福祉国家研究の新たな研究枠組を構築しようとする試みがなされており，「**脱家族化（defamilialization）**」の概念を用いた新たな研究枠組を提示したダイアン・セインズベリの研究（Sainsbury 1996）を初めとして，多くの研究成果が生まれている。

《**参考文献**》

武川正吾，1999『社会政策のなかの現代——福祉国家と福祉社会』東京大学出版会。

平岡公一，2005「福祉国家研究における社会学的アプローチ」三重野卓・平岡公一編『福祉政策の理論と実際——福祉社会学研究入門〈改訂版〉』東信堂，189–213。

Castles, F. G., S. Leibfried and J. Lewis (eds.), 2010, *The Oxford Handbook of the Welfare State*, Oxford University Press.

Esping-Andersen, G., 1990, *The Three Worlds of Welfare Capitalism*, Polity Press（岡沢憲芙・宮本太郎監訳『福祉資本主義の3つの世界』ミネルヴァ書房，2001年）。

Sainsbury, D., 1996, *Gender, Equality and Welfare State*, Cambridge University Press.

平岡公一（ひらおか・こういち）

福祉社会【welfare society】

「福祉社会」概念の多義性と曖昧性

日本では，社会保障や社会福祉の政策のあり方をめぐる議論においても，社会の望ましいあり方をめぐる議論においても，「福祉社会」という概念がよく用いられる。学術用語として用いられることも少なくない。しかし，「福祉社会」という概念は，「福祉国家」という概念よりも，ずっと多義的であり，曖昧な意味で用いられることが多い概念である。

「福祉社会」に対応する英語の用語は，welfare societyであり，この用語を重要な基礎概念として用いた著作や学術論文も散見されるが，政策をめぐる議論の用語としても，学術用語としても定着しておらず，海外（英語圏）の社会科学諸分野の辞典・辞典類には，welfare societyという項目をほとんど見出すことができない。

日本における福祉社会論の多様性と共通項

武川正吾は，この概念が，政府文書や

各種文献でどのように用いられてきたかを丹念に整理している（武川 1999a：1－22）が，それによると，この概念がよく用いられるようになったのは1970年代に入ってからであり，当初は，「福祉優先の社会」という程度の意味合いで用いられることが多かったが，次第に，反福祉国家論の文脈で用いられるようになり，伝統的な家族や企業福祉の役割を重視する**「日本型福祉社会論」**においてその傾向が顕著になった。しかし，現実の日本の経済社会の変化の方向と「日本型福祉社会論」との間の顕著なギャップが明らかになるにつれ，反福祉国家論として福祉社会論を展開する傾向は見られなくなり，むしろ，1980年代半ば以降は，ボランタリーな活動の広がりや非営利セクターの成長に見られる市民社会の形成という社会動向の延長線上に福祉社会を構想する議論が有力になってきたという。

今日でも，「福祉社会」についての体系的な理論化は行われておらず，その理解の仕方には論者による相違が大きいと考えられる。しかし，武川の分析（武川 1999b）に即して整理すると，多様な福祉社会論の中に見出せる共通項は，多くの人々が社会福祉に対する積極的な関心を持っている「福祉コンシャスな社会」という社会像と，国家（だけ）ではなく地域住民やNPOなどによって福祉ニーズへの対応が行われるという意味で「社会による福祉」を重視する考え方である。このような「福祉コンシャスな社会」という発想も，「社会による福祉」という発想も，必ずしも**新自由主義**（neo-liberalism）的あるいは反福祉国家的ではないが，福祉国家の限界の認識が前提になっていることは間違いない。すなわち，所得や医療・福祉等のサービスを保障する制度を整備したとしても，人々が，他者の生活困難や福祉制度のあり方に無関心であれば，福祉制度が有効に活用されることはなく，福祉ニーズを持つ人々は社会から排除され，孤立された状態のままにとどまる可能性がある。だから，人々が「福祉コンシャス」になる必要があるということである。あるいは，国家が官僚制組織を通して提供する各種のサービスは，硬直的で，利用者の個別の状況や心情などへの配慮を欠いたものになりがちであるから，国家によるサービス提供に偏ることなく，市民の自発的な活動の役割を再評価し，活性化を図る必要がある。「社会による福祉」が実現して初めて，福祉の実現が可能になるというわけである。

海外の研究の動向

英語の学術文献のデータベースで，welfare societyという用語をタイトルに含む文献を検索しても，ヒットする図書・論文の件数は多くない。そのなかには，日本語に翻訳されて日本の福祉社会論に影響を及ぼしたウィリアム・ロブソン（W. A. Robson）の著書（Robson 1976）など重要な文献もあるが，日本の福祉社会論のような1つのまとまった議論の領域，あるいは研究テーマとはなっていない。それでは，諸外国の研究者が，「福祉コンシャスな社会」や「社会による福祉」に関心がないのかというと，そのようなことは全くない。むしろ，国際的に見れば，「福祉コンシャスな社会」や「社会による福祉」の問題は，理想論や

抽象論の段階から，具体的な政策・実践の方法論の段階に進んでいるとみるのが妥当であろう。

あらためて指摘するまでもなく，長い歴史を持つ NPO セクターの活動の多くの部分が，人々の福祉に対する関心を高め，ボランタリーな活動への参加を促すことに向けられてきた。英語圏諸国では，社会福祉分野，あるいは社会福祉のほかに教育，保健，開発援助等を含むヒューマンサービスの分野において，地域社会における住民の活動の組織化をめぐる実践の方法論は，「コミュニティ・オーガニゼーション（community organization）」「コミュニティ・ワーク（community work）」「コミュニティ・ディベロプメント（community development）」などとして体系化されてきた。さらに，ここ20年ほどの間には，NPO セクターや協同組合，社会的企業等に関する研究が大きく進展した。

「国家による福祉」から「社会による福祉」への動き，および「国家による福祉」と「社会による福祉」の相互補完に関しては，公的セクター・非営利セクター・営利セクター・インフォーマルセクターの間の機能分担に関わる**福祉ミックス論**（welfare mix），あるいは公的セクターに偏らない多元的な主体によるサービス供給を推進する**福祉多元主義**（welfare pluralism）という枠組みに基づく政策論として多くの議論が行われており，学術的にも，多くの国際共同研究を含め，研究の蓄積が多い。

このような研究の成果は，当然のことながら，日本での研究にも取り入れられているが，福祉社会論を展開する際にも，このような研究の成果が参照されることが望まれる。

《参考文献》
武川正吾，1999a『福祉社会の社会政策——福祉国家と市民社会』法律文化社。
武川正吾，1999b「福祉社会」庄司洋子・木下康仁・武川正吾・藤村正之編『福祉社会事典』弘文堂，857-861。
Anheier, H. K., S. Toepler and R. List (eds.), 2010, *International Encyclopedia of Civil Society*, 3 vols., New York, Springer.
Mizrahi, T. and L. E. Davis (eds.), 2008, *Encyclopedia of social work, 20th ed.*, 4 vols., Washington, D. C., NASW Press and New York, Oxford University Press.
Robson, W. A., 1976, *Welfare State and Welfare Society*, London, George Allen and Unwin（『福祉国家と福祉社会』辻清明・星野信也訳，東京大学出版会，1980年）。

平岡公一（ひらおか・こういち）

文化資本【cultural capital】

文化的再生産論

古典的マルクス主義によれば，資本主義的生産では市場取引によって貨幣は生産手段，労働力に転化し，労働力を搾取することで剰余価値が生産され，さらに剰余価値は市場に再投下される循環過程

に入っていく。こうした自己増殖する貨幣は「資本」，資本蓄積の過程は「拡大再生産」と呼ばれる。また，社会階級などの社会構造，思想や芸術などの文化（イデオロギー），政治は資本主義的生産によって規定される。すなわち，階級構造は支配階級としての富裕な資本家階級と被支配階級としての貧困な労働者階級に分化し，相互に敵対して階級闘争が展開するものの，政治は支配階級の利害によって誘導される。また，文化（イデオロギー）は支配階級である資本家階級によって生産され，既存の階級構造や資本主義的生産を正統化しようとする。だが，現代のネオマルクス主義によって，こうした労働価値説や下部構造決定論は否定，あるいは修正されてきた。後者についていえば，現代の複雑化した階級構造は資本主義的生産，あるいは，経済的な富（経済資本）の社会的な偏在のみによって決定されるのではない。また，文化は資本主義的生産から（相対的）自律性を持つとされる。これとほぼ同様の視点に立って，社会階層の世代間での継承としての再生産，ひいては階層構造自体の再生産に経済資本だけでなく，「**社会関係資本（social capital）**」，文化的要因，つまり，「文化資本（cultural capital）」によって重層的に決定されていると主張したのが，フランスの社会学者であるピエール・ブルデュー（P. Bourdieu）の「**文化的再生産論（cultural reproduction theory）**」である。

文化資本とハビトゥス

　文化的再生産論によれば，文化資本とは学校や職場といった社会活動の「場（champ, field）」での成功に影響する文化的な資源を指し，それは「身体化された様態」「客体化された様態」「制度化された様態」の3形態をとり，社会関係資本，経済資本と相互に転化することで，階層は世代間で再生産されていくという。例えば，制度化された文化資本の1つである学歴資本の高い（高学歴の）両親が日常の食卓で，芸術作品についての批評談義に興じ，さらに，客体化された文化資本といえる経済書を数多く蔵書するといった「**文化的環境（milieu）**」では，彼らの子どもは難解な語彙やその適切な使い方（**言語資本**），読書習慣を身につけ，また，美的性行や経済学的な考え方を発達させるなど，親の多様な文化資本は子どもの身体化された文化資本に転化することが考えられる。なお，文化的環境のもとで培われる半ば意識下的な身体的な習慣，態度，能力としての身体化された文化資本は「**ハビトゥス（habitus）**」と呼ばれる。そして，このような子どもの文化資本は学校教育に適合的であり，結果，高い文化資本は優秀な学業成績，高学歴，ひいては高い職業的地位（経済資本）の達成に貢献することが予想されよう。社会的活動の場の成功に有利な文化資本は社会階層の上層が消費する高級文化に由来する一方，下層が消費する低級文化（大衆文化）に由来する文化資本にはそうした有利さは乏しい。したがって，社会階層の上層に属する子どもは社会的な活動の場に適合的な文化資本を親から「遺産相続」し，高い職業的地位を達成することで，社会階層は継承，つまり，再生産されることになる。他方，経済資本はもちろん，文化資本の点から

も，社会階層の下層に属する子どもが高い職業的地位につくといった上層移動は概して難しいといえよう。とはいえ，下層に属する労働者の「勤勉さ」という身体化された文化資本が，その子どもの勉学態度（ハビトゥス）に転化し，優秀な学業成績，ひいては高い職業的地位の達成に貢献することもありうる。このことは文化資本を実体視することに問題があることを示唆している。なお，これに関連していえば，文化資本は親から子どもに相続されるものとして捉えられる傾向があるが（**相続文化資本**），社会的活動の場で子どもたちが自ら獲得していく文化資本も少なくないのである（**獲得文化資本**）。

文化的再生産の実証研究

こうした文化的再生産論については，これまで数多くの実証研究が蓄積されてきた。そこでは主に2つの仮説が設定される。第1に階層序列と文化序列の対応仮説であり，社会階層の上層，下層という序列が高級，低級という文化的序列に対応しているのかが問題となる。第2に文化資本の地位達成効果仮説である。ブルデューによるフランス社会を対象とした実証研究では，後述するように議論はあるが，これらの仮説の妥当性が検証されたといえよう。他方，日本社会を対象とした実証研究では，第1の仮説については，概して妥当性を持つとの研究成果がある一方，女性には妥当するものの，男性には妥当せず，社会階層の上層の男性は高級文化だけでなく低級文化をも消費する「**文化的オムニボア（文化的雑食）**」的傾向を示すと指摘する研究成果

もある。第2の仮説については，女性については妥当性が認められるが，男性については妥当せず，相続文化資本による社会的地位の形成効果は見られないとの研究成果がある一方，階層の再生産自体をそもそも疑問視する研究成果もある。なお，ブルデューの文化的再生産論では階級，市場，文化資本などの概念定義が不明瞭であり，そのため，文化資本についてはその具体的な指示対象がはっきりせず，文化的再生産論の計量的な実証研究自体の困難さを指摘する研究もある。

卓越化と差異化

最後に，文化的再生産論の「**卓越化（distinction）**」概念について，ジャン・ボードリヤール（J. Baudrillard）による記号論的消費社会論の「**差異化（differentiation）**」概念と関連させて確認しておこう。文化的再生産論によれば，文化的なヒエラルキーにおいて高級文化と低級文化とは「区別立て（distinction）」され，社会階層の上層は高級文化に由来する文化資本を身につけ，高級文化消費を実践することで，低級文化消費を実践する下層から卓越化を試みる。卓越化は消費者が自他を区別する消費行動という点で，ボードリヤールの主張する記号消費による差異化と類似するものの，卓越化消費が階層文化という社会構造に基づく一方で，差異化消費は社会構造から自由に展開する点で異なるといえよう。先進地域における現代資本主義に特徴的な消費行動が卓越化消費，差異化消費のいずれであるかについては議論が別れるだろう。それでも，文化的再生産論にあえて立脚していえば，ポストモダン化し，

社会的なるものが内破した現代の消費社会における差異化消費であろうとも，社会階層はもちろん，ジェンダー，エスニシティ，さらに雑多な社会的小集団といった「社会的なるもの」の文化に由来する文化資本，あるいはそういってよければ「サブカルチャー資本」を身につけることで，卓越化消費として実践されていることはおおいに考えられるだろう。

《参考文献》
中井美樹，2011「消費からみるライフスタイル格差の諸相」佐藤嘉倫・尾嶋史章編『現代の階層社会1 格差と多様性』東京大学出版会，221-236。
原純輔・盛山和夫，1999『社会階層——豊かさの中の不平等』東京大学出版会。
宮島喬，1994『文化的再生産の社会学——ブルデュー理論からの展開』藤原書店。
宮島喬・石井洋二郎編，2003『文化の権力——反射するブルデュー』藤原書店。
Bourdieu, P., 1979, *La Distinction: Critique sociale du judgment*, Les Éditions de Minuit.（『ディスタンクシオン〈Ⅰ・Ⅱ〉』石井洋二郎訳，藤原書店，1990年）。

　　　　　　　　水原俊博（みずはら・としひろ）

文化社会学【cultural sociology】

歴史的用法

　文化社会学という呼称は，社会学史において特定の方法論的立場を意味する場合がある。例えば第1次世界大戦後のドイツにおいては，社会的相互作用や社会関係の形式こそが社会学の固有の対象であるとするグオルグ・ジンメル（G. Simmel）やレオポルト・フォン・ヴィーゼ（L. von Wiese）らの**形式社会学**（Formale Soziologie）に対して，その抽象性や非歴史性を批判する立場として文化社会学（Kultursoziologie）が提唱され，さまざまに論じられた。そして，マックス・シェーラー（M. scheler），アルフレート・ヴェーバー（A. Weber），カール・マンハイム（K. Mannheim）らがこの立場からそれぞれに独自の成果を示した。また，アメリカの社会学史では，特に1920年代から30年代にかけて，個人の欲求や関心から社会現象を説明しようとする**心理学的社会学**（phychological sociology）に対して，文化人類学の知見なども採り入れながら文化的・歴史的要因の働きを強調する立場が文化社会学（cultural sociology）と呼ばれた。

　しかし現在ではこうした歴史的用語法はすたれ，広く文化現象への社会学的アプローチ（つまり，かつては文化社会学と区別して**文化の社会学**〔sociology of culture〕と呼ばれた領域）を文化社会学と呼ぶのがむしろ普通になっている。もちろん，かつての文化社会学も具体的な文化現象を扱わなかったわけではない。それぞれの方法論的立場に依拠しながら，宗教，芸術，道徳，法，知識，教育など，さまざまの文化現象を扱っていた。あるいは，方法論にはあまりこだわることなく，それらの文化現象を扱う個別領域（宗教社会学，芸術社会学，道徳社会学，法社会学，知識社会学，教育社会学な

ど）を総称して文化社会学と呼ぶこともあった。この用語法は現在でもある程度残っている。

フロントの拡大

いずれにせよ，文化社会学が扱う具体的現象の範囲は**文化**の概念をどう考えるかによって左右される。文化社会学の主要な下位分野が宗教社会学・芸術社会学・法社会学・知識社会学・教育社会学などであると考えられていたのは，文化の概念がやや狭く限定されていたからであろう。今日であれば，例えばスポーツ，ファッション，観光，メディア，情報などを扱わない文化社会学は考えにくい。また今日の芸術社会学はベートーベンだけでなくビートルズや演歌も，ドストエフスキーだけでなくケータイ小説やライトノベルズも扱うだろうし，もちろんマンガも扱う。知識社会学は科学やイデオロギーだけでなく，さまざまな日常知や身体知も扱うだろう。このように，文化の概念が日常の生活文化，メディアを介したポピュラー文化などをも包摂して拡大するにつれて，文化社会学が扱う対象も広範になり，その扱い方（視点や方法）も多様化してくる。そのため，文化社会学という分野の輪郭が判然としなくなる傾向もみられる。文化の研究そのものは活性化し多彩になるのだが，ディシプリンとしての文化社会学は拡散し曖昧化しつつあるという現状がある。

また，1970年代におけるクリフォード・ギアーツ（C. Geertz），ミシェル・フーコー（M. Foucault），ピエール・ブルデュー（P. Bourdieu）らの先駆的な著作の影響もあって，さまざまな意味を生み出す記号（あるいはシンボル）の体系として文化を捉える考え方が一般化し，そこから1980年代以降，**文化論的転回**（cultural turn）と呼ばれる動向が生じてくると，文化の問題は，文化社会学以外の社会学の各分野でも，さらには社会学以外の学問領域でもしばしば扱われる重要なテーマとなった。文化を階級構造や権力構造などの単なる反映とみるのではなく，それらの形成にも関与するダイナミックな要因として捉えるのが文化論的転回のひとつの特徴的な側面だからである。こうした動向も文化社会学の輪郭や独自性を曖昧化する方向に作用したが，見方によっては文化の社会学的研究を領域横断的に活性化したともいえるであろう。

経済社会学とのかかわり

文化論的転回はまた，文化社会学と経済社会学とのつながりを理論的に強化した。もちろん，古くはマックス・ヴェーバー（M. Weber）の「プロテスタンティズムの倫理と資本主義の精神」をめぐる議論，あるいは1950年代から80年代にかけての（賛否両極の評価を伴う）**日本的経営**論，また1970年代以降盛んになる**消費社会**論など，個別的には経済と文化のつながりに目を向ける議論はあったが，文化論的転回はそれらの具体的議論に理論的根拠を与えるとともに，経済活動に対する文化的要因の影響力や形成力を重視する多様な研究を促進した。

こうした動向の背景には，文化のメディア化・商品化の急速な進展とそれに伴う人びとの意識の変化という状況もある。かつて1940年代にマックス・ホルク

ハイマー（M.Horkheimer）とテオドール・アドルノ（T.W.Adorno）が**文化産業（Kulturindustrie）**という用語によって文化の商品化を批判したとき，多くの人々は「文化」と「産業」という2つの言葉を水と油のようなものと感じ，それをあえて組合せたところに皮肉な批判的インパクトを感じた。しかし現在では，この組合せにそのような違和感を抱く人は少ないであろう。「文化」と「産業」は，何の違和感もなく，ごく普通に結びつく言葉となった。とりわけ1990年代以降，**グローバル化（globalization）**の進展によって，例えばマンガやアニメなどのポピュラー文化が輸出産業として脚光を浴びるようになると，そうした違和感や抵抗感はますます薄れた。

　もちろん，文化のグローバル化は単純な一元化の過程ではない。例えば，いわゆる**マクドナルド化（McDonaldization）**にしても，それが波及するさまざまな社会や地域に応じて多様な文化的バリエーションを伴っており，その意味で**グローカル化（glocalization）**の過程であるといわれる。そのような比較的わかりやすい事例も含めて，文化と経済とのつながりや両者の相互浸透・影響関係について今後ますます多角的に検討が進み，新たな研究成果が蓄積されていくことが期待される。

《参考文献》

井上俊・長谷正人編著『文化社会学入門』ミネルヴァ書房，2010年。

南田勝也・辻泉編著『文化社会学の視座』ミネルヴァ書房，2008年。

吉見俊哉『カルチュラル・ターン，文化の政治学へ』人文書院，2003年。

Geertz, C., 1973, *The Interpretation of Cultures*, Basic Books.（『文化の解釈学』〈Ⅰ・Ⅱ〉，吉田禎吾ほか訳，岩波書店，1987年）。

Horkheimer, M. and T.W. Adorno, 1947, *Dialektik der Aufklärung*, Querido Verlag.（『啓蒙の弁証法』徳永恂訳，岩波書店，1990年）。

Jameson, F., 1998, *The Cultural Turn*, Verso.（『カルチュラル・ターン』合庭惇ほか訳，作品社，2006年）。

Watson, J. I. (ed.), 1997, *Golden Arches East*, Stanford University Press.（『マクドナルドはグローバルか』前川啓治ほか訳，新曜社，2003年）。

井上　俊（いのうえ・しゅん）

ポストモダニティ【postmodernity】

ポストモダンとポストモダニティ

　ポストモダニティ（postmodernity）とは，20世紀後半に欧米や日本などの先進資本主義諸国が迎えた経済，社会的変容から文化，美学，思想の新潮流に至るまでの新たな段階を，それまでの枠組みでは捉えきれない**ポストモダン（postmodern）**，すなわち「近代以後」の社会状況を表象するものとして捉え，その歴史的特質と趨勢を極めて広い観点から表現した言葉である。

　しばしば**ポストモダニズム（postmodernism）と同義の扱いで用いられることがあるが，ポストモダニズムは一般に美学芸術や建築上の手法，あるいは思想上の運動を意味するものであり，その背景となる経済，社会全般の変動を表象するポストモダニティよりも限定的な意味合いが強いといえる。学術的に見れば両者の差異は曖昧で，論者や専門領域によって見解も異なるため厳密な区分は困難であるが，例えばデヴィッド・ライアン（D. Lyon）は，文化的な意味合いにアクセントを置く場合はポストモダニズム，社会的な事象を強調する場合はポストモダニティというように，大まかな区別を提案した上で議論を展開している。ポストモダンをめぐる広範な議論を整理する際に参考となろう。

　なお，ポストモダンという言葉の起源には諸説あるが，ペリー・アンダーソン（P. Anderson）によれば，その起源は1930年代のスペイン語圏の文芸批評においてモダニズム内部における保守的な逆流を意味したとされる「ポストモダニスモ」という言葉に見出せるという（Anderson 1998）。この言葉が欧米圏の芸術批評などにおいて，今日的な意味で流布したのはそれから一世代後の1970年代頃と見られる。

ポストモダニティの社会理論

　ポストモダニティという言葉が指し示すように，その最も重要な含意は，現代が何らかの意味において近代の「ポスト」（後）を表象する時代であり，現代社会は近代社会から一線を画するという主張である。一般に近代（modern）が，その最先端に位置する「現代」をも含む概念であることを考えれば，ここには語義矛盾が生じているが，そのような既存の時代区分の常識を超えて，いわば「古典的近代」と「現代的近代」との間に一線を引くことを主張するのが**ポストモダニティの社会理論**であるといえよう。

　ポストモダニティの社会理論が近代をいかなる意味において捉えているのかについては極めて広範で多義的であるといわざるを得ないが，それらが最も広い意味において批判のターゲットとする「近代」は，「啓蒙的近代」を指すものと考えることができる。近代性（モダニティ）の特質が啓蒙理性による秩序づけの時代だとすれば，ポストモダニティの特質とは啓蒙的秩序の崩壊であり，近代が張りめぐらせてきた諸々の価値基準がその効力を喪失し，新たな多元的価値基準へと分解していく時代だということになる。

　思想的な意味でのポストモダニティに関する先駆的な言説としては，J・F・リオタール（J. F. Lyotard）の『ポストモダンの条件』（1979年）が有名である。リオタールは，近代を「**大きな物語（grand narrative）**」の時代として特徴づけ，それに対する「不信感」をポストモダンの時代の特質と定義した。「大きな物語」とは，人間の歴史や知の営みを単一の枠組みへと還元して説明しようとする「メタ物語・言説」を意味し，マルクス主義などがその代表とされる。しかし，リオタールのポストモダン批評の本質が，有名となった「大きな物語」批判ではなく，むしろ情報技術の急速な発展の中における「知」のステータスの質的変容への関心にあったことには留意せね

ばならない。

社会学の分野では消費論におけるジャン・ボードリヤール（J. Baudrillard）の記号論的消費社会論（『消費社会の神話と構造』1970年）の影響により，一時期ポストモダンの消費論が注目された。それらは1970年代の先進資本主義諸国に端を発する消費主義的傾向を，モノの価値をめぐる記号と実質との乖離に着目して分析したものであり，今日のサブカルチャー論などへと継承されているといえよう。

また，それまで比較的曖昧なまま議論されていたポストモダニズムの思潮や芸術，あるいは文化や社会全般の特質を厳密に歴史的に分析し，その本質を資本主義の「**文化論的転回（cultural turn）**」がもたらした「**後期資本主義の文化的論理**」の内に見出して理論的に基礎づけたのが文芸批評家のフレデリック・ジェイムソン（F. Jameson）であった。ジェイムソンのポストモダニズム批評は，近代思想に内在する「全体性」や「同一性」を批判して登場したポストモダンの思想的スタンスからすれば異質なまでに広い射程を有するが，その一連のテキスト（Jameson 1991ほか）は，いまなおポストモダニティの社会理論の優れたガイド役を果たしうるものだといえる。

その他，ポストフォーディズム時代における「時間・空間の圧縮」という観点からポストモダニティを捉え直した地理学者のデヴィッド・ハーヴェイ（D. Harvey）（『ポストモダニティの条件』1989年），マルクス主義の立場からポストモダニズムの理論全般を精査し，それらが主張する特質の多くがモダニズムにすでに備わっていたものだとして骨太な批判を展開したアレックス・カリニコス（A. Callinicos）（『アゲインスト・ポストモダニズム』1989年）の議論なども参考になろう。

経済社会学とポストモダニティの視点

ポストモダンの思想や芸術が一躍注目を浴びたのは1970年代から80年代のことである。この頃，先進資本主義諸国は概ね成熟飽和経済に突入し，過剰生産力が顕在化していた。ポスト工業化や脱産業化の議論が大きな関心を呼ぶとともに，成長経済路線の維持のために消費社会化が急速に進んだのもこの時期であった。資本主義の持続可能性を支える社会・文化全般の構造が大きな転換点を迎えていたのである。そうした時代状況の中で，ジェイムソンが主張するように，資本主義は自身の持続のためにもポストモダン的状況への「文化論的転回」を必要としたのだといえよう。しかし，ポストモダニティの理論が，その「転回」を何らかの根本的な「革新」と取り違えたのだとすれば，その思想的挫折は必然的であったといわざるをえない。実際日本では，80年代にポストモダニズムが一躍流行思想の様相を呈したが，バブル経済の崩壊とともにその熱狂もどこかへ消え去ったかのようである。

だが，現実のグローバルな経済社会を見渡すならば，国際紛争や民族主義，ナショナリズムや市場原理主義など，ポストモダンが批判した近代の残滓（同一性への回帰）がむしろその影響力を増している。また経済グローバリズムの中で，新自由主義的な思想が「大きな物語」と

して勢力を増している。ポストモダニズムの思想やポストモダニティの社会理論を単なる流行思想として切り捨てるのは簡単なことではあるが、それらが格闘してきた近代の原理は、むしろ新興工業国が続々と消費社会化や情報社会化へと突入しつつある今こそ真摯に問い直されなければならないといえよう。経済社会学は経済と社会を横断的に捉え、分析することをその学問的な役割の根底に有するものであり、その意味でも20世紀後半以降の資本主義社会の質的変化を、経済のみならず文化、芸術、思想などの変動と一体的に捉えて分析し、理論的説明を試みてきたポストモダニティの社会理論との親和性が極めて高い学問領域だといえよう。この分野の理論的応用が期待される。

《参考文献》

Anderson, P., 1998, *The Origins of Postmodernity*, Verso.(『ポストモダニティの起源』角田史幸・田中人・浅見政江訳、こぶし書房、2002年)。

Jameson, F., 1991, *Postmodernism, or The Cultural Logic of Late Capitalism*, Duke University Press.

Lyon, D., 1994, *Postmodernity*, Open University Press.(『ポストモダニティ』合庭惇訳、せりか書房、1996年)。

Ryotard, J. F., 1979, *La condition postmoderne*, Paris, Les éditions de Minuit.(『ポストモダンの条件』小林康夫訳、水声社、1986年)。

田中　人(たなか・まさと)

ホモ・エコノミクス【homo economicus】

概　念

ホモ・エコノミクス (homo economicus)、あるいは**経済人** (economic man) と呼ばれる概念は、自己利益の追求を目的として合理的に行動する個人を指す人間像である。近代以降、経済学における理論的発展の多くは、この人間像を想定したもとで構築された理論の展開であった。その一方で、この人間像をめぐって、経済学の内部で、あるいは近接の諸分野から、さまざまな疑義あるいは批判が提起されてきた。ホモ・エコノミクスの概念は、社会科学にににおいて極めて大きな影響を与えた理論的基礎の1つであると同時に、いまなお乗り越えるべき人間像として議論の対象となっている。

功利主義および合理性

アダム・スミス (A. Smith) の市場論に登場する自己利益を追求する個人にはじまり、ジェレミー・ベンサム (J. Bentham) やJ・S・ミル (J. S. Mill) による**功利主義** (utilitarianism) の展開を経て、ホモ・エコノミクス概念の形成は、学問としての経済学の成立を促す重要な契機となった。功利主義の思想が提供したのは、個人にとっての望ましさの何らかの集計として社会の望ましさを語る方法論的基礎であった。後に**方法論的個人主義** (methodological individualism) と呼ばれるその考え方によって、社会のあるべき姿を出発点とするのではなく、個人の行動から社会に関する事柄を論理的

に説明しようとした古典派経済学の論理体系が成立したといえる。

　方法論的個人主義に基づく社会理論の核となるのは，いうまでもなくどのような個人を想定するかである。経済学においては，効用理論の展開に対応して，そこで想定される人間像が明確化され，定式化されていった。効用理論においては，個人の選好は効用関数によって表現され，効用を最大化することが個人の行動目的となる。すなわちそこでは，自身の効用を最大化するという意味で合目的的な**合理性**（rationality）を持つ個人が想定されており，この点はホモ・エコノミクスという人間像の役割にとって本質的な意味を持っている。合理性という点で均質的な独立した諸個人の集合体として社会を捉えることによって，個人の行動に関する仮定・仮説から社会の振舞いを演繹的に導出する分析が可能となったのである。

経済理論の展開とホモ・エコノミクス

　いわゆる限界革命や序数的効用分析の登場を経て，ホモ・エコノミクス概念はいっそう形式的に純化され，合理的個人の選択理論によって経済現象を分析する装置が整えられるに至った。ここに，ホモ・エコノミクスという人間像は，経済理論が形式的な論理的精緻化を進める基盤となり，経済学が１つの体系的な学問体系として「科学化」して行くための不可欠の前提となったのである。

　さらにその後の経済理論の展開においては，不確実性と期待効用の理論や，不完全情報下の経済分析など，経済主体の合理性の条件をより緩和し，一般化しよ うとするさまざまな試みがなされてきた。ただしそれらの理論的展開は，あくまで合理性の解釈の拡大，あるいは合理的個人の環境条件を一般化する試みとして捉えられるべきであり，主体の合理性そのものを代替するような人間像を想定しようとするものではない。

批　判

　ホモ・エコノミクスの概念は多くの批判にさらされてきた。そもそも経済人やホモ・エコノミクスという用語自体，19世紀後半に，そのような人間像を想定することに対する批判的な文脈の中ではじめて用いられたものであるとされている（Persky 1995：222）。歴史学派，制度学派，マルクス学派をはじめとして，その後の非主流派と呼ばれる経済学説や，社会学の諸議論から古典派―新古典派経済学の方法論に向けられた批判の多くは，ホモ・エコノミクスの想定に対する批判であったとみることができる（例えば，古くはソースタイン・ヴェブレン（T. Veblen）による思考慣習の重視やカール・ポランニー（K. Polanyi）による「埋め込み」の理論，後にはアマルティア・セン（A. Sen）の「合理的な愚か者」の議論など）。

　批判の方向はさまざまであり，ホモ・エコノミクスの利己主義的性格や物質主義的性格への批判をはじめとする規範的・倫理的側面の議論，還元主義的方法や選好の形成・独立性に関する方法論的な議論，また個人の合理性や行動様式に関する歴史的・実証的観点からの批判など，種々の議論がなされてきた。また，ホモ・エコノミクス概念の限界を指摘し，

それに代替する，あるいはそれを補完する新たな人間像を提起する試みもなされた（よく知られている概念としては，社会における地位・役割によって制約される個人を指す**ホモ・ソシオロジクス**〔homo sociologics〕がある）。強いて集約するならば，個人と他者，あるいは個人と社会との関係をどのように捉えるかという点について，ホモ・エコノミクス概念の一面性・抽象性・非倫理性を指摘し，その人間像に立脚する理論の不完全性や非現実性を主張するという点に，ホモ・エコノミクス批判の諸議論に共通した論点を見出すことができる。

社会科学と多元性

さまざまな批判論にもかかわらず，ホモ・エコノミクスの想定は，現在もなお経済学にとって主要な方法論的基礎であり，その地位に置き代わるものとして合意が得られた他の人間像は現れていない。多くの経済分析がそうであるように，ホモ・エコノミクス概念は経済現象を分析する形式的な道具であるという立場からすれば，自己の利益を高めようとする性向が現実の人間行動に含まれている限り，ホモ・エコノミクスの想定に基づく理論分析は論理的に成立するだけでなく，現実妥当性の観点からも維持されうる。実際，盛んに行われるホモ・エコノミクス批判に比べて，それらに対する反批判は必ずしも活発に論じられていない。

しかし同時に，ホモ・エコノミクスという人間像にさまざまな限界が存在することは，経済理論の内部においても否定されるものではない。ゲーム理論の展開は個人間の相互依存関係を論理的に分析する理論の発展であるし，さらに近年の行動経済学の展開はホモ・エコノミクスの想定に対する疑義に直接的に取り組む試みである。

ホモ・エコノミクスをめぐる問題の本質は，この人間像の姿それ自体というよりも，それをどのように用いるのかにあるといえよう。さまざまなホモ・エコノミクス批判が明らかにしているのは，人間行動の多様性・多元性である。いかにしてホモ・エコノミクス概念を相対化し，その上で，ホモ・エコノミクスの想定に基づく理論分析をどのような方法で社会科学のうちに取り込むことができるのかという課題こそが，現実社会の諸問題に向き合うことのできる社会理論への方向といえるだろう。

《参考文献》

富永健一，1997『経済と組織の社会学的理論』東京大学出版会。

Dixon, W. and D. Wilson, 2012, *A History of Homo Economicus : The Nature of the Moral in Economic Theory*, Abingdon, Routledge.

Persky, J., 1995, "The Ethology of Homo Economicus," *Journal of Economic Perspectives*, 9, 2 : 221-231.

鈴木　純（すずき・じゅん）

ボランタリズム【voluntarism】

ボランタリズムの3つの位相

アメリカの伝統の中で培われてきたボランタリズムは市民社会を支える思想を内包し，それには**ボランタリズム**（voluntarism），**ボランティアリズム**（volunteerism），**ボランタリズム**（voluntaryism）という3つの位相がある。ボランタリズムは「人間のもつ強い意志が人間の属性の最たるものであるとする主意主義」，ボランティアリズムは「ボランティアとなること，ボランティアとして行動すること」，ボランタリズムは「主体的意志によって自己の便益のためではなく，他者への関心と福祉のために自発的に動こうとする動機や姿勢」を意味する（西山 2007：47）。岡本栄一によれば，ボランタリズムはもともと国家から自由な教会の理念を意味し，後に国家や行政から「独立した民間の立場」（岡本 2011：1）を指すようになった。

佐藤慶幸のボランタリズム研究

わが国のボランタリズム研究で大きな影響力をもったのは佐藤慶幸の**ボランタリー・アソシエーション**論である（藤井 2002：14）。佐藤は，ボランタリズムとしての主意主義を，パーソンズ（T. Parsons）の主意主義的行為論に依拠して「さまざまな制約条件に対峙しながら，それを意思と努力で乗り越えようとする志向性」（佐藤 1999：56）と規定している。この志向性は人々の自発性の基盤となるが，彼は，パーソンズとは異なり，こうした志向性は「孤独な個人」をモデルとする独我論的なものではなく，他者とのコミュニケーションに基づく共感的了解を基盤にするとしている。そしてアメリカでは伝統的にボランタリズムに基づいて，より多くのボランタリー・アソシエーション（ボランタリズム）やボランティア活動（ボランティアリズム）が生み出されているとした（佐藤 1999：165）。

戦後日本のボランタリズム

佐藤の上記の議論は，アメリカ社会を念頭においているが，日本の場合はどうなのだろうか。戦後の民主化において我が国のボランタリズムの大まかな方向が決められ，その基本となったのが憲法89条の**「公私分離の原則」**である。同条によって，国家による社会への介入が禁じられ（「国家に対する社会の自律」〔仁平 2011：15〕），ボランタリズムに繋がる制度改革が進められた。しかしその後「民間だが公の支配に属する」社会福祉法人のようなグレーの法人格ができ，日本のボランティア活動は**措置体制**のもと「官」の支配と管理に服するようになっていった。そうしたボランティア活動はボランタリズムを伴わないボランティアリズムといえる。日本のボランタリズムのこのような状況を克服しようと，1970年代頃までボランティアも運動としての性格を持たなければならないとする議論が多くみられた（仁平 2011：15）。

阪神・淡路大震災以降のボランタリズム研究

　佐藤のボランタリー・アソシエーション論はどちらかといえば理念的なものであったが，**阪神・淡路大震災**以降，我が国のボランタリズムに関して「どのようにすれば必要な資源を動員できるのか」等の実践的関心が大きくなった。1998年には **NPO 法**も施行され，「国家に対する社会の自律」というボランタリズムを実現する体制が整備された。このようにボランティアや NPO が社会的に承認されるようになってくると，批判的な研究もでてくるようになった（藤井 2002：21）。

　第1の批判的研究は，ボランティアや NPO が国家の政策的意図に絡め取られていくことを問題とする。そこでは「国家に対する社会の自律」というボランタリズムが危機にさらされるのではなく，逆にそれが進められることで結果的に政府の政策的意図に沿うことになるという逆説的な事態が生じる。背景にあるのが「介入主義的開発主義から**ネオ・リベラリズム**と呼ばれる小さく強権的な政府への転換」（仁平 2011：16）である。ネオ・リベラリズム政府にとっては市民社会が活発になればなるほど都合がよいという側面がある。他方でネオ・リベラリズムは人々の格差を拡大させ，「国家による社会権の保障」を喫緊の課題として抱えるようになる。国家にその課題の解決を促すには，ボランタリズムとしての主意主義に基づいた行動をおこす必要があり，そうした動きは不可避的に社会運動としての性格を帯びることになるだろう（仁平 2011：21）。

　第2の批判的研究は，障害者など当事者の視点からのボランティア批判であり，これはボランティアリズムに対する批判だといえる。そこではボランティアの**無償性**が**障害者役割**（例えば感謝すべき存在としての障害者）を成立させること，無償性の前提として家族成員間での所得分配があり（配偶者や親からの所得移転があるから無償で活動できる），そうした前提を満たした層だけしかボランティア活動に従事できないことが問題とされた（藤井 2002：21）。西山志保は障害者役割の成立に関して，阪神・淡路大震災以降の経験を踏まえ，ボランティアに対し「自分を拘束している職業や役割から離れ，相手の個別性を理解し共に悩む対等な人間として存在を認め，相手との関わりを維持しながら支援範囲を限定し，相手の潜在能力をひきだす」ような関わり方を提唱している（西山 2007：129）。

《参考文献》

岡本栄一，2011「巻頭言　ボランタリーな活動の社会的価値の追求」ボランタリズム研究会編『ボランタリズム研究』1，大阪ボランティア協会。

佐藤慶幸，1999『現代社会学講義』有斐閣。

西山志保，2007『ボランティア活動の論理——ボランタリズムとサブシステンス〈改訂版〉』東信堂。

仁平典宏，2011「ボランティアと政治をつなぎ直すために——ネオリベラリズム以降の市民社会と敵対性の位置」ボランタリズム研究会編『ボランタリズム研究』1，大阪ボランティア協会。

藤井敦史，2002「社会学者はボランティアをどのように語ってきたのか？」

「ボランティア活動研究」編集委員会編『ボランティア活動研究』11，大阪ボランティア協会．

豊山宗洋（とよやま・むねひろ）

ボランティア【volunteer】

歴史と原義

ボランティア（volunteer）という言葉の誕生は，1647年にイギリスでおきたピューリタン革命によって，生活不安，社会混乱が発生し，治安維持のために組まれた自警団に志願した人々をボランティアと呼んだことに求められる。

日本では，1995年におきた阪神・淡路大震災に，多くのボランティアが駆けつけ，それが大々的に報道されたことによって，ボランティアの社会的認知が高まった。こういった理由から，同年は日本では「ボランティア元年」とも呼ばれる。

その後日本では，単に災害救援の分野にとどまらず，市民社会論や，福祉論，開発論，そして教育論など多様な文脈からボランティアに対する期待をこめた言及がなされた。

ボランティアに関して日本では，**自発性**，**非営利性**，**公共性**の3点をもって定義づけることが一般的である。しかしボランティア活動の領域や担い手が広がる中で，また，極めて多種にわたるボランティア活動が登場してきたことを受け，ボランティアの定義に関しても，再考の余地が広がってきている。具体的には教育プログラムに組み入れられることによって，自発性の要素が，有償ボランティアの登場によって非営利性の要素が，再び検討される必要が出てきている。

この点に関しては，**連帯性**や**緊急性**の観点を加味しながら，社会哲学的な見地からボランティアを捉えようとする試みも注目される（田村 2009）。

研究の発展

日本では小泉政権以降とられた新自由主義路線による功罪がさかんに論じられたが，新自由主義の問題は，ボランティアをめぐる議論にも影響を与えた。

その代表的なものは，新自由主義路線の中で縮小する政府機能を代替する安価な労働力としてボランティアが利用され，新自由主義を補完する役割を果たすという指摘である（中野 2001，仁平 2011ほか）。つまり，善意や自発性を行動原理とするボランティアは，国家やシステムに**動員**されやすい性格を持つ，との指摘である。換言すればこれは，個人の自発的意思に基づいているからといって，それがそのまま国家から自律しているとはいえないし，むしろボランティアはむしろその性格上，国家やシステムに絡めとられてしまいやすい，という指摘である。この指摘は，市民社会論から寄せられたボランティアに対する期待とは正反対に位置し，さらには教育論から導き出されるボランティア実践に対しても，その陥穽を示唆する内容のものとなっている。

善意や自発性と動員の問題に関しては，ボランティアという言葉が一般的になる

以前，宗教的な動機を持つ善意や自発性が，国家政策に従属していった点を明らかにした研究も，ボランティア論以外の分野でなされている（荒井 1996ほか）。この点を考慮しても，動員の問題は，ボランティア論にとって避けることのできないラディカルな問いである。

ボランティア論の中では，動員問題に対する再批判は活発とは言えない。そのなかで，「『すべての動員は悪い』と総称的に論じるより，その動員が何と接続しているのかを個別に精査／評価する方が，有意義」（仁平 2011）との視点は，動員の危険性を意識しつつ，現実的な視点を持ち合わせたものとして，今後の議論の発展の道筋を示している。

動員問題に関して，ボランティア論のなかで積極的な応答が見られなかった原因のひとつとして，これまでの日本のボランティア論が，自己実現，自己成長など「ボランティアする側」の観点からなされてきたことがあげられる。より深い議論のためには，それとは別に，ボランティア活動によってもたらされた社会的帰結や，「ボランティアされる側」からの視点などが重要になってくる。

近接する概念とボランティア

ボランティアに近接する概念として，古くは，市民活動，社会運動が，近年は**プロボノ**（職業的な専門知識を活かしたボランティア活動），**CSR**（corporate social responsibility：企業の社会的責任），**社会的企業**（社会問題の解決を目的に営利活動を行なう事業体。社会問題の解決を営利追求よりも優先させる），**BoPビジネス**（Base of the Pyramid：低所得者でも購入可能な価格を設定し，低所得者の生活改善に役立つ低所得者向けのビジネス）などさまざまなものがあげられる。

ボランティアは，公共セクター（行政），市民セクター（ボランティア・NPO），市場セクター（企業）の3つのセクターのなかで位置づけられてきた。それゆえ，ボランティアに対しては，その「非営利性」「非政府性」といった点が強調された。市民活動，社会運動においてもその点は同様であった。

しかしながら，近年登場したCSR，社会的企業，BoPビジネスなどといった概念は，3つのセクターの図式の中でみれば，市場セクター，つまり「交換」の分野に近接した概念である。この趨勢を「善意とは言え，経済的な自立がままならず，それゆえ継続性にも疑問が残るボランティアよりも，経済的に自立したあり方の方が望ましい」として積極的に評価するか，それとも，あくまで「非営利性」にこだわり，さらには，行政からの受託事業にも慎重な態度をとることで「非政府的」立場を重視するところにボランティアの意義を見出す（仁平 2011）か，現在のところ，見解の分かれるところである。

今後の議論，および論点

近年の日本における社会情勢をふまえ，ボランティアを考える上で重要な論点の1つとしてボランティアの連帯性があげられよう。経済的な格差が拡がり，貧困の再生産・構造化が現実味を帯びている。ここから社会の分断化が進行し，ヘイトスピーチなどの排外主義が，日本でも生まれつつある。

このような情勢の中で，ボランティアは単に貧困問題に取り組むだけでなく，新たな連帯の原理を示すことが求められよう。社会の分断化が経済的要因によってもたらされているとするなら，非営利を原則とし，経済とは異なる原理で動くボランティアが有する連帯の原理を明らかにすることが，今後の議論において重要性を増していくものと思われる（西尾・日下・山口 2014）。

《参考文献》
荒井英子，1996『ハンセン病とキリスト教』岩波書店。
田村正勝編著，2009『ボランティア論——共生の理念と実践』ミネルヴァ書房。
中野敏男，2001『大塚久雄と丸山眞男——動員，主体，戦争責任』青土社。
西尾雄志，2014『ハンセン病の脱神話化——自己実現型ボランティアの可能性と陥穽』皓星社。
西尾雄志・日下渉・山口健一，2014『承認欲望の社会変革——ワークキャンプの親密圏が誘発する公共性』京都大学出版会。
仁平典宏，2011『「ボランティア」の誕生と終焉——〈贈与のパラドックス〉の知識社会学』名古屋大学出版会。

西尾雄志（にしお・たけし）

ま 行

マルクス主義理論【marxist theories】

カール・マルクスとその影響

マルクス主義理論（marxist theories）とは，カール・マルクス（K. Marx）の思想体系およびそれに主たる影響を受けて構築された諸理論のことである。

マルクスは1818年にドイツで生まれた思想家・革命家であるが，ヘーゲル哲学や古典派経済学の成果を批判的に摂取して自らの思想を錬成，体系化させていった。その思想体系は主著『資本論（*Das Kapital*）』として結実するが，自らは第1部を刊行したのみで，1883年にロンドンにて逝去した。

彼が20世紀において最も社会的影響力のあった思想家の1人であることは論をまたないが，学術的な影響も極めて広範であった。経済社会学に関連する領域に限ってみても，フランクフルト学派，構造主義的マルクス主義，マルクス主義経済人類学，レギュラシオン理論，世界システム論，分析的マルクス主義，認知資本主義論，帝国論，マルクス主義的フェミニズム，エコロジカル・マルクス主義など枚挙にいとまがない。

マルクスは『資本論』で古典派経済学を批判し，資本制社会を歴史的，構造的に分析したが，数学的抽象化の度合いを高めていった近代経済学に比して，マルクス経済学は歴史や社会関係の分析を理論的に含むため，もとより経済社会学的な視座を有していた。一般に，諸マルクス主義理論に共通するのは，現実社会の背後にある階級性，再生産構造，物神性，搾取性などを暴露し，現実社会を陰に陽に批判するという姿勢である。現代マルクス主義理論が依拠するマルクスの分析視座のうち，主なものを3つ提示しておこう。

階級論的・搾取論的視座

マルクス主義には階級論的視座があり，資本制社会は労働力を提供するだけの労働者階級と生産手段を独占的に所有する資本家階級とに分かれ，生産によって生み出された富は，労働者の取り分である賃金と資本家の取り分である剰余価値とに分けられるとした。この剰余価値の取得こそが資本家による「**搾取（Ausbeutung, exploitation）**」である。これをマルクス自身は客観的な現実分析として論じていたが，マルクス主義者たちはこれを倫理的な批判を伴って応用し，例えば国際政治経済学の分野では，先進国と発展途上国の支配―従属関係，先進国による構造的な発展途上国の搾取を批判するアンドレ・グンダー・フランク（A. G.

Frank）らの従属理論やヨハン・ガルトゥング（J. Galtung）らの構造的暴力論，イマニュエル・ウォーラーステイン（I. Wallerstein）の世界システム論に発展した。また，この搾取論の数理的分析は数理マルクス経済学を生み出し，特にジョン・ローマー（J. E. Roemer）らは合理的選択理論や公正概念を包摂する分析的マルクス主義を展開して，現代規範理論にマルクス主義の立場から参入した。しかし，マルクス経済学の数理的分析によって，数理モデルを重視する近代経済学との対話が可能になった反面，ローマーらは近代経済学的な方法論的個人主義をも採用し，マルクス経済学の核の1つである全体論的な視座を持った歴史論や階級論を事実上放棄することになった。

再生産論的視座

マルクスはフランソワ・ケネー（F. Quesnay）の『経済表（*Tableau Économique*）』から着想を得て，経済を循環し再生産される過程として捉え，再生産表式として錬成させた。これは物質的な過程のみならず，資本制再生産システムを支えるための人間の意識形態をも再生産させることを含む。こうした包括的な構造分析は，ルイ・アルチュセール（L. Althusser）によって国家のイデオロギー装置論に発展させられたし，また，この再生産がさまざまな労使の賃金関係や国家形態などの制度的「調整」によって維持されると考えるレギュラシオン理論にも繋がっていった。

物象化論的視座

労働の生産物を交換するということは，本来は労働と労働との交換，つまるところ「自分たちの労働そのものにおける，個人と個人との直接的な社会関係」（Marx 1867: 135）のはずであるが，資本制社会においては，外見上，人間と無関係で対立的な，商品と商品の交換関係，モノとモノとの社会的関係としてあらわれてしまう。これをマルクスは「**物象化（Versachlichung）**」と呼んだ。すでにこの議論の萌芽は初期の論考『経済学・哲学草稿』や『ミル評注』にも見られたが，ジェルジ・ルカーチ（G. Lukács）はこの物象化にいち早く注目し，人間の作ったモノが倒錯して独自の論理で動き，逆に人間を支配するようになっているとして社会批判理論に応用し，現代のフランクフルト学派のアクセル・ホネット（A. Honneth）などにも影響を与えた。また，廣松渉も物象化論を重視し，モノの存在を前提とするのではなく，まず社会的な関係性があって，その関係性がモノとして表象すると考えるコト的世界観を提起した。

マルクス主義理論と現代社会

この他にも価値形態論や資本蓄積論など経済社会学的に重要な概念がマルクスにはあるが，ここですべてを紹介することはできない。ただ，留意したいのは，マルクス主義研究は，それを自らの体制原理だと称していたソ連の崩壊とともに確実に衰微したが，現代社会科学においていまだマルクスから学ぶところは多大であるという点である。初期マルクスのライン新聞記事や『ヘーゲル国法論批判』におけるラディカルな国家批判・「市民社会」主義は，現代リバタリアニ

ズムの秩序思想と比較が可能であろうし，木材窃盗取締法批判における「貧民の慣習的法権利」論は，旧来の法学批判論に留まらぬマルクス主義法学の積極的法理論として検討される余地があろう。また，20世紀末の主要な社会哲学論争の1つであったリベラル・コミュニタリアン論争において，マイケル・サンデル（M. Sandel）ら現代コミュニタリアニズムの立場をマルクスに読み込む議論もあらわれてきている（青木 2008）。マルクスは，いまだ現代社会を深く理解する上で欠かせない思想家の1人でありつづけているのである。

《参考文献》

青木孝平，2008『コミュニタリアン・マルクス』社会評論社。

鰺坂真・牧野広義編，2012『マルクスの思想を今に生かす』学習の友社。

今村仁司，2003「マルクス」『現代思想の源流（現代思想の冒険者たち Select）』講談社。

内田義彦，1966『資本論の世界』岩波新書。

小島秀信，2005「市場と共同性の経済思想――初期マルクスとハイエクの社会哲学を中心として」『経済社会学会年報』第27号。

Marx, K., 1867, *Das Kapital*, Band I.（「資本論・第一部」『世界の名著（43）マルクス・エンゲルスI』鈴木鴻一郎編訳，中央公論社，1973年）。

小島秀信（こじま・ひでのぶ）

民営化【privatization】

民営化の概念

民営化（privatization）とは，狭義においては①**非国有化**（denationalization）と同等の意味を持つとされ，政府保有資産（含む株式）の民間部門への売却，つまり所有権の民間への移転を意味する。しかし，民営化はこれだけに限定されるわけではなく，より広く「政府部門と民間部門との関係を変化させる手段」（Kay and Thompson 1986: 18）の総称とも捉えられる。ここには上記①のほかに，②**規制緩和**（deregulation）ないし**自由化**（liberalization），さらには③**民間委託**（contracting-out）が含まれる。②は，法的に独占が認められていた分野において参入制限を緩和・廃止することにより，この分野の（国有）企業を競争の諸力にさらし，効率性の改善を図る措置である。つまり，法定独占企業についての規制緩和を意味する。例えば，電気通信，航空輸送の分野における参入規制の撤廃などがこれに該当する。③は，これまで官が独占的に実施してきた公共サービスについて競争入札を実施し，価格・質の両面で最も優れた者がそのサービスの提供を担う仕組みである。例えば，公共医療機関の建物内の清掃，地方政府のゴミ収集，街頭の清掃などについて民間委託が実施されてきた。民営化という言葉は，今世紀に入ってから**PPP**（Public Private Partnership，**官民パートナーシップ**）による公共サービスの民間

開放を含めたさらに広い概念として使われつつあるが、これについては後述する。

民営化の目的

　①**利用者サービスの向上**：この目的は、「効率性の改善」による利用料金の低減とサービスの質の向上を意味する。民営化企業は、民営化以前には直面しなかった「倒産の脅威」あるいは「乗っ取りの脅威」にさらされることで効率化への誘因を持つようになり、これによって料金の低減やサービスの質の向上が期待されるのである。ただし現在では、所有形態の変更だけでなく、同時に当該市場における競争的環境を整備することが重要であると認識されている。民営化によって国有企業の「意思決定の非政治化」を実現することも、「効率性の改善」に繋がると期待される。一般に国有企業は、政治的介入あるいは利益団体によるレントシーキング活動によって、コスト最小化とは矛盾する非経済的な目的を課されることが多い。例えば、安価で性能のよい外国製の資本設備ではなく、国産のものを購入させられるなどである。民営化は、こうした問題を排除する手段ともなる。

　②**財政の健全化**：非国有化による売却益の実現は、国庫収入の増加をもたらすと期待される。ただし、この効果は通常、一時的なものでしかない。恒常的な効果が期待されるのは、民営化による新たな税収の確保である。一般に、公企業は非課税措置や税制上の優遇措置が与えられているが、民営化によってこれらが解除されることにより、法人税などの税収が新たに得られるのである。また、民営化は財政支出の削減にも寄与するとされる。公企業に対する補助金や赤字補塡のための財政支援を、民営化を契機に打ち切ることが可能となるからである。

　③**産業の活性化**：ここには、資本市場の育成、ならびに民間の事業機会の創出という内容が含まれる。民営化企業の上場は、株式市場の活性化を促すとともに、民営化企業の株式を広範な国民に所有させることで、個人投資家を育成することにも貢献するとされる。また、民営化は公的部門が独占してきた分野を民間に開放し、新たな事業機会を増大させる。さらには、そこに企業間競争が導入されて技術革新が誘発されることで、当該分野における市場規模の拡大が期待されるのである。

民営化の展開

　第2次世界大戦後から1970年代半ばまで、先進諸国では政府活動の規模が拡大を続けていた。さらに、革新政党が政権を担った国々では、基幹産業における私的独占を排するという目的で、また経済発展のために基幹産業を立て直すという動機から、多くの産業を国有化する動きがみられた。しかし、1970年代後半には、石油危機を契機とする経済の停滞を背景に、公的部門の非効率性や過剰雇用、割高で緩慢なサービスなどに対する批判が高まった。こうして1980年代には、肥大化した公的部門を縮小して「小さな政府」を目指す改革が企てられ、民営化もその一連の政策の中で実施されるようになる。民営化は、1979年に誕生したイギリスのサッチャー政権下で最も広範かつ強力に推進され、日本では1980年代後半に、中曽根政権のもとで電電公社、専売

公社，国鉄の民営化が実施された。旧社会主義諸国も，民営化の潮流に無縁ではなかった。これらの国々では，市場経済への不可避の移行プロセスとして民営化が推進されたのである。南米諸国および東アジア諸国においても，1990年代に，民営化は政策における重要な地位を占めるようになった。これらの国々では，急速な経済発展に伴って社会生活基盤の整備のための投資が必要となり，外国資本や先進諸国企業のノウハウを導入するために民営化が進められたのである。

民営化手法の発展

1980年代の民営化は非国有化が中心であったが，1990年代になると，所有形態の転換にとどまらない，望ましい民間の関与のあり方が本格的に模索されるようになった。1992年にイギリスで始まった**PFI**（**Private Finance Initiative**）は，公共施設等の建設，維持管理，運営等を民間の資金，経営能力および技術的能力を活用して行う新たな公共サービスの提供手法である。1990年代半ばには，PPPという新たな概念が登場した。その理念は，官と民が一定の緊張関係のもとでそれぞれの強みを生かして役割分担を行い，国民の厚生を向上させることである。野田は，「PPP型」民営化の手法として，PFI，コンセッション，アフェルマージ，BOT/BOO方式，アウトソーシングなどを挙げている（野田 2004：35-36, 64-68）。コンセッションは，民間が施設整備と運営を担うが，所有権は公共が持つ手法，アフェルマージは，公共が施設整備を行い，民間がそれをリースして維持管理と運営を行う手法，BOT方式は，民間が施設整備と運営を行い，投資コスト回収後に公共に所有権を移管する手法，BOO方式は，民間が施設整備と運営を行い，投資コスト回収後も契約期間中は民間が引き続き所有権を持つ手法である（いずれも，民間の関与は契約期間に限定される）。民間の収入源は利用料金であるから，これらの手法は，安定的な事業収入が見込める分野で実施される。アウトソーシングは，専門的な経営ノウハウを持つ「外部」事業者に競争入札などで事業を委ねる手法であり，公共から対価が支払われるので，十分な事業収入が見込めない分野に適応する。日本の指定管理者制度，官民競争入札制度（市場化テスト）はここに位置づけられる。

《参考文献》

野方宏，1994「イギリスの民営化分析序説(2)」『神戸外大論叢』45, (3)，1-19。

野田由美子編，2004『民営化の戦略と手法――PFIからPPPへ』日本経済新聞社。

八代尚宏編，2005『「官制市場」改革』日本経済新聞社。

Bishop, M., J. Kay and C. Mayer (eds.), 1994, *Privatization and Economic Performance*, Oxford, New York, Oxford University Press.

Kay, J. and D. T. Thompson, 1986, "Privatization: a Policy in Search of a Rationale," *Economic Journal*, 96, 18-32.

高倉博樹（たかくら・ひろき）

民主主義【democracy】

政策過程の構造的特徴

いまさら政治学のテキストによる普遍的な定義でもあるまい。言語の意味は，その用法にある，ともいう。ならばこの語句でもって何を問題とするべきなのか。思うにそれは日本の政策過程の構造的特徴であり，その構造からの脱却であろう。

1996年10月の衆議院総選挙で多くの候補者が「官僚主導・官僚支配からの脱却」を公約に掲げた事実に，米本昌平は，戦後半世紀の日本の政治体制の問題が誰の目にも明らかになった，とし，その体制を「**構造化されたパターナリズム**」だと解釈してみせた。

医師と患者，神父と信者，弁護士と依頼人，果ては先進諸国政府や国際機関と発展途上諸国，のように圧倒的な知識や情報量を持つと信じられた専門家たる前者が相手のことを慮って対応策を決めてやり，後者がそれに従う。そういうあり方が強靭な政治イデオロギーとして社会の隅々に浸透し構造化してきたのが日本の政治風土であり，その象徴が政策立案作業の官僚独占なのだと。

政治家は票となる地元利益を官僚に取次ぎ，大臣すらカラオケのように官僚になりふりをつけられる。国会審議は野党の揚げ足取りで儀式と化す。メディアは，記者クラブを介して官僚発表の情報を流す。民間業者は，官僚の許認可権や裁量権への依頼心を強める。そして，知識人はこの権力機構を遠くから眺めて「体制」とだけ呼び習わし批判するだけで，長らくその運用メカニズムを実証的に分析してこなかった。あるいは，官僚が調達し都合よく使う審議会委員となってきた。米本昌平の解釈からすでに20年近く経つが，事態は何ら変わっていない。これが日本の民主主義なのではないか。

歴史的源流

では，なぜ変わらないのか。米本は，この構造の淵源として江戸時代以来のお上意識や明治期に導入されたプロシャ式官僚制度にわずかに言及する。帝国議会は官僚制度への付加物に過ぎず，戦前までは政府に圧倒的な権限があり，戦後もほぼそのまま継承されてきたと。

佐々木克によれば，新政府の最重要課題を列強との不平等条約の改正と捉えた大久保利通が，産業近代化による国力増強こそ必須条件と考え，殖産興業の推進本部として巨大な**内務省**を設置した。非業の死をとげた大久保を継いだ伊藤博文は，自由民権派におされて憲法制定や議会開設を準備するが，帝国大学設置と身分保障の制度化により官僚制度を育てる。総選挙での政党の圧倒的優位と戦費調達の予算案の否決で，超然内閣の藩閥政府が一度は隈板内閣に組閣させるが内紛で自壊するにおよんで，山縣有朋内閣は**文官任用令の改正**（中央省庁の高級官僚は，試験に合格して一定のキャリアを経た者の中から採用）や**文官分限令の制定**（官吏は原則として免官されない），**軍部大臣現役武官制**を確立し，政党による猟官運動を防止したが，これらの制度により官僚は完全に政府の側につくことになっ

た。そして，政府・官僚は国家の大事を考える不偏不党の組織であり，他方，政党は私利私欲に偏向した勢力だとの認識が支配的となっていく。現に，藩閥打倒の原敬が政党勢力の拡大を図るためにとった政策が，皮肉なことに結果として**党利党略，国民無視**という政党の体質を生んだのだと，御厨貴は昨今の政党政治に同様な危機を見てとる。昭和初期，党利党略で敵対政党を軍部と協力して攻撃した政党は，やがてテロ行為に怯え軍部の独走に歯止めをかけられず自壊し，日本は満州事変から戦争の拡大へと至る。

軍部は，仮想敵国ソ連と対峙する「**生命線**」の地に「満州国」をつくり総力戦の国家統制運営案を，満鉄調査部に，後に革新官僚に作成整備させたが，それが本土の新体制といわれる「**40年体制**」に結実していくこととなる。野口悠紀雄によれば，官僚主導の40年体制は，戦後も途切れることなく，GHQ占領軍の政策を支えて生き延び，戦後の復興では嘗ての革新官僚が立役者となって統制政策を実施し，産業の近代化政策では一層巧妙な手法を案出し，民間企業や労組と連携して戦後の高度成長を演出することになった。**間接金融，源泉徴収，ボーナス，終身雇用，労使一体的経営，食糧管理法，借地借家法，地方交付税**などなどすべて40年体制によるものである。野口悠紀雄は，現代の閉塞感の原因を40年体制にみて，思い切った規制緩和を唱え，先ごろの小泉政権もまた，戦後政治の総決算と構造改革を，**規制緩和**や**市場原理主義**の導入によって推し進めようとしたといえよう。

政策研究と政治が結びつく社会

では，これまでみてきたように，長い歴史の流れのなかで構造化されてきたパターナリズムを脱却するには，どうしたらよいのか。米本は，会計検査院やシンクタンクの充実，大学解体に言及するが，論文のタイトルにこめられた狙いは，一見迂遠で遠回りに思えるが，優秀な官僚にすべての情報と知恵が集まっているなどという神話から覚めた市井の人々が，自らの課題について政策を研究することを楽しみ，その活動が政治と結びつく社会を展望するのである。篠原一が論及している**討議デモクラシー**（deliberative democracy）の各地での実践例や，ポール・ハースト（P. Hirst）の**結社民主主義**（associative democracy），あるいはロバート・パットナム（R. Putnam）の**ソーシャル・キャピタル**（social capital）も同じ視線と展望を持つものであろうが，どの社会であれ長い歴史が固有の制度を生み出してきているのであって，抽象普遍的な民主主義はないといえよう。片山杜秀が指摘したように，明治憲法には，権力の多元化，分散化が工夫され，ただ1人頂点にいる天皇は「しらす」の原則を守って鏡に徹して強権的リーダーシップをとらない仕掛けが埋め込まれていて，その大きな代償を後世の人々が払わなければならなかったのだとすれば，憲法は変わってもなお持続する制度があるのかもしれない。

《参考文献》

片山杜秀，2012『未完のファシズム』新潮社。

加藤陽子，2009『それでも日本人は「戦

争」を選んだ』朝日出版社。
佐々木克，2011『「官僚国家」への道』NHK出版。
篠原一，2004『市民の政治学』岩波新書。
野口悠紀雄，2010『1940年体制〈増補版〉』東洋経済新報社。
御厨貴，2011『挫折した政党政治』NHK出版。
米本昌平，1996「政策と政治の結びつく先進国をめざせ」『中央公論』12月号。

上沼正明（かみぬま・まさあき）

モラル・エコノミー【moral economy】

概念の歴史的展開

　モラル・エコノミー（moral economy）という語はさまざまな文脈で用いられており，その定義も一様ではないが，共通するのは経済活動がある社会で共有されている道徳的・文化的規範を基礎として成立しているという視点である。このような認識に基づき，経済活動と道徳的規範との間の相互作用について考察するのが，モラル・エコノミー論の中心的視座である。

　モラル・エコノミーという語は，経済学，社会学，歴史学，社会人類学などの各領域で用いられているが，大きく分けて2つの用いられ方をしている。1つは，狭義のモラル・エコノミーであり，非市場的な伝統的共同体を説明する概念として，市場経済と伝統的共同体の道徳的規範との相克を描写する目的で用いられる。近代化の過程でしばしば起こる民衆による強固な抵抗活動が，単なる近代化に対する反動ではなく，その共同体に埋め込まれた正義などの強固な観念に基づくものであるとして，その正当性を説明する概念として用いられる。エドワード・トムソン（E. P. Thompson）やJ・C・スコット（J. C. Scott）などの議論がその代表的なものである。

　これに対して，モラル・エコノミーをより広義の概念として捉えて，非市場経済・市場経済を問わず，すべての経済活動がその社会の根底にある道徳的規範とは切り離すことができないとして，その道徳的・倫理的側面を研究対象とする考え方がある。近代の経済学が軽視してきた，経済の規範的側面についての考察を行うことに重点を置き，社会正義や公正，責任，公共善などの議論が含まれる。この立場からモラル・エコノミーを論じる論者としては，アンドリュー・セイヤー（A. Sayer）やジョン・パウエルソン（J. P. Powelson）が挙げられる。

　両者に共通しているのは，近代経済学において切り離されてしまった道徳的・倫理的要素を再び経済システムの研究の枠組みに組み込むことによって，経済社会に対する理解をより豊かなものにしようとする試みであるという点である。モラル・エコノミーの中心的議論は，人間の経済行動がより広範囲な社会環境や制度に埋め込まれており，それゆえ非経済的考慮が深く関わっているという点に置かれる。

18世紀イギリスの民衆暴動の分析

　現代的な意味で，モラル・エコノミー

の概念が広く注目を集めるようになったのは，トムソンによる18世紀イギリスの民衆の暴動についての分析である。18世紀のイギリスにおいて，飢饉が発生して穀物価格が騰貴した際，民衆による食糧暴動がしばしば発生した。群集の圧力によって，食糧業者に対して食糧価格を下げて販売するように強要したり，業者や当局に代わって摘発した食糧を蜂起した群集が売り払ったりした。一般的にはこのような食糧暴動は突発的衝動に突き動かされた行動であるとみなされていたが，トムソンによれば，これらの食糧暴動は，必ずしも突発的なものではなく，明確な目的を有する規律ある民衆の直接的行動であり，当時において一定の正当性を有していた。当時の伝統的共同体においては，食糧危機の際に価格を高騰させ，暴利を貪るという行為は，公正な価格という社会規範を侵害する行為であるとされた。そのため，こうした暴動は治安当局や業者・地主などからも容認されていた。こうした背景には，社会規範や義務，正義などの「共通の富や福祉に関わる明確な観念」が共同体の中で共有されていたという事実があった。トムソンは，こうした共同体の共有観念に支えられた経済のあり方をモラル・エコノミーと呼んだ。

このようなモラル・エコノミーは，当時広がりつつあったポリティカル・エコノミーの中心原理である自由な市場経済と対立関係にあった。このように，非市場社会から市場社会への移行に伴って生じた，個人主義的な自由な市場経済と集団主義的な伝統的共同体との相克が，モラル・エコノミー論の中心的図式である。

東南アジア農民の研究

スコットは，市場経済の対立概念としてのモラル・エコノミーという捉え方を受け継ぎ，東南アジアの農民の反乱をモラル・エコノミーという視点から捉えた。スコットによれば，生存ぎりぎりの生活を続ける東南アジアの農民にとっては，自己と家族の安全が第一であり，危険を回避することが何よりも重視された。農民たちは，不確実な状況下で，共に生きる集団の成員の生存を維持するよう相互関係を取り結ぶことが共同の利益であり，こうした農民たちの行動を支える倫理を，スコットは「**生存維持倫理（subsistence ethic）**」と呼んだ。生存維持のための危険回避を重視するがゆえに，不安定をもたらす新技術の導入などにおいて強く抵抗し，国家やエリートに対して忌避感情を抱く。しかし，市場経済の浸透は，次第にこうした伝統的社会とその社会規範を変容させていくが，その過程において倫理的な憤慨が生じ，さまざまな形での日常的抵抗や反乱を誘発していく。東南アジア農村の近代化の過程をスコットはこのように捉えた。

こうしたスコットのモラル・エコノミー論に対して，サミュエル・ポプキン（S. L. Popkin）はベトナム農村社会に関する研究に基づいて厳しい批判を投げかけている。ポプキンによれば，農民の行動は個別の利益を求める営為を基礎とした合理的なものであり，経済学の理論的枠組みの中で充分に理解可能であるとした。ポプキンは自己の立場を**ポリティカル・エコノミー**（political economy）と呼んだことから，両者の応酬は「モラル・エコノミー対ポリティカル・エコノ

ミー論争」と呼ばれ，開発経済学者や地域研究者の間で広く世界的関心を集めた。

経済の脱道徳化への対抗

経済行動が道徳的・社会的な諸規範や道徳的情操から影響を受けるのは，非市場的な伝統的共同体に限定されるものではない。アンドリュー・セイヤーは，モラル・エコノミーの概念は，前資本主義的な社会に限定されるものではないとして，現代の資本主義経済にまで拡張して適用し，一般的な経済活動と道徳的・社会的規範とが相互にどのように影響を及ぼしあっているかについて研究すべきであると主張する。セイヤーは，現代資本主義社会においても，モラル・エコノミーは変化しながらも脈々と受け継がれており，依然として重要性を持っていると主張する。経済に関わる社会の諸問題を議論するうえで，こうした道徳的な要素を経済から取り去ってしまい，経済的論理のみで論じられることに対して危惧の念を示している。

モラル・エコノミーという概念は用いてはいないが，経済における道徳的・倫理的要素の重要性を強調する論者は他にも多い。ノーベル経済学賞受賞者のアマルティア・セン（A. Sen）は，経済学が本来持っていた倫理学的視点を復活させることによって，主流派経済学に対して厳しい批判を投げかけている。また共同体主義者の多くは，市場原理の各方面への浸透が，社会の諸規範や価値を劣化させていることを問題視し，公共善という視点の復活を主張する。

市場原理が社会の各方面に広範囲に浸透しつつある現在，それに対抗する概念として倫理的要素に対する社会意識を喚起するモラル・エコノミー論は新たな意味を有している。

《参考文献》

Powelson, J. P., 1998, *The Moral Economy*, MI, The University of Michigan Press.

Sayer, A., 2000, "Moral Economy and Political Economy," *Studies in Political Economy*, 61: 79–104.

Scott, J. C., 1976, *The Moral Economy of the Peasant*, New Heaven, Yale University Press.（『モラル・エコノミー——東南アジアの農民反乱と生存維持』高橋彰訳，勁草書房，1999年）．

Sen, A., 1987, *On Ethics and Economics*, Oxford, Basil Blackwell.（『経済学の再生——道徳哲学への回帰』徳永澄憲・松本保美・青山治城訳，麗澤大学出版会，2002年）．

Thompson, E. P., 1971, "The Moral Economy of the English Crowd in the Eighteen Century," *Past and Present*, 50: 76–136.

大野正英（おおの・まさひで）

ら　行

リスク【risk】

多様性

　リスク（risk）という言葉の持つ意味は，実に多義的である。学問的ばかりでなく一般においても多種多様に用いられている。例えば，冒険等の予測できない未来に向けた挑戦に付随してプラスの評価とともにリスクが表現される場合がある一方で，将来における損害として回避されるべき事象として考えられる場合もある。

　ギリシャ・ローマ時代からみられたといわれている生命保険制度，大航海時代における冒険精神，開拓時代，産業革命，ペスト，飢饉，そして震災等々のシーンにおいて，リスクは歴史的に古くよりさまざまな形で認識されてきた。そこには，リスクに対する否定的と肯定的感覚，諦念とコントロールが入り交じっていた。しかし，時の経過とともに，リスクに対する科学的認識（予測・評価・制御）は広がり，理論的に俎上にのる対象も増えてきた。その対象は，金融あるいは企業活動に関わるリスクばかりでなく，失業，食品，放射能，気象変動のリスクまで拡大してきており，むしろリスクとは何かという根源的な問いを投げかける状況に至っている。

　そこで，いくつかの学説を整理しながら，リスクの輪郭を描いてみることにしよう。

不確実性と計算

　まず，リスクの境界をはっきりさせようとした経済学者のナイト（F. H. Knight）についてみてみると，彼は，**リスクと不確実性**（uncertainty）の間に厳然たる区別をおく。それは単に言葉上の問題ではない。彼は，ある事象が発生する確率的状況を，数学的展開が可能な先験的確率，経験上から導出される統計的確率そして非数量的かつ推定的なものに分ける。前2者は測定可能な不確実性であり，リスクと呼ばれるものである。そして，後者が真の不確実性であるとする。これは，例えば，保険制度が持つリスク計算と企業家が持つリスクとの間に線引きをしたことになる。こうして切り離された**真の不確実性**こそ，自由主義経済の基礎であり，企業者の収入すなわち利潤の源泉を説明する基礎となるとした。

　経済学者のケインズ（J. M. Keynes）も，将来を左右するような人間の決断は数学的期待値によるものではなく，自生的な楽観を背景にした衝動すなわち**血気**（animal spirit）であると述べ，その中でこうした行為は計算する基礎がないと

する。つまり，ナイトほど厳格でないにせよ，同様に測定できないリスクを計算可能なものから切り離して考えた。

自由の副産物

ところで，社会学者のギデンズ（A. Giddens）は，野放図であったリスク概念を**自然的リスク**と**人為的リスク**に分けて説明している。そこでは後者を人の手で作られた不確実性として捉えた。そして，現代社会においては，進歩とともに新しいリスクが登場してきており，社会構造が変化した中での従来システムでは対応できないとして，リスクを積極的に管理することを提唱した。

同様に，社会学者のベック（U. Beck）は，『危険社会』という著作の中で，人為的なリスクの増大，特に科学技術の発達に伴う副作用を警告した。それは，近代産業社会がテーゼとしてきた利潤・効率至上主義が，皮肉なことにリスクを増大させてきたとみる。

また，社会学者のルーマン（N. Luhmann）は選択の自由がリスク（ルーマンはリスクと危険に分けて分析しているが，ここでは問わない）を増大させてきたとみる。中世において宗教，慣習，そして政治制度によって規制されていた自由が，近代化の進展とともに，人々は束縛から解放され，眼前にさまざまな選択肢が置かれるようになる。その選択は決して確実な未来を約束するものではない。ここにリスクが生まれてきたと考える。

さらに，ルーマンは，「**信頼（Vertrauen）**」という概念を用いて，リスクをめぐる当事者間の意思疎通の円滑化のための条件とした。今日ではこうしたこととはリスク・コミュニケーションとして主に心理学において扱われるようになっている。

このように，多くの自然・社会科学の領域においてリスクが扱われるようになってきており，そこでの分析手法も多様化している。したがって，リスクの意味も異なったものとなっている。

測定可能な損失

そこで，ここでは，リスクとは，事前に予測可能なもの，つまり現在の科学水準において予測可能なものを指し，その意味は，将来にわたる経済的・社会的・心理的損失・損害可能性と程度を指すものとする。したがって，測定不可能なリスクすなわちナイトが述べているような不確実性はリスクの対象から除いて考えることにする。また，リスクの原因は，自然発生的，人為的，そして両者の混合かのいずれかで考えることにする。このことによって，科学技術，経済・社会制度，リスク・コミュニケーションのあり方について効率的に議論することが可能となる。

しかし，こうした定義づけは便宜的であり，しかもその境界線は曖昧である。例えば，現実の世界においては，ナイトにおいてはリスクとは区別されていた企業の意思決定と活動の結果をリスクの領域に含めてあくまでも測定可能なリスクとみなす場合もある。また，過去において測定不能な事象でも，科学の進歩によって測定可能とみなしている場合もある。ただし，人為的に創造されたリスクがその制御を放棄され，予測不能な不確実性の世界に移され，放置されている事

象もあることから，1つひとつの解釈には十分改良の余地がある。

　なお，一般的には，リスクの定義は広範囲化する傾向にあり，測定可能性に関係なく，いま述べた狭義のリスクと不確実性を含めたものをリスクと呼ぶようになっている。

《参考文献》

橘木俊詔ほか編，2007『リスク学入門1　リスク学とは何か』岩波書店。

Beck, U., 1986, *Risikogesellshaft : Auf dem Weg in eine andere Mederne*.（『危険社会——新しい近代への道』東廉・伊藤美登里訳，法政大学出版局，1998年）。

Giddens, A., 1998, *The Third Way : The Renewal of Social Democracy*.（『第三の道——効率と公正の新たな同盟』佐和隆光訳，日本経済新聞社，1999年）。

Knight, F. H., 1921, *Risk, Uncertainty and Profit*.（『危険・不確実性及び利潤』奥隅栄喜訳，文雅堂書店，1959年）。

Luhmann, N., 1991, *Soziologie des Risikos*., Berlin, New York, W. de Gruyter.

　　　　長谷川　勉（はせがわ・つとむ）

理念型【ideal type】

「理念型」と「理想型」

　理念型と邦訳されるこの「キーワード」の原語は，ドイツ語のIdealtypusである。理想型とも訳される。訳語を理念型とするか理想型とするか，かつて小さな論争があった。理想型と訳す場合，日本語の持っている理想のニュアンスの中には「望ましさ」と（それゆえに）「モデル，模範となる」という意味合いが連想されることから，理想型の邦訳では，Idealtypusの意味をモデル・模範と誤解されてしまうと不適訳にされた。その一方で，理念型と訳す場合には，理念という日本語のニュアンスには，Idealtypusが持つ「完全さ」「論理的無矛盾性」という意味合いが欠落してしまう恐れがあることから不適訳であると批判された。近年では，こうした微妙な日本語のニュアンス問題を避けて，Idealtypusを敢えて邦訳せずに，ドイツ語のままカタカナ表示で「イディアルティプス」とする研究者もいる。

ヴェーバーの理念型

　理念型は，ドイツの社会科学者マックス・ヴェーバー（M. Weber）によって，理論と実践の両面において完成されたヴェーバー社会科学方法論における重要な理論の1つである。

　理念型は，社会科学が研究対象とする「実在（Wirklichkeit）」を「ありのままに（sachlich）」認識するための，しかもその認識の「客観性（Objektivität）」を十全に保証するための手段であり叙述のための道具である。理念型を説明するためのこの短い一文を正確に理解するためには，さらに理念型を社会科学方法論上の2つの文脈（社会科学の課題と社会

科学認識の「客観性」問題）の中に置いてみる必要がある。

社会科学の課題と認識の「客観性」

1883〜1884年のドイツで行われた「**方法論争**」（メンガー〔C. Menger〕vs シュモラー〔G. von Schmoller〕）においては，歴史と理論との関係性についてが問題とされ，20世紀初頭の「**価値判断論争**」（ヴェーバー vs シュモラー）においては，科学と価値との関係性がテーマとなっている。この2つの論争は，当時のドイツにおける「社会科学的研究一般の特性」（Weber 2002: 77, 訳25）を巡る考察の下地となる重要な論争であった。

「社会科学的研究一般の特性」を，つまり「科学的考察の対象となりうるもの」（Weber 2002: 78, 訳31）を，ここでは社会科学の課題と言い換えて明らかにしてみたい。ヴェーバーによれば，社会科学の課題は，①所与の目的を達成するために，どの程度適合的な手段が考えられるかを問い，さらに所与の目的そのものに対しては，その歴史的状況からの実践上の意味と意義を問うことができる。②所与の目的が，他をどの程度犠牲にすれば達成されるのか，つまり，社会科学は目的と結果との相互秤量を行うことができる。しかし，この秤量の結果に決着をつけるのは，社会科学の課題ではなく「意欲する人間」の課題になる（社会科学の限界）。③所与の目的（意欲された目的）の意義に関する知識を社会科学は提供することができる。つまり，所与の目的の根底にある理念を開示し，解明して，理解させることができる。④社会科学は意欲された目的が内面的に矛盾を含んでいないかを形式論理的に評価することができる。

要するに，これら4点にわたる社会科学の課題は，「なんびとにも，なにをなすべきかを教えることはできず，ただ，かれがなにをなしうるか，また——事情によっては——なにを意欲しているか，を教えられるに過ぎない」（Weber 2002: 81, 訳35）というヴェーバー社会科学論の立場を明確にするものである。また，社会科学認識において，いかに「客観性」を担保するかは，最大のテーマであるが，その要請に唯一，しかも十全に対応できる方法として，この理念型理論がヴェーバーによって確立され，ヴェーバーのその後の研究に幅広く活用されていった。つまり理念型は，評価的判断とは無縁であることから，「われわれを拘束する規範や理想をつきとめ，そこから実践のための処方箋を導き出すようなことは，断じてない」（Weber 2002: 78, 訳29-30）という科学と価値とを峻別する立場の社会科学論にして生まれるべくして生まれた論理の必然性から構想された社会科学的認識のための基礎理論であると言える。

上記のような社会科学の課題の中に留まりながら，実在を「ありのまま」に認識でき，しかも認識の「客観性」が十全に保証される社会科学は，理念型理論の確立によって初めて実現可能となったのである。

理念型の構成と機能

理念型は，①思考によって構成される，論理上の完全性を備えた1つの思想像（純然な理想上の極限概念）であり，②

実在の特定の要素を思考の上で純化させたユートピアの性格を持つ。したがって，理念型は，③本来の実在（歴史的実在）ではなく，④歴史的生活の特定の関係と事象を結びつけ，矛盾のない宇宙につくりあげられたものである。理念型の機能としては，「歴史的個体あるいはその個々の構成部分を，発生的な概念において把握しようとする試みである」(Weber 2002：130，訳120)。したがって理念型は，⑤実在の類例として使われるものでもなく，⑥模範型でもない。また⑦「仮説」そのものとして使われるものではなく，仮説の構成に方向を指示する。理念型は，⑧１つの基準として実在を測定し比較し，実在を叙述するための道具である。言い換えれば，⑨実在する事柄の連関の特性を１つの理念型に照らして実在を効果的に叙述する為に，理念型は構成される。

理念型の活用例

　理念型には，「手工業」，「都市経済」の理念型もあれば，「売春宿」や「宗教」の理念型もある。例えば，「手工業」の理念型が「正しく」構成されていて，ある歴史的実在の事実上の経過がこの理念型と比較して適合しないとすれば，その社会には「手工業」は存在しなかったことが証明される。

《参考文献》

板垣與一，1963『増補新版 政治経済学の方法』勁草書房。

鈴木章俊，2001『ヴェーバー的方法の未来』日本経済評論社。

Burger, T., 1976, *Max Weber's Theory of Concept Formation, History, Laws, and Ideal Types*, Durham, North Carolina, Duke University Press.

Schelting, A. von, 1922, Die logische Theorie der historischen Kulturwissenschaft von Max Weber und imbesonderen sein Begriff des Idealtypus, *Archiv für Sozialwissenschaft und Sozialpolitik*, Bd. 49. SS. 623–752. (『ウェーバー社会科学の方法論――理念型を中心に』石坂巌訳，れんが書房新社，1977年)。

Weber, M., 1904, *Die "Objektivität" sozialwissenschaftlicher und sozialpolitischer Erkenntnis*. Dirk Kaesler (Hg.), 2002, *Max Weber Schriften 1894–1922*, Stuttgart, Kröners Tashen-ausgabe；Band 233. (『社会科学と社会政策にかかわる認識の「客観性」』富永裕治・立野保男・折原浩補訳，岩波書店，1998年)。

　　　　　宇佐見義尚（うさみ・よしなお）

リバタリアニズム【libertarianism】

身体の自己所有を基礎にした自由

　「リバタリアニズム（libertarianism）」は，自由を意味する"liberty"から作られた造語である。我が国では「**自由至上主義**」「**自由尊重主義**」「**自由放任主義**」などと呼ばれることもあるが，現在では，カタカナで「リバタリアニズム」と表記されることが多い。

リバタリアニズムは、「自由至上主義」「自由尊重主義」と呼ばれるように、個人の自由を最大限に尊重しようとする思想である。リバタリアニズムでは、個人の自由の基盤を、**身体とその能力の自己所有**に置いている。この身体と自己所有の論理は、以下の『統治論』で述べられたジョン・ロック（J. Locke）の表現に明らかである。

「大地と、すべての下級の被造物とが万人の共有物であるとしても、人は誰でも、自分自身の身体に対する固有権（プロパティ）を持つ。これについては、本人以外の誰もいかなる権利も持たない。彼の身体の労働と手の働きとは、彼に固有のものであると言ってよい。従って、自然が供給し、自然が残しておいたものから彼が取り出すものは何であれ、彼はそれに自分の労働を混合し、それに彼自身のものである何ものかをつけ加えたのであって、そのことにより、それを自分の所有物とするのである」（ロック 2010：326）

このロックの語りは、身体とその働きに対する「**自己所有権**（self-ownership）」を基礎にして、労働所有論と財産権をも主張している。

リバタリアニズムの思想は、ロックによって主張されたこの**身体の自己所有権**の延長線上にある。G・A・コーエン（G. A. Cohen）も述べているように、「各人は、身体とその能力の道徳的に正当な所有者である。それゆえ、各人は他の人々の権利を侵害しない限りで、その能力を自分の好きなように用いる（道徳的）自由がある」とリバタリアンは考える。リバタリアニズムは、このような根源的な権利である自らの身体への支配権から、表現や集会の自由、信教の自由や移動の自由などの基本的な諸権利が生じると考えるのだ。

身体の自己所有権を基礎とした経済的自由と労働の成果としての財産権を認めるが、例外的に労働の成果としての財産権を否定する左翼リバタリアニズムも存在する。

リバタリアニズムとリベラリズム

次にリバタリアニズムとリベラリズムの違いについて触れておきたい。リバタリアニズムは、リベラリズムから自らを区別するために分化した造語である。この造語が生じた理由は、主にアメリカにおいて、「リベラリズム（liberalism）」という言葉が社会民主主義や福祉国家を志向する進歩的な立場を指すものとして使用されるようになり、社会民主主義や福祉国家を自由の侵害とみなす自由主義者たちが、自らの立場を示す必要があったからである。

リバタリアニズムとリベラリズムの対決が鮮明になったのは、ジョン・ロールズ（J. Rawls）とロバート・ノージック（R. Norzick）の論争においてであった。現代リベラリズムの代表的論者であるロールズは、『正義論』において、政治的自由を擁護しながらも、政府の市場介入や累進課税による再配分政策によって、経済的自由を制限する主張を展開した。ロールズのリベラリズムに批判を加えたのが、ノージックであった。ノージックは、暴力、盗み、詐欺などから保護、契約の履行の強制に限定される「**最小国家**（minimal state）」のみが道徳的に正当であり、福祉政策などによって再配分を

行う「**拡張国家**（extensive state）」は人々の自己所有権を侵害するので，正当化しえないと主張した。

リベラリズムは，国家による経済活動へ介入し，社会民主主義的・福祉国家的政策によって再配分を行い，社会秩序の安定を図る。リバタリアンたちは，国家による再配分政策を，個人の経済的自由や財産権に対する侵害とみなす。

法秩序の維持や再配分を行う国家をどう扱うかによって，リバタリアニズムを分類することができる。規制のない自由を尊重する極端なリバタリアニズムは，「アナルコ・キャピタリズム（無政府主義的資本主義）」や「市場アナーキズム」であり，国家の廃止を主張する。けれども多くの場合，リバタリアニズムは，無制限の自由を求めて，国家によるあらゆる規制を排除するアナーキズムを志向するわけではない。ノージックが『アナーキー・国家・ユートピア』で示したように，個人の自由や財産を保護し，その権利を維持するために法を執行する機関が必要不可欠であると，大半のリバタリアンは考える。

リバタリアンたちは，多くの場合ノージックのように，経済的自由や財産権を侵害するリベラルな福祉国家ではなく，最低限の法の執行と治安の維持を可能にする警察力や他国からの侵略に備えた軍事力を有する夜警国家的な最小国家を志向する傾向にある。

《参考文献》

森村進，2001『自由はどこまで可能か──リバタリアニズム入門』講談社．

Cohen, G. A., 1995, *Self-Ownership, Freedom, and Equality*, Cambridge University Press.（『自己所有権・自由・平等』松井暁・中村宗之訳，青木書店，2005年）．

Locke, J., 1690, *Two Treatises of Government*.（『完訳 統治二論』加藤節訳，岩波書店，2010年）．

Nozick, R., 1974, *Anarchy, State, and Utopia*, Blackwell.（『アナーキー・国家・ユートピア──国家の正当性とその限界』嶋津格訳，木鐸社，1995年）．

清家竜介（せいけ・りゅうすけ）

リベラリズム【liberalism】

リベラリズムとリベラル

日本語でリベラリズム（liberalism）は，自由主義と訳され，進歩主義と訳されることはない。しかし，リベラル（liberal）という言葉は，自由な，と並んで，進歩的とも訳される。このようにリベラルが両様に使われることによって，リベラリズムも自由主義と進歩主義との2通りの意味合いで用いられている。

英語 liberalism は，ラテン語 liber（リベル）に由来する。自由なとか，拘束されないと訳される。動詞は libero（リベロ）で，自由にする，解放する，束縛を解くと訳される。人が束縛から解放されれば自由になり，同時に，束縛された古い状態から，解放された新しい状態へと進歩する。リベラリズムが，自由と進歩との両様に解釈されるのは，この

ような理由による。

自由を目指すリベラリズム

ラテン語の格言に「自由は黄金の金より高価なり」とあるように，自由の価値は古典古代ローマでも知られていた。しかし，自由という思想が歴史の一大転換を画する動因になったのは，近代ヨーロッパ以降のことであった。17世紀イギリスで展開した清教徒革命（1642～1649年）から王政復古（1660年）をへて名誉革命（1688年）にいたるイギリスの市民革命において，これを主導した思想はリベラリズムであった。その代表者ジョン・ロック（J. Locke）が自由主義の父とされるのは，3つの**自然権**（natural rights）の1つに生命・財産とともに自由を置いたからである。ロックにはじまるイギリスの自由主義は，18世紀においてアメリカの独立（1776年）とフランス革命（1789年）を推進させた。独立宣言と人権宣言，いずれにも自由は自然権の1つとして明記されている。

19世紀の前半，ナポレオン戦争後，ヨーロッパではウィーン体制（1815～1848年）によって革命以前の旧体制への逆行がはじまった。しかし，自由主義の潮流はフランスの2月革命（1848年）による国王ルイ＝フィリップのイギリス亡命，ドイツの3月革命（1848年）による国王の憲法制定の承諾，オーストリアの3月革命（1848年）によるウイーン体制の主導者メッテルニヒのイギリス亡命，イタリアでもローマ共和国の樹立となってとどまることはなかった。

19世紀大陸ヨーロッパのリベラリズムは，一見対立するナショナリズムと併存している。プロシアによるドイツ統一から，第1次世界大戦によるドイツ皇帝のオランダ亡命までのドイツ帝国（1871～1919年）がそうであった。

自由は束縛からの解放であるが，束縛は国家内部のものと，国家外部からのものがある。17世紀のイギリスの市民革命，18世紀のフランス革命，20世紀のドイツ革命などは国家内部における圧政からの解放であった。しかし，アメリカの独立は本国イギリスの圧政からの解放であった。政治運動が国家内部の束縛に向かうときはリベラリズム，国家外部の束縛に向かうときはナショナリズムになる。このようなナショナリズムは，アメリカの独立をはじめ，19世紀の中南米の独立，第2次世界大戦後のアジアとアフリカの植民地の独立などに多く見られた。

進歩をめざすリベラリズム

19世紀ヨーロッパは，ナポレオン戦争後（1815年）から第1次世界大戦開始（1914年）まで，平和の100年といわれる平和な時代でもあった。この時代の終わりに青年期を過ごした，ドイツの新自由主義経済学者ウィルヘルム・レプケ（W. Röpke）は，この100年を「大いなる自由の世紀の曇りなきまでの楽観主義」（Röpke, 1958：18）と表現した。

イギリスでは，18世紀後半に開始した産業革命が軌道に乗り，19世紀半ばヴィクトリア女王の時代に帝国の繁栄を迎えた。産業革命は19世紀には，フランス・ドイツ・アメリカにも波及した。

しかし，経済発展の最盛期は，同時に景気変動・貧富格差・階級闘争・植民地主義・帝国主義などの社会問題と国際問

題とを伴い，資本主義の全般的危機の胚胎期でもあった。カール・マルクス（K. Marx）は，搾取理論によってこの社会問題と国際問題とを分析し，社会主義革命は不可避と論じた。ここに，国王中心の絶対主義を変革し市民社会を推進した古典的自由主義は，自由主義がはらむ問題に直面した。歴史は，国王が市民を束縛するのではなく，資本家が労働者を束縛する時代へと移っていた。

マルクスと同時代のJ・S・ミル（J. S. Mill）は，政治的束縛と異なる**社会的束縛**に気づいた思想家であった。ただし，ミルが問題にした社会的束縛は，マルクスのように資本家に搾取される労働者ではなかった。それは，世論・慣習・道徳・宗教などの社会的束縛であって，個人の個性や活動の自由を阻害するものであった。ミルが社会的束縛を問題にしたのは，マルクスとは異なり，これによって社会の進歩が停滞させられるからであった。ミルにとって自由とは，束縛からの解放であると同時に，個人に多様な固有価値を発揮させ社会を進歩させる条件でもあった。

ミルは，この自由の新しい解釈によって，ロックとは異なり，自然権ではなく**功利主義**（utilitarianism）に基づく自由主義に道を開いた。リベラルが，解放の思想から進歩の思想へと転用されるようになったのは，ミルが進歩の持つ効用を明らかにしたからである。

自由と国家

ミルのように，自由が社会と人類とを進歩させるとすれば，より多くより広くの人々に自由が行き渡ることが，社会と人類との進歩になる。進歩を目指す自由主義は，2つの世界大戦と1つの世界恐慌によって，人々が戦争の恐怖と生活の困窮からの自由を求めた時代に，国家による自由への道を開いた。1930年代，大恐慌から第2次世界大戦にいたるアメリカで，ケインズ理論に基づいてフランクリン・ルーズベルト（F. Roosevelt）が実施したニューディールは，ミルによって開かれたリベラル（進歩的）な経済政策であった。

19世紀のリベラリズムは，国家からの自由であった。しかし，20世紀のリベラリズムは，国家による自由となった。しかし，自由を国家に求めることは，19世紀のリベラリズムには背反する。このため，進歩を目指すリベラリズムに立つケインズ（J. M. Keynes）の完全雇用やピグー（A. C. Pigou）の福祉国家には，自由を目指すリベラリズムに立つハイエク（F. A. Hayek）などの市場経済からの批判がある。

《参考文献》

南原繁，1962『政治理論史』東京大学出版会。

原田鋼，1956『近代政治思想史』（角川全書23）角川書店。

Cranston, M., 1953, *Freedom: A New Aralysis*, London, Longmans, Green.（『自由——哲学的分析』小松茂夫訳，岩波新書，1976年）。

Röpke, W., 1958, *Jenseits von Angebot und Nachfrage*, Eugen Rentsch Verlag.

鉢野正樹（はちの・まさき）

流　行【fashion】

流行という言葉

　流行（fashion）は，社会学や心理学などの立場からメカニズムの解明がなされ，その研究領域によってさまざまな切り口から議論される。日本語の流行という言葉にあたる外国語が，ファッション（fashion），モード（mode），スタイル（style），ファッド（fad），クレイズ（craze），ヴォーグ（vogue），ブーム（boom），トレンド（trend）というように多種多様な形で表現されている点にもその多義性がうかがえる。これらの外国語に関してはどれも微妙な違いを含んでいるが，日本語の流行という言葉は，それらすべてが重層的な形で使用されている。よって，流行という言葉は，「流行語」，「流行歌」，「流行のファッション」，「流行のトレンド」というように日常生活のいたるところで使われている。流行現象は，行動様式や生活様式に関わることから，ものの見方や考え方，思想にいたるまで，社会における人々の営みのあらゆる側面に顕在化しているのである。

性質と定義

　さまざまな社会現象を表現するために流行という言葉を用いるが，これらはどれも無秩序に使用されているわけではなく，ある共通した要素を共有しながら流行と認識されている。川本勝は，流行を定義する際に慣習や規範に着目した。慣習とは，他者との社会関係の中で一定期間反復されて形成された行動様式が，体系的に固定化されたもののことで，社会やその成員によって社会的正当性を得て伝統となったものを指し示す。これに対して，流行とは生起してからすぐに消滅してしまうような一時的なもので，社会的規範とは違い，従うかどうかは個人の自由意志に委ねられている。流行は行動様式が慣習によって規定されているような閉鎖的な社会や集団では成立しにくく，人々の行為に自由裁量の余地が残されている社会や集団で成立するのである。これらの観点から，川本は，流行を「社会の許容する範囲内で，社会生活を営む個々人の新しい社会的行為が他者との間において影響しあいながら，新しい行動様式，思考様式として社会や集団のメンバーに普及していく過程であり，その結果，一定の規模となった一時的な集合現象である」（川本 1981：18-20）と定義した。また南博は，流行を「ある社会集団のなかで，一定数の人たちが一定の期間，ある意図のもとに始められた同似の集団行動をとるように心理的に誘われることである」（南 1957：418）と定義した。これは，**一定量の人々の集合**が伴うものだという点において，川本の定義にも通底する。すなわち，流行とは，一種の群集心理が顕在化したものということである。他方，斎藤定良は，流行とは「ある一定の短い期間内に，一定の社会内の相当範囲の人々が，その趣味・嗜好，思考判断，行為動作などの様式を比較的自由に選択し，採用し，破棄することによって生じ，かつ，力動的に変化消長するかなり広範囲な社会的同調行動の現象

である」(斎藤 1959:184)とした。これらからは,「**新奇性**」が共通項として導き出される。流行とは常に新しいものであり,かつ従来の行動様式や思考様式とは異なったものであるか,従来のものに変化が加わった状態でなければならない。また,一般的には短い期間で生起し消滅するという「**一時的**」なものだという点も指摘される。長期間続くようであれば新奇なものではなくなり,時には定着し慣習的なものへと変化する。第3の共通項は「**一定の範囲**」で生起する集団的な現象だということ。そして第4の共通項は,流行がその一定範囲内の人々による「**同調**」行動として現れるということである。それは,その時代の背景を色濃く反映することがあり,社会情勢や文化を象徴するアイコンとみなすこともできる。これらをまとめると,流行とは,「社会の一定範囲内で相当数の成員が同調的に採用する新奇な行動様式,思考様式であり,短期間で生起し,やがて消滅する現象」だといえる。

群集心理と伝播

次に,流行現象がどのように人々に伝播するのかということについて古典理論から読み解くならば,流行という言葉はファッションや歌に限らず,病気などにも用いられてきた。そこでは,**感染**(contagion, infection)が広がっていくことも1つの流行現象としてみることができる。このことに着目し,一定範囲内の人々の間で思想や行動が伝わっていく様を感染として捉え,それを社会心理学へ取り込み,群集行動のメカニズムを明らかにしようと試みたのがル・ボン(G. Le Bon)である。ル・ボンは群集を衝動的で,暗示を受けやすい,まるで意志がないかのような受け身の存在と捉えることで,感染によってあらゆる個人の感情や観念が同一方向へ流れていくことを指摘した。この見方は,能動的な主体である現代の社会に生きる人々の人間像とは乖離していると考えられる。しかしル・ボンのこの発想は,それぞれに個別な存在であるはずの異質な人々が相互作用の結果,同質化していくということを描き出した点で特筆すべきものである。一方,同時代に出現した流行理論にタルド(J. G. Tarde)の**模倣説**(théorie de l'imitation)がある。タルドは,「ある意図や信条を,数千,数億もの人が同時に見出すという,この精神的類似は,突然に生じるものではない。それは,模倣という手段によって,徐々に生じていくものである」(Tarde 1921:65)として,人々の社会行動を模倣によって明らかにしようとした。すなわち,流行を採用する個人の主体性に着目し,能動的なメカニズムとして社会のさまざまな分野に見られる模倣の心理を捉えたのである。人々の模倣の心理的対象としては,上流階級の人々のファッションやスタイルなどがあり,タルドは,これが大衆へ広まっていく現象に着目した。

流行と変貌する社会

タルドの「模倣が上層から下層に移る」という点を継承した,ジンメル(G. Simmel)の**トリクルダウン説**(trickle-down theory)から読み取れるように,流行現象と消費は深く関わっている。消費社会では,流行という商品が絶えず人

為的に生産され，消費される。そして，人々は他人との同調と個性化というアンヴィバレントな心理を体現するために流行を消費していくのである。

　さらに言及しなければならないのは，Web2.0以降のソーシャル・メディア（social media）が普及した社会における流行である。インタラクティブなコミュニケーションを可能にする新しい技術が，今まで局所的な盛り上がりでしかなかった現象の裾野を押し広げ，ティッピング・ポイントを超える可能性を生み出すだろう。しかし，流行は社会的強制力を発揮し，人々の行為を統制する社会的圧力を持っている。ユビキタスの産物として人々のノマド化が進めば，それによる恩恵も得られるであろうが，インターネット環境に依存した社会も推し進められ，人為的な流行がより強く集団や社会に対して新たな規範や拘束力をもたらすかもしれないということについては，なお思索をめぐらせる必要があるだろう。

《参考文献》

川本勝，1981『流行の社会心理』勁草書房。

戸川行男ほか，1959『現代社会心理学4　大衆現象の心理』中山書店。

南博，1957『体系社会心理学』光文社。

Le Bon, G., 1921, *La psychologie des foules, 27°éd.*, Paris, Félix Alcan. (première édition, 1895). (『群集心理』櫻井成夫訳，講談社，1993年)。

Tarde, J. G., 1921, *Les lois de l'imitation : Etude sociologique, 7°éd.*, Paris, Félix Alcan (première édition, 1890). (『模倣の法則』池田祥英・村澤真保呂訳，河出書房新社，2007年)。

　　　　　松本竜一（まつもと・りゅういち）

レッセ・フェール【laissez-faire】

歴史と元義

　レッセ・フェール（laissez-faire）とは，元々，人々に好きなものを好きなように作らせよという意味であった。ルイ14世の財務総監であったコルベール（J. B. Colbert）は，重商主義政策を押し進めるために政府の管理・統制を強化し，商業や貿易の自由を制限したが，農業資本家の力が徐々に強くなってくると，重農主義者のケネー（F. Quesnay）のように，政府の介入に対して異議を唱える者が出てきた。レッセ・フェールという用語を最初に使用した人物は，アルジャンソン侯爵だといわれている。彼は，良い政府とは小さな政府であり，取引のあらゆる局面で政府介入を否定し，自由に放任しておくべきだと主張した。

　ケンブリッジ学派の総帥マーシャル（A. Marshall）は，「フィジオクラットの著名な標語 *Laissez-faire, laissez-aller* は，いまでは一般に誤解されている。*Laissez-faire* とは，各人に対し好むものを好むようにつくらしめよという意味で，すべての商売は万人に解放されており，コルベール派がいったように，マニファクチャラーズに対し，そのつくる布の模様規格などを指示してはならないことを示していた。*laissez-aller*（もしく

は *passer*) は，人と物はある場所から他の場所へ，特にフランス国内のある地方から他の地方へ自由に，通行税や租税や面倒な規制にわずらわせることなく移動できるようにすべきだ，との意味である。ついでにいうと，*laissez-aller* は中世の競技において闘技者に自由にはじめという指示を与えるのに使われた合図なのであった」(Marshall 1920 : 626) と述べている。

教義の内容とその流布

一般的に，レッセ・フェールの教義とは，人々が暴力や欺瞞を控えた上で，政府の干渉を受けずに，自由に自己の利益を追求すれば，富が急速に増大し公平に分配されると考えられているものである。具体的には，さまざまな前提を置いた上で，自由な市場価格が商品やサービスの稀少性を的確に表し，個別経済主体はその価格を基に競争的に行動するため，需要・供給は均衡に導かれ，資源の効率的な配分が可能となることである。

最後の古典派経済学者と呼ばれたJ・E・ケアンズ（J. E. Cairnes）は，このようなレッセ・フェールの教義について，「一般的な見方（the prevailing notion）では，経済学は以下の点を示す。富がもっとも急速に蓄積し，最も公平に分配されるのは，言い換えれば，人間の厚生が最も効果的に増進されるのは，人々が自由に行動できるようにする単純な方法をとった時，つまり個々人が自己利益を自由に追求できるようにし，暴力や詐欺を控えるかぎり，国や世論の干渉を受けないようにした時である。これが一般的に（commonly）レッセ・フェールと呼ばれている教義である。したがって，経済学はこの格率を科学的に表現したものだと考えられており，個人の営業の自由と契約の自由を，産業に関するすべての問題に対する唯一の解決策，しかも十分な解決策だと主張したとされている」(Cairnes 1873 : 241) と描く。

このようなレッセ・フェールの教義は，当時流行った自由貿易のための政治的キャンペーン（コブデンやブライトなどのマンチェスター学派），一般大衆への経済学教育（マーセット夫人の『経済学に関する対話』〔1816年〕やマーティノー女史の『例解経済学』〔1832-1834年〕），実業界の必要と願望などにより，一般人の心にはっきりと植えつけられた。特に，フランスのバスティア（F. Bastiat）は，マンチェスター学派の影響を受け，このようなレッセ・フェールの教義を堅く信じ，また流布するのに大きな役割を果たした。彼は自説を広めるために，新聞や雑誌に投稿するだけでなく，1846年には自らの週刊新聞まで発刊したが，レッセ・フェールを解説した『経済の調和』第1巻を脱稿後，49歳の若さで急逝した。

偉大な経済学者達の見解

以上のように，一般的なレッセ・フェールの教義はかなり教条的なものであり，政府介入を全く否定する。古典派の偉大な経済学者たちも，最小の政府が最良の政府であると考えていたことは間違いない。しかし，政府の干渉に対する彼らの姿勢は，レッセ・フェールの教義のように決して教条的なものではなく，国防や教育，公共財の提供，独占の禁止

等々に関しては，当然のことながら政府の介入を肯定した。

例えば，J・S・ミル（J. S. Mill）は，政府の干渉すべき内容を，①教育，②幼年者の保護，③永久的契約，④公営企業，⑤労働時間や植民地の土地処理，⑥貧民救済，⑦植民，⑧公共事業，⑨学者階級の維持，⑩司法および国防の10項目にまとめた（Mill 1848: Book V, Chap., XI）。先のケアンズも，「レッセ・フェールの格率は科学的な根拠がまったくなく，せいぜいのところ，実務上の原則（practical rule）として便利だというにすぎない」（Cairnes 1873: 251）と述べている。注目すべきことだが，アダム・スミス（A. Smith），リカード（D. Ricardo），マルサス（T. R. Malthus）の主著（『国富論』，『経済学と課税の原理』，『経済学原理』）には，レッセ・フェールという言葉はまったく存在しない。

ケインズとレッセ・フェール

J・M・ケインズ（J. M. Keynes）も，アダム・スミス，リカード，マルサス，J・S・ミル，マーシャル等は，教条主義に陥らない慎重な姿勢を取ったと正しく述べた後，それでも個人主義的なレッセ・フェールの教義こそ，経済学者が教えるべきものであり，現に教えているという一般の見方は変化していないとして，反駁の書物『自由放任の終焉（*The End of Laissez-faire*）』を執筆した。

ケインズによると，レッセ・フェールの教義とは，古典派理論そのものである。生産面では，多数の独立した個人の自由な競争を通じて，資源の最適配分が達成され，効率的なものが選択される。消費面でも，消費者の利益追求を通じて，最適配分が達成される。要するに，**貨幣愛**（love of money）が利益追求を通じて，富の増加に最適な資源配分を達成することになるというものである。「この理論はきわめて美しく，単純明快であるため，ありのままの事実に基づいているわけではなく，単純化のために導入された不完全な仮説に基づいている点が忘れやすい」（Keynes 1926: 284）とケインズは言う。

このような非現実的な仮説のために，①効率的な生産単位が消費単位よりも大きい時，②間接費や共通費用がある時，③内部経済のために生産の統合が有利になる時，④調整に要する期間が長い時，⑤知識が不足して無知がはびこっている時，⑥独占やカルテルによって対等な取引が妨げられている時などでは，この理論は有効に機能しない。

さらに彼は，「この単純な仮説が現実を正確にとらえたものでないと認識している経済学者であっても，これが自然で理想的な状態だと考えていることが多い。つまり，単純化した仮説が健全なのであり，複雑な現実は病的だと見ている」（Keynes 1926: 285）と言う。

ポランニーとレッセ・フェール

カール・ポランニー（K. Polanyi）の議論は，これまでのものとは少し違う。彼は，レッセ・フェールというものが，全く作られたイデオロギーであると喝破し，「レッセ・フェールには自然なところは何もない。自由市場が成り行きまかせで生じてくるはずはない。綿工業，すなわち主導的自由貿易産業が，保護関税，

輸出奨励金, 間接的賃金扶助を助産婦として生み出されたと全く同じように, レッセ・フェール自体も国家によって実現された」(Polanyi 1926: 145) と述べる。ポランニーは, レッセ・フェールが自然発生的なものではなく, 国家によって人為的に創設されたシステムに他ならず, それを維持していくには強力な国家が必要だと主張したのである。

《参考文献》

Cairnes, J. E., 1873, *Essays in Political Economy*, Macmillan.

Keynes, J. M., 1926, *The End of Laissez-faire*. in *Essays in Persuasion*, Macmillan. (「自由放任の終焉」『説得論集』宮崎義一訳, 東洋経済新報社, 1981年).

Marshall, A., 1920, *Principles of Economics. 8 th ed*, Macmillan. (『経済学原理』永沢越郎訳, 岩波ブックセンター信山社, 1985年).

Mill, J. S., 1848, *Principles of Political Economy*, Routledge & Kegan Paul. (『経済学原理』末永茂喜訳, 岩波書店, 1959-1963年).

Polanyi, K., 1944, *Great Transformation*, Beacon Press. (『大転換』吉沢英成ほか訳, 東洋経済新報社, 1975年).

中矢俊博(なかや・としひろ)

労働・仕事【labor/work】

その人間学的定位

　労働・仕事(labor/work)が人間にとって根源的かつ必要不可欠な行為であることは誰も否定しないが, その価値評価や意味理解はさまざまである。一般に, 我が国では,「勤労」と捉えてそれ自体に価値を認める傾向が強いのに比べ, ヨーロッパでは, 労働をそれ自体価値の乏しいものとみなしてきた。例えば, アリストテレス(Aristoteles)は, 人間の行為をテオリア「観照」, プラクシス「活動」, ポイエーシス「製作」の3つに分け, 労働・仕事を奴隷や職人が行う「製作」と捉えて積極的意味を与えなかった。また, その流れをくむハンナ・アーレント(H. Arendt)は, 労働と仕事を区別した上で, 自己目的的な実践としての仕事には価値創造の意味を与えたが, 生きるために必要なものを生み出すだけの労働にはそのような価値を見出さなかった。こうした労働・仕事を適切に理解するには, それを広く捉え直し, 人間学的に位置づけることから始めるのがよい。

　人間が働くとはどういうことか。人がただ無為に過ごすとき, 働くとはいわない。「働くこと」とは, 外部の対象に対する何らかの働きかけに他ならない。では, 人間は何のために働くのか。アルノルト・ゲーレン(A. Gehlen)によれば, 人間は, 本来自足性の欠如した「欠陥存在」である。つまり, 人間は, この世界で最も豊かな存在であるが, それだけに自分だけでは生きていけない。極めて多くの物や人の世話にならねばならない。ここに, 人間が働くことの根本がある。

しかし，それだけでは他の生き物と本質的に変わりない。人間は，ただ働くのではなく，与えられた必然と制約を乗り越えようと努めることでそこに新たな価値を創造する。ここに，人間が働くことの意味がある。

働くことの意味

人々は，額に汗しながら働くことで自律的な生活形成を心がけるが，労働はつらく苦しく，逃げ出したいほどわずらわしいものである。しかし，人間は，それを通して自分を充実させ，いわば〈もっと人間になる〉のであり，その意味で，働くことは，気高く，骨折り甲斐のある活動なのである。こうした両義性こそ，人間労働の持つ本質であり，これは，その人間学的定位からも読みとることができる。そして，キリスト教の世界において，働くことは，人間にとって「困難なよいこと」に他ならない。

野尻武敏博士は，こうした労働観に基づき，働くことの意味として次の4つをあげている。

①**経済的果実をもたらす**：人間は，働くことによって自分たちの生活の資を手に入れるよう運命づけられている。

②**社会的働きでもある**：労働は，その過程でもその成果でも社会的となる。個々の労働は，社会的協働の中でおこなわれ，相互に助けあい，ともに**共同善**（common good）に寄与する働きとなる。

③**文化的活動でもある**：「地を従わせる」人間の働きは，自然に働きかけてよりよい生活環境を創りあげ，物的・精神的に有用な財を生みだし，人類の遺産に新しいものをつけ加える活動となる。

④**人間は働くことを通し，あるいは働くことにおいて，自己を実現し充実していく**：働くことは，人間の生の表現となり生の充実の営みとなる。

すなわち，働くことは，①経済的，②社会的，③文化創造的，④自己形成的という4つの意味を合わせもった活動なのである。これが，人間の労働生活本来の姿であり，それは，アーレントのいう**「活動的生活（vita activa）」**（あらゆる人間の活動力を合わせたもの）とも重なる。

稼得労働と労働社会の展開

ここで，人類が働いてきた歴史を振り返ることはできないが，近代の誕生によって，労働生活のあり方が大きく，かつ劇的に変わったことは確かである。解放された個としての人間は，自分の労働を自由に取り扱えるようになったが，産業革命は，機械の進みに合わせて働くことを人間に強いた。労働生活では，生計獲得のための稼得活動だけが切り出され，生活世界とは隔絶された空間で，しかも労働時間という枠内で働くのが当たり前となった。働くことはその豊かで多様な意味を切り裂かれ，経済的意味しか担うことのできない稼得労働によって主導されることになった。そして，近代を特徴づける経済主義の精神は，労働の経済的価値だけを過大に評価するようになった。

しかし，こうしてひとり歩きを始めた稼得労働は，工場制と資本制のもとにおかれた雇用労働となり，産業労働となった。そこで，労働する人間は単なる商品＝労働力として扱われ，過酷な労働条件や長時間労働を強いられた。労働者は決して自由ではなく，その労働生活は資本

主義の無秩序と不公正に翻弄された。ハイマン（E. Heimann）によれば、人間社会は、経済のために労働の自由と尊厳を犠牲にしたのである。こうした現実に対抗して労働の人間性を回復し、労働者階級の要求に応えるために労働者保護、労働市場、労働法、雇用保障などの政策が実施された。そして、これらによって資本主義の体制改革が進むとともに、経済社会はダイナミックに変化した。そこでは、「財とか所有ではなく、誠実な労働こそが人間社会にとってもっとも重要であり、それが人間の価値を決定する」よう求められたのであり、それは、まさに稼得労働が現実的、構造的、価値的に中心的な位置を占める「**労働社会**」として展開した。

労働社会の危機から働くことの未来へ

労働社会と絶対化された経済的労働は、豊かで安定した生活をもたらしたが、その反面、過剰な経済拡大はかえって生活の質を悪化させ、労働生活の発展もバランスを欠いたものであった。1970年代に入ると、戦後の高度経済成長が終わりを告げるなか、北米の「**労働生活の質的向上（Quality of Working Life）**」運動やドイツの「**労働の人間化（Humanisierung der Arbeit）**」政策が活発化した。つまり、労働や労働生活をより人間的なものにしようとする動きが再び起こったのである。しかし、こうした根本的な問い直しはそれほど容易には進まず、1980年代には、むしろそれを契機に「労働社会の危機」が叫ばれ始めた。その後、高失業社会が訪れるとともに、労働時間の短縮と弾力化、家族と労働世界の調和、働き方の見直しなどを通して経済的な稼得労働の相対化が進み、労働社会の転換は現実のものとなりつつある。

世紀の変わり目には、「労働の終焉」がささやかれ、「労働の未来」も語られた。では、人間の労働・仕事はどこに向かうのだろうか。働くことの意味からすれば、経済的労働の絶対化は慎むべきであるが、かといって稼得労働の価値を過小に評価したり、労働以外の生活世界の位置を過大に評価することもできない。恐らく、答えはその中庸にある。そして、これから求められるのは、稼得労働の対岸にある無償労働の評価や自由時間の活用を促すとともに、稼得労働も含む人間労働に新たな希望を植えつけ、働くことの未来を切り拓くことである。

《参考文献》

足立正樹、2006『高齢社会と福祉社会』高管出版。

小林甲一、2009『ドイツ社会政策の構造転換——労働生活とその人間化をめぐって』高管出版。

杉村芳美、1990『脱近代の労働観』ミネルヴァ書房。

野尻武敏、2006『転換期の政治経済倫理序説——経済社会と自然法』ミネルヴァ書房。

教皇ヨハネ・パウロ2世回勅、1982『働くことについて』和田和夫訳、カトリック中央協議会。

小林甲一（こばやし・こういち）

労働運動【labor movement】

利益分配を求める経済闘争としての労働運動

　労働運動とは，労働者が待遇の改善を目的に，雇用主である資本家や経営者に自らの要求を通すべく団結して闘う集団的抗議行動である。そして，労働者の資本家に対する最初の組織的な反抗は，1811～1812年にイギリスで起きたラダイト（機械打ち壊し）運動である。その後労働運動は，階級闘争としての労働運動の色合いを濃くしていった。

　近代初期の単純商品生産様式の経済の下では，誰もが自分の生産手段を持ち，これに自らの労働を加えて商品を生産していた。しかし，それが発展して資本（生産手段）の蓄積が進むと，やがて資本主義経済に移行する。そこでは社会の構成が，生産手段を持たない労働者階級と，労働しなくても生活できる資本家や地主の階級に分化する。そして，資本主義の発達とともに労働者が窮乏化し，**階級対立**（class conflict）が激化していった。何故か。

　カール・マルクス（K. Marx）によれば，資本家は，自らが所有する生産手段と労働者を結びつけて生産を行う際，労働者に対して，彼らの生存に必要な価値を生み出す**必要労働**（necessary labor）の分しか賃金を支払わない。労働者にそれを超えて**剰余労働**（surplus labor）をさせているにもかかわらず，その結果つくり出された**剰余価値**（surplus value）を自分のものとする。だから彼は，この**搾取**（exploitation）によって労働者が貧困化し，資本家と労働者の階級対立は不可避だとした。

　だがその後労働運動は，国家が社会政策を積極的に実施し，階級対立を緩和したことにより，労使協調的なものへと変化していった。けれども，マルクスのいう剰余価値の問題，つまり利益の分配をいかに賃金に割くかをめぐる経済闘争としての労働運動の性質は一貫して保たれた。なぜなら，資本家や経営者の方が労働者よりも圧倒的に強いからである。

　したがって現在，先進国では労働者保護の立場から**団結権**，**団体交渉権**，**団体行動権**（争議権）から成る，いわゆる**労働三権**が保障されている。これにより独りでは非力な労働者も，労働組合をつくって資本家や経営者と団体交渉を行い，それでも埒があかなければストライキを打つことで，自らの要求をある程度通すことができる。しかしこれらの権利の行使は，グローバリゼーションの進展によって大きな変更を余儀なくされた。特に，グローバリゼーションの本家アメリカにおいて，その影響は顕著であった。

グローバリゼーションと新しい労働運動

　1980年代から新自由主義の下でグローバリゼーションを推進してきたアメリカでは，工場の海外移転によってストライキが無効化された。その結果，最大の武器を失った労働組合は，資本家や経営者に対する交渉力を著しく低下させた。また，グローバリゼーションによって移民が増大し，安い労働力による置換を恐れて組合内で移民排斥の声が高まるととも

に，他方では，職場における移民比率の上昇から組合の組織率も低下した。しかしアメリカの労組は，1990年代に巻き返しに入り，それに伴って労働運動も変容していった。

まず，ストライキの無効化に対しては，組合は公正を問うキャンペーン戦術を採用した。すなわち，ストライキが職場の移転によって効力を失うのであれば，一企業の労使関係を超えて職場外に圧力を組織し，広く世間に**社会正義**を訴える。そうすることで，資本家や経営者に姿勢の変更を求めていく。そしてその際に，労組が宗教団体，環境保護団体，フェミニズムの団体，人権保護団体など，社会運動のグループと共闘したことから，この新しい労働運動は現在，**社会運動ユニオニズム**（social movement unionism）と呼ばれている。

また，労組間の**国際連帯**も盛んになった。グローバリゼーションは，資本誘致のために，他よりも労働コスト，環境コストを切り下げる**下向きの競争**を煽る。それに対抗するために，アメリカの労組は移転先の組合と連帯してそこを支援し，現地での賃金や安全・衛生および環境保全の規準を公正な水準まで引き上げることを行った。なぜなら，この**上向きの平準化**を通じて，現地労働条件の向上と仕事の海外流失の抑制という二重の効果を期待できるからである。

さらに，移民の排斥と組織率の低下という問題についても，組合は移民を含む未組織労働者の組織化に活路を見出した。これらの問題の解決は，一見すると相矛盾するように見える。だが，移民を積極的に組織化することで，彼らの労働条件を底上げし，かつ安価な労働力への代替を抑止することが可能となる。すなわちこれは，上向きの平準化がもたらす効果に期待するという点で，国際連帯と同じ論理に基づくものである。そして，移民を含む未組織労働者の組織化は，社会運動ユニオニズムの労組を，社会正義だけでなく**多様性**をも追求する方向に導いていった。

出自の承認とコミュニティ・ユニオニズム

社会運動ユニオニズムの労組が，移民を含む未組織労働者の組織化において再認識したことは，労働者階級が多様な人種・民族の男女から成るという現実である。それゆえ組合は，彼らを引き付けるために，従来の経済的格差の是正だけでなく，社会的格差（差別）の是正を広く社会に訴えなければならなくなった。

また，外で差別と闘う組合は，内でも個々の組合員の民族的アイデンティティやジェンダーを承認する。こうして内部で**出自の承認**がなされた結果，組合員各々がそこに安心して過ごせる居場所を見出し，組合は多様性に富んだ1つのコミュニティとなる。そしてこのことは，ある単独の職場より大きな地域社会の全域にわたる組織化を目指す**コミュニティ・ユニオニズム**の動きに繋がっていくのである。

《参考文献》

今枝俊哉，2008『コミュニティ再生の方位と原理——新しい労働運動および互助システム形成にみる近代理念の弁証法的展開』早稲田大学出版部。

国際労働研究センター編著，2005『社会

運動ユニオニズム』緑風出版。
Mantsios, G. (ed.), 1998, *A New Labor Movement for the New Century*, Monthly Review Press.(『新世紀の労働運動――アメリカの実験』戸塚秀夫監訳,緑風出版,2001年)。
Marx, K., 1867, *Das Kapital : Kritik der politischen Oekonomie*.(『資本論』向坂逸郎訳,岩波書店,1969年)。

Wong, K., 2001, *Voices for Justice : Asia Pacific American Organizers and the New Labor Movement*, Center for Labor Research and Education, UCLA.(『アメリカ労働運動のニューボイス――立ち上がるマイノリティ,女性たち』戸塚秀雄・山崎精一訳,渓流社,2003年)。

今枝俊哉(いまえだ・としや)

労働市場【labor markets】

擬制商品としての労働力

　労働市場は近代社会に特有の制度であるだけでなく,資本主義経済の中核的基盤をなす制度である。マルクス(K. Marx)は,人間が労働力商品として扱われる社会体制の成立プロセスを**資本の本源的蓄積過程**と名づけ,資本主義経済の歴史的出発点として位置づけた。**新古典派経済学**(neo-classical economics)においては,労働市場とは労働という生産要素が取引される市場の1つであるが,多くの非正統的経済学者や社会学者が,労働市場を労働力の売手と買手が出会い,取引する場という以上のものとして考察してきた。

　マルクスによれば,労働を行う人間の潜在的能力を時間決めで他者に譲り渡す仕組みそのものが,他の商品の取引と根本的に異なる性質を持つ。労働力は売買契約が成立しても労働者から分離することはできない。買手が購入した労働力を利用することは,労働者の同意の下に特定の作業に従事させるという雇用関係を形成することに他ならない。労働力商品は買われるや否や商品であることを止める特殊な商品なのである。カール・ポランニー(K. Polanyi)も労働力を土地,貨幣とともに本来的には商品たりえないが,擬制的に商品化されることにより商品による商品の生産を行う資本主義経済を支える基盤となると考えた。しかし,これら**擬制商品**(fictitious commodities)は市場メカニズムに全面的に委ねられることはなく,程度の差はあれ,社会のなかに**埋め込まれた**(embedded)状態にあると主張した。労働力商品は商品として自由に取引されるのではなく,さまざまな社会的制約が課され,その制約が具体的な労働市場のあり方を決定しているのである。

　労働市場が近代資本主義社会が成立するための基本的要件であるといっても,そこに登場するのが2重の意味で自由な賃労働者(K. Marx)であるとは限らない。それどころか,マルクスが想定したような高度に商品化された労働者は,資本主義世界経済における中核部に集中する少数派であり,半周辺部や周辺部では

様々な形態の不自由な賃労働（例えば年季奉公や契約移民，シェアクロッパーなど）が歴史的に広範に観察されている（Miles 1987）。不自由な賃労働は決して前資本主義社会の残滓ではなく，資本主義への移行によって新たに形成された賃労働の形態である。また，中核部では第2次世界大戦後，社会保障制度を整備した**福祉国家**（welfare state）が発展した。福祉国家の目標は，さまざまな社会的給付によって賃金を代替し労働者が失業していても生活を支えることができるようにすることであり，つまり労働者の**脱商品化**（decommodification）という労働市場の社会への再埋め込みであると見なすことができる（Esping-Andersen 1990）。

内部労働市場論

　雇用関係の形成プロセスという観点からみると，労働力商品の買手が行っていることは，空いている職務ポストを補填するために労働者を雇い入れることを意味する。どこにどのような空きポストがあるのかという情報と誰がどのような労働能力を持っているのかという情報を当事者たちが事前にどの程度得られるのかは，雇用関係の形成プロセスにとって決定的に重要である。お互いにとって望ましい組み合わせを見つけるためには，労働市場への参加者それぞれが情報探索のための費用を負担しなければならない。労働市場においては，この**取引費用**（transaction cost）を節約できるような仕組みが存在している。

　19世紀末から大企業が発展してくると，企業内で発生する空きポストの補填を組織内ですでに雇われている従業員の異動・昇進によって解決する動きが強まった。ドリンジャー（P. Doeringer）とピオーリ（M. Piore）はこうした慣行を**内部労働市場**（internal labor market）として概念化した。内部労働市場が発達した原因としては，個々の企業に特殊な技能（firm-specific skills）の重要性が企業経営において増してきたことが挙げられる。そのような技能は当該組織の中で働くことを通してのみ蓄積することができ，企業はそうした技能を従業員に蓄積させるために長期勤続を望むようになる。他方，従業員も自分が蓄積してきた技能を他社では発揮することができず労働能力として評価されることもないので，退職を避けるようになる。仕事の複雑化・高度化によって，それを担う人材の知的能力が重要な生産要素であると認識されるようにもなった。企業は，空きポストにふさわしい能力を誰が持っているのかという情報を従業員のこれまでの勤務内容を通して蓄積しており，これを内部昇進・異動という形態で利用することにより，安価に空きポストを埋めることができ，将来の必要に備えて事前に訓練を施すことさえも可能になる。こうして長期雇用の慣行が成立すると，企業は労働者を生産性向上のために不可欠な資本財──**人的資本**（human capital）──のようにみなすようになったのである。

労働市場と社会関係資本

　雇主が企業組織の外に人材を求めるとき，それは**外部労働市場**（external labor market）からの労働力の調達となる。外部労働市場では求人側・求職者側双方

が，相手についての不完全な情報しか持っていない（**情報の非対称性**）ため，情報探索行動が必要になる。この職探しプロセスの具体的な構造は失業率の水準にも影響を与えると考えられている（**摩擦的失業**）。多くの国で，職探しを効率化させるために公的な職業紹介制度が運営されているが，他方，求職者の少なくない部分が私的な人間関係を通じて就職情報を得て新たな仕事を見つけている。グラノヴェター（M. Granovetter）は転職した労働者が転職先空きポストの情報をどのようにして得たのかを調査した結果，就職情報は親密な関係にある**強い絆**（**strong ties**）からよりも，自分とは異質で接触頻度もつきあいの程度も低い知り合い，つまり**弱い絆**（**weak ties**）からもたらされることが多いと指摘した。外部労働市場のように情報の不確実性が高い環境においては，広く浅いつきあいである弱い絆が有効性を発揮しやすいのである。これは，外部労働市場も社会の中に埋め込まれており，その構造は労働市場に参加する人々が持っている**社会関係資本**（**social capital**）と密接な関係を持っていることを意味している。また，**専門職化**（**professionalization**）が進んだ職業では，外部労働市場も資格や特定職務の経験の有無といった要素によって囲い込まれるようになるし，専門職として働く中で同業者とのつきあいを深め，職域内で社会関係資本を蓄積するようにもなる。転職するときにはそれが活用されることは言うまでもない。

労働市場の分断化

効率的な労働市場では，労働条件（端的には賃金率）は労働者の生産能力に見合った水準になり，**業績原理**（**achievement principle**）が貫徹すると新古典派経済学では想定しているが，しばしば労働市場は労働者の属性（性別，人種，国籍，学歴など）によって，労働条件が相対的に良好な市場と劣悪な市場に分断されている（**二重労働市場**）。日本では男性正社員が終身雇用制のもとで年功賃金を受け取る場が好条件の第1次市場であり，その賃金は専業主婦の妻と未成年の子どもを養うに足りる**家族賃金**として設定されてきた。他方，アルバイトやパートに代表される非正規職は主婦による家計補助的な役割と結びつけられて，賃金率は低く抑えられてきた。これは，労働市場のあり方が特定の家族形態と規範的に結びつくことにより，経済全体のあり方にも影響を与えている一例である。

《参考文献》

Esping-Andersen, G., 1990, *The Three Worlds of Welfare Capitalism*. Cambridge, UK, Polity Press.（『福祉資本主義の3つの世界――比較福祉国家の理論と動態』岡沢憲芙・宮本太郎監訳，ミネルヴァ書房，2001年）.

Doeringer, P. B. and M. J. Piore, 1971, *Internal Labor Markets and Manpower Analysis*. Lexington, MA, Heath.（『内部労働市場とマンパワー分析』早稲田大学出版部，2007年）.

Granovetter, M. S., 1974, *Getting a Job: A study of contacts and careers*, Cambridge, MA, Harvard University Press.（『転職――ネットワークとキャリアの研究』渡辺深訳，ミネル

ヴァ書房, 1998年)。

Marx, K., *Das Kapital*. (『資本論』マルクス＝エンゲルス全集刊行委員会訳, 大月書店, 1961 - 1964年)。

Miles, R., 1987, *Capitalism and Unfree Labour : Anomaly or necessity?* London and New York, Tavistock.

Polanyi, K., 1944, *The Great Transformation*. New York, Farrar & Rinehart.(『大転換——市場社会の形成と崩壊』吉沢英成ほか訳, 東洋経済新報社, 1975年)。

松川誠一（まつかわ・せいいち）

人名索引

あ行

アージリス, C.　196
アーレント, H.　70, 298, 299
アイジンガー, P.　184
アヴェナリウス, R.　203
アウグスティヌス　136
青山秀夫　151-153
アダムス, A.　177
アドルノ, T. W.　70, 263
阿閉吉男　151, 153
アリストテレス　22, 31, 95, 96, 108, 135, 136, 208, 230, 249, 298
アルチュセール, L.　275
アロー, K. J.　86, 93, 127, 201
アンダーソン, B.　106
アンダーソン, P.　264
安藤英治　153
イーストン, D.　82
石田雄　153
市村真一　152
今井賢一　192, 247
居安正　151, 153
ヴァレラ, F. J.　158
ウィーナー, N.　131, 191
ウィーバー, W.　110, 111
ウィリアムソン, O. E.　20, 75, 239
ヴィンスバンガー, H. C.　23
ウィンダール, S.　111
ヴェーバー, A.　261
ヴェーバー, M.　27, 42, 97, 144, 146-153, 156, 182, 219, 262, 286, 287
ウェッブ夫妻　177
ウェブスター, F.　192
ヴェブレン, T.　72, 73, 186, 194, 195, 267
ウォーラーステイン, I.　47, 79, 213, 214, 275
ウォーレス, G.　113
ウォルツァー, M.　207
内田芳明　153
内田義彦　153
梅棹忠夫　192
エアハルト, L.　245
エスピン=アンデルセン, G.　255, 256
エツィオーニ, A.　114, 224
エバース, A.　162
エマーソン, R.　165
エリアス, N.　249
エリクソン, E.　131
エンゲルス, F.　1
オイケン, W.　224, 245
オークショット, M. J.　199
オースティン, J.　137
大塚久雄　146, 151, 153, 156
オーバーシャル, A.　184
オーマン, R. J.　67
オストロム, E.　217
オッペンハイマー, F.　224
折原浩　153
オルソン, M.　184

か行

カーズナー, I. M.　28, 39
カーソン, R.　12
カーン, E.　233
ガイスラー, H.　212
カッツ, E.　112, 187
カトーナ, G.　226
金子郁容　247
カリニコス, A.　265
ガルトゥング, J.　275
ガルブレイス, J. K.　88, 189
カワチ, I.　216
カント, I.　79, 137
カンポス, L. M.　223

ギアーツ, C.　262
キケロ　95
ギデンズ, A.　47, 201, 202, 224, 225, 285
キンドゥルバーガー, C. H.　62
クェード, E. S.　82
クラーク, C. G.　62, 118
クラーク, J. B.　194
クラーク, J. M.　38
クラウゼ, U.　127
クラックハート, D.　236
クラッパー, J.　87
グラノヴェター, M.　9, 10, 24, 151, 175, 220, 236, 305
グリーン, T. H.　245
クリストル, I.　199
クロスリー, N.　185
クロポトキン, P.　89
グントラハ, G.　224
ケアンズ, J. E.　296, 297
ケインズ, J. M.　27, 55, 93, 127, 129, 130, 194, 195, 245, 246, 284, 292, 297
ゲーレン, A.　298
ゲゼル, S.　234
ケネー, F.　275, 295
コーエン, G. A.　289
コース, R. H.　75, 238, 239
ゴールドステイン, J.　214, 215
コールマン, J.　201, 202, 216
ゴドリエ, M.　60
コルベール, J. B.　295
コント, A.　121, 144, 172
コンドルセ, M.　86

さ 行

サイモン, H. A.　74-76, 98, 219, 220
サッチャー, M.　46, 82, 168, 195, 198, 199, 245, 255, 277
佐藤俊樹　193
佐藤慶幸　269, 270
サミュエルソン, P. A.　54, 55, 80, 81, 93, 194, 195
サラモン, L.　40, 253

ザリーン, E.　108, 109
サン＝シモン, C. H.　121, 171, 172
サンデル, M.　114, 207, 276
ジード, C.　161
ジェイコブス, J.　216
ジェイムソン, F.　265
ジェヴォンズ, W. S.　194
ジェームス, H.　215
シェーラー, M.　261
シェリング, T.　67
ジェンキンス, C.　184
シク, O.　224, 225
シジウィック, H.　92
シャノン, C. E.　110, 111, 191
シュッツ, A.　203, 204
シュミッター, Ph. C.　241
シュモラー, G. von　287
シュンペーター, J. A.　3, 4, 27, 28, 55, 56, 62, 150
ショーンフィールド, A.　241
ジンメル, G.　22, 34, 148, 149, 153, 156, 186, 201, 261, 294
スウェドベリィ, R.　150, 151
スコット, J. C.　281, 282
スティグラー, G. J.　38
ストロガッツ, S. H.　174
スノー, D.　184
スペンサー, H.　35, 144, 154, 156, 172
スマイルズ, S.　90
スミス, A.　55, 56, 62-64, 77, 89, 92, 93, 102, 103, 113, 114, 121, 126-129, 133, 141, 142, 181, 194, 238, 244, 245, 266, 297
住谷一彦　153
スメルサー, N.　149-151, 183, 185
スラッファ, P.　127
セイヤー, A.　281, 283
セルズニック, P.　219
ゼルテン, R.　67
セン, A.　64, 93, 127, 207, 208, 267, 283
ソシュール, F. de　32, 33
ゾムバルト, W.　44, 58
ゾルド, M. N.　184

ソローキン, P. 58, 159

た 行

ダーウィン, C. 89, 92
高田保馬 54, 115, 151, 152, 156
武川正吾 256, 257
ダルジャンソン, M. 245
タルド, J. G. 294
タロー, S. 184
タロシュ, E. 242
タロック, G. 84
ダン, W. N. 82
ダンカン, O. D. 159
チェンバリン, E. H. 37
チャベス, R. 223
テイラー, C. 207
ティリー, C. 183
ディルタイ, W. 203
ティンバーゲン, J. 58, 224, 225
テーラー, F. W. 122
デューイ, J. 113, 215
デュノワイエ, C. 161
デュルケーム, E. 35, 77, 144, 150, 151, 156, 172, 249
デリダ, J. 71
テンニース, F. 115, 144
ドゥオーキン, R. 207
ドゥフルニ, J. 162
トゥレーヌ, A. 185
トクヴィル, A. 143
トフラー, A. 192
トマス・アクィナス 95, 96, 136, 177
トムソン, E. P. 281, 282
ドラッカー, P. 50, 61
ドリンジャー, P. B. 304
ドロア, Y. 82

な 行

ナイト, F. H. 28, 284, 285
ナッシュ, J. 67
ニスカネン, W. A. 85
ネルブロイニンク, O. von 224

は 行

ハーヴェイ, D. 265
バーガー, P. 204
バーク, E. 199, 200
バーク, R. E. 115
ハーサーニー, J. C. 67
パース, C. S. 32, 33
ハーズバーグ, F. 196
パーソンズ, T. 35, 36, 55, 59, 132, 143, 149-151, 153, 156-158, 219, 247, 269
バート, R. 216
バーナード, C. 219
ハーバーマス, J. 106, 107, 143, 185, 203-205
バーリ, A. A. 103
ハイエク, F. A. 38, 98, 133, 134, 200, 246, 292
ハイデガー, M. 203
ハイマン, E. 58, 224, 225, 300
パウエルソン, J. 281
バスティア, F. 296
バタイユ, G. 60
パットナム, R. 199, 202, 216, 280
パニッチ, L. 241
バリバール, E. 106
バルト, R. 30, 33
ハンセン, M. 236
ピアスン, H. 61
ピオーリ, M. J. 304
ピグー, A. C. 55, 56, 91-93, 194, 292
ヒックス, J. R. 62, 93, 150, 194
ヒューム, D. 89, 133, 141
廣松渉 275
ファーガソン, A. 133
ファース, R. 60
ファウスト, K. 175
フーコー, M. 71, 262
ブース, C. 177
フーリエ, C. 171
フォルニエ, S. 237
フォン・アレマン, U. 101
フォン・ヴィーゼ, L. 261

フォン・チューネン, J. H.　28
フォン・ノイマン, J.　56, 67, 131, 191, 193
ブキャナン, J. M.　84
フクヤマ, F.　202
フッサール, E.　203-205
ブラウ, P. M.　159, 165, 201
プラトン　70, 135
フランク, A. G.　274
フリードマン, M.　50
ブリーフス, G.　229, 230
ブルーマー, H.　111, 183
ブルジョワ, L.　172
ブルス, W.　52
ブルデュー, P.　73, 160, 216, 249-251, 259, 260, 262
ブレア, T.　41, 169, 200
ベイター, F. M.　129
ベイトソン, G.　131
ヘイル, M.　133
ベヴァリジ, W.　179, 180
ヘーゲル, G. W. F.　114
ペストフ, V.　162
ベッカー, G.　216
ベック, U.　169, 231, 285
ヘッケル, E.　11
ペティ, W.　118
ベラー, R. N.　114
ベル, D.　119, 192, 230-232
ヘルダー・ドルナイヒ, Ph.　59
ベルタランフィ, L. von　131, 132, 157
ペロー, C.　184
ベンサム, J.　56, 92, 93, 266
ベンディクス, R.　159
ベンフォード, R.　184
ベンヤミン, W.　71
ボードリヤール, J.　29-31, 33, 34, 73, 88, 187, 189, 260, 266
ボールディング, K.　58, 131
ボット, E.　247
ホッブス, T.　69, 70, 92, 109, 137, 141, 244
ホネット, A.　275
ポプキン, S. L.　282

ホマンズ, G. C.　165
ポランニー, K.　8-10, 22, 24-26, 59-61, 77, 78, 151, 163, 267, 297, 298, 303
ホルヴァート, B.　224
ホルクハイマー, M.　70, 262
ボルザガ, C.　162
ボルダ, J.-C.　86

ま　行

マーシャル, A.　28, 55, 56, 91-93, 126, 127, 150, 151, 194, 195, 295, 297
マートン, R. K.　35, 36
マクウェール, D.　111
マグレガー, D.　196
マズロー, A.　196
マッカーシー, J.　184
マッカダム, D.　184
マッキーヴァー, R. M.　115, 116, 228
マッキンタイア, A.　114, 207
マッハ, E.　203
マッハルプ, F.　192
マトゥラーナ, H. R.　158
マリス, R.　104
マリノフスキー, B.　35, 59-61, 77, 164
マルクス, K.　1, 2, 14-16, 21, 47, 57, 60, 77, 78, 113, 138, 142, 144, 149, 245, 274-276, 292, 300, 303
マルサス, T. R.　56, 297
丸山真男　153
マン, H. G.　104
マンデヴィル, B.　133
マンハイム, K.　261
ミード, G. H.　111
ミード, M.　131
ミーンズ, G. C.　103
御厨貴　280
南博　293
ミュラーアルマック, A.　224
ミル, J. S.　92, 129, 194, 245, 266, 292, 297
メスナー, J.　137
メルッチ, A.　185
メルロー＝ポンティ, M.　203

メンガー, C. 194, 287
モース, M. 33, 59, 60, 77, 164, 249
モルゲンシュテルン, O. 67
モンテスキュー, C. 143

や 行

ヤコブソン, R. 32, 33, 131
ユンカー, J. A. 224
吉田民人 191
米本昌平 279, 280

ら・わ 行

ライアン, D. 264
ラザースフェルド, P. F. 87, 112, 187
ラスウェル, H. 82
ラスキ, H. J. 228
ラドクリフ=ブラウン, A. R. 35, 36
リースマン, D. 73, 227
リオタール, J. F. 264
リカード, D. 55, 56, 194, 297
リチャーズ, I. 191
リッチュル, H. 224
リップマン, W. 113, 224
リプセット, S. M. 159
リン, N. 216, 217
リンドブロム, C. E. 82
リントン, M. 233
ル・ボン, G. 294
ルーズベルト, F. 292
ルーマン, N. 21, 59, 132, 156, 158, 201, 202, 205, 285
ルカーチ, G. 275
ルソー, J.-J. 69, 109, 137
ルックマン, T. 204
レヴィ=ストロース, C. 33, 77
レーガン, R. 168, 195, 198, 199, 246, 255
レームブルッフ, G. 241-243
レプケ, W. 224, 291
ローシュ, J. W. 219
ローマー, J. E. 224, 225, 275
ロールズ, J. 90, 93, 114, 207, 289
ローレンス, P. R. 219
ロジャーズ, E. M. 187
ロストウ, W. W. 226, 227
ロック, J. 55, 69, 92, 93, 109, 113, 137, 141, 244, 245, 289, 291, 292
ロビンズ, L. 60, 61, 92, 93, 150, 237
ロビンソン, J. 37
ロブソン, W. 257
ワッサーマン, S. 175
ワッツ, D. J. 174
ワルラス, L. 54, 55, 93, 126, 194, 195

事項索引

あ 行

アクティブな市民社会　225
アソシエーション　115, 117, 161, 163, 222, 228, 269, 270
新しい経済社会学　9, 24, 26, 220, 235
新しい公共　41, 81, 84, 90
新しい古典派　195
新しい社会運動　185
新しい社会問題，新たな社会問題　173, 212
イエ制度　17
意識の流れ　204
依存効果　88
一元論　228-230
一般均衡理論，一般均衡論　93, 152, 157, 194, 195, 238
一般システム理論　58, 131, 132, 157, 158
一般不可能性定理，不可能性定理　86, 93
イデオロギー　1-3, 31, 36, 43, 44, 154, 192, 199, 259, 262, 279, 297
イデオロジー　1
イノベーション　3-6, 34, 123, 187, 196, 198, 236
意味連関の地平　204
インストラクションカード　122
インターネット　6-8, 112, 187, 197, 246, 295
インフォーマルセクター　258
インフォーマルな制度　208, 210
ヴァルネラビリティ　169
ウィーン体制　291
埋め込み　8-10, 24, 26, 175, 220, 267, 304
上向きの平準化　302
エコロジー　10-12, 25
エージェンシー費用　103, 239
エージェンシー問題　103
エスニシティ　30, 261
エリザベス救貧法　56, 92, 176

遠近法主義　132
オイコノミア　64
オイルショック（石油危機）　160, 161, 168, 170, 177, 245, 254, 277
欧州社会的経済　222, 223
大きな物語　264, 265
オーストリア学派　39, 133, 149, 194
オートポイエシス　59, 158
オープン・イノベーション　5
オピニオン・リーダー　111, 112, 187, 225

か 行

階級　14-16, 70, 73, 74, 106, 159, 249, 251, 260, 274, 301
階級対立　15, 99, 142, 301
階級闘争　14-16, 172, 245, 259, 291, 301
会社支配権市場　104
外部労働市場　304, 305
開放システム　132
科学革命　42
核家族　16, 17, 169, 247
格差社会　160, 198
拡張国家　290
獲得文化資本　260
家族　14, 16-18, 87, 106, 113, 114, 118, 147, 150, 162, 169, 186, 200, 202, 209, 223-225, 229, 246, 247, 252, 255, 257, 282
家族賃金　125, 305
家族の脱制度化　17
価値合理的行為　97, 147
価値判断論争　287
活動的生活　299
ガバナンス　18-20
株式の相互持ち合い　20, 236
株主主権論　102, 103
貨幣　2, 15, 21-23, 47, 53, 61, 62, 95, 123, 129, 130, 134, 138, 139, 143, 147-149, 158-160, 201,

事項索引

232-234, 258, 259, 303
貨幣愛　297
カリスマ　146
環境　10-12, 24-26, 45, 50, 53, 89, 123, 130, 145, 166, 189, 227, 252, 302
環境経済学　24, 25
環境社会学　25
間主観性　220
感情的行為　147
間接金融　280
感染　294
完全競争　37, 38, 68
完全雇用　155, 195, 210, 246, 254, 292
官民パートナーシップ　276
官僚　81, 83-85, 211, 212, 214, 279, 280
官僚制の逆機能　219
機会主義的行動　103, 252
機械的連帯　35, 144, 172
企業家　3, 4, 6, 26-28, 129, 239, 284
企業家精神　26-28
企業規模の決定　239
企業統治　102
企業の境界　238, 239
企業の社会的責任　→CSR
危険　→リスク
記号学　32
記号消費　29-31, 260
記号内容（シニフィエ）　32, 33, 132
記号表現（シニフィアン）　32, 33, 132
記号論　29-34, 190, 260, 265
記号論的消費社会論　33, 34, 190, 260, 265
気候変動問題　25
技術革新　3, 4, 25, 121, 196, 277
稀少性　61, 92, 129, 151, 164, 296
稀少性定義　60, 237
規制緩和　45, 48, 51, 161, 199, 246, 276, 280
擬制商品　303
機能主義　34-36, 61, 220
機能分化　59, 158
規範　17, 84, 97, 105-107, 124-126, 153, 154, 168, 170, 182, 202, 208, 216, 217, 246, 281-283, 287, 293, 295

基本財　207
旧制度主義　209, 210
境界相互交換　150, 157, 158
凝集性　217, 236
共助　65, 66, 81, 89-91, 170, 180
業績原理　305
競争　5, 37-39, 73, 129, 140, 184, 196, 197, 214, 247, 255, 276, 279, 297
競争秩序　224
協働　5, 39-41, 83, 84, 90, 99, 101, 121, 122, 207, 218, 219, 299
共同性　90, 116, 199
共同善　66, 92, 95, 99, 135, 136, 206, 299
共同体　43, 44, 60, 66, 77, 89, 95, 96, 100, 105-107, 113, 117, 130, 135, 136, 168, 206, 225, 281-283
共有地の悲劇　167
協力ゲーム　67
近代化　25, 42-44, 47, 62, 89, 116, 118, 145, 148, 154, 202, 219, 279-282, 285
近代経済学　54, 55, 138, 181, 274, 275, 281
近代自然法思想　3
近代世界システム　79, 213, 214
近代的自然法論　137
クラ交易　59, 77
グラフ理論　174, 175
クルアーン（コーラン）　182
グローカル化　263
グローバル化，グローバリゼーション　5, 44-48, 51, 64, 65, 103, 106, 107, 170, 173, 182, 187, 196, 202, 220, 234, 247, 255, 263, 301, 302
グローバル経済　46-48
グローバル・シティ　48
グローバル市民社会　56
群居の欲望　151
群集心理　293, 294
軍部大臣現役武官制　279
経営倫理　49-51
計画経済　52-54, 57, 58, 63, 134, 244, 246
経済開発　62-64, 144
経済システム　22, 30, 45, 57-59, 61, 64, 65, 143, 222, 234, 281

経済社会学　7, 9, 24-26, 33, 54-56, 76, 77, 86, 113, 146-153, 156, 168, 175, 186, 187, 220, 224, 235, 236, 249, 262, 265, 266, 274, 275
経済主義　43, 44, 58, 299
経済人　266, 267
経済人類学　59-61, 76, 77, 274
経済政策　63, 94, 100, 142, 189, 195, 210, 224, 245, 246, 254, 292
経済的自由主義の原理　244
経済発展　3, 62-64, 73, 95, 119, 154, 202, 255, 277, 278, 291
経済ヒューマニズム　224
経済倫理　64-66
形式社会学　261
契約の経済学　239
契約の失敗　252
ケインズ経済学　54, 195
ケインズ主義的福祉国家　254
ゲーム理論　56, 67, 68, 75, 84, 165, 168, 268
ゲゼルシャフト　115, 144
結社民主主義　280
ゲマインシャフト　115, 144
権威　9, 69-71, 109, 164, 184
権威主義的コーポラティズム　101, 242
権威主義的パーソナリティ　70
限界費用　81, 211, 239
減価する貨幣　234
顕在的機能　36
顕示的消費　31, 72-74, 186
現象学　203
現象学的社会学　204
原初状態　207
源泉徴収　280
限定（制約）された合理性　74, 75, 98
現物主義経済　182
ケンブリッジ学派　194, 195, 295
権力　20, 54, 69-71, 128, 143, 158-160, 164, 165, 207, 220, 280
権力資源論　255
行為者　9, 35, 67, 68, 74, 75, 83, 97, 147, 148, 151, 157, 166, 174, 175, 183-185, 207, 209
交換　2, 9, 14, 15, 21, 22, 29, 33, 59, 60, 76-79, 95, 96, 113, 121, 126, 147-149, 164, 165, 201, 206, 232, 233, 235, 244, 272, 275
交換性向　77
交換的正義，交換の正義　95, 96, 206
交換様式　78, 79
公共圏　7, 45, 143
公共財　79-81, 128, 130, 166, 167, 211, 252, 296
公共財の問題　79, 80
公共政策　81-83
公共セクター　272
公共選択　84-86
公共選択論　84-86, 211
攻撃誘発性　169
広告効果　86, 88
公私分離の原則　269
公助　65, 66, 89-91, 116, 170, 180
公正　56, 65, 66, 95-96, 207, 225, 228, 275, 281
公正としての正義　207
厚生経済学　91-93, 150, 238
合成の誤謬　127
構造-機能主義　36
構造社会学　174, 175
構造主義　62, 77, 250, 274
構造的空隙論　216
行動科学　196
高度経済成長，高度成長期　17, 154, 155, 160, 170, 179, 227, 300
高度大衆消費時代　226
幸福度　145
幸福度指標，幸福度指数　64, 145
公平　70, 94, 206, 296
公民権運動　184
効用　29, 30, 68, 93, 97, 98, 147, 150, 186, 194, 236, 250, 267, 292
功利主義　92, 93, 114, 135, 150, 151, 266, 292
合理性　61, 68, 74-76, 84, 96-98, 141, 147, 151, 167, 168, 184, 219, 220, 266, 267
合理的経済人　133
合理的選択論　164, 165
合理的無知　85, 211
功利的個人主義　172
コーポラティズム　99, 101, 241

コーポラティズム的協調　242, 243
コーポレート・ガバナンス　18, 19, 102-104
故郷喪失　204
国際公共財　80
国際連帯　302
国際労働機関（ILO）　179
国民国家　44-48, 56, 105-107, 109, 244
国民総幸福　145
国民扶助　179
互酬，互酬性　9, 22, 77, 78, 163, 164, 202, 216, 217, 232
互酬性の規範　217
互助ネットワーク　90, 91, 234
個人化　18, 46, 172, 204, 232, 247
個人主義　55, 66, 108, 109, 119, 150, 190, 199, 227, 229, 282, 297
国家コーポラティズム　101, 241
古典的（伝統的）自然法論　136, 137
古典的自由主義　245, 292
古典的正義　205-208
古典的保守主義　199, 200
古典派経済学　194, 267, 274
コミュニケーション　4, 7, 29, 31, 60, 83, 87, 110-112, 117, 143, 158, 204, 205, 220, 269, 295
コミュニケーションの2段の流れ　87, 112, 187
コミュニタリアニズム　113, 114, 207, 216, 276
コミュニティ　7, 8, 21, 40, 73, 83, 89-91, 115-117, 144, 145, 157, 162, 174, 177, 186, 199, 216, 217, 225, 228, 232, 234, 237, 302
コミュニティ・エンパワーメント　144
コミュニティ・オーガニゼーション　144, 258
コミュニティ・ディベロプメント　258
コミュニティ・ビジネス　90, 253
コミュニティ・ユニオニズム　302
コミュニティ開発　144
コミュニティ通貨　232
コミュニティ・ワーク　258
コンティンジェンシー理論　219
コンドラチェフ循環　214, 215
コンパクト　41
コンピュータ化　192
コンプライアンス　50, 65

さ　行

サードエコノミー　222
サードセクター　→第三セクター
サービス業　48, 231
差異化　260, 261
最小国家　114, 289, 290
最適化基準　74
最適体制　225
サイバネティクス　59, 132, 158, 191
再分配　78, 79, 130, 145, 154, 162, 163, 170-212
搾取　14, 15, 114, 122, 138-140, 189, 258, 274, 292, 301
サミュエルソン条件　81
参加型政策分析　83
産業化　73, 118, 119, 145, 154-156, 171, 172, 255
産業化理論　255
産業革命　12, 24, 56, 118, 121, 123, 127, 171, 177, 181, 192, 229, 244, 245, 284, 291, 299
産業主義　121-123
産業の空洞化　119
三種の神器　227
ジェンダー　29, 30, 123-126, 251, 261, 302
ジェンダーフリー・バッシング　124
シカゴ学派　38, 39, 115, 183-185
資源動員論　184, 185
資源配分　37, 63, 195, 211, 237
自己充足的コミュニケーション　110, 112
自己準拠システム　158
自己所有権　289, 290
自己調整的市場　22, 24-26
仕事　298, 300
自助　65, 66, 89-91, 116, 144, 170, 180, 199, 200
市場　4, 10, 21, 24-26, 37-39, 45, 47, 53, 61-63, 65, 66, 70, 75, 80, 81, 84, 89, 90, 96, 97, 113, 126-130, 133, 143, 147, 151, 162, 163, 185, 195, 199, 200, 210, 211, 213, 217, 220, 225, 233, 238, 239, 252-254, 258, 260, 277, 303, 305
市場経済　21, 22, 45, 47, 49, 52-54, 57, 58, 63, 65, 66, 80, 84, 113, 130, 141, 142, 163, 195, 225, 244, 246, 254, 278, 281, 282, 292

市場原理　45, 126, 127, 168, 195, 199, 283
市場社会主義　225
市場セクター　222, 272
市場の失敗　24, 40, 75, 80-82, 128-130, 210, 211, 220, 252
システム-環境　157
システム理論　58, 59, 131, 156, 158
自生的秩序　133, 134
自然権　3, 137, 244, 291, 292
自然的態度　204
自然的秩序　245
自然法　65, 66, 95, 135-138
持続可能性　25, 26, 54, 256, 265
下向きの競争　302
私的財　79-81, 252
実証主義　204
ジニ係数　160
支配の領野　204
資本　2, 15, 23, 28, 45, 47, 78, 79, 138-140, 150, 162, 222, 259, 301
資本主義　23, 27, 33, 34, 42, 44, 45, 55, 90, 138-140, 142, 154, 182, 190, 206, 213, 219, 223, 225, 234, 236, 246, 260, 265, 292, 300, 301, 304
資本主義世界経済　213, 303
資本主義的生産様式　15, 16, 142
資本の人格化　139
資本の物神崇拝　139
資本の本源的蓄積過程　303
市民社会　22, 46, 55, 56, 70, 92, 93, 105, 107, 109, 113, 114, 124, 141-143, 225, 244, 257, 269, 270, 275, 292
市民セクター　90, 272
ジャイナ教　182
社会運動　183-185, 187, 217, 270, 272, 302
社会運動ユニオニズム　302
社会化　35, 106, 172, 173
社会階級　159, 259
社会階層　30, 118, 153, 160, 186, 259-261
「社会階層と社会移動」全国調査　→SSM 調査
社会開発　64, 143-145
社会関係資本　25, 145, 160, 216, 217, 259, 304, 305

社会契約説　207
社会言語ゲーム　56
社会構成主義　204
社会コーポラティズム　241
社会システム　20, 35, 54, 58, 59, 64, 90, 91, 144, 147, 150, 156-158, 201
社会指標　64, 145
社会資本　144
社会主義　55, 90, 109, 154, 223, 225, 246
社会生活的自立　170
社会政策　100, 142, 176, 229, 254, 301
社会成層　159-161
社会的埋め込み　9, 175, 220
社会的企業　5, 6, 163, 222, 223, 258, 272
社会的企業家（起業家），社会起業家　5, 6, 163, 253
社会的経済　161-163, 222, 223, 225, 233
社会的交換　33, 149, 163-165, 201
社会的交換理論，社会的交換論　163-166, 201
社会的資源　159, 160
社会的市場経済　224, 245
社会的消費　189, 190
社会的ジレンマ　68, 166-168
社会的正義　129, 206, 207
社会的生産関係　2, 138
社会的選択論　85, 86
社会的ネットワーク　91, 174, 202, 216, 220
社会的排除　162, 168-170
社会的分業　172
社会的包摂　168-170
社会的連帯　162, 171
社会ネットワーク分析　174, 175, 246
社会ネットワーク理論　235
社会発展　143-145
社会福祉　170, 176-178, 180, 234, 256-258
社会保険　96, 171-173, 179, 180
社会保障　168, 170, 177-180, 210, 229, 254-256, 304
社会保障法　178
借地借家法　280
自由化　48, 276
集権的計画経済　52, 53

宗教　9, 29, 42, 60, 70, 106, 140, 181-183, 187, 245, 261, 285, 288, 292
集合行為　183, 184
集合行為問題　183, 184
集合行動　183, 184, 186, 187
集合財　40, 184, 212
集合的アイデンティティ　106
自由至上主義　288, 289
自由尊重主義　288, 289
自由放任　→レッセ・フェール
終身雇用　198, 202, 280, 305
囚人のジレンマ　68, 97, 166
集団分極化　7
重農主義　295
周辺　43, 106, 209, 213, 303
恤救規則　176
出自の承認　302
準拠集団　186, 187
準公共財　80, 252
純粋公共財　79, 80, 252
準地代　28
消極的自由　245
象徴消費　29
消費行動　29, 31, 33, 34, 174, 186, 187, 260
消費者　4, 5, 8, 29, 30, 50, 84, 87, 88, 94, 97, 100, 120, 123, 128, 130, 186, 189, 190, 223, 226, 227, 233, 237, 260, 297
消費社会　33, 73, 74, 187-190, 226, 261, 294
情報　4, 7, 8, 29, 37, 40, 44, 53, 56, 68, 75, 85, 87, 98, 103, 110-112, 130, 132, 175, 185, 187, 191-193, 196, 201, 211, 230, 231, 236, 252, 262, 264, 279, 280, 304, 305
情報（化）社会　187, 191-193, 266
情報社会化　117, 266
情報化　120, 144, 187, 192, 193
情報科学　74-76, 191, 219
情報工学　236
情報通信ネットワーク　192
情報の非対称性　103, 130, 252, 305
剰余価値　138-140, 258, 274, 301
剰余労働　14, 301
剰余労働時間　139

職能団体秩序　99-101
食糧管理法　280
所有と経営の分離　15, 103
しらす　280
進化ゲーム　68
新奇性　294
新結合　3, 4, 62, 150
新結合の遂行　28
新古典派経済学，新古典派　30, 60, 61, 63, 74, 76, 152, 194-196, 238, 267, 303, 305
新古典派総合　195
人事管理　197
新社会資本　144
新自由主義　45, 50, 168, 199, 224, 244-246, 257, 271, 301
新制度主義　209, 210
身体の自己所有権　289
人的資源　5, 176, 196, 197
人的資源管理　196-198
人的資本　46, 216, 304
人的資本論　196
新保守主義　198-200
シンボリック相互作用論　111
信頼　9, 18, 22, 42, 84, 184, 201, 202, 216, 217, 236, 252, 253, 285
信頼性　216, 217
心理学的社会学　261
人倫国家　142
垂直的統合・分解　239
スコットランド啓蒙学派　133
スタンダード・パッケージ　227
ステークホルダー（利害関係者）　19, 50, 83, 102, 198, 212, 251, 252
ストレーン　183
生活世界　55, 143, 185, 203-205, 299, 300
生活世界の植民地化　185, 205
生活世界の存在論　204
生活保護　169, 171, 177, 180
正義　66, 70, 71, 94-96, 109, 114, 127, 129, 135, 137, 205-207, 281, 282
正義の2原理　207
生産資源の管理　238

生産者主権論　34, 190
生産費用　238
生産様式　15, 16, 78, 142, 301
政治過程論　184
政治的機会構造　184
政治的自由主義の原理　244
生存維持倫理　282
制度　3, 8, 9, 17, 19, 20, 29, 32, 35, 48, 51, 60, 63, 68, 76, 83, 90, 102, 103, 107, 114, 133, 134, 151, 165, 167, 168, 170, 177-180, 208-210, 217, 255, 257, 279-281, 303
制度進化　20
制度設計　19, 39, 179, 255
政府の失敗　53, 81, 82, 210-212, 252, 253
セーフティネット　171
世界恐慌（大恐慌）　143, 176, 178, 224, 234, 245, 292
世界システム　78, 79, 213, 214, 274, 275
石油危機　→オイルショック
セクシュアリティ　123, 124
世俗化　70, 71, 137, 181, 182
世代間社会移動　160
積極的自由　245
説明責任　19
セツルメント活動　177
セルフ・エンパワーメント　144
潜在的機能　36
潜在能力　64, 208, 270
「潜在能力」アプローチ（ケイパビリティ・アプローチ）　63, 207
全体-部分　156, 157
選択的誘因　167, 184
専門職化　305
戦略的人的資源管理　197
相互依存　11, 67, 77, 113, 172, 242, 268
創造的破壊　4
相続文化資本　260
相同性　235
贈与　21, 29, 60, 76-78, 164
ソーシャル・イノベーション　5, 6
ソーシャル・キャピタル　7, 145, 174, 202, 215-217, 234, 280

ソーシャル・サポート　234
ソーシャル・メディア　7, 8, 295
組織内（企業内）取引　239
組織理論　218-220

た 行

第1次世界大戦　100, 107, 113, 148, 261, 291
代行的消費　72
第三セクター　162, 163, 222, 223, 233
第三の道　223-225
大衆消費社会　226, 227
大西洋憲章　178
第2次世界大戦　4, 45, 48, 54, 57, 62, 82, 101, 107, 113, 131, 152, 154, 161, 173, 177, 188, 210, 224, 225, 245, 254, 277, 291, 292, 304
卓越化　74, 260, 261
多元社会　212, 229, 243
多元主義　179, 228, 229
多元性原理　65, 66
タダ乗り　→フリーライダー
脱家族化　256
脱工業社会　119, 230-232
脱商品化　255, 304
脱物質主義化　190
多様性　7, 11, 207, 220, 229, 268, 302
地域コミュニティ　43, 44, 46, 66, 117, 199, 200, 225, 234
地域通貨　232-235
小さな政府　129, 168, 195, 199, 245, 246, 277, 295
地位達成過程　159
力の欲望　151, 152
地方交付税　280
中核　213, 214, 303, 304
中間階層　15
中間組織　66, 100, 202, 203
紐帯　116, 175, 203, 235-237
中流化　155
中流社会　155
強い紐帯、強い絆　116, 236, 305
テーマ・コミュニティ　117, 232
適応　59, 143, 150, 157

適応的進化　20
敵対的買収　104
デジタル・ディバイド　7, 8
伝統的共同体　281-283
伝統的行為　147, 151
討議デモクラシー　280
道具的コミュニケーション　110
独占的競争　37, 38
特定目的貨幣　233
特定非営利活動促進法　→NPO法
トリクルダウン　186, 294
取引費用　237-239, 304
取引費用経済学　220, 239

な 行

内部組織の経済学　239
内部労働市場　304
内務省　279
ナショナリズム　106, 107, 199, 265, 291
ナッシュ均衡　67
ニート　155
二元論　228, 229
二重労働市場　305
日常生活動作の自立　170
日常知　204, 262
日本型福祉社会論　257
日本の経営　20, 197, 198, 262
ニュー・ケインジアン　195
ニュー・リベラリズム　244, 246
ニューディール　292
任意保険　179
人間開発　144
人間開発指数　64, 145
ネオ・コーポラティズム　101, 212, 241-243, 255
ネオ・リベラリズム　244-246, 270
ネオコン　199
ネットワーク　5-7, 9, 25, 33, 45, 105, 117, 151, 174, 175, 192, 216, 217, 236, 246, 247
ネットワーク交換理論　165
ノーマライゼーション　144, 177

は 行

パーソナル・コミュニケーション　186, 187
排外主義　272
配分的正義　206
派遣労働　155, 232
パターナリズム　40, 279, 280
ハビトゥス　249-251, 259, 260
パレート効率　211
パレート最適　37, 68, 93, 238
パワー・ポリティクス　214
反社会性説　190
半周辺　213, 303
阪神・淡路大震災　83, 116, 178, 253, 270, 271
反物質主義　190
汎用貨幣　233
非営利セクター　161, 251, 253, 257, 258
非営利組織　→NPO
比較経済システム論　58
比較制度分析　239
東日本大震災　90, 91, 116, 145, 155, 217, 234
皮下注射モデル　89, 111
非協力ゲーム　67
非顕示的消費　74
非国有化　276-278
非正規雇用　173, 198, 232, 255
非政府組織　→NGO
必要労働　14, 139, 301
非分配制約　162, 251, 252
フェミニズム　123, 124, 274, 302
フォーディズム　121
フォーマルな制度　208, 210
不確実性　27, 28, 68, 198, 200, 202, 267, 284-286, 305
不完全競争　37, 38, 195
復元法　173
複雑性　134, 201
福祉国家　78, 90, 155, 161, 170, 173, 177, 179, 180, 199, 207, 210-212, 225, 245, 246, 254-257, 289, 290, 292, 304
福祉国家の危機　173, 255
福祉国家レジーム論　255

福祉三角形　162
福祉社会　90, 93, 180, 256-258
福祉多元論，福祉多元主義　162, 229, 258
福祉ミックス論　162, 258
福祉レジーム　256
物象化　275
物神崇拝　2, 3, 139, 140, 142
部門コーポラティズム　242
プラティック　249, 250
ブランドの絆　236, 237
フリーター　155
フリーライダー（タダ乗り）　80, 129, 130
ブルジョア経済学　2, 3
ブルジョアジー　14
ブレトンウッズ体制　214
プロボノ　272
プロレタリアート　14, 16, 185
文化産業　45, 263
文化資本　30, 160, 250, 258-261
文化社会学　30, 261, 262
文化的オムニボア　260
文化的環境　259
文化的再生産論　30, 258-260
文化的消費　73, 188, 190
文化的進化　134
文化的多元主義　228
文化の社会学　261
文化論的転回　262, 265
文官任用令の改正　279
文官分限令の制定　279
分権的計画経済　52, 53
ヘイトスピーチ　272
ベーシック・ニーズ　63
ヘゲモニー　106, 107, 213, 214
ペティ＝クラークの法則　118, 119
法的正義　206
法と経済学　239
方法論争　287
ボーナス　280
補完性原理，補完性原則　65, 66, 90, 99, 100
ポジティブ・ウェルフェア社会　225
保守主義　36, 199, 256

ポスト構造主義　132
ポスト産業社会　185
ポストモダニズム　219, 263-265
ポストモダニティ　263-266
ポストモダン　29, 220, 260, 263-265
ホモ・エコノミクス　43, 250, 266-268
ホモ・ソシオロジクス　268
ボランタリー・アソシエーション　269, 270
ボランタリイズム　269, 270
ボランタリズム　269, 270
ボランティア　40, 90, 116, 117, 144, 176-178, 229, 233, 234, 251-253, 269-273
ボランティアの失敗　40
ボランティアリズム　269, 270
ポリティカル・エコノミー　282, 282

ま　行

マキシミン・ルール　207
マクドナルド化　45, 263
摩擦的失業　305
マス・コミュニケーション　111, 112, 192
マルクス主義理論　114, 274, 275
マルチステークホルダー　162
満足化基準　74, 75
見えざる手　133, 238
民営化　199, 246, 276-278
民間委託　276
民主主義　15, 16, 19, 43, 83-86, 99, 114, 129, 141, 199, 223, 229, 241, 279, 280
民主主義の政策科学　83
無限膨張説　190
無知のヴェール　207
明治維新　125, 154
明治憲法　280
メディア　7, 21, 22, 30, 47, 87, 111, 112, 117, 148, 149, 158, 187, 262, 279
目的合理的行為　97, 147
模倣説　294
モラル・エコノミー　281-283

や　行

役員派遣　236

唯物論　1, 2
有閑階級　72
有機的連帯　35, 144, 172, 173
有効需要の理論　245
ユビキタス　8, 295
善い社会　113, 114, 232
要素還元論，要素還元主義　11, 131
抑止法　172
欲望の体系　70, 142
弱い紐帯，弱い絆　236, 305
40年体制　280

ら・わ 行

ラダイト　301
利益代表システム　241
リスク（危険）　27, 68, 169, 173, 232, 284-286
リスク・コミュニケーション　285
リスク化　232
リスク社会　169, 202
理念型　147, 286-288
リバタリアニズム　207, 275, 288-290
リバタリアン　113, 114, 289, 290
リベラリズム　207, 289-292
リベラル・コーポラティズム　241
リベラル・コミュニタリアン論争　276
流行　186, 187, 293-295
倫理的消費　190
歴史的経路依存性　20
レッセ・フェール（自由放任）　224, 245, 246, 288, 295-298
劣等処遇の原則　177
連帯経済　162, 222
労使一体的経営　280
労働　2, 14, 15, 28, 46, 64, 72, 92, 96, 121, 122, 129, 138-140, 142, 171, 275, 289, 298-301, 303
労働運動　301, 302
労働三権　301
労働市場　150, 171, 255, 300, 303-305
労働の世界　204
労働の人間化　300
労働力の商品化　138
浪費説　190
労務管理　197
ローザンヌ学派　194
ログローリング　85
ワーキングプア　198
ワルラス−サミュエルソン経済学　54

欧 文

AGIL 図式　35, 132, 143, 145, 150, 157, 158
AIDMA　87
BoP ビジネス　272
CSR（企業の社会的責任）　50, 123, 272
DAGMAR モデル　88
GHQ　280
in の知識　82, 83
NGO（非政府組織）　144, 203, 252
NPO（非営利組織）　40, 41, 66, 82, 83, 90, 116, 117, 143, 160-163, 178, 203, 222, 223, 243, 251-253, 256-258, 270, 272
NPO 法（特定非営利活動促進法）　83, 253, 270
of の知識　82, 83
PFI　278
PPP（官民パートナーシップ）　276, 278
SSM 調査（「社会階層と社会移動」全国調査）　155, 156, 160
X 非効率　212

《執筆者一覧》(50音順。◎は監修者，＊は編集委員)

池田　寛二（法政大学）	東條　隆進（早稲田大学名誉教授）
石嶋　芳臣（北海学園大学）	◎ 富永　健一（東京大学名誉教授）
石田　光規（早稲田大学）	豊山　宗洋（大阪商業大学）
伊東眞理子（同朋大学）	内藤　能房（名古屋市立大学名誉教授）
稲葉　陽二（日本大学）	中里　裕美（明治大学）
井上　俊（大阪大学名誉教授）	中矢　俊博（南山大学）
今枝　俊哉（一般社団法人日本経済協会）	＊ 永合　位行（神戸大学）
宇佐見義尚（亜細亜大学）	西尾　雄志（早稲田大学）
臼井陽一郎（新潟国際情報大学）	二村　重博（同志社大学名誉教授）
内山　隆夫（京都学園大学）	野方　宏（静岡大学名誉教授）
大西　秀典（尾道市立大学）	野尻　洋平（名古屋学院大学）
＊ 大野　正英（麗澤大学）	朴　容寛（大阪産業大学）
岡田　光正（芦屋大学）	長谷川　勉（日本大学）
＊ 織田　輝哉（慶應義塾大学）	鉢野　正樹（元北陸大学）
＊ 恩田　守雄（流通経済大学）	平岡　公一（お茶の水女子大学）
春日　淳一（元関西大学：故人）	平手　賢治（志學館大学）
金光　淳（京都産業大学）	廣重　剛史（目白大学）
＊ 上沼　正明（早稲田大学）	廣瀬　毅士（駒澤大学）
唐澤　和義（元杏林大学：故人）	福田　敏浩（滋賀大学名誉教授）
岸本　哲也（神戸大学名誉教授）	福田　亘（岡山商科大学）
元治　恵子（明星大学）	藤岡　真之（弘前学院大学）
小島　秀信（同志社大学）	古市　太郎（文京学院大学）
小林　大祐（金沢大学）	保坂　俊司（中央大学）
＊ 小林　甲一（名古屋学院大学）	松岡　憲司（龍谷大学）
権　安理（立教大学）	松川　誠一（東京学芸大学）
近藤　真司（大阪府立大学）	松本　竜一（日本大学）
佐々木　亘（鹿児島純心女子短期大学）	＊ 間々田孝夫（立教大学）
鈴木　純（神戸大学）	水原　俊博（信州大学）
鈴木　康治（慶應義塾大学）	＊ 宮垣　元（慶應義塾大学）
角村　正博（神戸学院大学名誉教授：故人）	本柳　亨（立正大学）
清家　竜介（早稲田大学）	＊ 森田　雅憲（同志社大学）
高倉　博樹（静岡大学）	安田　武彦（日本大学）
高橋　一正（愛知文教大学）	安田　雪（関西大学）
竹下　公視（関西大学）	山岡　淳（医療経済研究機構）
田中　人（愛知学泉大学）	山田　秀（熊本大学）
田中理恵子（立教大学）	山本雄一郎（元兵庫県立大学）
田村　正勝（早稲田大学）	吉田しおり（神戸大学大学院）
津田　直則（桃山学院大学名誉教授）	＊ 若林　直樹（京都大学）
寺島　拓幸（文京学院大学）	渡辺　深（上智大学）

《編者紹介》

経済社会学会（The Society of Economic Sociology）

　経済社会学に関する諸研究の発達と普及を目的として1966（昭和41）年に創設される。経済学，社会学，経営学，宗教学など多岐にわたる専門を持つ会員が「経済社会学の研究を通じて，社会における経済活動の本質とメカニズムを解明する」学会の課題に取り組んでいる。機関誌として『経済社会学会年報』を年1回発行。

《監修者紹介》

富永 健一（とみなが・けんいち）

1931年	生まれ。
1959年	東京大学大学院社会学研究科博士課程中退（助手就任）。 社会学博士，経済学博士。 東京大学教授，慶應義塾大学教授，武蔵工業大学教授を経て，
現　在	東京大学名誉教授，武蔵工業大学名誉教授，日本学士院会員。
受賞歴	紫綬褒章受章（1996年），文化功労者顕彰（2008年），ほか。
主　著	『社会変動の理論——経済社会学的研究』岩波書店，1965年。 『社会学原理』岩波書店，1986年。 『近代化の理論』講談社学術文庫，1996年。 『社会変動の中の福祉国家——家族の失敗と国家の新しい機能』 中公新書，2001年。 『戦後日本の社会学——1つの同時代学史』東京大学出版会，2004年。 『社会学わが生涯』ミネルヴァ書房，2011年，ほか多数。

経済社会学キーワード集

2015年5月20日　初版第1刷発行　　〈検印省略〉

定価はカバーに
表示しています

編　者	経済社会学会
監修者	富　永　健　一
発行者	杉　田　啓　三
印刷者	藤　森　英　夫

発行所　株式会社　ミネルヴァ書房
607-8494　京都市山科区日ノ岡堤谷町1
電話代表　(075)581-5191
振替口座　01020-0-8076

Ⓒ経済社会学会, 2015　　　　　亜細亜印刷・清水製本

ISBN978-4-623-07156-2
Printed in Japan

N. アバークロンビー／S. ヒル／B. S. ターナー 著
丸山哲央 監訳・編集
新版 新しい世紀の社会学中辞典
四六判美装カバー／600頁／本体2800円

T. ベネット／L. グロスバーグ／M. モリス 著
河野真太郎／秦 邦生／大貫隆史 訳
新キーワード辞典
文化と社会を読み解くための語彙修
A5判上製カバー／692頁／本体4500円

R. ウィリアムズ 著 若松繁信／長谷川光昭 訳
文化と社会 1780-1950
A5判上製カバー／208頁／本休6000円

R. M. マッキーヴァー 著 中 久郎／松本通晴 監訳
コミュニティ
社会学的研究：社会生活の性質と基本法則に関する一試論
A5判上製カバー／538頁／本体8000円

フランク・ナイト 著 高 哲男／黒木 亮 訳
競争の倫理
四六判上製カバー／292頁／本体3500円

森田雅憲 著
入門 経済学 [増補版]
四六判上製カバー／320頁／本体2800円

——— ミネルヴァ書房 ———
http://www.minervashobo.co.jp/